NEUSEELAND

Peter Turner
Fotos von Colin Monteath

Neuseeland-Urlaub?
Machen wir ständig!

Deshalb würden wir Sie gerne davon überzeugen, dass Sie Ihren Neuseeland-Urlaub immer mit TravelEssence planen sollten. Wir sind Reiseveranstalter für maßgeschneiderten Neuseeland-Urlaub, fernab von jedem Massentourismus und Experten im Realisieren Ihrer Urlaubswünsche.

Neuseeland à la TravelEssence!

Unser Tipp für das Herz:
Erfahren Sie die unvergleichliche neuseeländische Gastfreundschaft mit Jacqui und John an der wilden Westküste der Südinsel. Das Fangen von wilden Langusten mit John wird Sie ebenso berühren wie die liebevolle Zubereitung der Spitzenköchin Jacqui. Sie werden es fühlen: die persönliche Art à la TravelEssence.

Unser Tipp für die Seele:
Werden Sie Teil der Seele Neuseelands und werden Sie zum „Schützer des Te-Urewera Regenwaldes". Ein besonderer Tag in reiner Maori-Tradition, an dem Sie „heilige" Bäume pflanzen werden.

Lassen Sie uns gemeinsam Ihre Traumreise zusammenstellen! Je mehr Sie über Neuseeland wissen, um so mehr werden Sie „à la TravelEssence" zu schätzen wissen!

TRAVELESSENCE
Neuseeland · Australien

Frankfurt	069 90 43 75 73	Düsseldorf 0211 9559 21 00
Hamburg	040 688 798 39	München 089 32 38 60 12

info@travelessence.de · www.travelessence.de

INHALT

Seite 2–3: Mt. Adams, Westland National Park

RÜCKSICHTSVOLL REISEN

Umsichtige Urlauber brechen voller Neugierde auf und kehren reich an Erfahrungen nach Hause zurück. Wer dabei rücksichtsvoll reist, kann seinen Teil zum Schutz der Tierwelt, zur Bewahrung historischer Stätten und zur Bereicherung der Kultur vor Ort beitragen. Und er wird selbst reich beschenkt mit unvergesslichen Erlebnissen.

Möchten nicht auch Sie verantwortungsbewusst und rücksichtsvoll reisen? Dann sollten Sie folgende Hinweise beachten:

- Vergessen Sie nie, dass Ihre Anwesenheit einen Einfluss auf die Orte ausübt, die Sie besuchen.

- Verwenden Sie Ihre Zeit und Ihr Geld auf eine Weise, die dazu beiträgt, den ursprünglichen Charakter eines Ortes zu bewahren. (Auf diesem Weg lernen Sie ein Land auch sehr viel besser kennen.)

- Entwickeln Sie ein Gespür für die ganz besondere Natur und das kulturelle Erbe Ihres Urlaubslandes.

- Respektieren Sie die heimischen Bräuche und Traditionen.

- Zeigen Sie den Einheimischen ruhig, wie sehr Sie das, was den besonderen Reiz ihres Landes ausmacht, zu schätzen wissen: die Natur und die Landschaft, Musik, typische Gerichte, historische Dörfer oder Bauwerke.

- Scheuen Sie sich nicht, mit Ihrem Geldbeutel Einfluss zu nehmen: Unterstützen Sie solche Einrichtungen oder Personen, die sich um die Bewahrung des Typischen und Althergebrachten bemühen. Entscheiden Sie sich für Läden, Restaurants oder Reiseanbieter, denen an der Bewahrung ihrer Heimat gelegen ist. Und meiden Sie Geschäfte, die den Charakter eines Ortes negativ beeinflussen.

- Wer auf diese Weise reist, hat mehr von seinem Urlaub, und er kann sicher sein, dass er seinen Teil zum Erhalt und zur Verbesserung eines Ortes oder einer Landschaft beigetragen hat.

Diese Art des Reisens gilt als zeitgemäße Form eines sanften, auf Nachhaltigkeit bedachten Tourismus; NATIONAL GEOGRAPHIC verwendet dafür auch den Begriff des »Geo-Tourismus«. Gemeint ist damit ein Tourismus, der den Charakter eines Ortes nicht aus den Augen verliert. Weitere Informationen zum Thema gibt es im National Geographic's Center for Sustainable Destinations unter *www.nationalgeographic.com/travel/sustainable.*

NEUSEELAND

ÜBER DEN AUTOR & DEN FOTOGRAFEN

Peter Turner hat es aus familiären Gründen ebenso wie aus Liebe zur Natur 20 Jahre lang immer wieder auf die Südinsel gezogen. Er hat so gut wie jeden Winkel von Neuseeland bereist und darüber auch geschrieben. Der gebürtige Australier ist ein leidenschaftlicher Wanderer und Journalist. Als Redakteur und Journalist war er in seiner Heimat Australien ebenso tätig wie in den Ländern Indonesien, Thailand und Brunei. Der Reiseschriftsteller und Fotograf hat sich auf Südostasien und den Südpazifik spezialisiert. Seine Beiträge erscheinen in Zeitungen und Zeitschriften auf der ganzen Welt, und er hat schon an mehr als 20 Reiseführern mitgewirkt.

Colin Monteath aus Christchurch in Neuseeland ist freiberuflicher Fotograf, Autor und Bergsteiger. In den Polarregionen ist er ebenso zu Hause wie im Hochgebirge. 1983 gründete er Hedgehog House New Zealand, eine Bildagentur, die auf Fotografien von den Polarregionen und Gebirgen, Naturaufnahmen und Reisefotografie spezialisiert ist.

Colin hat schon unzählige Male in der Antarktis gearbeitet und bereits an 20 Himalaja-Expeditionen teilgenommen. Im Rahmen von Auftragsarbeiten hat er sämtliche Kontinente mit der Fotokamera bereist. Seine Bilder und Beiträge wurden in vielen internationalen Zeitungen und Zeitschriften veröffentlicht, unter anderem in NATIONAL GEOGRAPHIC.

Top 10 Tipps

NEUSEELAND

Wellington

Der Ehrfurcht gebietende Milford Sound

Die Milford Road (siehe S. 262) gilt als die schönste Straße und der Milford Track (siehe S. 264 ff) als schönster Wanderweg der Welt. Beide führen auf den dramatischen Höhepunkt zu, den Milford Sound (siehe S. 266) mit seinen senkrechten, bis zu 1200 Meter aufragenden Felswänden, die selbst Ozeandampfer wie Spielzeuge erscheinen lassen. Am intensivsten erlebt man die Landschaft vom Schiff aus (siehe S. 266).

Der Bischofshut gab dem charakteristischen, 1692 Meter hohen Gipfel Mitre Peak im Milford Sound seinen Namen

Die Eiszungen der Gletscher Franz Josef und Fox

Innerhalb von nur wenigen Kilometern fallen die Southern Alps von über 3000 Meter Höhe fast auf Meeresniveau ab. Auf dem Gelände erstrecken sich zwei der größten und faszinierendsten Gletscher des Landes: den Franz-Josef- (siehe S. 227) und der Fox-Gletscher (siehe S. 227). Zusammen bilden sie das Herzstück des zerklüfteten Westland Tai Poutini National Park (siehe S. 226).

Wanderungen über die faszinierenden Eismassen des Franz-Josef-Gletschers sind nur mit kundigen Führern möglich

3

Heiße Quellen, Geysire und Maori-Kultur in Rotorua

Vulkanische Aktivität in Form von Geysiren wie dem Lady Knox Geyser (siehe S. 128) und heißen Thermalquellen (siehe S. 125, 128) prägen die Region um Rotorua. Mitten in dieser brodelnden und dampfenden Landschaft liegen Whakarewarewa (siehe S. 126) und Te Puia (siehe S. 126), zwei authentische Dörfer der Maorikultur.

Gesichtstätowierungen, genannt *moko*, sind seit alters her Bestandteil der Maori-Kultur und ein Statussymbol

4

Wanderungen im Tongariro National Park

Im Tongariro Nationalpark (siehe S. 131 ff) erheben sich die drei höchsten Vulkane Neuseelands. Das zum Weltnaturerbe zählende Gebiet ist ein Paradies für Wanderer und bietet mit dem Tongariro Alpine Crossing Track (siehe S. 134f) eine schier endlose Folge landschaftlicher Superlative, die man in nur acht Stunden erwandern kann.

Auf dem Tongariro Alpine Crossing Track passiert man die funkelnden, smaragdfarbenen Emerald Lakes

5

Strände und Buchten des Abel Tasman National Park

Der Abel Tasman National Park (siehe S. 183) bietet einmalig schöne Küstenlandschaften mit goldenen Stränden, geheimnisvollen Höhlen, Granitklippen und einer vielfältigen Flora und Fauna, die man hervorragend auf einer Kajakfahrt (siehe S. 182) oder auf dem Abel Tasman Coastal Track (siehe S. 183f) erkunden kann.

Einsame Buchten mit goldfarbenen Sandstränden säumen die Küstenlinie des Abel Tasman National Parks

Rund 150 Inseln, die meisten unbewohnt, verteilen sich über die ausgedehnte Bay of Islands

Bay of Islands, Geburtsort des modernen Neuseeland

In der Bay of Islands (siehe S. 84ff) gingen die ersten Maori an Land. Jahrhunderte später landeten hier die ersten Europäer, um die Region zur Keimzelle ihrer neuen Heimat zu machen. Die Waitangi Treaty Grounds (siehe S. 86) markieren die Geburtsstätte der Nation. Daneben laden Inseln wie Urupukapuka (siehe S. 92) zum Verweilen ein.

Walbeobachtung vor der Küste Kaikouras

Kaikoura (siehe S. 177) steht für nachhaltigen Tourismus. Vor der Küste tummeln sich nicht nur Robben und Delfine, sondern auch Wale. Das Beobachten der Meeresgiganten ist eine der Hauptattraktionen. Bei von Maori betriebenen Walbeobachtungstouren (siehe S. 181) bekommt man Pott-, Blau- und Buckelwale zu sehen.

Buckelwale zeichnen sich durch geradezu akrobatische Sprünge aus und sind eine der Attraktionen Kaikouras

Für eine rasante Abfahrt dürfen Mountainbiker ihre Räder in der Skyline Gondola zum Bob's Peak mitnehmen

Queenstown mit seinem Angebot an Aktivitäten

Gäbe es eine Hauptstadt des Sports, dann müsste diese Ehre Queenstown (siehe S. 248ff) gebühren. Ob Skifahren (siehe S. 251), Wandern auf dem Routeburn Track (siehe S. 250), Golfspielen im Millbrook Resort (siehe S. 251) oder eher abenteuerliche Sportarten wie Rafting oder Bungee-Jumping (siehe S. 252) – alles ist möglich.

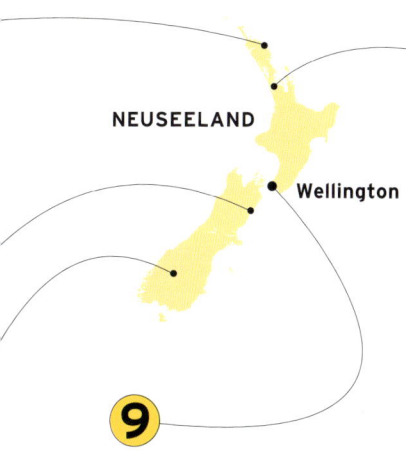

NEUSEELAND

Wellington

Auckland, die »Stadt der Segel«

Aucklands Markenzeichen sind die Segelschiffe an der weltstädtischen Waterfront (siehe S. 58ff). Hier erlebt man auf einem Spaziergang (siehe S. 60f) Kolonialgebäude neben hippen Restaurants, Galerien neben coolen Pubs. Überragt wird die Stadt vom Sky Tower (siehe S. 62) mit seinen adrenalinlastigen Angeboten. Kultur findet man in der herausragenden Auckland Art Gallery (siehe S. 62), während der Vorort Devonport (siehe S. 66) das Flair eines viktorianischen Badeortes ausstrahlt.

Die kultivierte Hauptstadt Wellington

In Wellington (siehe S. 152ff) findet man nicht nur gute Theater wie das Circa Theatre (siehe S. 153). Auch das moderne Nationalmuseum Te Papa (siehe S. 154), historische Gebäude im Parliament District (siehe S. 156f) und ein ausgeprägtes Nachtleben (siehe S. 159) tragen zum unvergleichlichen Charme der Hauptstadt bei.

Die zahllosen Segelschiffe im Waitemata Harbour haben Auckland den Beinamen »Stadt der Segel« eingebracht

Te Papa bedeutet »Ort der Schätze dieses Landes« und diese werden in fantastischen Ausstellungen gezeigt

Top 5 Foto-Tipps 📷

Die National Geographic **Your** Shot Community, 2006 gegründet, hat mehr als eine halbe Million Mitglieder aus 196 Ländern. Sie steht allen Interessierten offen, ob Hobbyfotograf oder Profi. Dieser Traveler präsentiert Ihnen die fünf schönsten Fotos zum Thema Neuseeland – als Inspiration oder zum Nachfotografieren.

1 **Versteckter Pfad ins Paradies**

Auf der Suche nach einem interessanten Fotomotiv kletterte Chester Boyes eines schönen Tages Ende Mai über einen versteckten, schwierig zu gehenden Pfad zum Pool der Bridal Veil Falls (Waireinga) hinab – und landete im Paradies. Chester konnte es nicht fassen. Er war in der Gegend aufgewachsen und dennoch entdeckte er dieses märchenhafte Fleckchen Erde erst jetzt.

Brennweite: 15 mm – Belichtungszeit: 1/100 s – Blende: f/16 – ISO 100

1 📷

● **Wellington**

2&3 📷

NEUSEELAND

Gefiederte Frechdachse

Stanislav Fosenbauer machte auf dem Weg zum Milford Sound Rast, als sich fünf neugierige Keas näherten. Sie zu fotografieren war nicht einfach, da sie ständig in Bewegung waren. Doch Stanislav legte ein Stück Brot auf das Objektiv und es klappte. Brennweite: 17 mm – Belichtungszeit: 1/125 s – Blende: f/2,8

Wunder der Natur

Im Milford Sound regnet es durchschnittlich 180 Tage im Jahr – keine guten Bedingungen für Fotografen. Umso mehr freute sich Charlie Nutting, als der Himmel plötzlich aufriss und die Natur die perfekte Kulisse für ein romantisches Foto bildete. Brennweite: 90 mm – Belichtungszeit: 1/1000 s – Blende: f/5 – ISO 1250

Bei Bilbo und Frodo Beutlin in Mittelerde

Xin Z. wanderte durch das Filmset Hobbiton in Matamata, als er vor einem Regenguss in eines der Hobbit-Häuser flüchtete. Von dort fing er die einzigartige Stimmung des »Auenlandes« ein.

Brennweite: 11 mm – Belichtungszeit: 1/10 s – Blende: f/8 – ISO 125

5 Abenteuer Tunnel Beach

Die Sandsteinklippen am Tunnel Beach nahe Dunedin sind über Jahrhunderte vom Wind und dem rauen Ozean bearbeitet worden. Im August können die Wellen hier nahezu zwei Meter hoch werden. Sam Deuchrass lichtete bei Sonnenuntergang einen Surfer ab, der auf der Klippe noch einmal seinen Wellenritt in diesem anspruchsvollen Surfrevier Revue passieren ließ. Brennweite: 24 mm – Belichtungszeit: 1/160 s – Blende: f/6,3 – ISO 160

4 📷

● Wellington

NEUSEELAND

5 📷

Your Shot

Sie wollen mit Ihren Fotos Teil der Your Shot Community werden? Nähere Infos finden Sie unter yourshot.nationalgeographic.com

Die Reise planen

Die Natur hat die beiden Inseln im südlichen Pazifik mit großartigen Landschaften gesegnet: mit Bergen, Hochgebirgen, Gletschern, Wüsten, Vulkanen, Seen, Wäldern und Stränden. So erleben Sie auf Ihrer Reise möglichst viel davon.

Neuseeland ist ein Naturparadies, bietet aber auch einen faszinierenden Kulturmix. Das freundliche Land ist leicht zu erkunden und erlaubt zahllose Aktivitäten, von Outdoor-Abenteuern bis zur Wildtierbeobachtung.

Reisevorschläge

Neuseeland ist in zwei Inseln von ähnlicher Gestalt geteilt, die beide ihre eigenen landschaftlichen Reize haben. Wenn man nur kurz dort ist, sollte man sich entweder auf eine Insel konzentrieren, oder sich auf die Highlights beider beschränken.

Eine einwöchige Tour zu den Highlights könnte Auckland–Rotorua–Christchurch–Mount Cook–Queenstown–Milford Sound–Gletscher und Rückkehr nach Christchurch/Auckland umfassen. Diese Route ist so dicht gedrängt, dass man am besten ein Pauschalangebot wahrnimmt. Wer mehr Zeit hat, kann das Land per Auto erkunden. Auch Flüge und Busfahrten sind leicht zu arrangieren.

In zwei Wochen kann man die Highlights der Nord- und Südinsel ausgiebig genießen, während man für einen Aufenthalt von drei Wochen oder länger viele weitere wunderschöne Orte ins Auge fassen kann.

Start im Norden

Zu den Hauptattraktionen der Nordinsel gehören die Maorikultur, Vulkane und Strände. Die Insel ist sichtlich dichter besiedelt und stärker landwirtschaftlich genutzt, und doch bietet sie eine Fülle von Naturwundern. Eine einwöchige Tour über die Nordinsel könnte so aussehen: Auckland–Bay of Islands–Rotorua–Lake Taupo–Tongariro National Park–Wellington. Mit dem Mietwagen sind einige Abstecher möglich, auch bei einer Bustour gibt es zwischen den Hauptsehenswürdigkeiten interessante Zwischenstopps.

Schnitzerei der Maori

Die meisten Besucher werden zuerst in Auckland Station machen. Die an einem wunderschönen Hafen gelegene Metropole hat neben kulturellen Attraktionen und einer fantastischen Landschaft hervorragende Restaurants, Nachtclubs und Einkaufsmöglichkeiten zu bieten.

Die Maori bevorzugten die wärmere Nordinsel. Ihre Kultur wird für Besucher am deutlichsten in Rotorua lebendig, das drei Autostunden südlich von Auckland liegt. Rotorua ist auch für seine Geysire und Schlammtümpel berühmt.

In einer vierstündigen Autofahrt von Auckland nach Norden gelangt man zur Bay of Islands mit herrlicher Küstenlandschaft, in fünf Stunden Fahrt nach Süden zu den Vulkanen im Tongariro National Park.

Fünf Autostunden südlich von Tongariro liegt die Hauptstadt Neuseelands, Wellington – viel kleiner als Auckland, aber ebenso schön an einem Hafen gelegen. Hier, an der Südspitze der Nordinsel, legen die Fähren zur Südinsel ab.

Weiter nach Süden

Die Hauptattraktionen der Südinsel sind die Southern Alps, Fjorde und Gletscher. Für die meisten Besucher ist die Südinsel der Inbegriff der wilden Landschaft Neuseelands.

Christchurch, die wichtigste Stadt auf der Südinsel, im Stil einer englischen Gartenstadt, ist von Auckland, Rotorua und Wellington aus gut zu erreichen. Von dort kann man zum Fuß der mächtigen Southern Alps fahren – in diesem Gebirge liegt mit dem Aoraki/Mount Cook der höchste Gipfel Neuseelands. Per Kurzflug oder in einer achtstündigen Fahrt von Christchurch geht es dann Richtung Südwesten nach Queenstown mit seinem großen Angebot an Outdoor-Aktivitäten.

Nächste Station könnte, fünf Autostunden westlich von Queenstown, der Milford Sound sein: Bei einer Fjordfahrt genießt man den Blick auf die schneebedeckten Gipfel. Diese Wunderwerk der Natur ist eine der

Besucherinformation

Die Hauptinformationsquelle für Neuseeland-Besucher ist das von Tourism New Zealand *(www.newzealand.com)* betriebene i-SITE Network.

In der Hochsaison im Sommer ist der Ansturm auf die rund 90 Anlaufstellen von Tourism New Zealand allerdings groß. Außerdem sind die meisten i-SITE-Zweigstellen kommerzielle Unternehmen, die lokale Firmen fördern und Vermittlungsgebühren erheben, also daran interessiert sind, dass ihre Firmenkunden Umsatz machen.

In fast allen Städten finden Sie auch kleinere, regionale Touristeninformationen; sie nehmen oft keine Buchungen vor, sind aber sehr ortskundig.

Die Naturschutzbehörde Department of Conservation (DOC) unterhält zahlreiche Informationsstellen. Sie führen manchmal auch Listen lokaler Zimmervermittlungen, nehmen allerdings keine Reservierungen vor. Ihre Website *(www.doc.govt.nz)* bietet einen ausgezeichneten Überblick über Neuseelands Naturparks und Freizeitmöglichkeiten.

Reisezeit

Die beste Reisezeit für Neuseeland sind die Sommermonate von Dezember bis Februar, wenn die Tage warm, die Strände am schönsten und die Nationalparks in den Bergen zugänglich sind. Allerdings können die Haupttouristenregionen von Weihnachten bis Mitte März sehr voll, Unterkünfte und Mietwagen schwierig zu bekommen sein. Für diese Zeit sollte man so früh wie möglich buchen. In der Nebensaison – Oktober/November und April/Mai – ist es etwas kühler, dafür nicht so überlaufen und die Unterkünfte sind merklich preiswerter. Außerhalb der Saison, von Juni bis September, herrscht auf den Skihängen der Southern Alps und des Mount Ruapehu auf der Nordinsel reger Betrieb.

bedeutendsten Sehenswürdigkeiten des Landes. Die weiteren Hauptziele der Südinsel liegen auf der anderen Seite der Alps, die man auf einer malerischen, sechsstündigen Fahrt von Queenstown gen Norden erreicht. Die Gletscher Franz Josef und Fox an der Westküste gehören zu den wenigen Gletschern der Welt, die leicht zu erreichen sind.

Alle Highlights der Südinsel lassen sich mit dem Mietwagen in einer Woche besichtigen. Wer ein oder zwei Tage einsparen möchte, kann den Milford Sound oder die Gletscher oder auch Christchurch auslassen und direkt nach Queenstown fliegen.

Mit etwas mehr Zeit: Nordinsel

Northland, der »winterlose Norden« nördlich von Auckland, wird wegen seiner Strände und der herrlichen Landschaft an der Ostküste geschätzt. Eine Fahrt von der Bay of Islands durch Northland könnte die Kauriwälder der Kauri Coast einschließen und das Cape Reinga im äußersten Norden.

Ein zweitägiger Abstecher führt zur Coromandel Peninsula, eineinhalb Stunden östlich von Auckland, mit ihren wunderschönen Stränden. Weiter geht es entlang der Ostküste gen Süden zur Bay of Plenty, während sich Vulkanfreunde einen Ausflug nach White Island, 48 Kilometer vor der Küste von Whakatane, nicht entgehen lassen sollten.

Das East Cape, eine abgelegene Maoriregion, lädt Autofahrer zum Abstecher über Land ein. Auf dem Weg in Richtung Süden nach Rotorua empfehlen sich die Waitomo Caves mit Galaxien von Glühwürmchen als Zwischenstopp. Nachdem man die Maori-

Trinkgeld

Trinkgeld ist in Neuseeland freiwillig. Obwohl keinesfalls erforderlich, ist ein Trinkgeld von fünf bis zehn Prozent für guten Service in den schickeren Restaurants gern gesehen. (Bei sehr schlechtem Service sollte man darauf verzichten.) Für Taxifahrer kann man den Betrag bis zu zehn Prozent aufrunden, und in Spitzenhotels gibt man dem Portier fürs Koffertragen ein bis zwei NZ $.

kultur und die geothermischen Aktivitäten in Rotorua bewundert hat, kann man den Weg zum Lake Taupo, in den Tongariro National Park und nach Napier fortsetzen. Die Art-déco-Stadt liegt inmitten eines Weinanbaugebiets. Danach geht es zurück nach Auckland.

Die Westküste der Nordinsel bietet insgesamt etwas weniger Attraktionen, aber immerhin doch den Ehrfurcht gebietenden Vulkan Mount Taranaki und den Whanganui River.

Mit etwas mehr Zeit: Südinsel

Auf der Südinsel verdienen die sonnigen nördlichen Distrikte Marlborough und Nelson eine genauere Erkundung. Fähren von der Nordinsel fahren in die Marlborough Sounds ein, während der Abel Tasman National Park wenige Stunden weiter westlich traumhafte Strände und Buchten zu bieten hat, die sich zu Fuß, mit dem Boot oder Kajak erkunden lassen. Weitere Attraktionen sind die Stadt Nelson, die Weingüter bei Blenheim sowie Kaikoura mit Walbeobachtungs- und vielen anderen Touren in die wilde Natur.

> ### Nach Hause telefonieren
>
> Auslandsgespräche können von Telefonzellen mit Münzen, Kreditkarten oder Prepaid-Telefonkarten geführt werden. Die an Kiosken und in kleinen Läden erhältlichen Telefonkarten für Auslandsgespräche bieten die günstigsten Tarife ins Festnetz. Eine Prepaid-SIM-Karte fürs Handy kann sich durchaus lohnen. Bei Auslandsgesprächen wählt man die 0049 für Deutschland, 0043 für Österreich oder 0041 für die Schweiz, dann die Ortsvorwahl ohne vorangestellte 0 und die Rufnummer (Details siehe S. 284).

Dunedin, fünf Autostunden südlich von Christchurch gelegen, war einst der Hauptort des Landes. Die Otago Peninsula ist ein Ziel für alle, die sich für Meereslebewesen interessieren. Auch in den Catlins weiter südlich gibt es Robben, Seelöwen und Pinguine zu sehen, daneben Wasserfälle und Wälder.

Im äußersten Süden, 725 Kilometer von Christchurch entfernt, bietet sich Stewart Island als letzte Station an. Die abgelegene Insel ist reich an Naturschätzen. Der Kiwi, der Nationalvogel Neuseelands, lässt sich hier am besten beobachten.

Weitere Highlights der Südinsel sind die Stadt Akaroa bei Christchurch, der Ferienort Wanaka und der Doubtful Sound, ein würdiger Rivale des Milford Sound.

Es sind die Nationalparks, die die größten Sehenswürdigkeiten bergen – jedoch auch andernorts stößt man auf manches Juwel, das noch nicht von allen Neuselandbesuchern endeckt wurde. ∎

Einwohner von Canterbury

Geschichte
& Kultur

Bodysurfen in der Cathedral Cove, Coromandel Peninsula

Neuseeland heute

Als die ersten Maori mit Kanus von Polynesien kamen, fanden sie eine abgeschiedene und einzigartige urgeschichtliche Welt vor. Sie nannten es Aotearoa, »Land der langen weißen Wolke«, da die hoch aufragenden Vulkane oft im Nebel lagen und die schneebedeckten Bergketten sich weiter erstreckten, als das Auge reichte.

Blick vom Sky Tower über Auckland

Uralte Wälder aus riesigen Nadelbäumen und Farne bedeckten einen Großteil des Landes, und die vielen Buchten und Strände dieser großen, unberührten Inseln waren von türkis und tiefblau schimmerndem Meer gesäumt.

Trotz ihrer Stammesfehden führten die Maori hier ein gutes Leben, bis die Engländer eine Kolonie errichteten, die durch Ausbeutung der Ressourcen des Landes erblühte. Aus Aotearoa wurde Neuseeland, die Siedler gestalteten die Landschaft um, verwandelten Hügel und Täler in Ackerland und ließen auf grünen Weiden Schafe grasen. Neuankömmlinge und Maori gerieten aneinander, wobei Letztere durch Krankhei-

ten, Gewehrfeuer und die wachsende Zahl nach Land dürstender Einwanderer dezimiert wurden. Doch Aotearoa sollte seine polynesischen Wurzeln nie verlieren. Das moderne Neuseeland ist ein englischsprachiges, entwickeltes, von europäischer Kultur dominiertes Land, doch in seinen Adern wird ewig polynesisches Blut fließen.

Neuseeland ist noch immer ein Anziehungspunkt im südpazifischen Raum: Bis heute suchen Polynesier aus Samoa, Tonga, Niue und von den Cook-Inseln hier ihr Glück. Es ist auch zunehmend attraktiv für Einwanderer aus Asien. Obwohl es also mehr und mehr multikulturell wird, bleibt das Bikulturelle für die Bevölkerung des Landes und seine Zukunft prägend.

Zwei Völker, ein Land

Unter den 4,6 Millionen Staatsbürgern bezeichnen sich etwa 15 Prozent als Maori und 68 Prozent als europäischstämmig oder Pakeha. So wird Neuseeland zur Begegnungsstätte zweier Kulturen – ein stets faszinierendes Aufeinandertreffen.

Die Beziehungen zwischen den Ethnien erhielten mit dem Vertrag von Waitangi 1840 eine gute Basis, denn den Maori wurden – ungewöhnlich für eine Kolonie – ihre Rechte und ihr Landbesitz garantiert. Doch der Landhunger der Siedler führte unausweichlich zum Krieg, den die Maori nicht gewinnen konnten. Aus Rache beschlagnahmten Kolonisten Land, missachteten den Vertrag und vertrieben die Stämme in zumeist abgelegene Gegenden. Bis in die 1950er Jahre gab es wenig Berührung zwischen beiden Gemeinschaften, dann strömten die Maori in großer Zahl in die Städte. Wirtschaftlich hatten sie davon Vorteile, doch viele verloren den Kontakt zu ihrer Sprache und Kultur.

In den letzten Jahrzehnten hat das Interesse an Maoritanga (der Kultur der Maori) stark zugenommen und Neuseeland als Ganzes beflügelt. Die Regierungen nehmen die Belange der Maori sehr ernst und sind heute bemüht, soziale und ökonomische Ungerechtigkeiten zu beseitigen. Ein Meilenstein war die Einrichtung des Waitangi-Tribunals 1975, das Verstöße gegen den Vertrag von Waitangi ahnden und Ausgleichszahlungen an Stämme beschließen soll – ein Zeichen des Wunsches nach einem Neuanfang in den Beziehungen zwischen den Ethnien. Dieser Prozess ist noch nicht abgeschlossen, allerdings hat der Bikulturalismus auch seine Kritiker – von Pakeha, die »ein einiges Neuseeland« befürworten, bis zu Forderungen einiger Maori nach einem eigenen Staat. Für den Besucher eröffnet die Maorikultur insbesondere auf der Nordinsel einen farbenfrohen Einblick in eine reiche Tradition.

Helden der Kiwis

Zu den Kiwi-Helden gehören der Atomphysiker Ernst Rutherford und der Mount-Everest-Erstbesteiger Sir Edmund Hillary. Sportler wie die All Blacks, die Rugby-Nationalmannschaft, sind Halbgötter, und auch der Kulturbetrieb hat Ikonen hervorgebracht – von der Autorin Katherine Mansfield bis zu den Hollywood-Exporten Sam Neill, Russell Crowe und Peter Jackson, dem Regisseur von *Der Herr der Ringe*.

Die meisten Neuseeländer sind Nachfahren englischer, schottischer oder irischer Siedler, aber das Land hat seine britischen Fesseln längst abgestreift. Es liegt ihm aber ebenso daran, sich von Australien zu distanzieren, dem größeren, lauteren und gönnerhaften Vetter jenseits der Tasmansee.

Voller Stolz und auf ihre Unabhängigkeit bedacht, nennen die Neuseeländer sich (und ihre Kultur) »Kiwi«, nach dem flugunfähigen, nachtaktiven Nationalvogel. Wenn Kiwis international Furore machen, schwillt allen Neuseeländern die Brust. Und obwohl sie den Anspruch erheben, vom Motorflug bis zum Joggen beinahe alles erfunden zu haben, wird der Nationalstolz doch durch einen Hang zur Selbstironie und das Misstrauen gegenüber jeglicher Autorität im Zaum gehalten.

Kiwis sehen sich gern als Bilderstürmer, Verfechter der Gleichheit und Weltführer in Sachen Sozialreform: Neuseeland war das erste Land, das in den 1890er Jahren das Frauenwahlrecht einführte. Es sieht sich bis heute durch eine fortschrittliche Umwelt-, Sozial- und Bevölke-

Drei Maorijungen am Waikanae Beach, Gisborne

rungspolitik geprägt. Mit hohem Lebensstandard und niedrigen Kriminalitätsraten belegt es hinsichtlich Lebensqualität regelmäßig einen Spitzenplatz. Die Kirchturmpolitik der Vergangenheit hat Neuseeland hinter sich gelassen, augenfällige Exzesse gibt es allenfalls in Sachen politische Korrektheit. Die Kiwis sind um ihre Lebensart nur zu beneiden.

Europäischstämmige Kiwis definieren ihren Nationalcharakter oft mit Blick auf die frühen Siedler. Diese Pioniere führten ein raues, abgeschiedenes Leben und meisterten die widrigen Umstände mit harter Arbeit, Entschlossenheit und Anpassungsfähigkeit. Kiwis rühmen sich ihres Einfallsreichtums und ihrer Autarkie, man hört oft, mit einem »Zaundraht Nr. 8« – so die übliche Größe für Zäune auf Farmen – lasse sich alles in Ordnung bringen.

Wenngleich vor allem männliche, durch den Rugbysport verkörperte Werte in der Gesellschaft hohen Stellenwert genießen, sind alternative Lebensstile ebenfalls willkommen. Selbst in kleinen Ortschaften finden sich Künstler und Kunsthandwerker. Auch Frauen tragen im modernen Neuseeland viel zur Dynamik des öffentlichen Lebens bei und besetzen Führungspositionen in Politik, Justiz, Verwaltung und Wirtschaft.

Neuseeland besitzt trotz seines agrarischen Hintergrunds eine urbane Gesellschaft. Allerdings wirken sogar größere Städte dörflich, jeder scheint jeden zu kennen oder verhält sich zumindest so. Auf abgelegenen Straßen winken Autofahrer einander zu wie alte Freunde.

Nicht mehr auf dem Rücken der Schafe

Der globale Wandel hat auch in Neuseeland dramatische Veränderungen bewirkt. Nach Jahren mit hohem Lebensstandard hat es in einer Zeit sinkender Agrareinnahmen Korrekturen an seinem Wohlfahrtssystem vornehmen müssen. Einst galt es als agrarisches Hinterland Großbritanniens, doch nun muss es sich nach weiteren Märkten umsehen und seine Wirtschaft neu justieren.

In Neuseeland können Sie Mittelerde erleben und ein Hobbit-Haus besichtigen

Bei den Exporten spielen Agrargüter noch immer die Hauptrolle, vor allem Milchprodukte, Fleisch und Holz, doch der Dienstleistungssektor nimmt an Bedeutung zu. Entsprechend boomen Touristenstädte mit betriebsamen Cafés und ausgebuchten Hotels. Seit den 1980er Jahren hat sich das Land dem freien Welthandel verschrieben. Geschickte Unternehmer entdecken neue Chancen für Neuseeland auf dem Weltmarkt, trotz der Schwierigkeiten für eine kleine, weit abgelegene Volkswirtschaft. Das betrifft in erster Linie den exportorientierten Weinbau und die florierende Filmindustrie. Die Welt findet zunehmend Geschmack an guten Weinen aus Down Under, und der Erfolg von *Der Herr der Ringe* sorgt für ausländische Investitionen in neuseeländische Spitzenstudios.

Das Wachstum findet vorrangig in Metropolen wie Auckland statt, der einzigen echten Großstadt Neuseelands, doch auch den Küstenstädten geht es gut: Hierher strömen die Babyboomer mit ihren Immobiliengewinnen. Ruheständler suchen Sonnenschein, schöne Strände und Yachthäfen, mit denen Neuseeland gut ausgestattet ist.

Neuseeland ist berühmt für seine Wanderwege, wie den Milford Track, den Routeburn Track und den Tongariro Alpine Crossing Track.

Die Natur wird gehegt und gepflegt

Trotz oder vielleicht gerade wegen der Umweltschäden, die die frühen Siedler verursachten, betreiben die Neuseeländer einen Kult um die Natur. Ein System von Nationalparks schützt die Schätze des Landes. Die größten Attraktionen – die Southern Alps, Gletscher, Fjorde, Vulkane und wundervolle Wanderwege – liegen in Nationalparks, die vom Department of Conservation, dem DOC, verwaltet werden.

Die DOC-Büros in den Parks sind eine gute Informationsquelle für Wanderungen, Hütten – mit denen die Parks gut bestückt sind – und das Wetter. Neuseeland ist für seine Wanderwege berühmt. Neun Routen sind vom DOC als *Great Walks* markiert worden: Sie führen durch die schönsten Landschaften und bieten besser ausgestattete Hütten zur Übernachtung. Die meisten müssen über die DOC-Website *(www.doc. govt.nz)* gebucht werden.

Zwar hat Neuseeland außer Fledermäusen keine heimischen Landsäugetiere zu bieten, dafür aber eine einzigartige Vogel- und Meereswelt. Seebären, Seelöwen und Pinguine gehen an vielen Stränden an Land, während sich im Wasser Delfine und Wale beobachten lassen.

Die beiden Persönlichkeiten Neuseelands

Neuseeland ist ein Land aus zwei Inseln, zwei Hälften, zwei Persönlichkeiten.

Drei Viertel der Bevölkerung leben auf der Nordinsel, die für ihre thermischen Aktivitäten, Vulkane und die Maorikultur bekannt ist. Die Insel besitzt Berge und eine schöne Küstenlandschaft, und doch bleiben

Mutige Wanderer auf einer Hängebrücke beim Mount Sefton auf der Südinsel

vor allem Bilder von Weideland und von mit Schafen übersäten Hügeln im Gedächtnis.

Die Südinsel ist wilder und spektakulärer. Hier finden sich mächtige Berge, Fjorde, Gletscher und Seen. Der Einfluss der Maori ist weniger zu spüren, und die Städte pflegen ihre britischen Wurzeln.

Die Nordinsel wird von Auckland dominiert. Die Stadt mit 1,4 Millionen Einwohnern ist die heimliche Hauptstadt von ganz Polynesien. Die »echte« Hauptstadt Wellington im Süden der Nordinsel ist kleiner, aber sehr kultiviert und schön gelegen. Die Nordinsel ist das Kerngebiet der Maori – insbesondere der hohe Norden und der Osten, wo in den *marae* (zentralen Versammlungsstätten) die Kultur gepflegt wird.

Naturbegeisterte Besucher kommen hierher, um die berühmten Schlammtümpel und Geysire zu sehen. Vulkanische Aktivitäten sind ein

Merkmal der Nordinsel, und die mitten im Tongariro National Park aufragenden Vulkane sind ein Höhepunkt eines jeden Besuchs. Die Insel wartet außerdem mit einer eindrucksvollen Küste auf. Die geschützte Ostküste an der heiteren Bay of Islands in Far North bildet ein immer wieder unterbrochenes Band von Buchten, Stränden und Inseln.

Über eine rasche Passage gelangt man zur etwas größeren Südinsel, die rauer, dünner besiedelt und landschaftlich noch reizvoller ist. Die majestätischen Southern Alps verlaufen längs über die Insel – die höchsten Gipfel finden sich im Aoraki/Mount Cook National Park. Auch die atemberaubenden Gletscher Fox Glacier und Franz Josef Glacier sollte man sich nicht entgehen lassen.

Im äußersten Süden frästen vor Urzeiten Gletscherströme die Ehrfurcht gebietende Fjordlandschaft aus. Eine Kette von spektakulären Fjorden – darunter der berühmte Milford Sound – durchbricht die zerklüftete Küste, die als Unesco-Weltnaturerbestätte anerkannt ist.

Queenstown am Lake Wakatipu in landschaftlicher reizvoller Lage am Fuß der Southern Alps der ist der beliebteste Ferienort auf der Insel und ein Paradies für Sportler.

In Christchurch, dem Hauptort der Südinsel, zeugen Parks und Architektur vom englischen Erbe. Die Stadt Dunedin hingegen zelebriert ihre schottischen Wurzeln.

Das mit einzigartigen Naturwundern gesegnete Land hütet heute seine Natur wie einen Schatz und belegt im Umweltschutz weltweit eine Spitzenposition.

Neuseeland, einst Heimat der Maori, später kolonialer Außenposten und schließlich eine unabhängige Nation, ist ein junges, dynamisches und selbstbewusstes Land. Kulturelle Werte sind nicht einfach zu definieren und wandeln sich. Des britischen Erbes wohl gewahr, hat es seine polynesischen Wurzeln angenommen und eine einzigartige nationale Identität geschaffen, die sich mit selbstsicherem Blick auf die Welt weiterentwickelt. ∎

Der Akzent der Kiwis

Keine Betrachtung über Neuseeländer kommt ohne einen Kommentar zu ihrem Akzent aus. Er gleicht dem der Australier, hat über die letzten Generationen eine Sonderentwicklung genommen und wird mit wachsendem Patriotismus und Stolz auf die Kultur der Kiwis verbunden. Das Weglassen kurzer Vokale kann ausländische Besucher manchmal zur Verzweiflung treiben. Mehrere Vokale sind von dieser Eigenart betroffen, doch am deutlichsten ist der Unterschied beim kurzen »i«: Aus *fish and chips* wird hier *fush and chups*.

Neuseeland damals

Neuseeland wurde als letzte größere Landmasse besiedelt. Die Inseln sind ein isolierter Überrest des Riesenkontinents Gondwana, der in Indien, Australien, die Antarktis, Südamerika und Afrika zerbrach.

Nach Maoriüberlieferungen war Kupe der Entdecker Neuseelands. Er kam aus dem polynesischen Hawaiki übers Meer und nannte das neue Land Aotearoa (»Land der langen weißen Wolke«). So wurde die Geschichte früher auch an neuseeländischen Schulen als Tatsache gelehrt, später aber weitgehend als Legende entlarvt.

Einwanderung der Maori

Tatsächlich ist es ungewiss, warum und von wo die Maori ursprünglich hierher aufbrachen. Ihre Sprache weist die größte Ähnlichkeit mit polynesischen Sprachen auf den Cook-Inseln und Tahiti auf, so dass sie wahrscheinlich von dort kamen. Als gesichert gilt, dass sie die Reise in *waka* (Kanus) zurücklegten, weshalb einige Maoristämme ihre Herkunft auf eines dieser *waka* zurückführen.

   Wann sie hier anlandeten, war Gegenstand heftiger Debatten. Einigen Theorien zufolge geschah die Besiedlung Neuseelands durch die Maori bereits um 800, nach neuerer Auffassung jedoch erst ab dem 13. Jahrhundert.

   Die Neuankömmlinge fanden ein Land vor, das ihnen sehr fremd war. Aber mit seinen 1600 Kilometern Länge war es riesig, dazu bergig und fruchtbar. Den aus den Tropen stammenden Polynesiern erschien es kalt. Gestalt nahm die Maorikultur durch Anpassung an, die zunächst durch die Jagd auf Moas erleichtert wurde. Die riesigen flugunfähigen und daher leicht zu fangenden Vögel gab es hier in großer Zahl, doch in vielleicht 100 Jahren waren sie durch die Jagd nahezu ausgelöscht. In nördlichen Gebieten dienten Robben als Hauptnahrungsquelle, doch auch sie wurden dezimiert.

   Im 14. und 15. Jahrhundert gewann die Landwirtschaft an Bedeutung, und die Maori wurden sesshafter. *Kumara* (Süßkartoffeln) spielten eine große Rolle. Da ihre Knollen in Gruben gelagert werden mussten, nahm das Nomadentum weiter ab. Bei den Schnitzereien der Maori bildeten sich verschiedene Stile heraus. Auch die Verwendung natürlicher

> ## Die Herkunft der Maori
>
> Vor etwa 5000 Jahren entwickelte das Volk der Austronesier in Südostasien Fähigkeiten in der Seefahrt, die es ihm ermöglichten, in den Pazifik auszuschwärmen. Etwa 1000 v. Chr. hatten sie Tonga und Samoa erreicht.
>
>   Diese Urahnen der Polynesier blieben in ihrer neuen Heimat fast ein Jahrtausend sesshaft und stießen dann weiter in den Ostpazifik vor. Mit ihren Doppelrumpfkanus fuhren sie nach Osten zu den Marquesas, schließlich nach Süden bis Tahiti und nach Norden bis Hawaii.

Waka (Kriegskanu) der Maori in der Wairoa Bay, Northland

Ressourcen wie Flachs zum Weben und der kostbaren *pounamu* (Jade) zum Schnitzen entwickelte sich.

Mit der Zunahme der Bevölkerung und wachsender Rivalität in der Nutzung der Rohstoffe kam es häufiger zu Konflikten. Befestigte Dörfer, sogenannte *pa*, wurden auf Hügeln erbaut und bei Auseinandersetzungen besetzt, und größere Stammeszusammenschlüsse gewannen für die Verteidigung an Bedeutung. Aber es gab auch einen funktionierenden Handel. Der Austausch von Jade florierte zwischen den Maori der Südinsel und den Stämmen des Nordens, und aus anderen Regionen wurden Minerale wie Obsidian ausgeführt. Als im 17. Jahrhundert die Europäer Aotearoa erstmals besuchten, hatte sich eine Maorikultur entwickelt, die sich von jener im östlichen Polynesien deutlich unterschied.

Beim ersten Kontakt mit Europäern hatte das Land eine Bevölkerung von 100 000 Maori – die letzte größere Bevölkerungsgruppe überhaupt, die keine Verbindung zur übrigen Welt hatte.

Kupe und Toi – die großen Entdecker

Zahlreiche Geschichten zur Einwanderung der Maori beginnen mit dem Halbgott Maui, der von seinem Kanu – der Südinsel – aus die Nordinsel angelte, mit Stewart Island als Anker. Viele Stämme führen ihre Herkunft auf eines der *waka* (Kanus) zurück, mit denen ihre Vorfahren aus Hawaiki kamen. Doch auch von Kupe und Toitehuatahi ist oft die Rede. An der Westküste der Nordinsel spielt Kupe eine große Rolle in den Mythen. Er soll Hokianga entdeckt haben, dann nach Hawaiki zurückgekehrt sein und dort dafür geworben haben, in das neue Land auszuwandern. An der Ostküste der Nordinsel berufen sich dagegen viele Stämme auf Toitehuatahi (Toi), der einigen Überlieferungen nach aus Hawaiki kam, während andere meinen, er sei in Neuseeland heimisch gewesen und habe den Stamm Te Tine o Toi (Tois Vielzahl) gegründet.

Erkundung durch Europäer

Der holländische Seefahrer Abel Janszoon Tasman (1603–59) sichtete auf der Suche nach dem großen unbekannten Südkontinent *(Terra australis incognita)* als erster Europäer Neuseeland. Nachdem er die heute nach ihm benannte See überquert hatte, erspähte er am 13. Dezember 1642 die Südinsel. Fünf Tage darauf ging er in der Golden Bay im Norden der Südinsel vor Anker. Maori-Trompeten begrüßten die Holländer, die diesen Gruß erwiderten – nicht wissend, dass sie damit eine Aufforderung zum Kampf angenommen hatten. Die neue Welt, die nach der holländischen Provinz den Namen Nieuw Zeeland erhielt, galt als feindselig und wirtschaftlich uninteressant. Der britische Forschungsreisende James Cook (1728–79) umfuhr Neuseeland binnen sechs Monaten. Mit Wissenschaftlern wie dem Botaniker Joseph Banks (1743–1820) sammelte er umfangreiche Informationen über das Land.

Cook erschienen die Maori »tapfer, edel, offen und gütig«, und auf jeder seiner drei Pazifikreisen besuchte er Neuseeland. Er erwies sich als fortschrittlicher Mann, dessen Umgang mit den Maori zumeist freundlich und respektvoll war, wenngleich nicht störungsfrei war. Auf seiner zweiten Reise 1773 wurden im Queen Charlotte Sound zehn seiner Leute von Maori getötet und verspeist. Cook zeigte Beherrschung, eine Tugend, die ihm 1779 auf Hawaii fehlte: Nach einem Streit über eine gestohlene Jolle wurde er von Dorfbewohnern getötet.

Auch französische Forschungsreisende zog es in den Pazifik. Marion du Fresne (1724–72) bestimmte die Bay of Islands 1772 zu seiner Basis und reparierte hier seine Schiffe. Nach zwei Monaten herzlichen Umgangs mit den Maori schlug die Stimmung um: Fresne und 25 seiner Männer wurden nach einem Angelausflug getötet. Als Vergeltungsmaßnahme plünderten die Franzosen ein Dorf und töteten 250 Bewohner.

Robben, Wale und Missionare

Angesichts der Probleme, mit denen die ersten Europäer in Neuseeland konfrontiert waren, entschieden die Briten, ihre erste Kolonie im Pazifikraum 1788 in Port Jackson (Sydney) in Australien einzurichten und deren Aufbau Strafgefangenen zu überlassen. Mit der Ausdehnung der Strafkolonie und in der Hoffnung auf ökonomische Gelegenheiten richteten sich die Augen auf das Land jenseits der Tasmansee.

Cook hatte berichtet, dass es in Neuseeland Pelzrobben im Überfluss gab, und so errichteten Siedler 1792 eine Basis am Dusky Sound auf der Südinsel. Trotz der rauen Bedingungen kamen viele weitere Siedler

Statue von Captain Cook auf dem Victoria Square, Christchurch

nach, und bald darauf wurde der Walfang zum bedeutenden Wirtschaftszweig. Im Dorf Kororareka (heute Russell) an der Bay of Islands wurden stets Dutzende von britischen, französischen und amerikanischen Walfangschiffen zugleich betreut. Dies war der erste engere Kontakt zwischen Maori und Europäern. Kororareka wurde als »Lasterhöhle des Pazifik« bezeichnet, der die Missionare allerdings bald das himmlische Licht brachten. Reverend Thomas Kendall (1778–1832) freundete sich mit dem Ngapuhi-Häuptling Hongi Hika (um 1772–1828) an und nahm ihn mit nach London. Auf der Rückfahrt gelang es Hika, an die 500 Musketen zu erwerben. Das ermöglichte dem Stamm der Ngapuhi, eine alte Rechnung zu begleichen – mit verheerenden Folgen in den Musketenkriegen (siehe S. 110).

Die Unterzeichnung des Vertrags von Waitangi, **Gemälde (1939) von Marcus King**

Britische Annexion

Die frühe Besiedlung durch Europäer beschränkte sich weitgehend auf
Robbenjäger und Walfänger. 1830 lebten auf Neuseeland nur etwa
300 Europäer, doch mit dem Aufschwung des Handels und zunehmender Gesetzlosigkeit in der Bay of Islands beschloss die Kolonie in
Australien, in der Siedlung für Ordnung zu sorgen.

James Busby (1802–71) wurde zum britischen Regierungsvertreter
ernannt und ließ sich 1833 in Waitangi nieder. Allerdings hatte er weder
echte Befugnisse noch Polizeikräfte. Aktiv wurden die Briten erst, als sie
eine Annexion durch die Franzosen und die private New Zealand Company, die im großen Stil Land an sich riss, befürchteten.

William Hobson (1792–1842) wurde zum ersten Vizegouverneur der
neuen Kolonie ernannt. Er verhandelte mit den Maorihäuptlingen, die er

dazu brachte, ihre Hoheitsgewalt der britischen Krone zu
übertragen – ein Akt, der durch den Vertrag von Waitangi 1840 bestätigt wurde. Der hastig ausgearbeitete
Vertrag ist bis heute heftig umstritten (siehe S. 90). Er
sprach Königin Viktoria die Souveränität über das Land
zu, sicherte den Maori aber die Kontrolle über ihren
Grund und Boden und dieselben Rechte wie britischen
Untertanen zu. Damit auch andere Häuptlinge
ihn unterzeichnen konnten, wurde der Vertrag im Land
herumgeschickt, und am 21. Mai 1840 erklärte Hobson
Neuseeland zur britischen Kolonie. Im Jahr darauf ver-
legte er die Hauptstadt nach Auckland.

Die Annexion bereitete den Weg für eine Besiedlung
im großen Stil, und mit der Einwanderung wuchs die
Unzufriedenheit der Maori. Insbesondere Landverkäufe
waren Gegenstand von Auseinandersetzungen, da
Gemeinschaftseigentum der Maori häufig von unbefug-
ten Leuten verkauft wurde.

Auf der Südinsel brachen im Juni 1843 Kämpfe aus,
als die New Zealand Company im Wairau Valley siedeln
wollte. Nachdem der Maorihäuptling Te Rauparaha (um
1760–1849) Versuche zur Landvermessung behindert
hatte, schickte die Company eine Gruppe Bewaffneter,
um ihn festnehmen zu lassen – 22 Europäern wurde
eine tödliche Lektion erteilt. In der Bay of Islands war
der Ngapuhi-Häuptling Hone Heke (um 1810–50), Erst-
unterzeichner des Vertrages von Waitangi, bald von den
Briten enttäuscht. Nachdem er dreimal den britischen
Fahnenmast in Kororareka niedergelegt hatte, griff er
die Stadt 1845 an. Binnen Monaten kamen Hunderte
ums Leben in dem Kampf, den sich Heke und sein
Verbündeter Kawiti mit britischen Truppen lieferten, die von Stammes-
feinden unterstützt wurden. Mit dem Friedensschluss von Heke und
Kawiti mit Gouverneur George Grey (1812–98) war der Krieg zu Ende,
doch der Unmut unter den Maori schwelte weiter.

Masseneinwanderung

Bei Unterzeichnung des Vertrags von Waitangi lebten 2000 Europäer in
Neuseeland, bis Ende der 1850er Jahre waren es fast 60 000 und damit
ebenso viele wie Maori. 1881 war die Zahl der europäischen Siedler auf
500 000 gestiegen.

In der Frühzeit wurde die Besiedlung auch von der New Zealand
Company vorangetrieben, die Edward Gibbon Wakefield begründet
hatte. Mit Unterstützung einflussreicher Gönner in London machte er
sich daran, seine Interessen im Pazifik durchzusetzen, was darauf hin-
auslief, den Maori für wenig Geld Land abzukaufen und mit einem

ordentlichen Gewinn an gut situierte Kapitalisten weiterzuverkaufen sowie befähigte Arbeitskräfte anzulocken, die der Kolonie und den neuen Landeigentümern zu Diensten sein sollten.

Unter allen größeren Siedlungen wuchs nur Auckland unbehelligt von solchen sozialen oder religiösen Visionen heran. Obwohl es 1865 den Status der Hauptstadt an Wellington verlor, erlebte es einen Boom. Die Hälfte der Einwanderer waren Engländer, gefolgt von Schotten. Die großenteils katholischen Iren wurden zur Einwanderung nicht ermutigt, dennoch stieg ihr Anteil an der europäischen Bevölkerung in den 1860er Jahren auf knapp 20 Prozent.

Die Neueinwanderer nahmen, nachdem sie ganze Wälder abgeholzt oder niedergebrannt hatten, viel Land unter den Pflug. Bevorzugte Tätigkeit war jedoch die Schafzucht. 1858 gab es im Land 1,5 Millionen Schafe, eine Zahl, die sich binnen drei Jahrzehnten verzehnfachte. Insbesondere auf der Südinsel machten Wollbarone ein Vermögen, doch bevor es zu einem echten Boom der Wirtschaft und der Bevölkerung kam, musste erst Gold entdeckt werden.

Gold

Bereits in den 1850er Jahren wurde auf der Coromandel Peninsula Gold abgebaut, doch der Goldrausch setzte mit der Entdeckung reicher Vorkommen in Otago auf der Südinsel 1860/61 ein. Dunedin profitierte besonders und entwickelte sich zur größten und bedeutendsten Stadt des Landes. In den 1870er Jahren versiegten die Goldvorkommen, doch mittlerweile hatte sich die Bevölkerungszahl verdoppelt, und alle blickten hoffnungsvoll in die Zukunft – mit Ausnahme der Maori.

Neuseelandkriege

Während die Besiedlung in den Küstenregionen zunahm, blieb das Hinterland fest in der Hand der Maori. Doch bald drohte die europäische Landwirtschaft auch das Innere der Inseln zu erfassen.

Um der Dominanz der Pakeha zu begegnen, schlossen sich die Maori erstmals über die Stammesgrenzen hinweg zusammen. Die Kingitanga, das Maori King Movement (Königsbewegung), wurde ins Leben gerufen; 1856 wählten zahlreiche Anführer einen Maorikönig. Nachdem sich ein Taranaki-Häuptling den Landverkäufen bei New Plymouth widersetzte, wurden 1860 Truppen entsandt – damit brach der Taranaki-Krieg aus. Die Maori fügten dem Gegner von den pa (Hügelfestungen) aus schwere Verluste zu, bis 1861 eine Waffenruhe vereinbart wurde. 1863 brach der Krieg in der Region Waikato erneut aus. Die Kämpfe breiteten sich bis in die Bay of Islands aus, kamen aber 1864 zum Erliegen.

Die messianische Bewegung Pai Marire, die Christentum und Maoriglaube verband, terrorisierte Teile von Taranaki und die Ostküste der Nordinsel. 1866 wurde sie niedergeschlagen und ihre Anhänger vertrieben. Dies ermöglichte den Aufstieg von Te Kooti (um 1830–93), den Gründer der Religion Ringatu, der seine Gefolgsleute dazu brachte, 1868 bei einer Attacke auf eine Siedlung 54 Menschen abzuschlachten.

Der kriegerische Geist der Maori offenbart sich im *haka*. Die neuseeländische Rugby-Nationalmannschaft schüchert vor dem Match den Gegner mit dem rituellen Tanz ein (siehe Kasten S. 73)

Von Europäern und Maori gejagt, kämpfte er fast vier Jahre lang und zog sich schließlich ins abgelegene King Country (siehe S. 111) zurück. Die Auseinandersetzung zwischen Kolonialregierung und Maori flauten ab.

Die Nation entsteht

Die Neuseelandkriege verlangsamten die europäische Besiedlung der Nordinsel nur kurzfristig. Es wurde noch mehr Land beschlagnahmt, und geschäftstüchtige »Politiker« machten riesige Gewinne.

Julius Vogel (1835–99) brachte es in dieser Art der politischen Führung am weitesten. Der ehemalige Journalist war über mehrere Amtsperioden Premierminister und lenkte den wirtschaftlichen Boom der 1870er Jahre. Mit einer sogenannten unterstützten Einwanderung versuchte er, neue Siedler anzulocken. Frauen aus Großbritannien, insbesondere Hausangestellte, mussten für die Überfahrt nichts bezahlen – so sollte dem Ungleichgewicht der Geschlechter entgegen gewirkt werden. Gold, Land- und Forstwirtschaft hatten unverheiratete Männer in Scharen angezogen, die oft ein hartes, einsames Leben führten: Die neuseeländische Gesellschaft wirkte männlich-roh.

In den 1880er Jahren wurde Neuseeland von der weltweiten Wirtschaftskrise erfasst. Die Wollpreise fielen in den Keller, doch die Einbußen wurden teilweise durch den Export von Tiefkühlfleisch nach

Australische und neuseeländische Truppen auf der türkischen Halbinsel Gallipoli, 1915

England ausgeglichen, der durch neue Gefriertechniken möglich war. Zu den wichtigen Exportgütern gehörte auch das Holz der Kauribäume von Coromandel und Northland, das im Schiffs- und Hausbau geschätzt wurde. Anfang des 20. Jahrhunderts hatten sich die mächtigen Wälder so gelichtet, dass man um den Bestand fürchten musste.

Die Forderung nach Reformen im Arbeitsleben brachte 1891 die Liberal Party an die Macht. Ihr gelangen durchgreifende Veränderungen und Neuseeland wurde zum Experimentierfeld in Sachen Sozialreformen. Das Arbeitsrecht führte zu verbesserten Arbeitsbedingungen.

Durch eine Landreform wurde der Großgrundbesitz aufgeteilt. 1893 führte Neuseeland als erster Staat überhaupt das Frauenwahlrecht auf Landesebene ein. 1898 folgte eine Altersrente, auch das Gesundheitswesen wurde ausgebaut. Richard Seddon (1845–1906), von 1893 bis zu seinem Tod Premierminister, erhielt den Spitznamen »König Dick«. Die Liberalen sollten für die nächsten 21 Jahre die Politik in Neuseeland bestimmen.

> ## Unabhängigkeit
>
> 1947 ratifizierte Neuseeland das Statut von Westminster und erhielt damit in der Innen- und Außenpolitik vollständige Unabhängigkeit von Großbritannien. Trotz der Autonomie blieb das Commonwealth für viele die Heimat. Entsprechend groß war der Jubel, als »ihre« neue Königin Elisabeth II. 1952/53 Neuseeland besuchte.

1900 hatte Neuseeland weltweit das höchste Bruttoinlandsprodukt pro Kopf. Die Nordinsel, nun nicht mehr in Konflikte verwickelt, überflügelte die Südinsel. Auckland wuchs rapide und wucherte an den Rändern. Die Maori jedoch blieben auf dem Land. Zwar nahm ihre Zahl nicht weiter ab, gleichwohl betrug ihr Anteil an der Gesamtbevölkerung um 1900 nurmehr zehn Prozent.

1907 erhielt Neuseeland den Status eines Dominion, was mit einer größeren Unabhängigkeit von Großbritannien einherging. Dennoch folgten die Neuseeländer dem Aufruf des Königreichs, Truppen in den Burenkrieg in Südafrika zu entsenden. Neuseeland hatte nun bald eigene Kolonien, denn es erhielt von Großbritannien die Kontrolle über die Cook-Inseln und Niue. Im Ersten Weltkrieg kam Samoa hinzu.

Die Weltkriege

1914 folgte Neuseeland erneut dem britischen Kriegsaufruf: 100 000 Mann schlossen sich dem Australian and New Zealand Army Corps (ANZAC) an, um in Europa und Afrika zu kämpfen. Die Verluste waren hoch. Insgesamt kamen 17 000 Männer ums Leben: Eine hohe Zahl für ein so kleines Land.

Beim Streik der Goldgräber 1912 in Waihi schickte die konservative Regierung der Reform Party Polizeikräfte, wobei einer der Streikenden getötet wurde. Danach wuchs die Popularität der Sozialisten, bald gehörte die Labour Party zu den etablierten Parteien.

In den 1930er Jahren traf die Weltwirtschaftskrise Neuseeland hart, die Agrarexporte nach Großbritannien brachen ein. Die Labour Party

John Key, der 38. Premierminister von Neuseeland, mit seiner Frau Bronagh

erstarkte und stellte 1935 mit Michael Joseph Savage (1872–1940) erstmals den Premier. Von der Labour-Politik profitierten vor allem die benachteiligten Maori, auch wenn Maori und Pakeha damals in weitgehend getrennten Gemeinschaften lebten.

Ab 1941 herrschte erneut Krieg. Die Neuseeländer kämpften diesmal vor der eigenen Haustür. Nachdem Japan britische Positionen in Asien erstürmt hatte, suchte Neuseeland erstmals in den USA um Verteidigung an.

Auf- & Abschwung

Nach Kriegsende erfuhr die Wirtschaft eine neue Dynamik, während mit der Verfestigung des Kalten Krieges der Konservatismus zunahm. Neuseeland wandte sich 1949 von der Labour Party ab, und die für das freie Unternehmertum eintretende National Party kam an die Regierung. Aus Furcht vor dem Kommunismus schloss Neuseeland mit Australien und den USA den ANZUS-Militärpakt, Neuseeland musste sich deshalb auch in Vietnam engagieren.

In den 1960er- und 1970er Jahren fand Neuseelands Isolation ein Ende. Dank billiger Flugreisen, Satellitenkommunikation und Fernsehen kam die Welt ins Haus. Feministinnen wandten sich gegen den Rugby-Machismo, die Einwanderungshürden für Nichtweiße fielen. In Demonstrationen wurde die Rückkehr der Truppen aus Vietnam und ein Ende der Rugbyspiele mit dem Südafrika der Apartheid gefordert.

Vor allem aber stellten die Maori die Überzeugung der Pakeha infrage, dass Neuseeland ein Modellfall hinsichtlich der Beziehungen zwischen den Ethnien sei. Im Nachkriegsboom waren viele Maori in die Städte geströmt. Assimilation war die Forderung des Tages, doch nun prangerten die Maori nicht nur den Verfall ihrer Kultur und Sprache, sondern auch Ungerechtigkeiten in Vergangenheit und Gegenwart an. Ein zunehmender Radikalismus, Protestmärsche und Forderungen, den Vertrag von Waitangi hochzuhalten, beunruhigten viele.

Im Zeichen des Wandels und steigender Inflation kam 1972 Labour erneut an die Macht, hielt sich aber nur drei Jahre. Die National Party unter Robert Muldoon (1921–92) versuchte, dem ökonomischen Niedergang und der Liberalisierung zu begegnen. Das Einfrieren von Löhnen und Preisen sowie ausufernde Infrastrukturprojekte verschlimmerten die Situation jedoch und trieb die Verschuldung in die Höhe.

Das neue Neuseeland

Die Wahlen von 1984 ergaben eine neuerliche Labour-Regierung unter David Lange (1942–2005), der durchgreifende Reformen auf den Weg brachte. Labour führte außerdem eine unabhängige Außenpolitik mit einer strikten Anti-Atom-Haltung, die nicht nur im eigenen Land, sondern auch unter den Nachbarn im Pazifikraum, in dem Frankreich weiterhin Atomtests durchführte, sehr populär war. Auch die Reformen in der Gesellschaftspolitik waren nachhaltig, und Labour machte sich daran, den Beschwerden der Maori entgegenzukommen. Das Waitangi-Tribunal erhielt die Vollmacht, über Ansprüche zu entscheiden, die auf den Vertrag von 1840 zurückgeführt wurden. Daraufhin gab es Hunderte von Klagen auf Landrückgabe. Die Regierung vereinbarte mit einigen Stämmen Abfindungen in mehrfacher Millionenhöhe, doch der Prozess ist bis heute nicht abgeschlossen.

Aufgrund politischer Differenzen brach die Regierung auseinander, Lange trat 1989 zurück. Neu gegründete Parteien griffen den Unmut der Wähler über den radikalen Wandel auf, das Zweiparteiensystem begann aufzuweichen. Im Reformeifer wurde daraufhin 1993 das Wahlsystem in Richtung auf ein Verhältniswahlrecht nach deutschem Vorbild geändert, das kleinere Parteien begünstigte und die Politik Neuseelands weiter zersplitterte.

Doch das Zweiparteiensystem hielt stand. Aufeinanderfolgende Labour- und National-Regierungen bildeten Koalitionen mit kleineren Parteien. Die Wirtschaft blühte auf, nicht zuletzt wegen der boomenden Milchprodukte-Exporte nach China. Allerdings erfolgte durch das Erdbeben, das im Februar 2011 das Zentrum von Christchurch zerstörte, ein Einbruch.

Neuseeland ist heute ein ganz anderes Land als vor 30 Jahren. In seinem Nationalstolz will es sich vom britischen und australischen Einfluss befreien.

Bereits im September 2010 hatte ein Erdbeben die Innenstadt von Christchurch beschädigt, die am Mittag des 22. Februar 2011 von einem Erdbeben der Stärke 6,3 fast vollständig zerstört wurde. Hochhäuser stürzten ein, während in den Vorstädten 100 000 Wohnhäuser beschädigt wurden und 10 000 in sich zusammenfielen. 185 Menschen verloren bei dieser Naturkatastrophe ihr Leben. Glücklicherweise zählen Durchhaltevermögen und Anpassungsfähigkeit zu den Tugenden der Neuseeländer.

Neuseeland hat sich in den letzten 30 Jahren entscheidend verändert und ist bestrebt, sich von Großbritannien und Australien zu emanzipieren. Einwanderer von Pazifikinseln und aus Asien halfen, den eigenen Horizont zu erweitern. Die größte Veränderung aber brachte der erstarkende Bikulturalismus mit sich. Kultur und Anliegen der Maori sind im Alltag immer stärker präsent. MMP-Wahlrechtsreformen erreichten, dass Maori heute mehr Parlamentssitze und stärkeren politischen Einfluss haben. Das Neuseeland des 21. Jahrhunderts steht der Welt selbstbewusst und mit autonomer Identität gegenüber. ∎

Zu Besuch in einem *marae* am Lake Rotorua

Die Kultur der Maori

Mindestens seit dem 13. Jahrhundert, seit ihrer Einwanderung aus Ostpolynesien, leben Maori in Neuseeland. Ihre Sprache ist mit jenen auf Tahiti und den Cook-Inseln am engsten verwandt.

Einige mündliche Überlieferungen der Maori schreiben die Entdeckung Neuseelands dem Stammesführer Kupe aus Hawaiki zu. Nachdem er den Inseln den Namen Aotearoa (»Land der langen weißen Wolke«) gegeben hatte, kehrte er zurück, um von seinem Fund zu berichten, woraufhin eine große Flotte Kurs darauf nahm.

Tatsächlich gab es wohl mehrere Einwanderungswellen, doch die Maoristämme führen ihre Herkunft auf je eines der sieben Kanus dieser Flotte zurück: Arawa, Aotea, Horouta, Mamari, Mataauta, Tainui und Takitimu.

Gesellschaftliche Ordnung

Die wichtigste Gliederung in der Maorigesellschaft ist der *iwi* (Stamm), der aus mehreren *hapu* (Unterstämmen) besteht.

Bevor die Europäer kamen, war der Hapu wichtiger als der Iwi. Einem Hapu konnten mehrere Hundert Menschen angehören. Dieser setzte sich wiederum aus *whanau* (Familienverbänden) zusammen.

Ein Whanau von 20 oder 30 Familienangehörigen bewohnte ein oder mehrere Schlafhäuser und hatte oft sein eigenes Gebäude im Dorf. Als

Kriegergesellschaft errichteten die Maori befestigte Dörfer (*pa*), die sie in Kriegszeiten besetzten. Sie standen meist an strategisch wichtigen Punkten und hatten mit Pfählen bestückte Wälle, die Angreifer abhalten sollten.

Whakapapa (Abstammung) war in der Maorigesellschaft eine wichtige Bestimmungsgröße hinsichtlich Status und Stammesgliederung, und auf *hui* (Zusammenkünften) rezitierten Sprecher häufig die weit zurückreichende Genealogien ihrer Sippe.

Die Macht lag in Händen der *rangatira*, der Adelsfamilien. Der erstgeborene Sohn der führenden Familie war der *ariki*, der Erbhäuptling. Unterhalb der Rangatira standen die *tutua* (das gemeine Volk) und unter diesen die *taurekareka* (Sklaven).

Die *tohunga* (Priester) waren Spezialisten für religiöse Rituale, kannten sich aber auch in Landwirtschaft, Schnitzkunst, Genealogie, mündlicher Überlieferung und symbolträchtiger Tätowierung aus.

Nach der Ankunft der Pakeha (Europäer) verloren viele Stämme den Zusammenhalt. Um den wachsenden Einfluss der Pakeha zurückzudrängen, gab es Mitte des 19. Jahrhunderts Einigungsbestrebungen. Dadurch wurde der Iwi wichtiger als der Hapu.

Nach dem Zweiten Weltkrieg wurde der Iwi zum bestimmenden Stammesfaktor, da die Regierung auf den Iwi aufbauende Vorstände zur Vertretung der Interessen der Maori einrichtete.

In der zweiten Hälfte des 20. Jahrhunderts untergrub der Prozess der Verstädterung die Identität der Maori, viele verloren die Verbindung zu ihren Stammeswurzeln. Heute kennt etwa ein Fünftel der Maori seinen Iwi nicht. Die Zahl jener, die ihren Hapu nennen können, ist noch geringer. Gleichwohl

ERLEBNIS: In einem Marae

Die Versammlungsstätte *marae* ist der Ort, wo Stammesangelegenheiten geregelt werden und Hochzeiten, Trauerfeiern und religiöse Zeremonien stattfinden. Ein *marae* befindet sich meist im Herzen des Territoriums eines Stammes, es gibt aber auch *marae* für mehrere Stämme sowie Stadt-, Universitäts- und Kirchen-*marae*. Wellingtons Nationalmuseum verfügt über einen eigenen *marae* (siehe S. 154), und die Website www.naumaiplace.com/home/marae/ search verrät Ihnen, wo Sie lokale *marae* finden können.

Eigentlich ist der *marae* nur der Platz vor dem Versammlungshaus (*wharenui* oder Großes Haus), doch es ist üblich die gesamte Stätte mit dem Begriff zu bezeichnen. Ein weiteres Gemeinschaftsgebäude ist das *wharekai* für gemeinsam eingenommene Mahlzeiten. Der Außenbereich wird für Zeremonien und formelle Reden genutzt, während im Versammlungshaus wichtige Zusammenkünfte und kulturelle Aktivitäten stattfinden und Gäste untergebracht werden.

Den Vorfahren, nach dem das Versammlungshaus benannt ist, repräsentieren kunstvolle Schnitzereien: Der *tekoteko* auf dem Dach steht für seinen Kopf, die *maihi* (Zierbretter) für seine Arme, die Firststange für seine Wirbelsäule und die Dachsparren für seine Rippen. Die *poupou* genannten Holzstatuen im Inneren stellen weitere Vorfahren dar.

Ein *marae* ist heilig und für die Öffentlichkeit nicht allgemein zugänglich, doch auf manchen Mauritouren können sie besichtigt werden. Nutzen Sie die Gelegenheit, wenn Sie sie bekommen.

sind viele Maori daran interessiert, über den *marae,* die Versammlungsstätte des Stammes, ihre Stammesbindungen zu bewahren oder zurückzugewinnen.

Eine Maori bei einer Kulturvorführung in Rotorua

Religion

Die Religion der Maori beruhte auf der Verehrung der Natur und der Ahnen. Alles Lebendige und alle Elemente der Natur besaßen *mauri* (Lebenskraft). Eine Vielzahl von Göttern musste durch Riten besänftigt werden.

Zwei wichtige Aspekte des spirituellen Lebens der Maori waren *mana* und *tapu.* Das Mana (spirituelle Kraft oder Respekt) konnte durch Kriegführung,

Weisheit, Redekunst, Vererbung oder durch den Verzehr eines Feindes, dessen Mana man damit aufnahm, erworben werden.

Tapu (heilig oder tabu) bezieht sich auf Beschränkungen bei einer Reihe von Tätigkeiten: von Regeln des Jagens und Fischens bis zu Verboten im Umgang mit Toten oder heiligen Stätten. Einige ursprüngliche Tapu-Vorschriften finden sich heute noch in Bestattungsriten und im *marae*-Zeremoniell.

Im 19. Jahrhundert wurden die Maori im großen Stil bekehrt. Doch ihre traditionelle Religion wurde durch das Christentum nicht zerstört, sondern lebte mit dem Aufstieg zweier bedeutender christlicher Maorisekten weiter.

Die zu Beginn des 20. Jahrhunderts begründete Ratana-Bewegung hat noch heute viele Anhänger und einen beachtlichen politischen Einfluss. Die kleinere Glaubensrichtung der Ringatu, der »Erhobenen Hand«, wurde im 19. Jahrhundert von dem Guerillakämpfer und Propheten Te Kooti begründet. Bis heute gehören ihr noch 16 000 Menschen an.

Mythologie

Die Maorigesellschaft brachte aus der Heimat die polynesische Mythologie mit, passte sie aber der neuen Umgebung an. Der Halbgott Maui ist eine in ganz Polynesien bekannte Figur, und die Maori erzählen gern von seinen Heldentaten, zum Beispiel wie er von seinem Kanu, der Südinsel, aus die Nordinsel angelte (anderswo angelte er die Inseln von Hawaii).

Mythen dienten der Welterklärung und bildeten die Grundlage der Religion. Sie wichen von Stamm zu Stamm voneinander ab, auch wenn die Schöpfungsgeschichte meist ähnlich war: Sie beginnt mit dem Nichts, das vor der

Vereinigung der Erdmutter Papatua-nuku und dem Himmelsvater Ranginui herrschte (siehe Kasten S. 92).

Die Kunst der Maori

Unter den vielfältigen Tanztraditionen der Maori ist der *haka* sofort zu erkennen. Die All Blacks, Neuseelands Rugby-Nationalmannschaft führt diesen Kriegstanz vor dem Match auf, um den Gegner zu demoralisieren (siehe S. 72f). Das Stampfen, Beugen des Oberkörpers, Rollen der Augen und Herausstrecken der Zunge bietet tatsächlich einen furchterregenden Anblick und wird von einem dröhnenden, kehligen Chorgesang begleitet. Touristen können den *haka* bei Kulturvorführungen erleben, wie auch den Poi-Tanz, der von Frauen aufgeführt wird, die dabei an Bändern befestigte *poi* (Bälle aus Flachs) anmutig um den Körper wirbeln.

Im Pazifikraum waren die Maori die unerreichten Meister der Schnitzkunst. Menschliche Figuren wie Vorfahren waren grundlegende Motive. Auch Spiralen sind ein charakteristisches Merkmal, und das *manaia* ist ein eigentümliches Maorimotiv, das mal als Vogel, mal als Schlange oder als menschliche Gestalt aufgefasst wird.

Auch Knochen, Jade und Keulen für den Kriegsgebrauch wurden mit Schnitzereien verziert. Das bekannteste Ornament ist der *hei-tiki*, ein Anhänger, der eine verdrehte menschliche Gestalt mit zur Seite geneigtem Kopf darstellt.

Die Maorifrauen fertigten die schönsten Webereien im Pazifikraum. Aus Flachs gewann man einen feinen Faden, aus dem Matten, Umhänge, Röcke und Körbe gewebt wurden. Eindrucksvoll sind die mit Federn geschmückten Umhänge, die heute allerdings kaum noch – und wenn, dann mit importierten Federn – hergestellt werden.

Die Sprache der Maori

Nur vier Prozent der Bevölkerung sprechen Maori, doch es ist eine offizielle, in Schulen unterrichtete Sprache. Mancherorts können Kinder im Vorschul-

---

ERLEBNIS:
Einige Maoriwörter und -wendungen

Obwohl überall Englisch gesprochen wird, werden in den Medien und in der Alltagssprache zunehmend Maori-wendungen gebraucht. Neben ein wenig Elementar-Maori wie in der folgenden Liste sind auch geografische Begriffe wie **awa** (Fluss), **puke** (Hügel), **roto** (See), **wai** (Wasser) und **whanga** (Hafen) für das Verständnis von Ortsnamen nützlich.

kia ora: Hallo (auch: Danke)
haere mai: Willkommen
haere ra: Auf Wiedersehen
tena koa: Bitte
ae: Ja
kaore: Nein
marae: Versammlungsstätte eines Stammes
pa: befestigtes Dorf
Aotearoa: Neuseeland (»Land der langen weißen Wolke«)
tangata whenua: Volk des Landes (als Bezeichnung der Maori verwendet)

---

alter in *kohanga reo* (sogenannten Sprachnestern) ganz in die Maorisprache eintauchen. Nicht wenige Maoriwörter habenden Weg ins Alltagsenglisch gefunden, insbesondere in den Medien, wo Ansager ihre Moderation mit einem »*kia ora*« (Hallo) beginnen.

Kunst & Literatur

Zu Neuseeland fallen einem wilde Landschaften, Viehwirtschaft und Rugby ein. Die Kunst galt hier oft als Luxus, doch das Streben nach Identität und internationaler Anerkennung hat dazu geführt, dass Ikonen der Kultur wie Spitzensportler gefeiert werden.

Zu dieser Trendwende hat der Erfolg der Filmindustrie einiges beigetragen. Heute wollen Kiwis Bücher von Neuseeländern lesen, Filme von Neuseeländern sehen und einheimische Musik hören. In den Städten blühen Theater und Tanz – und auf dem Land scheint jeder Zweite zu töpfern oder zu malen.

Literatur

Die Kurzgeschichten von Katherine Mansfield (1888–1923) wie *Puppenhaus* und *Das Gartenfest* beschwören das Neuseeland der Kolonialzeit herauf. Zu den herausragenden neuseeländischen Autoren gehört auch John Mulgan (1911–45). In seinem Roman *Man Alone* beleuchtet er die gesellschaftlichen Verhältnisse in Neuseeland zu Beginn des 20. Jahrhunderts. Janet Frame (1924–2004), 2003 für den Nobelpreis nominiert, schrieb die Autobiografie *Ein Engel an meiner Tafel*, in dem sie ihr Martyrium in einer psychiatrischen Klinik schildert. Maurice Gee (geb. 1931) ist bekannt für elegante Prosa wie die bekannte *Plumb*-Trilogie. Weitere zeitgenössische Romanciers sind Elizabeth Knox (geb. 1959; *Der Feuerkuss*), Nigel Cox (1951–2006; *Tarzan Presley*), Emily Perkins (geb. 1970; *Roman über meine Frau*) und Lloyd Jones (geb. 1955; *Mister Pip*).

Maorischriftsteller tragen viel zur Dynamik der neuseeländischen Literatur bei, allen voran Keri Hulmes (geb. 1947) und sein preisgekrönter Roman *Unter dem Tagmond* (1984) über Gewalt, Spiritualismus, Liebe und Tod. Witi Ihimaera (geb. 1944) schrieb mit *Der Tag nach der Hochzeit* 1974 als erster Maori einen Roman, dem weitere, darunter *Whale Rider* (siehe Kasten S. 43), folgten. Eine wegweisende Maori-Autorin ist Patricia Grace (geb. 1937; *Potiki*), die sich mit menschlichen Beziehungen, Entwurzelung, Mythologie und Politik auseinandersetzt, während Alan Duff (geb. 1950) in Romanen wie *Warriors* den Kulturverfall thematisiert und kritisiert, dass die Maori sich in früherem Unrecht ergehen und es darüber versäumen, heute selbst Verantwortung zu übernehmen.

Skulpturen im Garten des Giant's House, Akaroa

Musik

Die neuseeländische Popmusikszene ist sehr lebendig und hat auch internationale Stars hervorgebracht, namentlich die Band Split Enz, die in den 1970er Jahren weltweit Erfolge feierte. Die Gründer Neil und Tim Finn waren später treibende Kraft hinter weiteren Musikprojekten, darunter die Band Crowded House. Die heimische Plattenindustrie wurde in den 1980er Jahren flügge, als die Firma Flying Nun aus Dunedin Bands wie The Chills und The Clean herausbrachte.

In jüngerer Zeit waren der Sänger Bic Runga (geb. 1976) und Gruppen wie The Mutton Birds, The Datsuns, Upper Hutt Posse und Che Fu erfolgreich.

Neuseeland hat drei Sinfonieorchester und ist die Heimat der berühmten Operndiva Dame Kiri Te Kanawa (geb. 1944).

Flight of the Conchords

1998 gründeten die Freunde Jemaine Clement und Bret Mckenzie das Folk-Duo Flight of the Conchords, von dem es später hieß, es sei »Neuseelands viertbeliebtestes Digi-Bongo-a-capella-Rap-Funk-Comedy-Folk-Duo mit Gitarrenbegleitung«. Die Musik bewegt sich zwischen Serge Gainsbourg und den Beastie Boys, doch immer mit einer großen Portion Comedy. Das Duo hatte viele Fans auch im Ausland und produzierte 2007 sogar eine Sitcom für den US-Sender HBO: *Flight of Conchords* begleitet Jemaine und Bret, die als sie selbst in den Straßen von New York die Höhen und Tiefen im Leben von B-Stars durchmachen.

Malerei

Die Maoriporträts von Charles Goldie (1870–1947) und Gottfried Lindauer (1839–1926) bleiben Ikonen aus der Frühzeit der neuseeländischen Kunst, auch wenn sie nach dem Ende des Kolonialismus in die Kritik gerieten. Vor allem Goldies verklärende Darstellungen von Stammesältesten der Maori als Letzte einer aussterbenden Ethnie wurden als rassistisch bezeichnet.

Die größte Wertschätzung genießen Maler, die einen schwärmerischen Blick auf Neuseeland werfen, von den Pionierwerken von Petrus Van der Velden (1837–1913) bis zu den wunderschönen Landschaften von Rita Angus (1908–70), William Sutton (1917–2000) und Grahame Sydney (geb. 1948).

Frances Hodgkins (1869–1947) gelangte in Großbritannien zu Ruhm, wo sie zu einer Protagonistin des britischen Modernismus wurde, aber es war Colin McCahon (1919–87), der diesen Stil im konservativen Neuseeland einführte.

Zu den führenden Köpfen der gegenwärtigen Kunstszene gehören unter anderem Bill Hammond (geb. 1947), Julian Dashper (geb. 1960), Shane Cotton (geb. 1964) und Michael Smither (geb. 1939).

Tanz

Das Royal New Zealand Ballet wurde 1953 gegründet. Doch schauten die Tänzer der Truppe typischerweise nach London, um dort Karriere zu machen. Rückkehrer wie Russell Kerr (geb. 1930) und Rowena Jackson (geb. 1926) brachten in den 1950er Jahren frischen Wind. Jon Trimmer (geb. 1939), ein Veteran der Royal Ballet School und des Sadler's Wells, gilt seit 1962 als führender Tänzer in Neuseeland und übernimmt noch heute Charakterrollen. Das Ensemble mit Sitz in Wellington hatte sich lange ganz der klassischen Schule verschrieben, führt jedoch seit einigen Jahren auch innovative Werke einheimischer Choreografen auf.

Die Limbs Dance Company übernahm in den 1970er Jahren eine Vorreiterrolle im Modern Dance, wobei sie mit Komponisten wie Don McGlashan (geb. 1959) und der Band Split Enz zusammenarbeitete. Choreografen wie Douglas Wright (geb. 1956) und Mark Balwin (geb. 1959), der künstlerische Leiter der Rambert Dance Company, gingen aus der Kompanie hervor, die sich aber 1989 auflöste.

Zu den zeitgenössischen Tanzkompanien gehören Black Grace aus Auckland. Sie verbindet in ihren athletischen Aufführungen die Kulturwelt des pazifischen Raums und den zeitgenössischen Tanz.

Theater

Trotz einer langen Geschichte des Repertoiretheaters erhielt Neuseeland erst 1952 mit den New Zealand Players eine professionelle Schauspieltruppe. Gründer waren Richard und Edith Campion, die Eltern der Filmregisseurin Jane Campion (geb. 1954). Das Ensemble bestand weniger als ein Jahrzehnt, inspirierte aber eine ganze Generation von Mimen. 1964 folgte die Downstage Theatre Company in Wellington, weitere Gründungen waren die Gruppen Mercury, Circa und Court. Als führende Dramatiker galten der britische Emigrant Roger Hall (geb. 1939) und Greg McGee (geb. 1950), dessen *Foreskin's Lament* (1980) in Neuseeland zum Klassiker wurde. Seit den 1980er und 1990er Jahren finden sich neben ausländischen Stücken regelmäßig auch einheimische Dramatiker auf den Spielplänen. Daneben hat das Maoritheater gebührende Beachtung gefunden, insbesondere die Werke von Hone Kouka (geb. 1966; *Wairoa*) und Briar Grace-Smith (geb. 1966; *Flat Out Brown*). Die Bats Company in Wellington hat vielen innovativen heimischen Produktionen den Weg geebnet, während Downstage und Circa Wellingtons Ruf als Zentrum des neuseeländischen Theaters weiter fördern.

> **Die Tanzkompanie Black Grace verbindet in ihren athletischen Shows die Kulturwelt des pazifischen Raums und den zeitgenössischen Tanz.**

Kino

Der neuseeländische Film wird von Peter Jackson (geb. 1961) angeführt, der mittlerweile als wichtigste Persönlichkeit im Kulturleben des Landes gilt. Bei den Dreharbeiten zu den *Der Herr der Ringe*-Filmen wurde das ganze Land zum Filmset. Die Welt wurde auf die neuseeländische Filmindustrie aufmerksam. Auch *Der Hobbit*, der 2012 in die Kinos kam, wurde in Neuseeland gedreht. Das neuseeländische Kino nahm seinen Anfang jedoch lange vor den Visionen von Mittelerde. Mit *Sleeping Dogs* (1977) startete die heimische Filmindustrie durch. Der Film begründete die Karrieren des Schauspielers Sam Neill (geb. 1947) und des Regisseurs Roger Donaldson (geb. 1945). In den 1980er Jahren strömten die Kiwis in Scharen in Filme, die in Neuseeland gedreht worden waren. *Mach's gut, Pork Pie* (1980) war einer von vielen Kassenschlagern. *Bad Blood* (1981) übte Kritik am Waffenwahn, und auch *Smash Palace* (1981) über eine gescheiterte Ehe und einen Sorgerechtsstreit behandelte ernste gesellschaftliche Themen. Geoff Murphys (geb. 1938) *Utu* (1983) bedeutete den Durchbruch für den Maoriwestern.

Peter Jackson macht Werbung für den Film
Der Hobbit von 2012

Vigil (1984) von Vincent Ward (geb. 1956), ein nachdenklicher Film über das Erwachsenwerden, beeindruckte in Cannes und brachte durch seinen künstlerischen Anspruch dem neuseeländischen Kino Anerkennung, doch erst Jane Campions mit drei Oscars bedachtes Meisterwerk *Das Piano* (1994) bescherte ihm volle internationale Aufmerksamkeit. Der Film erzählt von einer stummen Frau und ihrer Tochter, die sich im rauen Pionierleben zurecht finden müssen.

Es folgte Lee Tamahoris (geb. 1950) Film *Die letzte Kriegerin* (1994), ein brutales Märchen über das aus den Fugen geratene Leben einer Maorifamilie nach dem Roman *Warriors* von Alan Duff. Eine ähnliche Zerrissenheit zeigt sich auch in dem eher spirituell wirkenden Film *Whale Rider* (2002; siehe Kasten S. 43), dessen Geschichte auf einer Maorilegende beruht. Zu den erfolgreichsten Komödien aus Neuseeland zählen die in Aucklands Samoaner-Vierteln spielenden Streifen *Sione's Wedding* (2006) und *Boy* (2010) über das Erwachsenwerden eines Maori.

Peter Jackson drehte anfangs Splattermovies wie *Meet the Feebles* (1989) und zog mit *Heavenly Creatures* (1994) Aufmerksamkeit auf sich. Sein Film *King Kong* (2005) wurde bereits in seinem Unternehmen Weta Workshop in Wellington produziert, das auch für die Spezialeffekte und die Nachbearbeitung von *Der Herr der Ringe* und *Der Hobbit* verantwortlich war. In Neuseeland entstehen weiterhin hochwertige Filme. Das Land zieht auch Film- und TV-Produzenten aus den USA an, da die Studios über große technische Kompetenz verfügen und günstig sind.

Architektur

In der Architektur der Maori ist das *wharenui* (Versammlungshaus) die beeindruckendste Gebäudeform. Typisch sind das Giebeldach und der terrassenartige Eingangsbereich. Ab dem 19. Jahrhundert wurden die Verzierungen immer kunstvoller. Der Stil floss auch in die Gestaltung von Kirchen ein, wie bei der Kapelle von Arthur's Pass.

Die ersten europäischen Architekten bauten in den verschiedenen frühviktorianischen Stilen, vor allem in Dunedin und Christchurch auf der Südinsel. Zu den einflussreichen Architekten der Frühzeit gehört Benjamin Mountford (1825–98). Er setzte in Christchurch, u. a. mit den Canterbury Provincial Council Buildings, dem Canterbury Museum und der University of Canterbury, seine steinernen Zeichen.

Viel Geld floss auch nach Dunedin, wo Robert Lawson (1833–1902) für die großartige First Church im neogotischen Stil und das Larnach Castle verantwortlich war, ebenso wie für viele Gebäude im historischen Bezirk von Oamaru, während George Troup (1863–1941) für die überladene Gestaltung des Bahnhofs den Spitznamen »Pfefferkuchen-George« erhielt.

Auf der Nordinsel stand viel Holz als Baumaterial zur Verfügung. Holzgebäude aus den frühen Zeiten, die den Vorteil hatten, Erdbeben besser zu überstehen als Steinhäuser, weisen charakteristische Stilelemente auf, so die Government Buildings in Wellington, das Old Government House in Auckland und Kirchen wie Old St. Paul's in Wellington. In Auckland finden sich Holzkirchen im gleichen Stil. Die viktorianischen Holzvillen in den Vororten der Stadt weisen ebenfalls einen eignen Stil auf.

Öffentliche Gebäude aus späterer Zeit im italienischen oder edwardianischen Neubarock finden sich in Hülle und Fülle. Nach dem Erdbeben in Napier 1931 entstanden einige schöne Gebäude im Stil des Art déco.

Nach dem Zweiten Weltkrieg schlossen sich die Architekten dem Modernismus an. Architekten wie William Toomath (1925–2014) und Miles Warren (geb. 1929) waren die Vorreiter in Auckland beziehungsweise Wellington. Unter den jüngsten Gebäuden sind das Museum Te Papa und das Westpac-Stadion in Wellington sowie der Sky Tower in Auckland erwähnenswert. ∎

Whale Rider

Der Film *Whale Rider* (2002) nach einem Roman von Witi Ihimaera wurde in Whangara am East Cape bei Gisborne gedreht. In einer Mischung aus Legende und Darstellung des heutigen Maorilebens erzählt er die Geschichte eines zwölfjährigen Mädchens, das um die Anerkennung durch den Großvater kämpft, den Dorfhäuptling und Abkömmling des Urahns Paikea.

Der Legende nach war Paikea der Lieblingssohn von Häuptling Uenuku von der Insel Mangaia. Seine eifersüchtigen Brüder hatten die Absicht, ihn während eines Angelausflugs zu töten. Am Abend zuvor hörte Paikea zufällig mit, was die Brüder planten, und versenkte auf hoher See das Kanu, so dass seine Brüder ertranken. Er selbst trieb, dem Tod geweiht, auf einer Planke, bis der Wal Tohora ihn auf seinem Rücken Richtung Süden mitnahm, wo Paikea in Whangara ein neues Leben begann.

Essen & Trinken

Neuseelands lebendige Esskultur kann auf ein breites Angebot an frischen Zutaten zurückgreifen, zumal die Landwirte, durch den Erfolg der Kiwifrucht beflügelt, ihre Fühler immer weiter ausstrecken. Auch wenn das britische Erbe unverkennbar ist, finden sich auf den Speisekarten auch viele Gerichte aus dem Pazifikraum.

Eine Besucherin bei der Weinverkostung auf dem French Festival in Akaroa

Restaurants, Weingüter, Käsehersteller und Scharen kleiner, aber feiner Nahrungsmittelproduzenten bereichern Neuseelands aufstrebende kulinarische Szene. Seit den 1980er Jahren blickt das Land in Sachen Essen nicht mehr ausschließlich nach Großbritannien. Die moderne neuseeländische Küche nimmt Anleihen aus einer großen Region von Asien bis Kalifornien. Doch auch mediterrane und orientalische Einflüsse sind auf den Speisekarten zu finden, während die Weinkarten durch eine breite Palette heimischer Jahrgänge bereichert werden.

Die Küche der Maori hat sich nicht richtig durchsetzen können, auch wenn die *kumara* (Süßkartoffel), die sie aus Polynesien mitbrachten, in Neuseeland sehr geschätzt wird. In Maoridörfern wird der Besucher vielleicht Gelegenheit haben, an

einem Festmahl teilzunehmen, das traditionellerweise in einem *hangi* (Erdofen) zubereitet wird: Fleisch und Gemüse werden in Körbe gelegt und über heißen Steinen in einer geschlossenen Erdgrube gegart.

Gäbe es so etwas wie ein Nationalgericht, wäre es wahrscheinlich gebratene Lammkeule, während der Boom beim Rindfleisch und bei Molkereiprodukten weitere Vielfalt auf den Tisch bringt. Auch Schwein, Geflügel und Wild gibt es überall.

Direkt vom Bauernhof

Die Qualität der Zutaten ist das Geheimnis der neuseeländischen Küche. Saftiges Fleisch, frische Sahne und vor Ort hergestellter Käse sind überall erhältlich, Obstplantagen liefern ein großes Angebot an sonnengereiften Früchten, und das Gemüse auf dem Teller ist wahrscheinlich unmittelbar vor der Haustür gewachsen. Aus dem Meer stammen ebenso viele Köstlichkeiten, nicht nur Fisch, sondern auch Krustentiere aller Art.

Frisch vom Boot

Der Ozean hielt für die Maori immer leicht zugängliche Gaumenfreuden bereit. Sie aßen Schalentiere wie *paua* (Abalone), *pipi*, Herzmuscheln, *toheroa* und *tuatua*, und das tun die Neuseeländer heute noch, obwohl

Ein Maori-*hangi* (Festmahl) aus dem Erdofen

es Fangquoten gibt und die Bestände zurückgehen. Aus der Zucht in den Marlborough Sounds stammen die Grünlippmuscheln, und auch die großen Austern aus Bluff im äußersten Süden sollte man sich in der Saison nicht entgehen lassen. Langusten und Jakobsmuscheln sind ebenfalls zu bekommen.

Whitebait ist eine Delikatesse, zumal wenn es von der Westküste der Südinsel stammt. Die winzigen Jungfische verschiedener Arten werden üblicherweise in Teig frittiert serviert. Die Berufsfischerei bringt Schnapper, *tarakihi*, Petersfisch und *hapuka* auf den Tisch, während sich in vielen Flüssen Forellen und Lachse tummeln.

Fish-and-chips-Imbisse gibt es überall. Sie bieten preiswerten Fisch und gelten als das Lieblings-Fast-Food des Landes, obwohl in Neuseeland auch eine exzellente Spielart eines weiteren traditionell englischen Imports, der Fleischpastete, geboten wird.

Am anderen Ende der Skala stehen die feinen Speiselokale, vor allem in größeren Städten, doch auch in abgelegeneren Regionen lassen sich wunderbare kulinarische Erfahrungen machen. Daneben gibt es leider noch immer viele Restaurants, die die neuesten Trends zu einem ähnlichen Preis, aber ohne Rücksicht auf Qualität anbieten.

Vom heimischen Weingut

Weine aus Neuseeland sind selten eine Enttäuschung. In den letzten 30 Jahren nahm der Weinbau eine rasante Entwicklung. Von den warmen Landstrichen der Waiheke Island bei Auckland bis zu den unwirtlichen Extremen von Central Otago bei Queensland bringt Neuseeland eine aufregende Vielfalt an Weinen hervor. Kalte Winter und warme Sommer sind guten Weißweinen besonders zuträglich, doch auch leichtere Rotweine gedeihen gut. Die Provinz Marlborough auf der Südinsel ist die bekannteste Weinregion. Im Wairau Valley und in anderen Tälern wird ein Sauvignon blanc erzeugt, der für seine frischen, blumigen Aromen geschätzt wird. Die Region Hawke's Bay rund um Napier auf der Nordinsel ist für ihren Chardonnay und rote Rebsorten bekannt.

Die Provinz Marlborough auf der Südinsel ist das bekannteste Weinbaugebiet.

Ebenfalls für ihre Weine berühmt sind die Regionen Kumeu westlich von Auckland, Wairarapa bei Wellington und Waipara nördlich von Christchurch. Viele Weinkellereien stehen Besuchern offen, und zu den vielen Weintouren, die angeboten werden, gehören auch solche mit individuell zusammengestellten Routen. Einige gute Weingüter betreiben auch Restaurants, in denen sie das Beste aus Küche und Keller in angenehmer Umgebung präsentieren. ■

ERLEBNIS: Essen wie die Maori

Für ausländische Besucher ist das traditionelle *hangi*, das Festmahl aus dem Erdofen, der Inbegriff der Maoriküche. Doch die Esskultur der Maori umfasst auch viele Genüsse aus Meer und Wald.

Der Maori-TV-Koch Charles Royal gibt bei Touren in Gruppen von maximal sechs Personen (*Tel. 07/346-3122, www.maori-food.com, $$$$$*) sein Wissen über traditionelle Gerichte weiter.

Die Ausflüge beginnen mit dem Sammeln von Pflanzen und Kräutern in der Natur, wobei über die Lebensweise und Folklore der Maori erzählt wird, und enden mit einer gemeinsamen Mahlzeit. Zu den Nahrungsmitteln, die man bei den botanischen Exkursionen kennenlernt, gehören *pikopiko* (Farnwedel), *horopito*

(Buschpfeffer), *kawakawa* (Buschbasilikum) und *periperi*, ein feuriges Gewürz. Der zum Weben genutzte Flachs liefert Samen, die geröstet werden und aus denen ein reichhaltiges Brot gebacken wird. In Baumstämmen entdeckt man die *huhu*, fette Maden, die, mit *pikopiko* gekocht, eine traditionelle Leckerei ergeben, die wie Erdnussbutter schmeckt.

Royal, der in neuseeländischen Spitzenhotels und in den USA gearbeitet hat, bereitet anschließend ein Mahl, zu dem vielleicht Lachs, Hähnchen und Krustentiere wie Muscheln, *paua* (Abalone) oder *kina* (Seeigel) gehören. Dazu gibt es Maoriwein und -bier. In einigen Touren sind *marae*-Besuche, Jetbootfahren und Angeln inbegriffen.

Natur & Landschaft

Neuseeland besteht aus großen, hoch aufragenden Inseln, die lange vom Rest der Welt abgeschnitten waren. Dieses Land, das einst von Primärwald bedeckt war, bietet eine reiche Biodiversität und eine abwechslungsreiche, atemberaubende Landschaft.

Das Land erstreckt sich von der sandigen subtropischen Halbinsel an der Nordspitze bis zu den von Gletschern geformten Fjorden im Süden über 1600 Kilometer. Dazwischen liegen mächtige Berge mit schneebedeckten Gipfeln, Vulkane, große Seen und dichte Wälder. Strände und Buchten bilden eine gewundene, 15 000 Kilometer lange Küstenlinie.

Die Südinsel ist etwas größer als die Nordinsel, beide zusammen bilden den Großteil einer 270 000 Quadratkilometer großen Landmasse. Stewart Island im äußersten Süden ist die drittgrößte Insel.

Neuseeland ist geologisch durch den Zusammenstoß der Pazifischen und der Australischen Platte geprägt. Es ist eine Region hoher Erdbeben-, Vulkan- und geothermischer Aktivität und gehört zum Pazifischen Feuerring.

Der Kermadec Trench im Osten der Nordinsel markiert die Linie, an der sich beide Platten begegnen, doch in der Landesmitte winden sie sich entlang zahlreicher Bruchlinien. Auf der Südinsel schiebt sich die Australische unter die Pazifische Platte. Dadurch sind entlang der alpinen Bruchlinie, die längs über die Insel verläuft, die Southern Alps mit mehr als einem Dutzend Dreitausendergipfel aufgeworfen worden.

Die Entstehung Neuseelands

Maori-Legenden zufolge verließ der Halbgott Maui eines Tages die Heimat ihrer Ahnen Hawaiki und fuhr mit seinen Brüdern aufs Meer hinaus. Er warf einen magischen Angelhaken aus und spürte ein heftiges Zerren an der Leine. Mit Mühe zogen sie die Nordinsel oder Te Ika a Maui (»Mauis Fisch«) aus dem Wasser. Sein Kopf liegt südlich rund um Wellington, während sich der Schwanz bis zum Cape Reinga im Norden erstreckt. Mauis Kanu wurde zur Südinsel oder Te Waka a Maui.

Die meisten Stämme der Nordinsel bezeichnen die Südinsel hingegen als Te Wai Pounamu (»die Grünsteingewässer«), denn sie war die Quelle der hochgeschätzten Neuseeland-Jade.

Die Nordinsel

Obwohl weniger gebirgig als die Südinsel, gruppieren sich alle aktiven Vulkane des Landes um die Mitte der Nordinsel, von der rauchenden White Island unmittelbar vor der Ostküste über die geothermischen Regionen um Rotorua bis zum Vulkantrio Tongariro, Ngauruhoe und Ruapehu auf dem Central Plateau.

Die Giant Gate Falls am Milford Track im Fiordland National Park

In der Nähe der Vulkane erstreckt sich der riesige Lake Taupo, der größte See des Landes. Vom See fließt der Waikato, der längste Fluss des Landes, Richtung Norden. Das Bauernland der Region Waikato ist typisch für die Nordinsel, die in weiten Teilen mit grünem Weideland für Schafe und Vieh überzogen ist.

Jenseits des Waikato liegt Auckland auf einem schmalen Isthmus, der den Pazifik von der Tasmansee trennt. Die Stadt erstreckt sich, unterbrochen durch Naturhäfen, kilometerweit auf alten Vulkankegeln.

Northland, die Region an der Spitze der Nordinsel, ist eine lang gestreckte Landzunge, die an der Westküste vom Wind gepeitscht ist, während die geschützte Ostküste schöne Buchten hat, darunter die reizvolle Bay of Islands. Einst war diese Gegend von Kauriwäldern bedeckt, doch nur einige kleine Restvorkommen dieser mächtigen Koniferen sind noch vorhanden.

> **Die Southern Alps fangen den von den vorherrschenden Westwinden herangebrachten Regen ab, so dass es nirgendwo in Neuseeland so nass ist wie an der Westküste der Südinsel.**

Der Osten der Nordinsel reicht von der Coromandel Peninsula über die Bay of Plenty, einer sonnenverwöhnten Region, in der Kiwis angebaut werden, bis zum East Cape, einer Hochburg der Maorikultur. Weiter südlich erstrecken sich hinter der Küste wilde, bewaldete Berge hinunter bis zur Hawke's Bay mit berühmten Weingütern.

Wo die Westküste in die Tasmansee vorspringt, ragt der Taranaki empor, ein schlafender Vulkan. Mit seinem an der Spitze weißen Kegel beherrscht er über Kilometer das umliegende Agrarland. Weiter gen Süden liegt an der Westküste der Distrikt Whanganui, der nach dem längsten schiffbaren Fluss Neuseelands benannt ist.

Im Süden verjüngt sich die Insel, ganz unten liegt beiderseits von Bruchlinien die deshalb erdbebengefährdete Hauptstadt Wellington.

Die Südinsel

So reizvoll die Nordinsel auch ist, kann sie sich doch mit den majestätischen Landschaften der Südinsel nicht messen. Die großartigen Southern Alps mit insgesamt 19 Dreitausendern erstrecken sich der Länge nach über die Insel und erreichen mit dem 3724 Meter hohen Aoraki/Mount Cook in der Mitte den höchsten Gipfel.

Im Süden der Insel sind die Berge niedriger, aber nicht weniger imposant. Hier frästen Gletscher tiefe Fjorde aus und füllten große Inlandseen wie den Te Anau und Manapouri. Der Milford Sound ist der berühmteste Fjord. Nackte Felsen steigen steil aus dem klaren Wasser auf.

Die Southern Alps fangen den von den Westwinden herangebrachten Regen ab, so dass es nirgendwo in Neuseeland so niederschlagsreich ist wie an der Westküste der Südinsel. Auf einem schmalen Landstrich zwischen dem Meer und den Bergen hat der Regen einen üppigen Bewuchs gefördert, während sich hoch oben der Schnee zu Gletschern verdichtet hat: den gut zugänglichen Fox Glacier und den Franz Josef Glacier, deren Zungen fast bis zum Meer reichen.

Die windabgewandte Seite der Berge hingegen ist knochentrocken. In wüstenähnlichen Landschaften aus schroffen Felsen und Geröll liegen türkisfarbene, von Gletschern gespeiste Seen. An Hochebenen mit Büschelgras schließen sich weiter unten belaubte Grünzonen an: eine unwirtliche Welt im Schatten der Berge mit eiskalten Wintern und heißen Sommern.

Abseits der Berge bietet die Ostküste um Southland hügeliges Weideland, während die ausgedehnten Canterbury Plains besten Ackerboden aufweisen. Die Banks Peninsular eröffnet mit ihren verwitterten Vulkanen eine reizvolle Szenerie, während im Norden die Gebirgskette der Kaikoura Ranges direkt am Meer verläuft.

Der Norden der Insel präsentiert sich wieder ganz anders. Nelson und Marlborough sind warm und sonnig, ein typisches Obst- und Weinbaugebiet. Auch das Meer mit seinen bewaldeten kleinen Eilanden liegt geschützt, vor allem in den eindrucksvollen Marlborough Sounds.

Klima

Neuseeland hat ein gemäßigtes Klima. Die Klimamuster sind allerdings sehr unterschiedlich und reichen von subtropisch im hohen Norden bis zu kühl im äußersten Süden. In den Bergen herrscht alpines Klima.

Weitere Inseln

Stewart Island ist die drittgrößte neuseeländische Insel. Trotz ihrer Lage weit im Süden wirkt sie fast tropisch, weil die sie umgebenden Gewässer aus wärmeren, nördlicheren Klimazonen stammen.

Great Barrier Island, die größte Insel im Norden, liegt nahe Auckland im Hauraki Gulf, ebenso wie **Waiheke**, heute ein Vorort von Auckland.

Neuseeland erhebt Anspruch auf eine Reihe anderer abgelegener Inseln, von denen nur die **Chatham Islands**, 800 Kilometer östlich von Christchurch, bewohnt ist. Sie wurden von den Moriori besiedelt, einem polynesischen Volk, das eine von den Maori abweichende Kultur entwickelte. Bis heute wird debattiert, ob die Moriori ursprünglich Maori von der Südinsel waren oder aus einem anderen Teil Polynesiens kamen.

Weitere Inseln sind die subtropischen **Kermadec Islands** zwischen Neuseeland und Tonga, das subantarktische **Campbell Island** und die Inselgruppen der Snares, Antipoden, Bounty und Auckland, allesamt bekannt für ihre reiche Vogelwelt.

Auf den Inseln mitten im Meer geht viel Niederschlag nieder, im Durchschnitt zwischen 60 und 160 Zentimetern jährlich. Die vorherrschenden Westwinde bringen die meisten Niederschläge, die an der Westküste der Südinsel am stärksten ausfallen, während die trockenste Region nur 100 Kilometer entfernt auf der anderen Seite der Southern Alps liegt. Auf beiden Inseln fällt in den Bergen Schnee, selten aber in den Küstenregionen im Süden und Osten der Südinsel.

Der Wind ist oft böig und führt zu raschen Wetterwechseln. Regelmäßig brauen sich Regenwolken zusammen, allerdings bricht zwischendurch immer wieder die Sonne durch. Die vom Westwind abgeschirmten

Regionen sind sonniger, wie Nelson und Marlborough auf der Südinsel und die Bay of Plenty und Hawke's Bay auf der Nordinsel.

Flora und Fauna

Da 80 Millionen Jahre lang keine Verbindung zur Außenwelt bestand, hat sich auf Neuseeland eine einzigartige Flora und Fauna entwickelt. Die Urwälder gediehen, flugunfähige Vögel entwickelten sich, die keine warmblütigen Raubtiere fürchten mussten. Zu den unvergleichlichen Arten gehören der langschnäbelige, flugunfähige Kiwi, der größte flugunfähige Papagei (Kakapo), eine urzeitliche Reptilienart (Tuatara), das schwerste Insekt (Weta) und der Baum mit dem weltweit größten Volumen (Kauri).

In den Wäldern herrschen Steineiben vor, während in kühleren Regionen Südbuchen (Nothofagus) am häufigsten sind. In dichten Wäldern wachsen zahlreiche Farne, darunter auch riesige Baumfarne. In subalpinen Regionen finden sich Büschelgras und niedrige Sträucher. Im Flachland ist Flachs weitverbreitet. Aus seinen langen Blättern wird die Faser für Webarbeiten der Maori gewonnen.

Im Meer wimmelt es von Warmblütern wie Walen, Delfinen, Seebären, Seelöwen und Pinguinen.

Zur Vogelwelt gehörte einst der riesige Moa, ein Vetter des Kiwis, der eine Höhe bis 3,70 Meter erreichte. Zu den flugunfähigen Vögeln, die heute vom Aussterben bedroht sind, gehören die Takahe mit ihrem Gefieder in schillerndem Blau und Grün und dem dicken roten Schnabel sowie der Kakapo, ein riesiger Papagei, der bis zu drei Kilogramm schwer werden kann.

Weitere, häufig vorkommende Papageien sind der Kaka und der freche Kea, der in Bergregionen und auf Parkplätzen vorkommt. Zu den hier heimischen Rallenvögeln gehören die Wekaralle und das farbenprächtige Pukeko (Purpurhuhn). Aus der Vielfalt der Meeresvögel sei der Königsalbatros hervorgehoben, der auf der Otago Peninsula bei Dunedin brütet und eine Spannweite von drei Metern hat.

Unter den neuseeländischen Amphibien finden sich vier Arten primitiver Frösche. Zu den Reptilien gehört die Tuatara (Brückenechse), deren Vorkommen 200 Millionen Jahre, bis in die Dinosaurierzeit, zurückreicht. Es gibt auf Neuseeland keine Schlangen und nur eine giftige Spinne, die seltene Katipo.

Im Meer wimmelt es von Warmblütern wie Walen, Delfinen, Seebären, Seelöwen und vielen Pinguinarten (siehe S. 180f).

Zahlreiche Arten auf Neuseeland sind bedroht. Zudem richten eingeführte Tiere wie Ratten und das australische Possum (Kusu) große Schäden an. Das Department of Conservation hat daher ein Programm zur Insel-Rekultivierung gestartet. Dazu gehört die Beseitigung eingeführter Kaninchen und Schweine und die Wiedereinführung heimischer Arten, insbesondere bedrohter Vögel, auf den Inseln vor der Küste. ■

Die Südflanke des Aoraki/Mount Cook, des höchsten Berges der Southern Alps

Kultiviert und voller Sehenswürdigkeiten – die größte Stadt
des Landes besitzt einen prächtigen Hafen und Dutzende von
Buchten und Stränden

Auckland
& Umgebung

Aucklands Skyline und Hafen, von Devonport aus gesehen

Auckland & Umgebung

Auckland erstreckt sich über eine Kette von Vulkankegeln, die vom Wasser umspült werden. Die zerklüftete Küste der Stadt umfasst Dutzende von Buchten und Stränden, so dass niemand weit vom Meer lebt. Yachten füllen die Marinas, weshalb Auckland auch »Stadt der Segel« genannt wird.

Fügt man dieser Kulisse noch das milde Klima, die starke Wirtschaft und die Sehenswürdigkeiten hinzu, ist es kein Wunder, dass fast ein Drittel aller Neuseeländer hier wohnen. Die Metropole mit der höchsten Konzentration an Wohlstand, Kultur und Bildung sowie Industrie in Neuseeland ist der unermüdliche Motor, der das Land und insbesondere die Wirtschaft antreibt.

Zudem ist Auckland die größte Stadt Polynesiens. Neben den Maori zog es auch Menschen aus Samoa, von den Cook-Inseln, Tonga, Niue und anderen pazifischen Inseln hierher. Zusammen mit den Migranten aus Asien machen sie aus Auckland trotz einer Einwohnerzahl von nur 1,4 Millionen heute eine kosmopolitische Stadt.

Der Ballungsraum liegt auf einem Isthmus zwischen dem Pazifik und der Tasmansee, der an seiner engsten Stelle

NICHT VERSÄUMEN:

Restaurants und Nachtleben an der Waterfront   59

Rundgang durch das historische Auckland   60–61

Das Stadtpanorama vom Sky Tower oder vom Mount Eden   62, 68

Das schicke und historische Parnell   63

Das Auckland Museum, eine gute Einführung in die Kultur Neuseelands und der Maori   64

Das viktorianische Küstendorf Devonport   66–67

Eine Hafenrundfahrt oder eine Fährfahrt nach Rangitoto Island oder Waiheke Island   70–71

Die Waitakere Ranges und die Surfstrände an der Westküste   74–75

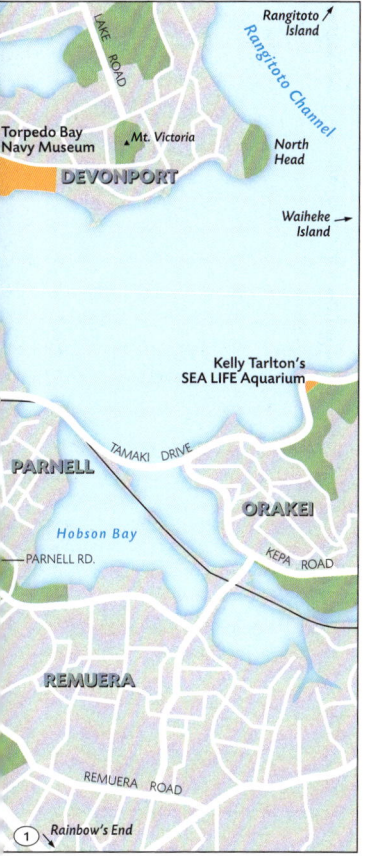

nur 1,6 Kilometer misst. Hier zogen die Maori einst ihre Kanus über Land, um zwischen den Küsten zu reisen. Im 19. Jahrhundert war Auckland Kolonialhauptstadt. Aber auch nachdem es diesen Status 1865 an Wellington verlor, wuchs die Stadt dynamisch weiter.

Städtische Ausdehnung ist typisch für Auckland. Die Stadt erstreckt sich inzwischen über 40 Kilometer. Greater Auckland besteht im Wesentlichen aus vier Städten: Auckland City am südlichen Ufer des Waitemata Harbour, North Shore City im Norden jenseits der Brücke, Manukau am Manukau Harbour im Süden und Waitakere im Westen. Wald und Meer umgeben die Stadt, so dass sich Tagesausflüge nach Westen zu den Waitakere Ranges und nach Osten zu den Inseln im Hauraki Gulf anbieten. ∎

Auckland

Durch seine Lage an einem wunderschönen Hafen und sein mildes Klima zieht Auckland eine wachsende Zahl neuer Einwohner und Besucher an. Die größte Stadt Neuseelands ist zugleich das kulturelle Zentrum des Landes. Englische und polynesische Einflüsse vermischen sich hier. Zahlreiche Aktivitäten, Restaurants und ein lebendiges Nachtleben lassen die Stadt pulsieren.

Segeln wird in Auckland mit Leidenschaft betrieben

Stadtzentrum

Das traditionelle Herz der Stadt ist die **Queen Street**, die vom Fähranleger den Berg zur Karangahape Road hinaufführt. Die alten Banken und Finanzhäuser der Queen's Street existieren nicht mehr, und viele der Gebäude wurden in Einzelhandelsgeschäfte umgewandelt. Daneben laden schöne viktorianische Geschäftspassagen zum Bummeln ein.

Die Stadtteile entlang der aufwendig sanierten Waterfront (*www.waterfrontauckland.co.nz*) stehen für das neue Gesicht Aucklands. Die »Stadt der Segel« verdankt ihre Aufwertung einem Boom des Segelsports, nachdem Neuseeland 1995 den America's Cup gewann.

Besuchen Sie North Wharf im Wynyard Quarter. Hier können Sie bei einer Tasse Kaffee den ein- und ausfahrenden Fischerbooten zusehen.

LEN BROWN
Bürgermeister von Auckland

Das **Viaduct Basin**, westlich des Fährterminals in der Stadtmitte gelegen, war Liegeplatz der teilnehmenden Rennyachten und ist heute Aucklands Zentrum für Restaurants und Nachtleben. Eine Fußgänger- und Radfahrerbrücke führt vom Viaduct Basin ins Wynyard Quarter. Hier finden Sie Geschäfte, Cafés und den geschäftigen Fischmarkt.

New Zealand Maritime Museum

Das **Maritime Museum** am Viaduct Basin würdigt Neuseelands Geschichte als Seefahrernation. Für wenige Dollar zusätzlich kann man eine Hafenrundfahrt auf der »Ted Ashbey«, einem Flachboot, oder der »Breeze«, einem Segler, unternehmen.

Waitemata Harbour & Queen Street

Das **Ferry Building**, am Hafenende der Queen Street gelegen, ist für Besucher das Tor zum Waitemata Har-

bour. Der günstigste Weg, um aufs Wasser zu kommen, ist die Fähre nach Devonport (siehe S. 66).

Geht man in südlicher Richtung die Queen Street hinauf, kommt man am **Britomart** *(12 Queen St.)* vorbei, einst das elegante Hauptpostamt, heute Knotenpunkt der öffentlichen Verkehrsmittel. In den restaurierten Gebäuden der näheren Umgebung sind Geschäfte, Restaurants und

Die Schlacht um Auckland

Die Legenden der Maori erzählen von einer großen Schlacht zwischen den Stämmen der Waitakere und Hunua Ranges, die im Westen beziehungsweise Osten Aucklands lebten. Ein Priester der Hunua beschwor die Sonne, früh aufzugehen und die Feinde zu blenden, die daraufhin, von Kriegern der Hunua gejagt, flohen. Ein Priester der Waitakere ließ die Erde explodieren. So formten sich die Vulkane Aucklands und die Lava stoppte die Verfolgung.

Bars untergebracht. Auf halber Höhe der Queen Street steht die **Town Hall**, die in ein Kulturzentrum umgewandelt wurde. Das imposante Gebäude wacht über den Zugang zum **Aotea Square**, auf dem städtisches Leben stattfindet. Auf einer

Auckland
Karte S. 56–57
Besucherinformation
Arrivals hall, Auckland International Airport
Atrium, SkyCity, Victoria & Federal Sts.
137 Quay St., Princes Wharf
09/365-9914
www.aucklandnz.com

New Zealand Maritime Museum
Karte S. 56 & 61
Quay & Hobson Sts.
09/373-0800
$$$
www.maritimemuseum.co.nz

Spaziergang durch Auckland

Der beste Ausgangspunkt für einen Spaziergang durch die »Stadt der Segel« ist die Seeseite. Von dort geht es landeinwärts. Ziel ist das Old Government House, ein Relikt aus der Zeit Aucklands als Hauptstadt.

Man startet am **Ferry Building** ❶, 1912 erbaut, von wo aus Fähren zu zahlreichen Zielen ablegen. Es beherbergt einige der besten Restaurants Aucklands mit Meerblick.

Weiter westlich liegt der modernisierte Werftkomplex **Princes Wharf**, der einem Ozeandampfer nachempfunden ist. Hier finden sich heute exklusive Apartments, das spektakuläre Hilton-Hotel, Restaurants und Bars.

Das **Viaduct Basin** ❷ (siehe S. 59) ist der Ursprung aller Sanierungsprojekte an der Waterfront. Hier pulsiert Aucklands Nachtleben mit Bars, Restaurants und Ausblicken auf das Wasser.

Um das Viaduct Basin herum geht es zum **Market Square**, wo früher die Markthallen der Stadt standen. Weiter im Westen setzen sich die Neubaugebiete mit Apartmentblocks und davor ankernden Yachten, wie etwa im Wynyard Quarter, fort. Nach links biegt man in die Customs Street West ab,

die an den herrlich altmodischen Tepid Baths von 1914 vorbeiführt. Seit ihrer Restaurierung bietet die Anlage Süßwasserbecken, Whirlpool und Sauna.

Weiter die Customs Street West entlang steht an der Ecke Albert Street das große **Old Customs House** ❸. Es wurde 1888 im Stil der französischen Neorenaissance erbaut und 1997 zum Einkaufszentrum umgestaltet.

Einen Block östlich geht es rechts in die Queen Street. Die **Queens Arcade** ❹ in Nummer 34 bis 40 ist eine viktorianische Einkaufspassage. Hier findet man Kunsthandwerk sowie andere Läden zum Stöbern, wie das Musikgeschäft Marbecks, seit seiner Eröffnung 1934 eine Institution in Auckland.

Zu den historischen Gebäuden an der Queen Street gehört das neoklassizistische **Bank of New Zealand Building** ❺ in Nummer 125, das bei seiner Eröffnung 1867 als Aucklands schönstes Gebäude galt.

Die **Vulcan Lane** neben der Queen Street erhielt ihren Namen von den Schmiedeessen, die dort einst betrieben wurden. Heute finden sich hier beliebte Kneipen, darunter das The Occidental Belgian Beer Café von 1884. Von der Vulcan Lane geht es rechts in die **High Street**, die von Modegeschäften und anderen Läden gesäumt ist. In Haus Nummer 19 befindet sich Unity Books, eine der besten unabhängigen Buchhandlungen Aucklands, immer einen Besuch wert. Anschließend gelangt man über die High Street zum Freyberg Place und von dort zur **Courthouse**

Und danach …

Freddy's Ice House *(201 Quay St., Princes Wharf, www.showcasehospitality.co.nz/microsite/freddys-ice-house)* In dieser Bar ist alles aus Eis. Die für den Aufenthalt notwendige Ausrüstung wird gestellt.

Northern Steamship Co. *(122 Quay St., Britomart, www.northernsteamship.co.nz)* Gastronomiebetrieb in geschmackvoll renoviertem Altbau.

The Occidental *(6/8 Vulcan Ln.)* Herrliches Bierlokal mit belgischem Flair.

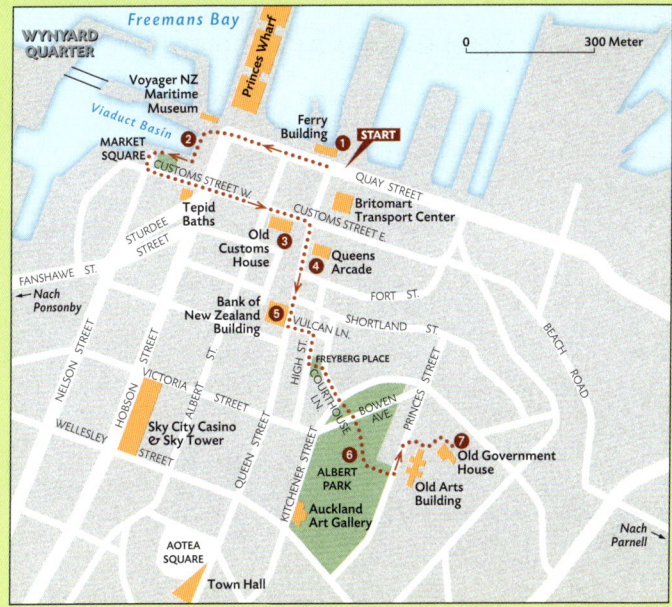

Lane. Auf der schönen gepflasterten Piazza blickte man früher auf das erste Gericht und die erste Polizeistation Aucklands. Schräg rechts führen Stufen zur Kitchener Street hoch. Auf der anderen Straßenseite befindet sich der hübsche **Albert Park** ❻, durch den die Bowen Avenue führt und der an den Universitätscampus grenzt. Seinem Namen zum Trotz steht in seiner Mitte eine Statue von Königin Viktoria. Die Statue von Sir George Grey gedenkt dem Verwaltungsbeamten, der Gouverneur von Neuseeland und Superintendent von Auckland war.

Die **Auckland Art Gallery** (siehe S. 62) liegt an der südwestlichen Ecke des Parks. An der Ostseite steht das imposante **Old Arts Building** (1926), das bemerkenswerteste Gebäude der Universität mit einem Uhrenturm, dessen Stil als »Gaudí goes Camelot« beschrieben werden könnte. Hinter dem Old

⊞ Siehe Karte S. 56
▶ Ferry Building
⬌ 2,5 Kilometer
⊘ 2 Stunden
▶ Old Government House

NICHT VERSÄUMEN:

Ferry Building • Viaduct Basin • Queens Arcade • Albert Park • Old Arts Building • Old Government House

Arts Building befindet sich das **Old Government House** ❼, eine prächtige Holzvilla mit einer schönen Fassade und einem verzierten Portikus. 1856 erbaut, war sie die Residenz des Gouverneurs, als Auckland noch Hauptstadt war. George Grey pflanzte den riesigen Flammenbaum im Garten.

Sky Tower

Karte S. 56

Victoria &
Federal Sts.

09/363-6000

$$$$$

www.skycity
auckland.co.nz

Seite steht das **Aotea Centre** *(50 Mayoral Dr., Tel. 09/ 309-2677, www.auckland live.co.nz/aoteacentre.aspx)*, das Landeszentrum für die darstellenden Künste. Es ist Teil von Auckland Live, einem Kulturzentrum, zu dem das nahe gelegene **Civic Theatre** an der Ecke Queen Street/Wellesley Street gehört. Das Civic ist

ERLEBNIS:
Die Auckland Bridge erklettern

Einen umwerfenden Blick auf Stadt und Hafen hat man auf einer Klettertour über die Wartungsgänge der **Auckland Harbour Bridge** – ein Abenteuer für Schwindelfreie. Die Tourguides weihen in die Geheimnisse der Brücke ein. 1959 erbaut, reichten ihre Kapazitäten bereits nach einem Jahrzehnt für den zunehmenden Verkehr nach North Shore City nicht mehr aus. 1969 wurde sie um zusätzliche Spuren erweitert. Der Aufstieg dauert etwa 1,5 Stunden und ist leicht zu bewältigen.

Wem das zu zahm ist, der kann anschließend von der dafür vorgesehenen Plattform einen Bungeesprung wagen. Aufstieg und Sprünge bucht man bei **A. J. Hackett** *(105 Curran St, Westhaven Reserve, Herne Bay, Tel. 09/360-7748, www.bungy.co.nz).*

die Grande Dame unter Aucklands Theatern. Berühmt ist das Deckengemälde, das den Sternenhimmel der südlichen Hemisphäre an einem Aprilabend um 22 Uhr darstellt.

Eine Stadt am Pazifik ohne einen nadelförmigen

Turm, der alle anderen Gebäude überragt, scheint einfach nicht komplett zu sein. Aucklands Version ist der **Sky Tower**, der mit 328 Meter Höhe die Skyline Tag und Nacht dominiert. Ein Fahrstuhl befördert Besucher fast bis zur Spitze. Wer den ultimativen Kick sucht, sollte sich fallen lassen – beim Sky-Jump, einer verschärften Version des Bungee-Springens – oder sich auf den Sky-Walk um den Außenrand des Turms wagen. Der Turm gehört zu SkyCity, einem Kasino-, Hotel- und Unterhaltungskomplex.

Kultur im Überfluss

Die **Auckland Art Gallery** hat eine breit gefächerte Sammlung westlicher Kunst. Das Highlight sind eindeutig die Maoriporträts der gebürtigen Aucklander Charles Goldie und Gottfried Lindauer. Zur Sammlung gehört auch Goldies *Die Ankunft der Maori in Neuseeland* (1898), ein umstrittenes Gemälde, da es den Mythos von der einzigen großen Flottenlandung untermauerte. Das 1887 im Stil der französischen Neorenaissance errichtete Hauptgebäude wurde um ein fantastisches Glaskubus-Atrium erweitert.

Über die K Road hinaus

Die Queen Street endet an der K Road, wie die Einheimischen die **Karangahape**

Das IMAX Centre auf der Queen
Street

beliebtesten Straßen Aucklands. Der historische Vorort Ponsonby schüttelte sein
Slum-Image in den 1970er
Jahren ab, als viele Künstler
hierherzogen.

Von den nahen Vororten
ist **Newmarket**, gleich hinter Parnell gelegen, ein flo-
rierendes Einkaufsviertel
und Mode-Outlet-Mekka.
Pendlerzüge fahren vom
Britomart hierher. Auf einem Hügel östlich von Newmarket liegt **Remuera**,
Aucklands edelster Vorort.

Parnell

Östlich der Stadtmitte liegt
Parnell. Schicke Restaurants,
Bars und Geschäfte säumen
die Hauptstraße, die **Parnell
Road**. **Parnell Village**, auf
halber Höhe der Hauptstra-
ße gelegen, gleicht einem
Labyrinth aus Boutiquen,
Galerien und Restaurants.

Eines der vielen ge-
schichtsträchtigen Gebäude
in Parnell ist die **St. Mary's
Church** *(420–432 Parnell
Rd.).* Sie wurde im neogotischen Stil erbaut und gilt als
eine der schönsten Holzkirchen Neuseelands.

Rund um Parnell

Das **Kinder House** *(2 Ayr
St., Mi–So 12–15 Uhr)* wurde als Wohngebäude für den
Schulleiter der Church of
England Grammar School
erbaut und nach seinem
ersten Bewohner, Dr. John
Kinder, benannt. In dem
zweistöckigen Steinhaus

Road abkürzen, die sich am
Bergrücken oberhalb der
Stadtmitte entlangwindet.
Ein Bummel entlang der K
Road lohnt immer. Die Ge-
schäfte spielen mit dem
verruchten Charme der
Geschichte. Von der frühen
Besiedelung bis zu ihrer Blütezeit als Enklave am Pazifik
in den 1960er und 1970er
Jahren hat die Gegend viele
Veränderungen erlebt. Asiatische Restaurants und tren-
dige Cafés tragen heute zu
einer quirligen Mischung
bei, und obwohl viele Sex-
shops längst verschwunden
sind, hält die K Road selbstbewusst an ihren Wurzeln
als Rotlichtbezirk fest.

Die K Road endet an der
Ponsonby Road, einer der

**Auckland
Art Gallery**

⬛ Karte S. 56

✉ Main Gallery:
Wellesley &
Kitchener Sts.

✉ New Gallery:
Wellesley &
Lorne Sts.

☎ 09/379-1349

**www.auckland
artgallery.com**

Auckland Museum

- Karte S. 56
- Auckland Domain
- ☎ 09/309-0443
- $ $$$$

www.auckland museum.com

Kelly Tarlton's SEA LIFE Aquarium

- Karte S. 57
- 23 Tamaki Dr., Orakei
- ☎ 09/531-5065
- $ $$$$

www.kellytarltons. co.nz

werden dessen Aquarelle und Fotos ausgestellt.

Einige Häuser weiter steht das charmante **Ewelme Cottage** (14 Ayr St., Mo–Sa geschl., $$), ein schönes Beispiel eines kolonialen Holzbungalows, 1863 für den Pfarrer Vicesimus Lush erbaut.

Legende America's Cup

Vor dem New Zealand Maritime Museum (siehe S. 59) am Eingang zum Viaduct Basin liegt die »KZ1«. Die 27-Meter-Slup musste sich beim America's Cup 1988 dem amerikanischen Champion Dennis Connor in seinem Katamaran geschlagen geben. Die Kontrahenten verbrachten mehr Zeit vor Gericht als auf dem Wasser, Motivation genug für das Team New Zealand, mit der »Black Magic« den Titel 1995 zu gewinnen und 2000 erfolgreich zu verteidigen. 2003 musste es ihn jedoch an einen Schweizer Herausforderer abgeben.

Von der Parnell Road zweigt die Maunsell Road zum **Auckland Domain** (20 Park Rd.) ab. Zum Park am Rande der Stadt gehört außer den Grünanlagen und einem Kricketplatz der **Winter Garden**: zwei Gewächshäuser voller exotischer Pflanzen, zwischen denen eine viktorianischen Garten mit Brunnen liegt.

Das **Auckland Museum**, eine der Hauptattraktionen der Stadt, thront hoch oben auf einem Hügel im Park. Schätze der Maori, Exponate aus dem Pazifikraum und eine Straßenansicht von Auckland aus dem Jahr 1866 sind nur einige von vielen Höhepunkten der Ausstellungen in dem neoklassizistischen Gebäude. **Folklorevorführungen** der Maori (11, 12 & 13.30 Uhr, $$$$$) stellen eine beliebte zusätzliche Attraktion dar.

Tamaki Drive

Die malerische Küstenstraße zeigt die »Stadt der Segel« von ihrer schönsten Seite. Von der Stadtmitte aus nimmt man die Quay Street Richtung Osten. Der Tamaki Drive überquert die Hobson Bay, die von Motorbooten gesäumt wird, ehe er Orakei erreicht. Eine Straße neben dem Tamaki Drive liegt der **Parakai Drive**, die »Straße der Millionäre«.

In Orakei befindet sich auch **Kelly Tarlton's SEA LIFE Aquarium**. Wenn man nur ein Aquarium in Neuseeland besuchen kann, sollte es dieses sein. In einem Glastunnel sieht man beeindruckend viele große Fische wie Stachelrochen und Haie über sich hinwegschwimmen. Herzstück ist die Antarktiswelt mit Kolonien von Königs- und Eselspinguinen,

ERLEBNIS: Nation der Segel

Die Neuseeländer haben sich einen Ruf als die besten Segler der Welt erarbeitet. Auckland mit seinen überquellenden Yachthäfen wird auch die »Stadt der Segel« genannt. Im Grunde könnte ganz Neuseeland so heißen: Geschützte Häfen und Buchten mit malerischen Inseln darin bieten rund um das ganze Land ausgezeichnete Segelmöglichkeiten.

Wer diesen aufregenden Sport immer schon ausprobieren wollte, dem bieten Veranstalter Törns mit Skipper und Besatzung an. Die Palette reicht von Nachmittagsausflügen bis zu einwöchigen Ozeantörns auf einer Maxiyacht – oder man chartert eine Yacht und steuert sie selbst.

Die besten Segelreviere sind der Hauraki Gulf bei Auckland und die Marlborough Sounds, aber man kann auch von Nelson, Akaroa bei Christchurch und sogar Queenstown am Lake Wakatipu in See stechen.

In Auckland organisiert der Veranstalter **Explore** (Tel. 09/359-5987, www.exploregroup.co.nz) verschiedene Segel- und Dinnertouren sowie die aktive Teilnahme an einer zweistündigen Tour auf einer America's-Cup-Yacht. Für Segler und alle, die es werden wollen, gibt es bei **Gulfwind** (Tel. 09/521-1564, www.gulfwind.co.nz) Kurse unterschiedlicher Stufen.

Wer das Meer einmal anders erleben möchte, ist bei **Waka Quest Tours** (Tel. 021/190-6737, www.wakaquest.com) richtig. Hier werden Hafenrundfahrten und kulinarische Törns auf einem Waka-Katamaran der Maori angeboten.

Ein weiterer Anbieter in der Bay of Islands ist unter anderen **FairWind Charters** (Tel. 09/402-7821, www.fairwind.co.nz) in Opua, mit 8,5- bis 14-Meter-Yachten inklusive Ausrüstung im Verleih, die man selbst segeln oder mit Crew für 7- bis 14-Tage-Segeltörns chartern kann.

Sehr beliebt sind Segeltörns in den Marlborough Sounds (siehe S. 172), die bis zu einer Woche dauern. Anbieter in Picton sind **Compass Charters** (Tel. 03/573-8332, www.compass-charters.co.nz) und **Charterlink** (Tel. 03/573-6591, www.charterlinksouth.co.nz).

Sonnenanbeter auf einer Yacht im Waitemata Harbour

Devonport

Karte S. 57

**Besucher-
information**

✉ 3 Victoria Rd.,
Devonport

☎ 09/446-0677

**www.devonport.
co.nz**

einer Schneemobilfahrt und einer Ausstellung zu den diversen Antarktisexpeditionen samt einem Nachbau des Basislagers von Robert Falcon Scott.

Bastion Point, auf dem Berg hinter Kelly Tarlton's, wurde als Platz für eine Befestigung ausgesucht, die 1885 hier erbaut wurde, um eine russische Invasion abzuwehren, die nie stattfand. Die Besitzrechte an dem

Tropische Pflanzen in den Auckland Botanic Gardens

Land, das dem Stamm der Ngati Whatua weggenommen worden war, blieb immer umstritten. In den Jahren 1977/78 besetzten protestierende Maori diese Stätte. Letztlich wurde sie den Ngati Whatua wieder zuerkannt.

Der Tamaki Drive führt weiter zur **Mission Bay** mit ihrem sanften Strand, einem

küstennahen Park und einer belebten Restaurantmeile. Die Straße endet an der hübschen **St. Helliers Bay**. Von hier aus führt die Cliff Road zum **Achilles Point**, von dem man einen spektakulären Ausblick hat. Direkt unterhalb führen Stufen zur **Lady's Bay**, einem gut besuchten FKK-Strand, hinab.

Devonport & North Shore

Ein Ausflug nach Devonport ist ein Muss in jeder Reiseplanung. Er verbindet eine kostengünstige Hafenrundfahrt mit dem Besuch eines viktorianischen Badeorts. Davenport ist heute zwar ein Vorort, hat aber seinen eigenen Charakter bewahrt.

Es macht Spaß, die alten Straßen entlangzuspazieren. Das Besucherzentrum hält eine informative Broschüre bereit. Vom Fähranleger aus geht man die Victoria Road entlang, wo man in Geschäften stöbern kann. Anschließend führt die Straße weiter zum **Mount Victoria**. Eine zehnminütige Wanderung zum Gipfel des Vulkankegels wird mit einem einmaligen Ausblick belohnt. Auf den nördlichen und östlichen Hängen, die vom Stamm der Kawerau besiedelt wurden, sieht man noch die von ihnen angelegten Terrassen und Gräben. Wie am Bastion Point, gab es auch am Mount Victoria ein Fort, das zur Verteidigung gegen einen mutmaßlichen russischen Angriff gedacht war.

Die Furcht vor den Russen führte auch zum Bau großer Befestigungsanlagen mit drei Kanonenstellungen am **North Head** (Maungauika), einen Kilometer weiter östlich. Die militärischen Anlagen auf dem North Head, einem Vulkan mit grandioser Aussicht, können besichtigt werden.

Devonport bietet einige Museen, von denen das **Torpedo Bay Navy Museum** *(64 King Edward Parade, Tel. 09/445-5186, www.navy museum.co.nz)* das interessanteste ist.

Devonport ist Teil von North Shore City, das die meisten wohlhabenden Vororte Aucklands auf der anderen Seite der Harbour Bridge umfasst. **Takapuna**, im Herzen von North Shore City besitzt einen schönen Stadtstrand.

Die Vororte dehnen sich immer weiter aus. Das 35 Kilometer nördlich von Auckland gelegene **Orewa** war einst ein stilles Küstendorf, heute liegt es am Stadtrand. Es hat einen Strand und viele Unterkünfte.

Vulkane

Ein Großteil des Stadtgebiets erstreckt sich über 49 Vulkane, und auch wenn der letzte Ausbruch 600 Jahre zurückliegt, ist das Vulkanfeld keineswegs erloschen. Die meisten Vulkane bestehen aus Kegeln, die etwa 150 Meter hoch sind. Ihre vulkanische Aktivität wird durch einen Hotspot verursacht, der 100 Kilometer direkt unter der Stadt liegt.

Alles aus Wolle

Mit 30 bis 40 Millionen Schafen ist Neuseeland ein Hauptproduzent von Wolle und Lammfellartikeln. Jacken und Mäntel sowie kuschelige Lammfellstiefel sind typische Erzeugnisse.

Stricken ist eine weit verbreitete Heimindustrie. Hergestellt werden handgestrickte Pullover, Umhänge, Handschuhe und Schals. Maschinell gewobene Wollstoffe werden zu hochwertiger Kleidung verarbeitet. Der Wolle wird oft Kusufell oder Mohairwolle beigemischt, um einen wunderbar weichen, warmen Stoff zu erhalten.

Regionale Künstler stellen Webarbeiten aus Wolle her. Firmen wie Dilana *(79-81 Felton Mathew Ave, www. dilana.co.nz)* stehen für Teppiche und Läufer mit ansprechenden modernen Dessins.

Rangitoto Island (siehe S. 70f) ist der größte und jüngste Vulkan in diesem Feld. Doch sollte es in Auckland zu einem erneuten Ausbruch kommen, ist die Wahrscheinlichkeit groß, dass der sich an einer Stelle mitten in der Stadt ereignet.

Wallace Arts Centre

✉ The Pah Homestead, 72 Hillsborough Rd., Hillsborough

☎ 09/639-2010

www.tbsbank
wallaceartscentre.
org.nz

Die *pa* (Dörfer) der Maori lagen über die Hänge der Vulkankegel verstreut. Ausgedehnte Terrassen sind noch heute am Mount Eden (in der Maorisprache Maungawhau) und am One Tree Hill (Maungakiekie) sowie am Mount Victoria (Takarunga) und am North Head (Takapuna) gut zu erkennen.

ERLEBNIS:
Fisch zubereiten

Der Fischmarkt in Auckland ist über die Grenzen des Landes hinaus berühmt (außer Fisch gibt es hier auch Obst, Gemüse und frisch gemahlenen Kaffee). Direkt darüber liegt Aucklands einzige Kochschule für die Zubereitung von Fisch und Meeresfrüchten: die **Auckland Seafood School** *(22–32 Jellicoe St., Freemans Bay, Tel. 09/379-1497, www.afm.co.nz)*. Das Angebot hat internationalen Charakter. Zu den beliebtesten Kursen gehören »Fisch auf dem Grill«, »Sushi und Tempura« und »Mediterrane Küche«. Die Kurse dauern mehrere Stunden.

Der **Mount Eden** liegt drei Kilometer südlich vom Stadtzentrum und ist mit 196 Metern der höchste Kegel auf dem Festland. Er bietet spektakuläre Ausblicke über die Stadt und ihre Umgebung. Vom **One Tree Hill** (183 m) aus genießt man ebenfalls einen herrlichen Ausblick. Der größte *pa* der Maori wurden nach einem einsamen Baum auf der Kuppe benannt, der 1852 von einem weißen Siedler

gefällt und später durch eine Kiefer ersetzt wurde, die 1994 wiederum protestierenden Maori zum Opfer fiel, was dem Hügel den Spitznamen »None Tree Hill« eintrug. Heute steht an gleicher Stelle ein Obelisk.

In dem am Fuße des Kegels angelegten Cornwall Park befinden sich Aucklands ältestes Gebäude, das **Acacia Cottage** (1841), sowie das Planetarium **Stardome Observatory** *(Tel. 09/624-1246, www.stardome.org.nz)*. Drei Kilometer südwestlich liegt das **Wallace Art Centre** mit einer umfangreichen Kunstsammlung.

Aucklands Märkte

Auckland bietet viele interessante Märkte. Am westlichen Rand des zentralen Geschäftsviertels beherbergen die umfunktionierten Gebäude des ehemaligen städtischen Abfallwirtschaftsbetriebs den **Victoria Park Market** *(Victoria St. W. & Union St.)*. In der Nachbarschaft, nahe den Docks, bietet der **Auckland Fish Market** eine große Auswahl an frisch gefangenem Fisch. Hier findet man auch viele Fischrestaurants sowie eine Kochschule speziell für Fisch und Meeresfrüchte (siehe Kasten). Aucklands Anspruch als Zentrum im Südpazifik wird jeden Samstagmorgen auf dem **Otara Market** *(Newbury St., Otara)* verständlich.

Frisch geerntetes Obst und Gemüse auf dem Otara Market

INSIDERTIPP

Aucklands botanischer Garten ist ein Refugium für alle, die eine Ruhepause vom Sightseeing brauchen. Auf jeden Fall die Gewächshäuser ansehen!

COLIN MONTEATH
NATIONAL GEOGRAPHIC-Fotograf

Weitere Sehenswürdigkeiten

Süd-Auckland straft den Neuseelands gesellschaftliche Ideale von Gleichheit und Integration Lügen. In den Vorstädten von Manukau City wohnen überwiegend Einwanderer von den Pazifikinseln, Maori und Arme. Manukau hat einige, an der SH1 ausgeschilderte Attraktionen zu bieten, darunter den landesweit größ-

ten Vergnügungspark **Rainbow's End**. Über die nächste Autobahnausfahrt in südlicher Richtung gelangt man zu den **Auckland Botanic Gardens** *(Tel. 09/267-1457, www.auckland botanicgardens.co.nz).* Sie wurden erst 1973 angelegt, verfügen aber über eine große Zahl an Pflanzen und ein Besucherzentrum.

Unweit des North Western Motorway zeigt das **Museum of Transport & Technology** (MOTAT) historische Fahrzeuge, landwirtschaftliche Geräte, eine große Sammlung historischer Flugzeuge und vieles mehr. Auch ein viktorianisches Dorf gehört dazu. Mit der Tram am See entlang, gelangt man zum **Auckland Zoo**. Zu den Bewohnern gehören die üblichen Exoten, aber auch zahlreiche einheimische Tierarten. ■

Rainbow's End
✉ Great South
 & Wiri Station
 Rds., Manukau
☎ 09/262-2030
⑤ $$$$
**www.rainbowsend.
co.nz**

**Museum of
Transport &
Technology**
🅰 Karte S. 56
✉ 805 Great North
 Rd., Western
 Springs
☎ 09/815-5800
⑤ $$$$
www.motat.org.nz

Auckland Zoo
🅰 Karte S. 56
✉ Motions Rd.,
 Western Springs
☎ 09/360-3805
⑤ $$$$
**www.aucklandzoo.
co.nz**

Rund um Auckland

Aucklands Hafen geht in den Hauraki Gulf über. Rangitoto Island, ein inakti-
ver Vulkan, ist ein interessanter Tagesausflug für Wanderer. Waiheke Island
bietet schicke B&Bs, Strände, Weingüter und künstlerisches Flair.

Das Mansion House auf Kawau Island, ehemaliger Wohnsitz des Gouverneurs Sir George Grey

Inseln im Hauraki Gulf

Jenseits des Waitemata Harbour liegen über 50 Inseln in den geschützten Gewässern des Hauraki Gulf verstreut. Die Hauptinseln erreicht man bequem und schnell im Rahmen eines Tagesausflugs mit der Fähre.

Rangitoto Island, von vielen Plätzen in Auckland aus zu sehen, ist das Ergebnis einer großen Eruption vor etwa 600 Jahren. Der symmetrische Vulkankegel hat eine Höhe von 260 Metern. Vom Ferry Building aus dauert die Fahrt keine halbe Stunde.

Vom Inselkai aus führt ein einstündiger Spaziergang auf die Bergspitze, von der man Panoramablicke auf Auckland, den Golf und in den bewaldeten Krater genießt. Für eine Wanderung einschließlich Abstecher zu den Lavahöhlen – Röhren aus Fels, durch die einst die heiße Lava floss – sollte man gut drei Stunden einplanen. Vulkangestein bedeckt den Boden (festes Schuhwerk). Ein Damm verbindet Rangitoto mit Motutapu Island.

INSIDERTIPP

Wer mit der Fähre nach Waiheke Island übersetzt, kann dort einen herrlichen Tag in Cafés und bei Weinproben genießen.

REBEKAH MAWSON
Neuseeländische Botschaft, Washington, D.C.

Mit seinen 8000 Einwohnern ist **Waiheke Island** fast schon ein Vorort von Auckland. Die meisten Insulaner wohnen am westlichen Ende der Insel, in und um den Hauptort **Oneroa**, der eine schöne Bucht umspannt. Die östliche Hälfte der Insel hat ländliches Flair.

Waiheke steht bei Künstlern und Kunsthandwerkern hoch im Kurs, weshalb es auf der Insel zahlreiche Galerien gibt. Auch die Weingüter stehen Besuchern offen, und etliche Gastronomiebetriebe bieten Übernachtungsmöglichkeiten. Es werden Inseltouren veranstaltet, man kann aber auch Fahrräder, Motorroller oder Autos mieten und auf eigene Fraus ausschwärmen.

Die größte der Inseln, **Great Barrier Island**, scheinen Jahrzehnte von Auckland zu trennen, dabei sind es nur zwei Stunden mit der Fähre oder 30 Minuten mit dem Flugzeug. Die Straßen auf der rauen, 40 Kilometer langen Insel sind unbefestigt, es gibt weder eine Bank noch Geldautomaten. Der Strom wird von Generatoren erzeugt, und das Wasser kommt aus Regentanks. *The Barrier*, wie die Einheimischen die Insel nennen, bietet romantische Buchten und Strände, Kauriwälder,

Blutiger Himmel

»Blutiger Himmel« ist die wörtliche Übersetzung des Inselnamens Rangitoto, der sich auf die Entstehung der Vulkaninsel zu beziehen scheint. Tatsächlich ist er jedoch von *Te Rangi i totongia a Tametekapua* – »der Tag, an dem das Blut von Tametekapua vergossen wurde« – abgeleitet. Tametekapua war ein Maorihäuptling, der im 14. Jahrhundert in einer Schlacht bei der Islington Bay fiel.

heiße Quellen, zerklüftete Berge und schöne Wanderwege im Inselinneren. Die meisten Unterkünfte finden sich in **Tryphena**, dem Hauptort im Süden, und im benachbarten **Medlands Beach**, das in einer sandigen Bucht liegt. Im **Great Barrier Forest** in der Inselmitte gibt es viele Wanderwege, z. B. zu den **Kaitoke Hot**

Neuseeland feiert seinen Sieg beim Rugby World Cup 2011 im Eden Park in Auckland

Die ruhmreichen All Blacks

Gemessen an seiner Größe, hat Neuseeland viele Top-Athleten in so unterschiedlichen Sportarten wie Kricket, Golf, Radfahren, Autorennen, Rudern, Squash und Segeln hervorgebracht. Aber in dem sportbesessenen Land steht Rugby an erster Stelle. Die All Blacks, die Nationalmannschaft, werden wie Halbgötter behandelt.

Der starke Bezug zwischen dem Rugby-Sport und der nationalen Identität lässt sich zurückführen auf die internationale Tour einer neuseeländischen Auswahl 1905/06, auf der diese sämtliche Rugbynationen der nördlichen Hemisphäre bezwang – auch England, wo das Spiel erfunden wurde. Seither sind die All Blacks die Mannschaft, die es zu schlagen gilt.

Im internationalen Spielbetrieb können sie eine beachtliche Siegesquote von 75 Prozent vorweisen, doch nach ihrem ersten Sieg beim Rugby World Cup 1982 gelang es den All Blacks nicht,

sich auf Dauer gegen Länder wie Großbritannien, Australien, Südafrika und Frankreich durchzusetzen. Fast 30 Jahre lang ging der Cup an andere, was den verehrten Volkshelden viel Kritik von Seiten ihrer Landsleute einbrachte. Doch als Neuseeland 2011 als Gastgeberland siegte, war alles vergeben und vergessen.

Der Name des Teams rührt von seinem Trikot her, das bis auf das silberne Farnlogo vollständig schwarz (*all black*) ist. Berühmtes Ritual vor dem Spiel: Die All Blacks zeigen ihren *haka*, den Kriegstanz der Maori (siehe Kasten).

INSIDERTIPP

Besucher eines All Black-Spiels sollten im Stadion nicht versehentlich eine »Australia«-Kappe tragen, wenn sie den Fans gegenüber nicht in Erklärungsnot geraten möchten.

LARRY PORGES
*National Geographic Travel Books-
Redakteur*

Seiner größten Krise sah sich Rugby in Neuseeland 1981 ausgesetzt, als die Springboks, die südafrikanische Nationalmannschaft, noch zur Zeit des Apartheidsregimes durch Neuseeland tourten – trotz weltweiter Kritik und massiver Straßenproteste der Neuseeländer. Auch wenn der Rugby-Sport in der Vergangenheit die Augen vor der Apartheid verschloss, verdankt Neuseeland einen Großteil seines Erfolgs maorischen Spielern sowie Spielern von den pazifischen Inseln wie Jonah Lomu (1975–2015), dessen Eltern aus Tonga stammen.

Die All Blacks spielen Rugby Union, die in Neuseeland vorherrschende Variante des Rugby. Doch seit die Auckland Warriors in die australische Profiliga aufgenommen wurden, in der die Variante Rugby League gespielt wird, findet auch die in Neuseeland mehr und mehr Anhänger. Eine weitere Variante, Siebener-Rugby, ist ein schnelleres Spiel mit nur sieben Spielern.

Der nationale Pokal, bei dem Neuseelands Regionen antreten, ist immer hart umkämpft. Es lohnt sich, im Winter ein Spiel in einem der großen Stadien des Landes wie dem Eden Park in Auckland, dem AMI Stadium in Christchurch oder dem Westpac Stadium in Wellington zu besuchen.

ERLEBNIS: Den *haka* tanzen

Zum Maoritanz *haka* gehören Schreien, Stampfen, Knüppelschwingen und furchterregende Grimassen. Zwar war er nicht von Anfang an ein Kriegstanz, aber er wurde oft aufgeführt ehe es in den Kampf ging, um den Kriegsgott herbeizurufen und den Feind das Fürchten zu lehren. Heute wird der bekannteste *haka*, der »Te Rauparaha« oder »Ka mate«, von den All Blacks vor jedem Match aufgeführt. Er wird dem großen Krieger Te Rauparaha zugeschrieben, dem der Häuptling Te Whareangi (der »haarige Mann«), Zuflucht gewährte, als er von seinen Feinden verfolgt wurde. Te Whareangi versteckte Te Rauparaha in seiner Vorratshöhle für *kumara* (Süßkartoffeln), wo Te Rauparaha mit seinem Gesang den Sieg des Lebens über den Tod pries, bis er wieder ans Sonnenlicht kam. Wer es ausprobieren möchte darf nicht vergessen, möglichst grimmig zu dreinzuschauen.

Ka mate. Ka mate. Ka ora. Ka ora.
Ich könnte sterben. Ich könnte sterben.
Ich könnte leben. Ich könnte leben.
Ka mate. Ka mate. Ka ora. Ka ora.
Ich könnte sterben. Ich könnte sterben.
Ich könnte leben. Ich könnte leben.
Tenei te tangata puhuru huru.
Dies ist der haarige Mann.
Nana nei i tiki mai, whakawhiti te ra.
Der die Sonne wieder scheinen ließ.
A upane. Ka upane.
Einen Schritt hinauf. Noch einen.
A upane. Ka upane.
Einen Schritt hinauf. Noch einen.
Whiti te ra. Hi.
Die Sonne scheint.

Kawau Island
Karte S. 79

www.kawauisland.
org.nz/general-
kawau-information

Springs und den alten Kauri-
dämmen, von Holzfäller gebaut, um Baumstämme den
Fluss hinunterzuflößen.

Rotoroa Island bietet
Sandstrände, historische
Gebäude und eine Ausstel-
lung zur Geschichte der
Insel. Die Fähren von **360
Discovery Cruises** (Tel. 09/
307-8005, www.360discovery.
co.nz) steuern sowohl Rotoroa als auch das Wildreser-
vat Tiritiri Matangi an, in

(siehe S. 81) angefahren.
Schon lange ist die Insel An-
kerstelle für Yachten, die im
Bon Accord Harbour, der
das kleine Eiland in zwei
Hälften teilt, Schutz suchen.

Auf Kawau befand sich
eine Kupfermine, bevor Ge-
neralgouverneur Sir George
Grey 1862 die Insel kaufte.
Er gab ein Vermögen aus,
um das imposante **Mansion
House** (Tel. 09/422-8882, $)
zu erbauen, und führte zahlreiche exotische Bäume und
Tiere ein.

Westlich von Auckland

Die zerklüfteten **Waitakere
Ranges**, ein grünes Refugium vor der Stadt, liegen
zwischen Auckland und der
windumtosten Küste zur
Tasmansee. Am Wochenen-
de kommen die Städter gern
für einen Tag hierher, ein Besuch lässt sich aber auch als
attraktiver Umweg gestal-
ten, etwa wenn man die
Stadt auf dem Weg nach
Northland umfahren möch-
te. Farnreiche Wälder und
lange Strände gehen im Norden in hügeliges Farmland
und Weingüter über.

Die Zufahrt erfolgt meist
über Titirangi, einen schicken Vorort Aucklands in
der Nähe des Manukau Har-
bour und der Gebirgsauslau-
fer. Von Titirangi fährt man
den imposanten, gewunde-
nen **Scenic Drive** zum eindrucksvollen **Arataki Visitor Centre** (Tel. 09/817-
0077) hinauf. Hier erhält

ERLEBNIS: Windsurfen

Mit Hunderten von Buchten, steten nord-
östlichen Meeresbrisen und zahlreichen
Spezialgeschäften ist Auckland als Surfge-
biet berühmt. Da muss man nur die Long-
boardfahrer und Olympiamedaillengewin-
ner Bruce und Barbara Kendall fragen, die
in Auckland leben. In jedem Geschäft erhält
man Infos über Surfplätze, Unterricht
(auch spontan) und Ausrüstung. Die Muriwai Surf School am Muriwai Beach (Tel.
021/478-734, www.muriwaisurfschool.co.nz)
ist eine gute Anlaufstelle für Anfänger.
Fortgeschrittene Windsurfer zieht es eher
zu Flying Forwards am Manly Beach (Tel.
09/426-6582, www.flyingforwards.co.nz), wo
die besten Surfer ihre Tage auf dem Wasser
verbringen. www.windsurf.co.nz bietet viele
Infos zum Surfen in Neuseeland.

---

dem eingeführte, bedrohte
Vogelarten wie Takahe und
Kokako (Lappenkrähe) so-
wie die Tuatara (Brücken-
echse) leben.

Kawau Island

Kawau Island wird mit der
Fähre von Sandspit aus

man viele Informationen über den **Waitakere Ranges Regional Park**, ein riesiges Gebiet mit Regenwald und zerklüfteter Küstenlandschaft.

Die Fahrt führt weiter den Scenic Drive entlang nach Waiatarua. Dort biegt man dann Richtung **Piha** ab, einen bekannten Surferstrand, der vom Lion Rock dominiert wird. Das oftmals unbeständige Wetter verleiht den schwarzen Stränden der Westküste eine besondere Atmosphäre, die in dem oscarprämierten Film *Das Piano* wunderbar eingefangen wurde. Die Auftaktszenen des Films wurden in Karekare, südlich von Piha, gedreht.

Zurück in Waiatarua, führt der Scenic Drive weiter nordwärts den Bergkamm entlang. Etwa zehn Minuten nach dem Piha-Abzweig kommt der **Aussichtspunkt Parkinson** mit Hafen und Panoramablick. Etwas weiter liegt **Pukema-** teko Hill, von wo sich ein Rundumblick eröffnet.

Die Hauptstraße fällt schließlich in das Tiefland um Kumeu ab, wo es viele gute Weingüter gibt. Bei **Kumeu** biegt man links auf die SH16 Richtung Helensville ab. **Coopers Creek Vineyard** *(Tel. 09/412-8560, www.cooperscreek.co.nz)* auf der SH16 bei Hupaia bietet ein schönes Gelände und Weinproben. Einer der größten Weinerzeuger Neuseelands, **Nobilo** *(Tel. 09/412-6666)*, liegt ganz in der Nähe. Ein weiteres bekanntes Weingut, **Matua Valley Wines** *(Tel. 09/411-5559, www.matua.co.nz)*, befindet sich nördlich des Highways, an der Waikoukou Valley Road bei Waimauku.

Kurz vor Waimauku kann man Richtung **Muriwai** abfahren: Gegen den hiesigen Strand schlägt eine stete Brandung, und von den Beobachtungsplattformen lässt sich eine riesige Tölpelkolonie beobachten. ∎

»Rainbow Warrior«

Am 10. Juli 1985 zündeten französische Geheimdienstagenten auf dem Greenpeaceschiff »Rainbow Warrior« eine Bombe und versenkten es, als es in Aucklands Waitemata Harbour angedockt lag. Die Umweltorganisation hatte gegen französische Atomtests im Südpazifik protestiert. Zwei der Agenten, die sich als Touristenpaar ausgaben, wurden von der neuseeländischen Polizei verhaftet und wegen Totschlags an einem portugiesischen Mannschaftsmitglied der »Rainbow Warrior« verurteilt. Die französische Regierung stritt die Verantwortung für den Anschlag zunächst ab, räumte aber schließlich ihre Schuld ein. Der Ausdruck *You can't sink a rainbow* – ein Regenbogen lässt sich nicht versenken – wurde international ein geflügeltes Wort unter Umweltschützern.

Eine reiche Geschichte, viel Maorikultur, ein »winterfreies«
Klima und die eindrucksvollste Küste des Landes

Northland

Cape Maria Van Diemen, Northland

Northland

Das Meer prägt die Halbinsel von Northland. An der Westküste brandet es gegen die Dünen, an der Ostküste liebkost es geschützte Buchten und Strände. Dorthin zog es frühe Seefahrer, Maori und Europäer. Die historisch bedeutsame Bay of Islands ist ein malerischer Küstenabschnitt.

Ein Angler zieht am Ninety Mile Beach Lachsbarsche an Land

Die Bay of Islands liegt nur vier Autostunden von Auckland entfernt und eine Rundfahrt durch Northland bietet abwechslungsreiche Landschaften: von Kauriwäldern bis zur windumtosten Pracht am Cape Reinga. Zum Vergnügen im und auf dem Wasser gehört neben Segeln und Tauchen auch das Schwimmen mit Delfinen.

Northland war eine der ersten Regionen, in denen die Maori siedelten. Im 18. Jahrhundert lebte hier ein Viertel aller Maori, heute ist ein Drittel der hiesigen Bevölkerung Maori. Im frühen 19. Jahrhundert kamen Walfänger und Händler, gefolgt von Missi-

onaren – mit Krankheiten und Musketen im Gepäck. Der Stamm der Ngapuhi setzte unter seinem Anführer Hongi Hika die neuen Waffen mit verheerendem »Erfolg« ein: Ab 1821 bis in die 1830er Jahre hinein brach mehrere Stammeskriege aus.

Die frühe europäische Besiedelung beschränkte sich zumeist auf die Bay of Islands, wo die Bewohner des Hauptorts Kororareka (Russell) im Ruf standen, dem Laster und der Trunksucht ergeben zu sein. Der britische Regierungsbeauftragte James Busby plädierte für klare Verhältnisse unter den Einwohnern: Der 1840 unterzeichnete Vertrag von Waitangi sicherte zwar die Rechte der Maori und regelte dubiose Landverkäufe, aber de facto läutete er den Beginn der Kolonialisierung ein.

Der Blick der Europäer richtete sich bald gen Süden, auf die neue Hauptstadt Auckland. In der zweiten Hälfte des 19. Jahrhunderts wurde die Holzfällerei in Northlands Kauriwäldern, vor allem rund um Dargaville, ein wichtiger Industriezweig. Einwanderer aus dem heutigen Kroatien kamen in großer Zahl, um nach Kauri-Bernstein zu graben. In den 1920er Jahren waren die meisten Kauriwälder verschwunden. Ohne Industrie und mit einer schlechten Infrastruktur verkam Northland im 20. Jahrhundert zum vergessenen Hinterland. Die Region kann auf der Twin Coast Discovery

Cape Reinga
Cape Reinga Lighthouse
Te Paki Sand Dunes
Parengarenga Harbour
PAZIFISCHER OZEAN
Rarawa Beach
Ngataki
Ninety Mile Beach
Matai Bay
Karihari Peninsula
Doubtless Bay
Gumdiggers Park
Waipapakauri Beach
Awanui
Taipa
Cable Bay
Hihi
Mangonui
Coopers Beach
Kaitaia
Ahipara
HEREKINO FOREST
Kerikeri
Waitangi
Paihia
Opua
Rawene
Opononi
Omapere
Hokianga Harbour
Tane Mahuta
Four Sisters
WAIPOUA FOREST
Kauri Coast
Trounson Kauri Park
Baylys Beach
Dargaville
Matakohe
Kaikohe
Kaipara Harbour
TASMANSEE
Bay of Islands
Urupukapuka I.
Hole in the Rock
Cape Brett
Russell (Kororareka)
Okiato
Sandy Bay
Woolley's Bay
Whale Bay
Poor Knights Is.
Hikurangi
Matapouri
Tutukaka
Nguguru Bay
Whangerei Falls
Whangerei Museum
WHANGAREI
Abbey Caves Reserve
Marsden Point
Ocean Beach
Waipu
Waipu Cove
Mangawhai Heads
Brynderwyn
Kaiwaka
Wellsford
Kowhai
Pakiri Beach
Leigh
Omaha
Tawharanui Regional Park
Warkworth
Sandspit
Kawau I.
Puhoi
Waiwera
Orewa
Coast

Zur Orientierung
Auckland
Wellington
Christchurch
Neuseeland

0   40 Kilometer

Road erkundet werden; die Route mit dem Delfinlogo schließt beide Küsten ein. Die Bay of Islands und die Kauri Coast sollte man gesehen haben, wer mehr Zeit hat, sollte auch Far North und Hokianga erkunden. Strandwanderungen lohnen an der Ostküste. ∎

Von Auckland zur Bay of Islands

Die meisten Touristen fahren direkt zur Bay of Islands und halten nur kurz in Whangarei, dem Hauptort von Northland. Wer mit Zeit reist, kann die traumhaft schöne Küste östlich der Hauptstraße erkunden. Hier gibt es hei-ße Quellen, alte Dörfer, schöne Strände, Inseln und Tauchreviere. Hinter Whangarei führt eine weitere Küstenroute zum Hafenort Tutukaka.

Der Strand von Mangawhai Heads

Kowhai Coast

Der erste interessante Stopp an der SH1 nach Nor-den entlang der Kowhai Coast ist das Dorf **Waiwera** an der Mündung des Wai-wera River. Es ist für seine heißen Quellen bekannt. Das **Waiwera Infinity Spa Resort** *(Tel. 09/427-8820, www.waiwera.co.nz, $$$$)* bietet Thermalbäder, Sauna und Fitnesscenter.

Unweit des SH1 liegt **Puhoi**, das um 1860 von böhmischen Einwanderern gegründet wurde. Der Puhoi Pub *(5 Saleyards Rd., Tel. 09/422-0812)* vor Ort ist ein atmosphärischer Zwi-schenstopp.

Zurück auf der SH1, schmiegt sich 63 Kilometer nördlich von Auckland die Stadt **Warkworth** an die Ufer des Mahurangi River. Hier beginnt eine land-schaftlich reizvolle Küsten-strecke mit Buchten und Stränden.

Am südlichen Stadtrand zeigt das **Warkworth District's Museum** *(Tel. 09/425-7093, www.warkworthmuseum.co.nz, $)* Exponate zur Kolonialzeit, aber noch interessanter ist der gegenüberliegende Kauripark. Hier steht die riesige, 800 Jahre alte »McKinney-Kauri«, und man kann einen 30-minütigen Spaziergang durch einen Hain mit Kauribäumen, Palmen und Farnen unternehmen.

INSIDERTIPP

Die Erkundung des Abbey Caves Reserve westlich von Whangarei gibt Gelegenheit, einen heißen Sommernachmittag angenehm kühl zu verbringen.

BRENT OPELL
NATIONAL GEOGRAPHIC-Experte

Sheepworld *(Tel. 09/425-7444, www.sheepworldfarm.co.nz, $$$$$),* nördlich von Warkworth, ist ein Freizeitpark, in dem sich alles um das Schaf dreht. Es gibt Vorführungen zur Schur und zur Arbeit mit Hirtenhunden (11 & 14 Uhr).

Von Warkworth aus führt die SH1 weiter nördlich durch Wellsford nach Whangarei – oder man verlässt die SH1, um an die Kauri Coast zu fahren. Eine andere Route nach Wells-

ford führt über Leigh. Die alternative Route zweigt östlich von Warkworth von der SH1 Richtung **Sandspit** ab, einem ruhigen Hafenstädtchen und der Ablegestelle für die Fähren nach Kawau Island (siehe S. 74).

Abbey Caves Reserve
- Karte S. 79
- Abbey Caves Road 0175 Whangarei
- 09/430-6562

ERLEBNIS:
Ausritte am Pakiri Beach

Pakiri Beach Horse Rides *(317 Rahuikiri Rd., Pakiri Beach, Tel. 09/422-6275, www.horseride-nz.co.nz)* ermöglicht Ausritte der besonderen Art: einen berauschenden Galopp über ein unberührtes Stück weißen Strand in Begleitung von Nachkommen des Maorihäuptlings Te Kiri vom Stamm der Ngati Wai.

Die Ausritte reichen von einer Stunde am Strand für Anfänger bis zu halbtägigen und ganztägigen Ausritten durch Dünen und Wald. Zwei- oder mehrtägige Ausritte schließen Kriegerpfade und Unterkunft in einer umgebauten Schafschurhütte oder auf einem *marae* (siehe S. 35) ein.

Von Sandspit aus führt die Straße zu einigen schönen Stränden, z. B. im **Tawharanui Regional Park** und bei **Omaha.** Fährt man weiter stößt man auf den Fischerort Leigh mit dem **Goat Island Marine Reserve.**

Die winzige Goat Island ist der Küste direkt vorgelagert und von äußerst fischreichen Gewässern umgeben. Dieses Schutzgebiet lässt sich am besten unter Wasser erkunden – oder bei einer Fahrt mit

Whangarei

Karte S. 79

Besucher-
information

92 Otaika Rd.

09/438-1079

http://whangareinz.
com/i-site

dem Glasbodenboot, wie
sie im Sommer angeboten
wird. In Leigh kann man
Tauchausflüge buchen und
Schnorchelausrüstungen
leihen. Fährt man von Goat
Island aus über die Hügel
weiter, erreicht man **Pakiri
Beach**, einen unberührten

schönen Stück Strand. Et-
was weiter liegt unweit der
SH1 der Ort Waipu. Von
hier aus sind es 40 Kilometer bis Whangarei.

Whangarei

Mit 50 000 Einwohnern ist
Whangarei die größte Stadt

In Sheepworld können Besucher selbst Hand anlegen

Sandstrand, an dem die
Australseeschwalbe nistet –
allerdings nur noch etwa
40 Exemplare.

Nördlich von Wellsford
geht es bei Kaiwaka von der
SH1 auf die Kaiwaka-Man-
gawhai-Road ab und somit
auf eine weitere Schleife
mit wunderbarer Küsten-
landschaft, die nach **Mangawhai Heads** führt. Die
Straße führt anschließend
über die Landspitze zur
Waipu Cove. Hier gibt es
ein paar Wohnmobilplätze
auf einem atemberaubend

in Northland. Am schöns-
ten ist der renovierte **Town
Wharf** mit Blick auf die
Yachten. Das **Clapham
Clocks Museum** (Tel. 09/
438-3993, www.claphams
clocks.co.nz, $$), direkt an
der großen Uhr am Town
Wharf gelegen, stellt Zeit-
messer aus. Über den SH14
gelangt man nach sechs Ki-
lometern Richtung Westen
zum Museum **Kiwi North**
(Tel. 09/438-9630, $). Zum
Bestand gehören ein res-
tauriertes Farmhaus mit ko-
lonialen Exponaten sowie

eine beeindruckende Samm-
lung Maori-Artefakte und
eine Kiwi-Station.

Nur wenige Städte haben
eine Sehenswürdigkeit wie
die beeindruckenden
Whangarei Falls am nördlichen Stadtrand, in der Nähe
der Ngunguru Road nach
Tutukaka. Der Fluss stürzt
über eine Klippe in ein tiefes
grünes Loch; ein Wander-
weg führt am Fluss entlang.

Whangarei besitzt auch
einen ausgezeichneten
Strand, zu dem die Whangarei Heads Road führt. 36 Kilometer östlich der Stadt
branden die Wellen des Pazifik auf den **Ocean Beach**.
Dieser schöne Sandstrand
erstreckt sich kilometerweit
in Richtung Norden.

Tutukaka Coast

In einer Schleife führt eine
Straße von Whangarei
durch die Meereslandschaft
an der Tutukaka Coast. Sie
ist für gute Segel-, Sport-
angel-, Tauch- und Surf-
möglichkeiten bekannt. Die
Straße trifft an der beeindruckenden blaugrünen
Bucht Ngunguru auf das
Meer und windet sich über
die Landspitze nach **Tutukaka**. Tutukaka ist ein großes Sportangelzentrum
und die Ausgangsbasis für
Tauchausflüge zu den **Poor
Knights Islands**, einem der
besten Tauchreviere Neu-
seelands (siehe Kasten).

Hinter Tutukaka schlän-
gelt sich die Straße durch

ERLEBNIS:
Das beste Tauchrevier Neuseelands

Die Poor Knights Islands liegen etwa
24 Kilometer vor der Küste und sind Teil
eines Meeresschutzgebiets, durch das
ungewöhnlich warme subtropische Strömungen fließen. Daher ist die Unter-
wasserfauna besonders vielfältig, unter
anderem sind hier Schwämme und Man-
tarochen zu finden.

Unterwasserhöhlen, Bogengänge und
Felsspalten können das ganze Jahr über
mit einem der Tauchveranstalter in Tutu-
kaka erkundet werden. **Dive! Tutukaka**
*(Marina Rd., Tutukaka, Tel. 09/434-3867,
www.diving.co.nz)* ist eine der größten
Tauchschulen am Ort und bietet PADI-
Kurse, Bootsausflüge und mehr an. Am
Yachthafen Tutukaka finden sich die
Anbieter **Ocean Blue Adventures** *(Tel.
0274/880-459, www.oceanblue.co.nz)* und
Yukon Dive *(Tel. 09/434-4506, www.
yukon.co.nz)*, die Tauchfahrten zu den
Inseln organisieren.

Zu den Anbietern in Whangarei, die
auf Tauchgänge vor den Poor Knights Islands spezialisiert sind, gehört **Dive HQ
Whangarei** *(41 Clyde St., Tel. 09/438-1075,
www.divenow.co.nz)*.

Hügel zur Mündung der
Matapouri Bay, wo ein
Küstenwanderweg *(einfache
Strecke 20 Minuten)* zur
Whale Bay führt. Die benachbarte **Woolley's Bay** ist
ebenso sehenswert, und die
bei Surfern beliebte **Sandy
Bay** gewährt einen letzten
Blick auf den Strand, ehe sich
die Straße wieder landeinwärts in Richtung SH1
wendet. ∎

Die Bay of Islands

Rund 150 Inseln liegen im türkisblauen Gewässer der Bay of Islands verstreut, die von malerischen Hügeln geschützt wird. Von allen Küstenabschnitten Neuseelands ist die Bay of Islands mit Abstand der berühmteste. Das gemütliche Ferienambiente der Bucht täuscht über die zuweilen turbulente Vergangenheit als Wiege des modernen Neuseeland hinweg.

Der Paihia-Kai ist das Tor zur Bay of Islands

Bay of Islands
🅜 Karte S. 79
www.bayofislands.
co.nz

Geschichte

Die Form der Bucht ist das Ergebnis eines ständig über die Ufer tretenden Flusssystems. Das Meer überflutete im Verlauf von Millionen von Jahren die Täler, bis nur noch die Rücken und Gipfel uralter Berge herausragten. Die ersten Kanus der Maori landeten hier möglicherweise bereits vor 1000 Jahren.

Captain Cook war 1769 der erste Europäer hier, und er gab der Bucht ihren heutigen Namen. Obwohl er Warnschüsse mit Musketen abgab und Kanonen abfeuerte, »um zu sehen, welchen Effekt das hätte«, begegneten die Einheimischen ihm freundlich. Der französische Entdecker Marion du Fresne hatte 1772 nicht so viel Glück: Er und 25 Besatzungsmitglieder wurden getötet. Danach blieben die Europäer fern, bis im frühen

19. Jahrhundert die ersten Walfänger hier Kurzweil suchten. Kororareka (heute Russell) war das beliebteste Dorf auf der Suche nach Maorimädchen und Rumkneipe und erhielt den Beinamen »Lasterhöhle des Pazifik«, doch ließen Missionare nichtlange auf sich warten, um dem Treiben Einhalt zu gebieten.

INSIDERTIPP

Im Ökozentrum auf Aroha Island können Sie wild lebende Kiwis beobachten. Buchen Sie telefonisch eine Abendführung *(Tel. 09/ 407-5243, www.aroha island.co.nz).*

CHARLOTTE BUEB
Bloggerin für National Geographic Intelligent Travel Blog

Im Jahr 1840 wurden die Maorihäuptlinge dazu gebracht, sich der Souveränität der britischen Krone zu unterwerfen. William Hobson wurde zum Vizegouverneur der neuen Kolonie ernannt. Er verlagerte den Verwaltungssitz von Kororareka südwärts nach Auckland. So sank die Bay of Islands zur Provinz ab.

Hone Heke, der als erster Häuptling den Vertrag von Waitangi unterschrieben hatte, belagerte und zerstörte Kororareka 1845. Es

wurde unter dem Namen Russell wiederaufgebaut.

Zu Besuch in der Bucht

Paihia ist das touristische Zentrum der Bay of Islands, die heute ein beliebtes Ziel für internationale und einheimische Besucher darstellt. Es grenzt direkt an die Waitangi Treaty Grounds. Die herrliche Bucht kann beim Schwimmen mit Delfinen oder bei einer Angeltour erkundet werden. Am beliebtesten sind jedoch Bootsausflüge. Setzen Sie zumindest mit der Fähre zum charmanten alten Städtchen Russell über.

Der Hauptort der Region, Kerikeri, liegt abseits der Hauptattraktionen. Außerhalb der Stadt liegt die ehemalige Missionsstation, die Besucher anzieht.

Paihia

Die meisten Besucher der Bay of Islands übernachten in Paihia. Mit Hotels, Restaurants und Veranstalterbüros gepflastert, hat der Ort etwas an Charme verloren. Von hier aus kann man die Waitangi Treaty Grounds zu Fuß erreichen.

Fullers *(Tel. 09/402-7421, www.dolphincruises. co.nz)* ist der größte Veranstalter von Bootsfahrten zu den Inseln vor der Russel Peninsula. Besonders beliebt sind Touren zum Hole in the Rock auf Motukokako Island nahe des Leuchtturms

Paihia
🅰 Karte S. 79
Besucherinformation
✉ The Wharf, Marsden Rd.
☎ 09/402-7345
**www.paihia.co.nz
& www.northland. co.nz**

Waitangi
Karte S. 79

Waitangi Treaty Grounds
Waitangi National Reserve, 26 Tau Henare Dr., Paihia
09/402-7437
$$$$
www.waitangi.net.nz

Besuch einer Maoristätte

Manche Maoristätten, insbesondere Grabstätten, sind *tapu* (»heilig« oder »verboten«) und dürfen nicht betreten werden. Ein *marae* (Versammlungsstätte) darf man betreten, wenn man dazu eingeladen worden ist.

Maori begrüßen Gäste mit einem *powhiri*. Das formelle Willkommensritual beginnt mit einem Gesang der Frauen. Bei offiziellen Anlässen führt danach ein Krieger einen *wero* (Herausforderung) aus. Er schwingt einen Stock, den er dann den Gästen vor die Füße legt. Sie müssen ihn aufheben, um ihre Friedfertigkeit zu zeigen.

Das *wharenui* (Versammlungshaus) darf nur barfuß betreten werden. Nach der *hongi*-Begrüßung (das traditionelle Berühren der Nasen) übergeben die Gäste den Gastgebern ein *koha* (Geschenk).

bietet ebenfalls Bootstouren sowie Segeltouren und Ausflüge an, auf denen man mit Delfinen schwimmen kann.

Waitangi Treaty Grounds

Auf der anderen Seite des Waitangi River, zwei Kilometer nördlich des Paihia-Kais, liegen die Waitangi Treaty Grounds, die Geburtsstätte der Nation. Hier unterschrieben Maorihäuptlinge den Vertrag von Waitangi (siehe S. 90f), und William Hobson verkündete Großbritanniens Hoheit über das Land.

Das Treaty House, von echtem englischem Rasen umgeben, wurde 1833/34 als Residenz des ersten britischen Kolonialverwalters, James Busby, erbaut. Das Museum zeigt, wie ein Kolonialhaus aussah, und präsentiert eine Kopie des Vertrags. Daneben steht sich das Versammlungshaus **Te Whare Runanga**, das 1940 erbaut wurde, um die Beteiligung der Maori am Aufbau der Nation zu feiern. Es ist als Begegnungsstätte für alle Maoristämme gedacht. Die beeindruckenden Schnitzereien im Inneren zeigen die Vorfahren und Kunststile der einzelnen Hauptstämme.

Am Hobsons Beach liegt das 35 Meter lange Kriegskanu »Ngatokimatawhaorua«. Es ist nach dem Kanu

von Cape Brett, wo man Delfine und Wale beobachten, samt Zwischenstopp auf Urupukapuka Island. Fuller's Cream Trip, auf dem man vieles zu sehen bekommt, folgt der Route des Milchschiffs, das in den 1920er Jahren die Molkereiprodukte abgelegener Farmen abholte und ihnen die Post brachte.

Explore NZ *(Tel. 09/359-5987, www.explorenz.co.nz)*

ERLEBNIS: Die Kultur der Maori

Am stärksten ausgeprägt ist die traditionelle Kultur der Maori in den *marae*, den Versammlungsstätten der Stämme, die sich zumeist auf dem Land befinden. Doch die Maorikultur lebt auch in den Städten, da die meisten Maori heute Städter sind. Durch die Wiederbelebung alter Traditionen positionieren sich die Maori in der neuseeländischen Gesellschaft.

Einen unkomplizierten Einblick in die Maorikultur erhalten Besucher auch auf den volkskundlichen Ausflügen in die Umgebung von **Rotorua**. Viele Hotels und Reiseveranstalter bieten Vorführungen mit Gesängen und Tänzen an, gefolgt von einem *hangi*-(Erdofen-)Festessen.

Maorikünstler sind für ihre Holzschnitzereien berühmt

Die beiden größten Maorizentren in Rotorua, **Te Puia** und **Whakarewarewa** (siehe S. 126), veranstalten Folkloreaufführungen und Hangi für Touristen. Die Betreiber des **Tamaki Maori Village** *(1220 Hinemaru St., Tel. 07/349-2999, www.maori culture.co.nz)* holen ihre Gäste am Hotel ab und bringen sie zu einem nachgebauten Maoridorf im Wald, wo am Abend Vorführungen stattfinden. Das **Mitai Maori Village** *(196 Fairy Springs Rd., Tel. 07/343-9132, www. mitai.co.nz)* ist ein weiterer guter Anbieter in Rotorua. In Taupo findet man ein entsprechendes Angebot bei **Wairakei Terraces** *(Tel. 07/ 378-0913, www.wairakei terraces.co.nz)*.

Vorführungen

Die anspruchsvollen Gesangs- und Tanzaufführungen *(kapa haka)* der Maori am **Auckland Museum** (siehe S. 64) lohnen den Besuch. Halten Sie Ausschau nach Festivals, die Aufführungen der Maori einschließen, wie das **Pasifika Festival** *(www. aucklandnz.com/pasifika)* im März, auf dem der pazifische Kulturraum präsentiert wird. Der nationale *kapa-haka*-Wettbewerb, **Te Matatini**, der alle zwei Jahre stattfindet, bietet den besten jungen Maorikünstlern eine Bühne.

Am East Cape der Nordinsel organisiert **Tairawhiti Tours** *(Tel. 027/276-5484, www.tairawhititours.co.nz)* Ausflüge in die Umgebung von Gisborne, auf denen Tolaga Bay und ein *marae* besucht werden.

Zur Vertiefung

Die **Waitangi Treaty Grounds** in der Bay of Islands sind Neuseelands geschichtsträchtigste Stätte. Auf dem Gelände befindet sich das Te Whare Runanga, ein nationales Versammlungshaus für alle Maoristämme, das mit herausragenden Schnitzereien ausgestattet ist, deren Bedeutung Angehörige des Ngapuhi-Stammes im Rahmen von Führungen erklären.

Örtliche Reiseveranstalter wie **Culture North** *(SH1, Okaihau, Tel. 09/402-5990, www.culturenorth.co.nz)* bieten zahlreiche Ausflüge mit Kanufahrten und dem Besuch eines traditionellen *marae* an.

Footprints Waipoua *(Tel. 09/405-8207, www.footprintswaipoua.co.nz)* in Omapere ist auf Touren zu den Legenden um den **Waipoua Forest** (siehe S. 99f) und Hokianga Harbour, wo der Entdecker Kupe angelandet sein soll, spezialisiert.

Russell

Karte S. 79

**Besucher-
information**

✉   Russell Wharf

☎   09/403-8020

**www.russell.co.nz
& http://russelinfo.
co.nz**

benannt, mit dem der Ent-
decker Kupe nach Aotearoa
gesegelt sein soll und ist das
größte Maorikanu, das je
gebaut wurde. Alle paar
Jahre wird es von 80 Rude-
rern zu Wasser gelassen,
um den Waitangi Day am
6. Februar zu feiern.

Ein Wanderweg durch
den Park, Hin- und Rückweg
etwa fünf Kilometer, führt
zu den **Haruru Falls**.

The Strand in der geschichtsträchtigen Stadt Russell

Russell

Als Charles Darwin 1835
dem Ort Russell (der damals
Kororareka hieß) einen Besuch abstattete, beschrieb
er die englischen Bewohner
als »den absoluten Ab-
schaum der Gesellschaft«
und die Häuser der Maori
als »dreckige Löcher«.

Mittlerweile hat sich die
Stadt von der Lasterhöhle
zum geschichtsträchtigen
Ort gewandelt. Alte Villen

säumen die Seeseite, und es
macht Spaß, auf den wenig
befahrenen Straßen zu fla-
nieren.

Links des Anlegers für die
Fähren aus Paihia oder
Opua steht das **Duke of
Marlborough Hotel** (www.
theduke.co.nz), eine der ältesten Herbergen des Lan-
des. Geht man die Straße
The Strand weiter, kommt
man an die alte **Polizeistation** (1870). Am Ende der
Straße kann man bei Ebbe
entweder am Strand ent-
lang oder bei Flut die Wellington Street hochgehen,
um in 30 Minuten den
Flagstaff Hill zu erklimmen.
Man kann auch mit dem
Auto die Tapeka Road hoch-
fahren, um zum Flagstaff
Hill zu gelangen. Hier fällte
Häuptling Hone Heke 1844
den Fahnenmast mit der
britischen Flagge, die schon
vier Jahre nach der Unterzeichnung des Vertrags von
Waitangi als Symbol der
Unterdrückung galt. Der
Mast wurde ersetzt, aber
Heke gab nicht auf und es
begann der Fahnenmast-
krieg um Kororareka.

Das **Russell Museum**
(2 York St., Tel. 09/403-
7701, http://russelmuseum.
org.nz, $) in der Stadtmitte
lohnt einen Besuch. Es beherbergt ein Modell von
Captain Cooks »Endea-
vour«, zeigt einen Film zur
Geschichte von Russell sowie Artefakte der Maori
und aus der Kolonialzeit.

ERLEBNIS: Mit Delfinen schwimmen

In neuseeländischen Gewässern sieht man häufig Delfine, sie stehen in enger Beziehung zu den Menschen. Zwei Exemplare erlangten besondere Berühmtheit: Pelorus Jack, der zwischen 1888 und 1912 Schiffe durch die Cook Strait begleitete, und Opo, die in Mitte der 1950er Jahre am Strand bei Opononi mit Urlaubern spielte.

Seit den 1980er Jahren gibt es weltweit Möglichkeiten mit Delfinen zu schwimmen, aber Neuseeland bietet einige der besten Optionen. Die Veranstalter müssen streng kontrollierte Auflagen erfüllen, denn der Kontakt mit den Menschen soll das natürliche Leben der Tiere möglichst nicht durcheinanderbringen.

Besonder beliebt ist das Schwimmen mit Delfinen in der Bay of Islands. Explore (Tel. 09/359-5987, www.exploregroup. co.nz), Fullers (Tel. 09/402-7421, www. dolphincruises.co.nz) und Carino Sailing and Dolphin Adventures (Tel. 09/402-8040, www.sailingdolphins.co.nz) bieten von Paihia aus Touren an, auf denen man mit Großen Tümmlern und Gemeinen Delfinen schwimmen kann.

Riesige Schulen von Schwarzdelfinen und anderen Delfinarten kommen bei Kaikoura nahe ans Ufer. Dolphin Encounter (Tel. 03/319-6777, www.dolphin encounter.co.nz, $$$$$) ist hier der einzige Anbieter von Ausflügen zum Schwimmen mit Delfinen.

Weitere Möglichkeiten gibt es in Tauranga und Whakatane an der Ostküste der Nordinsel und bei Akaroa in der Nähe von Christchurch, wo es vor allem Hector-Delfine gibt.

Im Sommer (Nov.–April) müssen die Ausflüge im Voraus gebucht werden. Erkundigen Sie sich beim Anbieter nach den Wetterbedingungen zum gewünschten Zeitpunkt und nach eventuellen Beschränkungen.

Vom Museum aus geht man die Robertson Road bis Ecke Church Street hoch: Dort erhebt sich die **Christ Church**. 1836 erbaut, ist sie die älteste Kirche des Landes. Vier Seeleute der »HMS Hazard« wurden in der Nähe getötet, als Hone Heke 1845 die Stadt angriff. In der Kirche findet sich eine Markierung, dort wo sie ursprünglich beigesetzt wurden. Auf dem Friedhof davor findet man die Gräber des Ngapuhi-Häuptlings Tamati Waka Nene (der gegen Hone Heke kämpfte), der Familie Clendon (James R. Clendon war der erste US-Konsul) und vieler Waljäger.

An der südlichen Seeseite steht das **Pompallier House** (The Strand, Tel. 09/403-9015, $), das einst zur katholischen Mission gehörte, die von Bischof Jean Baptiste François Pompallier (um 1801–1871) 1838 gegründet wurde. Dieses Gebäude enthielt Druckerpressen, mit denen religiöse Büchlein in der Sprache der Maori hergestellt wurden. Nach der Übersiedlung der Mission nach Auckland kam in dem Gebäude eine Gerberei unter. Schönster Wanderweg in der Gegend ist der 16 km lange **Cape Brett Track**. Er führt von Rawhiti zum Leuchtturm. Eine

Der Vertrag von Waitangi

Die Vereinbarung ist kurz und wurde in guter Absicht geschlossen. Dennoch ist sie bis heute eines der umstrittensten Dokumente in der Geschichte des Landes.

Großbritannien war zunächst eine zurückhaltende Kolonialmacht. Erst ein Anstieg der Kriminalität und der Versuch der privaten New Zealand Company, eine unabhängige Regierung einzusetzen, bewogen Großbritannien zum Eingreifen. Dennoch leitete der Vertrag von Waitangi die Annexion Neuseelands ein.

Der britische Offizier Captain William Hobson ging am 29. Januar 1840 in der Bay of Islands an Land. Innerhalb von vier Tagen entwarf er einen Vertrag und begann, die Maoristämme davon zu überzeugen, ihre Hoheitsrechte an die britischen Krone abzutreten.

Die Sache der Maori

Missionare übersetzten den Vertrag, der am 5. Februar in Waitangi einer Versammlung von Stammeshäuptlingen des Nordens vorgestellt wurde. Bereits am nächsten Tag unterschrieben 45 von ihnen. Bis zum Jahresende hatten insgesamt 500 Häuptlinge unterzeichnet.

Der Vertrag von Waitangi besteht lediglich aus drei Artikeln. Der erste gewährt dem britischen Monarchen Souveränität über Neuseeland. Der zweite gewährt den Häuptlingen »ausschließlichen und unbeeinträchtigten Besitz ihrer Ländereien, Grundstücke, Wälder, Fischgründe und anderer Eigentümer.« Er besagt ferner, dass die Maori ausschließlich über die Krone Land verkaufen dürfen. Der dritte Artikel gewährt den Maori »alle Rechte und Privilegien britischer Untertanen«.

Die Häuptlinge unterschrieben in dem Glauben, Großbritannien werde ihre Interessen schützen. Das Gegenteil geschah. Als Maorihäuptlinge sich 1860 zusammentaten, um den Verkauf von Land einzuschränken, waren die Taranaki- und Waikatokriege (1860–69) die Folge. Nach deren Beendigung beschlagnahmten die Siedler riesige Gebiete. 1877 erklärten die Gerichte die Regelung für »null und nichtig«.

Das Waitangi-Tribunal

Die neuseeländischen Politiker priesen den Vertrag dennoch als ein Beispiel für die Gleichberechtigung, die den Maori gewährt wurde. In den 1970er Jahren räumten Aktivisten der Maori mit dem Mythos vom »glücklichen Eingeborenen« auf. 1975 gründete die Regierung das Waitangi-Tribunal, um Verstößen gegen den Vertrag nachzugehen.

Im Jahr 1985 erweiterte die Labour-Regierung die Befugnisse des Waitangi-Tribunals rückwirkend bis in das Jahr 1840, woraufhin die Anzahl der Klagen stetig wuchs. Der Tainui-Stamm erhielt eine Entschädigung in Höhe von 170 Millionen NZ $ (75 Millionen Euro) für das Land, das ihm in Waikato weggenommen worden war.

Feierlichkeiten zum Waitangi Day am 6. Februar 2008
Links: Porträt des Captain William Hobson von James Ingram McDonald (1913)

Kerikeri

🅐 Karte S. 79

Besucher-
information

**Kerikeri DOC
Area Office**

✉ 34 Landing Rd.

☎ 09/407-0300

www.kerikeri.co.nz

Übernachtung in der Cape Brett Hut ist buchbar unter *www.doc.govt.nz*.

Der unweit des Hafens gelegene **Bay of Islands Swordfish Club** *(www. swordfish.co.nz)* zeigt seinen Besuchern einige »fischige« Exponate, darunter einen ausgestopften Blauen Marlin, Fotos und Fanglisten aus den 1920ern.

Urupukapuka Island

Die meisten Inseln der Bucht sind winzige Felseilande. Die größeren Inseln sind heute meist Freizeitorte. Die Ausnahme ist Urupukapuka

Island. Wanderwege durchkreuzen die grünen Hügel und schließen die archäologischen Stätten der Maoridörfer ein.

Besonders malerisch ist die **Otehei Bay**. Es gibt hier Holzhäuser sowie das Waterfront Bar & Café. Die Bucht verfügt auch über einen Campingplatz und eine Kajak-Vermietung *(Tel. 021/ 272-3353)*.

Kerikeri

Die Zahl der Bewohner Kerikeris wächst ständig, ist der Ort doch mit einem warmen Klima gesegnet und von

---

Die Schöpfungsgeschichte der Maori

Am Anfang war das Nichts. Dann kamen Papatuanuku, die Erdmutter, und Ranginui, der Himmelsvater. Sie hatten viele Söhne, die Götter der Maori.

Die Götter wurden von ihren Eltern so eng umschlungen, dass kein Licht zu ihnen vordrang. Der Dunkelheit müde, beschlossen sie, ihre Eltern zu trennen und ins Licht durchzubrechen.

Tumatauenga, der Gott des Krieges, sprach: »Lasst uns unsere Eltern töten.« Doch Tanemahuta, der Gott des Waldes, drängte auf die Trennung von Vater und Mutter. Alle Götter stimmten schließlich zu – außer Tawhirimatea, dem Gott der Winde und Stürme. Er hielt den Atem an, als sie, einer nach dem anderen, versuchten, Himmel und Erde zu trennen.

Rongomatane, der Gott der Feldfrucht, versuchte es, scheiterte aber ebenso wie Tangaroa, der Gott des Meeres und nach ihm Haumiatiketike, der Gott der Wildfrucht, und Tumatauenga, der Krieger.

Schließlich trat Tanemahuta vor. Mit der Kraft und Geduld eines langsam wachsenden Kauribaums zog und schob er, seine Schultern gegen seine Mutter Papatuanuku, seine Füße gegen seinen Vater Ranginui gestemmt, bis sie sich schließlich voneinander lösten und Licht die Welt durchflutete.

Tawhirimatea floh zu seinem Vater, und bis heute lässt er seinen stürmischen Zorn an der Welt aus.

Viele Lebewesen kamen dabei ans Licht, doch Menschen fehlten. Tanemahuta gestaltete eine Frau aus Ton, Hineahuone.

Beide hatten eine Tochter namens Hinetitama, die Tanemahuta ebenfalls zur Frau nahm. Sie hatten Kinder, so war gewährleistet, dass die Menschheit gedeihen würde. Doch als Hinetitama erfuhr, dass Tanemahuta ihr Vater war, floh sie beschämt in die Unterwelt, wo sie zu Hinenuiitepo, der Göttin der Nacht, wurde.

fruchtbaren Obstplantagen umgeben.

Weiter nördlich liegt die **Kerikeri Mission Station**, eine der ältesten europäischen Siedlungen und eine der bedeutendsten historischen Stätten. Sie liegt in einem malerischen Delta, wo der Kerikeri River ins Meer mündet, und wurde 1819 neben dem Kororiko Pa erbaut. Die **St. James Church** (1878) ersetzte eine Kirche, die ursprünglich hier stand.

INSIDERTIPP

Machen Sie einen Spaziergang zum Kororiko Pa unweit vom Mission House. Von dem einst befestigten Dorf ist nur noch eine Reihe von Terrassen und Gräben übrig, doch damals versammelte Ngapuhi-Häuptling Hongi Hika hier seine Krieger.

LARRY PORGES
NATIONAL GEOGRAPHIC
Travel Books-Redakteur

Der **Stone Store**, 1832 bis 1836 als Lager für die Mission erbaut, ist das älteste Steingebäude des Landes. Die Familie Kemp übernahm das Haus, nachdem die Mission 1848 geschlossen worden war, und nutzte es als Geschäft. Heute werden

Stone Store in Kerikeri ist das älteste Steinhaus des Landes

dort Touren *($)* zum nahe gelegenen Mission House verkauft.

Das **Mission House** ist das älteste erhaltene von Europäern erbaute Haus in Neuseeland. Das Holzhaus wurde 1822 für Pfarrer John Butler erbaut.

Am anderen Flussufer liegt **Rewa's Village** *(www. rewasvillage.co.nz, $)*, ein Maoridorf mit traditionellen Häusern. Für einen schönen Spaziergang bietet sich der nahegelegene **Kerikeri River Track** an. Er beginnt am Parkplatz des Dorfes und führt an den Wharepuke Falls und den Fairy Pools vorbei zu den Rainbow Falls *(Gehzeit einfach 1 Stunde).* ∎

Stone Store und Mission House

✉ 246 Kerikeri Rd., Kerikeri Basin

☎ 09/407-9236

$ $$

Far North

Hinter der Bay of Islands liegt Far North, die wärmste Region des Landes. Hier finden sich entlegene Buchten, Strände und Städte der Maori.

Der Leuchtturm am Cape Reinga markiert den nördlichsten Punkt Neuseelands

Doubtless Bay

Der Name stammt von Captain Cook, der 1769 am Eingang zur Bucht vorübersegelte und in seinem Journal notierte, dass es »zweifelsohne eine Bucht« – »doubtless a bay« – sei. Walfang und später Kauriholz zogen Siedler an. Im Fischerort **Mangonui** führt ein historischer Spaziergang an geschichtsträchtigen Gebäuden vorbei. Ein Highlight ist der selbst ernannte »weltberühmte« Mangonui Fish Shop (Beach Rd.).

Butler Point (Tel. 09/406-0006, $) bei Hihi auf der anderen Hafenseite, umfasst ein Walfangmuseum und das Haus des Walfängers William Butler von 1847. Es ist in Privatbesitz und ist auf Anfrage zu besichtigen.

Über den SH1 liegt westlich von Mangonui die Ferienhaussiedlung **Coopers Beach**, die bis zur **Cable Bay** reicht, wo ein sichelförmiger Sandstrand in einer Landspitze endet. Über den

den Damm kommt man nach **Taipa**, den letzten in diesem Trio kleiner Strandorte und der Legende nach der Platz, an dem der polynesische Entdecker Kupe anlandete.

INSIDERTIPP

An der Nordseite von Coopers Beach stehen Pohutukawabäume. Sie werden auch »neuseeländische Weihnachtsbäume« genannt, da sie im Sommer leuchtend rote Blüten tragen.

ANGELA GORE
*Neuseeländische Botschaft
Washington, D.C.*

Die **Karikari Peninsula** mit entlegenen, unberührten Stränden bildet die westliche Seite der Doubtless Bay. Der bekannteste Strand der Halbinsel, **Matai Bay**, bietet zwei Buchten. Hier sieht man oft Delfine.

Cape Reinga & Ninety Mile Beach

Der SH1 schlängelt sich über die lange Aupouri Peninsula bis zum **Cape Reinga**, dem äußersten Eckchen Neuseelands an der Spitze der Nordinsel. Ein Leuchtturm blickt über die Klippen zur Columbia Bank, wo der Pazifik in die Tasmansee

übergeht. Der obligatorische Wegweiser zu fernen Ländern jenseits des Ozeans bekräftigt, dass hier ein Ende der Welt erreicht ist.

Die Maori nannten diese Halbinsel *Te Hiku o te Ika a Maui*, den »Schwanz des Fisches von Maui«. Der

Temporausch

1932 plante der Australier Norm »Wizard« Smith auf dem Ninety Mile Beach einen Geschwindigkeitsrekord. Sein Fahrzeug war um einen riesigen Napier-Lion-Flugzeugmotor herum gebaut, der eisgekühlt und mit Kompressoraufladung eine Leistung von 1450 PS lieferte. Es gelang dem Rennfahrer, für die Zehnmeilenstrecke einen neuen Weltrekord von 264,06 km/h aufzustellen.

Legende nach zog Maui von seinem Kanu, der Südinsel, aus einen riesigen Fisch aus dem Meer, aus dem er die Nordinsel formte. *Te Rerenga Wairua* (Cape Reinga) lässt sich als »Ort, wo die Seele abreist« übersetzen: An diesem Kap verließen die Seelen der Verstorbenen Aotearoa, um sich auf die Reise in die spirituelle Heimat Hawaiki zu begeben.

Captain Cook taufte den Küstenabschnitt Desert Coast, denn der **Ninety**

Mile Beach an der Westküste, der tatsächlich nur 100 Kilometer lang ist, ist eine trostlose Landschaft mit

ERLEBNIS:
Strände entlangheizen zum Cape Reinga

Bei Ebbe ist der Strandhighway des Ninety Mile Beach mit Abstand der beste Weg, um zum Cape Reinga zu gelangen. Da es aus versicherungstechnischen Gründen verboten ist, mit einem Mietwagen über den Sand zu fahren, schließt man sich am besten einer Tour an. Busse und Allradfahrzeuge fahren von Kaitaia und von der Bay of Islands aus (eine lange Tagestour). Die Touren schließen die Te-Paki-Dünen, den Leuchtturm am Cape Reinga, das Holzgeschäft Ancient Kauri Kingdom, Sandrodeln und teilweise den Gumdiggers Park, Rarawa Beach und weitere Sehenswürdigkeiten ein. Zu den Anbietern in Kaitaia gehören **Harrisons Cape Runner** (Tel. 09/408-1033, www.harrisons capereingatours.co.nz) und **Sand Safaris** (Tel. 09/408-1778, www.sandsafaris.co.nz). Von Paihia aus bietet **Explore** die Tagestour Dune Rider – Cape Reinga (Tel. 09/359-5987, www.exploregroup.co.nz) in einem einzigartigen Allradfahrzeug an.

langen Sandstränden und riesigen Dünen. Fahrzeuge können den harten Sand befahren und vor dem Bau des SH1 wurden die Strände de facto als Highway genutzt. Fahrten mit Allradfahrzeugen und Beachbuggys werden von Kaitaia aus angeboten (siehe Kasten). Auf den Touren kommt man nah an die **Sanddünen**

Te Paki heran, zu denen auch die Te Paki Stream Road führt, die kurz vor Cape Reinga von dem SH1 abzweigt.

Die Hauptstraße im Landesinnern führt überwiegend durch Farmland. Aus südlicher Richtung kommend bietet der breite, wilde **Waipapakauri Beach** am Anfang der Halbinsel den einfachsten Zugang zum Ninety Mile Beach. Fährt man über den SH1 etwa 16 Kilometer weiter gen Norden, führt eine ausgeschilderte Straße östlich zum **Gumdiggers Park** (171 Heath Rd., Tel. 09/406-7166, $–$$), wo Wege rund um die alten, sumpfigen Kauriwälder verlaufen. Gumdiggers (»Harzgräber«) kamen einst in Scharen hierher, um nach fossilem Kauriharz zu suchen, das für die Herstellung von Lacken und Linoleum sehr begehrt war. Auf halber Strecke kann man hinter Ngataki Richtung **Rarawa Beach** abbiegen. Der weiße Siliziumsand hier wird in der Glasherstellung verwendet. Die Strände an der Ostküste sind strahlend weiß und enden weiter nördlich an einer riesigen weißen Sandbank am Eingang zum entlegenen **Parengarenga Harbour.**

Kurz bevor man auf dem SH1 die Halbinsel erreicht, kann man außerhalb von Awanui **Ancient Kauri Kingdom** (229 SH1) besu-

Sandrodeln auf den Te-Paki-Dünen

chen. Der Laden ist auf Objekte und Möbel aus altem Kauriholz spezialisiert, das aus den Sümpfen ausgegraben wurde und zum Teil 45 000 Jahre alt ist. Beachten Sie die aus einem Baumstumpf geschnitzte Treppe.

Kaitaia

Ein warmes »*Haere Mai, Dobro Dosli*« (»Willkommen« auf Maori und Dalmatinisch) begrüßt die Besucher in Kaitaia. Kroaten aus Dalmatien siedelten sich hier im 19. Jahrhundert an, um Kauri-Bernstein auszugraben. Der Hauptort von Far North ist Ausgangsort für Ausflüge zum Cape Reinga. Das eindrucksvolle **Te Ahu Centre** (*www.teahu.org.nz*) verfügt über ein Kino, eine Bibliothek und das kleine **Far North Regional Museum** (*Tel. 09/408-9454, www.teahuheritage.co.nz*).

INSIDERTIPP

Auch wenn Sie nicht am Ninety Mile Beach baden wollen, sollten Sie einen kurzen Umweg zum Nordzugang (bei Te Paki) machen, um den Anblick der Dünen zu genießen.

NICHOLAS BARTH
National Geographic-Experte

Ahipara, zehn Autominuten westlich von Kaitaia am südlichen Ende des Ninety Mile Beach hat außer Unterkünften wenig zu bieten. Richtung Hokianga führt eine landschaftlich schöne Straße zunächst durch den **Herekino Forest** und anschließend durch eine pittoreske Welt verfallener Örtchen. ∎

Kaitaia

🅰 Karte S. 79

Besucherinformation

✉ Te Ahu Center, Matthews Ave. & South Rds

☎ 09/408-9540

www.kaitaia.co.nz/Index.cfm

www.teahu.org.nz

Kauri Coast

Riesige Kauribäume bedeckten einst große Teile von Northland. Im Waipoua Forest an der Westküste von Northland bekommt man einen Eindruck.

Das Kauri Museum in Matakohe ist mit dem wunderschönen goldgelben Holz ausgestattet

Hokianga Harbour

🅰 Karte S. 79

Besucherinformation

✉ 29 State Highway 12, Opononi

☎ 09/405-8869

**www.hokianga
tourism.org.nz**

Hokianga Harbour

Der Hafen ist nach *Hokianga nui a Kupe* – dem »Abfahrtsort von Kupe« – benannt, denn der Legende nach machte Kupe, nachdem er Neuseeland entdeckt und erforscht hatte, hier ein letztes Mal Halt. Die Region war vom Handel mit Kauriholz abhängig, bis die Wälder im frühen 20. Jahrhundert zerstört waren.

Farmhäuser im Kolonialstil und Holzkirchen zieren Hokiangas Küstenorte, die man unterwegs zwischen Far North und der Kauri Coast passiert. Man sollte auf jeden Fall die Autofähre *(Tel. 09/405-2602)* nehmen, die stündlich zwischen den Narrows und Rawene pendelt. Die herrlich entspannte Überfahrt erspart die lange Autofahrt um den Hafen herum.

Wenn die Fähre anlegt, erwacht das Städtchen **Rawene** kurzzeitig zum Leben. Ansonsten sind die Straßen ruhig und laden zum Schlendern ein. Dabei kann man die vielen alten Gebäude, wie das **Clendon House** *(Tel. 09/405-7874, Nov.–April, $$)*, bewundern. Man kann auch in einem der Cafés im Ort, wie dem Boatshed direkt am Wasser, eine kleine Pause einlegen.

Delfinmania

Die junge Tümmlerdame Opo wurde in Skulpturen verewigt, in Büchern verherrlicht und in Liedern (am berühmtesten wurde *Opo the Friendly Dolphin* von Crombie Murdoch, das 1956 die Charts anführte) besungen. Als sie – möglicherweise an den Folgen einer von Fischern ausgelösten Explosion – starb, trauerte das ganze Land.

In **Opononi** erinnert eine Statue an das Delfinweibchen Opo, das 1955 nationale Berühmtheit erlangte, als es hier mit den Feriengästen spielte (siehe Kasten). Die Nachbarstadt **Omapere** betreibt ein Museum, in dem ein Film über die »fröhliche Delfindame« zu sehen ist. Westlich von Omapere kann man den Highway verlassen und einen **Fußweg zum Aussichtspunkt** entlanggehen. Das Panorama von dort ist umwerfend: weite Strände, die Brandung der Westküste, kahle Hügel und riesige Sanddünen.

INSIDERTIPP

Tane Mahuta, den »Herrn des Waldes«, sollte man gesehen haben. Der größte Baum Neuseelands zählt auch zu den größten heute noch lebenden Bäumen weltweit.

BRENT STEPHENSON
National Geographic-Experte

Waipoua Forest

Der Waipoua Forest, gut 20 Kilometer von Hokianga entfernt, ist das bedeutendste Kaurischutzgebiet des Landes. Der Wald wurde den Maori 1876 abgekauft und entging den Holzfällern aufgrund seiner abgeschiedenen Lage.

Als der State Forest Service in den 1940er Jahren begann, hier Bäume zu fällen, wurde eine groß angelegte Petition gestartet. 1952 wurde Waipoua zum Waldschutzgebiet erklärt.

Der Regenwald enthält außerdem riesige Baumfarne und Harthölzer, die mancherorts ebenso beeindruckend sind wie die Kauribäume. Doch nichts übertrifft den **Tane Mahuta**, den »Herrn des Waldes«. Aus nördlicher Richtung kommend, ist er der erste Halt: Der Baumriese ragt 51,5 Meter empor und hat einen Umfang von

Dargaville

⛰   Karte S. 79

**Besucher-
information**

✉   4 Murdoch St.

☎   09/439-4975

**www.dargaville.co.nz
& www.kauriinfo
centre.co.nz**

14 Metern. Mit seinem geschätzten Alter von 2000 Jahren ist er der größte noch lebende Baum Neuseelands.

Einige Kilometer weiter südlich führt ein 20-minütiger Weg vom Parkplatz zum **Te Matua Ngahere**. Der zweitgrößte Baum des Waldes wird »Vater des Waldes« genannt. Ganz in der Nähe stehen die die imposanten **Four Sisters**.

Weiter südlich führt der **Rickers Walk** (»Ricker« nannte Georg Forster die jungen Kauribäume), ein zehnminütiger Rundgang, durch einen Kaurihain zu einem Aussichtspunkt am Fluss.

Die Waipoua River Road führt zum **Waipoua Forest Visitors Centre** (*Tel. 09/ 439-6443, www.teroroa.iwi. nz*) und dem auch mit einfachen Holzhäusern ausgestatteten Campingplatz. Der Wald wurde nach einer Klage vor dem Waitangi-Tribunal wieder an den hiesigen Stamm der Te Roroa zurückgegeben.

Von Waipoua nach Auckland

Es ist zwar wesentlich kleiner als Waipoua, aber das 450 Hektar große Aufforstungsschutzgebiet des **Trounson Kauri Park** besitzt einen beeindruckend dichten Bestand an Kauribäumen, der auf einem halbstündigen Rundgang erkundet werden kann. Im

Schutzgebiet sind außerdem bedrohte Tierarten beheimatet, wie die Kukupa (Maori-Fruchttaube), die Pekapeka (Kleine Neuseelandfledermaus), Kaurischnecken und der Streifenkiwi. Der **Kauri Coast Top 10 Holiday Park** (*Trounson*

Der riesige Kauribaum Tane Mahuta im Waipoua Forest

Park Rd., Tel. 09/439-0621, www.kauricoasttop10.co.nz) organisiert Nachtwanderungen (*$$$*), bei denen man gute Chancen hat, einen Kiwi zu sehen.

Die nördliche Abzweigung vom SH12 nach Trounson liegt 16 Kilometer südlich von Waipoua, aber diese Straße ist größtenteils unbefestigt. Von der südlichen Abzweigung, 40 Kilometer

Kauribäume

Die Kauribäume haben für die Neuseeländer beinahe mystische Bedeutung – heute, da sie fast alle gefällt worden sind. Der Mammutbaum mag höher und älter werden, aber im Hinblick auf die reine Masse ist der Kauribaum nicht zu übertreffen. Bei einer Wachstumszeit von fast 2000 Jahren kann der Stamm einen Durchmesser von fünf Metern erreichen, und der Baum kann an die 50 Meter hoch werden. Außerdem wird der Stamm erst in Höhe der ersten Äste schmaler, was oft erst nach 20 Metern der Fall ist. Das bedeutet riesige Holzzylinder mit gerader Maserung. Im 19. Jahrhundert schossen entlang der Westküste Sägewerke wie Pilze aus dem Boden, Hafenorte wie Dargaville am Kaipara Harbour boomten. Wegen des starken Handels existierten im Jahr 1900 nur noch zehn Prozent der Wälder. Heute sind es weniger als vier Prozent.

Der Kauribaum gehört zur Familie der Araukariengewächse *(araucariaceae)* und enthält viel Harz, das bei Verletzung der Bäume austritt. Die Maori schätzten das Harz als Fackelbrennstoff. Im 19. Jahrhundert wurde es für die Verwendung in Lacken und Linoleum geerntet. Hierzu wurden uralte versunkene Wälder ausgegraben, in denen sich riesige Klumpen des halbfossilen Harzes fanden.

nördlich von Dargaville, sind es nur etwa sieben Kilometer auf einer befestigten Straße.

Dargaville wurde durch den Kaurihandel reich. Auf einem Hügel mit Panoramablick steht das große **Dargaville Museum** *(Harding Park, Tel. 09/439-7555, www. dar gavillemuseum.co.nz, $$$)* mit informativen Ausstellungsstücken zur Kauriindustrie und einem riesigen Kanu aus der Zeit, bevor die Europäer kamen. **Baylys Beach**, 13 Kilometer westlich an der Baylys Coast Road gelegen, bietet einfache Unterkünfte sowie einige hübsche Cafés an einem insgesamt 100 Kilometer langen Strand.

Das **Kauri Museum** *(5 Church Rd., Tel. 09/431-7417, www.kauri-museum. com, $$$$)* in der kleinen Stadt **Matakohe** sollte man unbedingt besuchen, wenn man auf der Kauri-Coast-Route unterwegs ist. Hier erfährt man alles, was es zum Thema zu wissen gibt. Zusätzlich zu den Exponaten findet man hier den Nachbau eines Sägewerks, eine alte Pension ganz aus Kauriholz, sowie Maschinen und Werkzeug aus der Pionierzeit. Ein riesiges Stück naturbelassenes Holz offenbart dessen ganze Schönheit.

Von Matakohe aus führt der SH12 nach Brynderwyn und stößt hier auf den SH1 in südlicher Richtung nach Auckland. Auf einer alternativen Route nach Auckland biegt man bei Wellsford, 28 Kilometer südlich von Brynderwyn, ab und folgt dem Kaipara Harbour auf dem SH16 nach Helensville und weiter zu den Waitakere Ranges (siehe S. 74f). ■

Kultur der Maori, Geysire, Vulkane, Seen, Berge, Höhlen, Strände und historische Orte

Zentrale Nordinsel

Der Mount Taranaki überragt die zentrale Nordinsel

Zentrale Nordinsel

Die zentrale Nordinsel, die sich von Auckland südwärts nach Wellington erstreckt, bietet Vulkane, Geysire, Seen, zerklüftete Küsten, weite Strände, das Kernland der Maori und saftige grüne Weiden.

Wie eine feurige Schneise erstreckt sich die Vulkanzone von der Ostküste bis ins Zentrum der Nordinsel. Hier befinden sich alle aktiven Vulkane Neuseelands, von White Island vor der Küste bis zu den schneebedeckten Gipfeln im Tongariro National Park. In diesem Landstrich stößt man überall auf Geysire, Schlammtümpel, kochende Teiche und Dampferuptionen, vor allem rund um Rotorua.

Rotorua ist aber nicht nur für geothermische Aktivität berühmt, sondern auch für die Kultur der Maori. In der Region Waikato schlossen sich die Stämme zum Maori King Movement zusammen und kämpften um ihr Land.

Dasselbe geschah in der Region Taranaki an der Westküste und an der Bay of Plenty im Osten. Das abgelegene East Cape ist immer noch fest in der Hand der Maori.

Dazu kommen zahlreiche andere Ausflugsziele und Sehenswürdigkeiten. Von Auckland führt der Highway in das fruchtbare Farmland des Waikato und weiter Richtung Süden ins King Country und zu den Waitomo Caves, einer unterirdischen Höhlenlandschaft.

An der weniger besuchten Westküste wird die Taranaki-Region vom kegelförmigen Mount Taranaki beherrscht, der zu Neuseelands größten Naturschönheiten zählt. Die Strecke führt weiter nach Süden bis Whanganui, einen alten Flusshafen, von dem aus früher alte Raddampfer flussaufwärts in die Wildnis dampften.

Man kann von Auckland aus auch Richtung Osten zur Coromandel Peninsula reisen, die außer besonders schönen Stränden historische Goldgräberstädte zu bieten hat.

Von der Halbinsel Coromandel gelangt man zur Bay of Plenty mit ihren beeindruckenden Stränden. Von hier sind Ausflüge zum rauchenden Vulkan auf White Island möglich. Auf der Landseite der Bay of Plenty

TASMANSEE

NEW PLYMOUTH
Egmont Village
EGMONT N.P.
Mt. Taranaki
Dawson Falls
Stratford
45

breitet sich eine malerische Seenland-
schaft rund um Rotorua aus, wo sich
Vulkankrater mit Wasser gefüllt haben.
Der größte See des Landes, Taupo,
liegt genau in der Mitte der Nordinsel
und ist so groß, dass er an ein
Binnenmeer erinnert. Südlich des Sees

erheben sich die Vulkane Tongariro,
Ngauruhoe und Ruapehu. Die mächtigen Gipfel des Tongariro National Park
laden im Sommer zum Wandern, im
Winter zum Skifahren ein.

Napier an der Ostküste ist ein ent-
zückendes Art-déco-Städtchen und ein
beliebter Badeort. Im Gebiet der
Hawke's Bay wird Wein angebaut, und
Gisborne weiter nördlich ist ein guter
Ausgangspunkt für Abenteuerausflüge
zum East Cape oder zu den unberührten Wäldern und Seen im Te Urewera
National Park. ■

Waikato

In der Region Waikato verbündeten sich einst die Maori, um sich gegen den Landhunger der Kolonisten zur Wehr zu setzen. Heute ist das Gebiet wegen seines fruchtbaren Bodens und der Pferdezucht bekannt. Ebenso berühmt sind die Waitomo Caves und das Otorohanga Kiwi House.

Bei den Bridal Veil Falls (Waireinga) bei Raglan fällt das Wasser am Pakoka River 55 Meter tief

Hamilton

🅐 Karte S. 105

Besucher-
information

✉ 5 Garden Place

☎ 07/958-5960

**www.visithamilton.
co.nz**

Hamilton

Hamilton, mit 159 000 Einwohnern Neuseelands viert-
größte Stadt, liegt 130 Kilometer südlich von Auckland
am Waikato.

Die Stadt wurde auf Land
gegründet, das nach den
Neuseelandkriegen be-
schlagnahmt worden war.
1864 baute die Besatzung
des Kanonenboots *Rangiriri*
im heutigen Memorial Park
die erste Festung.

Bis zum Bau der Eisen-
bahn stellte der Fluss die
wichtigste Verbindung der
Stadt zur übrigen Welt dar.
Wanderpfade führen am
Fluss entlang durch den
Wald, der zusammen mit
dem Memorial Park das
grüne Herz der Stadt bildet.

In der Nähe des Flusses
liegt die Hauptattraktion
der Stadt, das **Waikato
Museum** *(1 Grantham St.,
Tel. 07/838-6606, www.*

waikatomuseum.co.nz), mit seiner großartigen Sammlung von Schätzen der Tainui, zu denen auch ein Te-Winika-Kriegskanu gehört.

Etwa 1,6 Kilometer südlich des Stadtzentrums, am SH1, können Gartenfreunde die **Hamilton Gardens** *(Cobham Dr., Tel. 07/838-6782, www.hamiltongardens.co.nz)* genießen, ein weitläufiges Gelände mit verschiedenen Themengärten.

INSIDERTIPP

Kommen Sie mit dem eigenem Brett oder nehmen Sie eine Surfstunde in Raglan an Neuseelands beliebtestem Surferstrand, der durch den Filmklassiker *The Endless Summer* berühmt wurde.

CARRIE MILLER
NATIONAL GEOGRAPHIC-Autorin

Rund um Hamilton

Am SH1, 19 Kilometer nördlich von Hamilton, liegt **Ngaruawahia**, wo das Kingitanga (Maori King Movement) gegründet wurde. Die Maoristämme ernannten Häuptling Te Wherowhero (um 1800–1860) 1856 zu ihrem ersten König. Er nahm den Namen Potatau an, Ngaruawahia war sein Regierungssitz. Potataus Nachfahren regieren noch heute.

Riff Raff

Wo früher in der Victoria Street in Hamilton das alte Embassy Theatre stand, befindet sich heute eine Bronzestatue von Riff Raff, dem Buckligen aus der *Rocky Horror Picture Show.* Richard O'Brien, der Schöpfer des Musicals, dessen Verfilmung von 1975 Kult ist, arbeitete als junger Mann in einem Friseursalon in Hamilton. Sein Leben zwischen Haareschneiden und Besuch der allabendlichen Doppelvorstellungen im Embassy soll ihn inspiriert haben.

Auch wenn das Amt mit keiner Macht auf staatlicher Ebene ausgestattet ist, ist es doch mit hohem Ansehen verbunden. Seit 2006 sitzt Tuheitia Paki (geb. 1955) auf dem Thron, den vor ihm seine Mutter Dame Te Atairangikaahu 40 Jahre lang innehatte. Im **Turangawaewae Marae** am Nordende der Stadt befinden sich die königliche Residenz und ein mit Schnitzereien verziertes Versammlungshaus, das am Regatta Day im März Besuchern offensteht.

Über den SH23 ist **Raglan**, 48 Kilometer westlich von Hamilton gelegen, zu erreichen. Das hübsche Küstenstädtchen liegt an einer geschützten Bucht, die als Neuseelands bestes Surfrevier gilt. Das historische Harbour View Hotel *(14 Bow St., Tel. 07/825-8010)* ist

---

Turangawaewae Marae

 29 River Road Ngaruawahia

☎ 07/824-8639

🕑 Nur während der alljährlichen Regatta im März für Besucher geöffnet

neben mehreren Cafés an der Main Street zu finden. Die Surfgebiete von Raglan liegen ein Stück die Wainui Road hinunter.

Der **Ngarunui Beach**, der fünf Kilometer südwestlich von Raglan liegt, hat einen grauen Sandstrand und ist ideal geeignet, um auch als Anfänger einen Surfkurs zu besuchen. Die **Manu Bay** weiter im Westen hat berühmte Left Hand Breaks, und **Indicators** ist ein Surfspot von Weltrang.

Hamiltons Pirongia Clydesdales

INSIDERTIPP
Wissenschaftler überwachen die Luftqualität in den Waitomo Caves. Sie entscheiden, wie viele Menschen die Höhlen pro Tag besuchen dürfen. Reservieren Sie rechtzeitig!

JORGE I. NÚÑEZ
National Geographic-Experte

Um zu den spektakulären **Bridal Veil Falls** zu gelangen, nimmt man auf dem SH23 Richtung Hamilton die Abfahrt 13 Kilometer außerhalb von Raglan. Hinter Te Mata biegt man links ab und fährt weitere vier Kilometer zu den Wasserfällen.

Eine landschaftlich sehr reizvolle, aber unbefestigte, hügelige (und manchmal gesperrte) Straße führt in die verschlafene Ortschaft **Kawhia** an einem Naturhafen. Der Tainui-Stamm verehrt Kawhia als den Landeplatz des Tainui-Kanus ihrer Urahnen.

Die 24 Kilometer südlich von Hamilton am SH1 gelegene, prächtige grüne Stadt **Cambridge** ist eine Hochburg der Rennpferdezucht. Galopprennen sind bei Neuseeländern äußerst beliebt, und die Vollblüter aus Waikato haben wiederholt den begehrten Melbourne Cup gewonnen. Historische Gebäude schmücken die Stadt, Antiquitätenläden laden zum Stöbern ein.

Die **Cambridge Thoroughbred Lodge** *(SH 1, Karapiro, Tel. 07/827-8118,*

$$) bietet Führungen durch das Gestüt und zu den Reitturnieren an (*Voranmeldung erforderlich*), bei denen nicht nur Vollblutchampions, sondern auch andere Pferderassen laufen.

Ein weiteres bekanntes Gestüt, das 53 Kilometer östlich von Cambridge am SH27 gelegene **Matamata**, wurde durch das Dorf **Hobbiton** (*The Shires Rest Café,*

erreichbar, lohnt wegen des **Otorohanga Kiwi House** (*Alex Telfer Dr., Tel. 07/873-7391, www.kiwihouse.org.nz, $$$*) einen Besuch.

Waitomo Caves

Die von Höhlen durchzogene Kalksteinlandschaft Waitomo liegt im Herzen des King Country, eines Gebiets, das nach dem Maori King Movement benannt ist.

Waitomo Caves

Karte S. 105

Besucherinformation

21 Waitomo Village Rd., Waitomo

07/878-7640

www.waitomocaves.com

Der Kiwi

Neuseeländer nennen sich und alles, was typisch neuseeländisch ist, stolz »Kiwi«, denn dieser einzigartige Vogel ist ihr Nationalsymbol. Der flugunfähige, scheue, nachtaktive Kiwi, der schon vor 70 Millionen Jahren auf der Erde lebte, hat etwa die Größe eines großen Huhns.

Die stark bedrohten Kiwis sind nicht leicht zu entdecken – die meisten Neuseeländer haben noch nie einen in freier Wildbahn gesehen –, da ihr Bestand bei nur noch etwa 70 000 Tieren liegt. Die häufigsten Arten sind der Nördliche Streifenkiwi auf der Nordinsel und der Große

Fleckenkiwi auf der Südinsel. Weitere Arten sind Rowi (Okarito-Streifenkiwi), Tokoeka (Südlicher Streifenkiwi) und Zwergkiwi (Kleiner Fleckenkiwi).

Kiwis haben einen hoch entwickelten Geruchssinn und stochern schnüffelnd mit ihrem langen Schnabel im Waldboden nach Würmern, Insekten und Spinnen. Sie leben monogam. Gemessen an ihrer Größe, legen Kiwis gigantische Eier, die etwa ein Fünftel ihres eigenen Körpergewichts erreichen. Die Brutzeit beträgt rund 80 Tage, das Brüten übernehmen gewöhnlich die Männchen.

Tel. 07/888-1505, 501 Buckland Rd., Hinuera, www.hobbitontours.com, $$$$$) berühmt, das hier für die Dreharbeiten zur *Der Herr der Ringe*-Trilogie errichtet wurde. Touren zu den Hobbithäusern, die für *Der Hobbit* neu aufgebaut wurden, starten vom Café oder von Matamata aus.

Das Städtchen **Otorohanga**, 50 Kilometer südlich von Hamilton über den SH3

Die Maori kampierten in den Waitomo Caves, lebten aber nie dauerhaft dort, zweifellos wegen der Gefahr der Überflutung (*waitomo* bedeutet Wasserhöhle). Einige frühe Entdeckungsreisende besuchten die Höhlen, doch erst in den 1880er Jahren wurden sie genauer erforscht und ihr enormes Ausmaß deutlich. Mit mehr als 300 Höhlen, Verbindungsgängen und

Die HMS North Star zerstört Pomare's pa, Otiuhu, Bay of Islands, Aquarell (1845) von John Williams

Die Zeit der Kriege

Mit dem Aufkommen der Schusswaffen eskalierten die Stammesfehden der Maori. Die zunehmende Einwanderung von Europäern führte zu Konflikten um den Landbesitz. Auf der Nordinsel kam es zu einer ganzen Reihe von Auseinandersetzungen, die Neuseelandkriege oder Maorikriege genannt werden.

Musketenkriege

Schon vor Ausbruch der Kriege mit den Europäern besaßen Maorihäuptlinge wie Hongi Hika und Te Rauparaha die ersten Musketen und setzten diese mit verheerender Wirkung gegen ihre traditionellen Feinde ein. Die sogenannten Musketenkriege dauerten von den frühen 1820er bis in die 1830er Jahre und kosteten 20 000 Maori das Leben. In einer Rüstung, die ihm König Georg IV. geschenkt hatte, führte Hongi Hika seine Krieger nach Süden. Auf seinem Feldzug löschte er ganze Dörfer aus. Weitverbreitet war der Kannibalismus, um das *mana* (die spirituelle Kraft) des Besiegten in sich aufzunehmen.

Andere von der Auslöschung bedrohte Stämme tauschten Schweine, landwirtschaftliche Erzeugnisse und sogar die geräucherten Köpfe ihrer getöteten Feinde – makabre Trophäen für europäische Vitrinen – gegen Musketen und so eskalierten die Kriege auf der Nordinsel.

Der aus dem Süden stammende Krieger Te Rauparaha richtete an der Westküste große Verheerungen an. Er überquerte die Cook Strait und bekämpfte die Stämme der Südinsel.

Um 1836 ließen die Feindseligkeiten nach, weil das Verhältnis von Musketen und Macht ausgeglichen war. Jetzt begannen auch Missionare, ins

Landesinnere vorzudringen. Die Kämpfe und die von den Europäern eingeschleppten Krankheiten hatten rund ein Drittel der Maoribevölkerung dahingerafft. Die Krieger, die überlebt hatten, konzentrierten sich auf die Briten. Manchmal verbündeten sie sich gegen die Siedler, aber es kam auch vor, dass sie sich den Kolonialtruppen anschlossen, um gegen ihre traditionellen Feinde vorzugehen.

Maori King Movement

Zu den ersten Scharmützeln gehörte das Massaker bei Wairau (siehe Kasten S. 176) auf der Südinsel, wo Te Rauparaha 1843 eine britische Miliztruppe abschlachtete. 1845 brachen ernsthaftere Gefechte aus, als sich Hone Heke, der Häuptling der Bay of Islands, gegen die britische Herrschaft auflehnte.

In den 1850er Jahren, als immer mehr Siedler ins Land strömten, vereinigten sich die Maori zum ersten Mal über alle Stammesgrenzen hinweg und gründeten das Kingitanga oder Maori King Movement, um die Landverkäufe zu stoppen und ihren eigenen König zu wählen.

Der Waikato-Häuptling Te Wherowhero wurde 1856 der erste König und regierte von Ngaruawahia aus. 1860 bot ein Häuptling den Briten bei Waitara, in der Nähe von New Plymouth, Land zum Kauf an, doch der Oberhäuptling des Stammes war dagegen und besetzte das Gebiet. Daraufhin wurden britische Truppen entsandt, was den Taranaki-Krieg auslöste. Es folgte eine Reihe blutiger Schlachten, in denen die britischen Truppen hohe Verluste hinnehmen mussten. 1861 handelten beide Seiten einen Waffenstillstand aus. Als die Kämpfe 1863 wieder ausbrachen, schickte Gouverneur George Grey 20 000 Soldaten aus, um

das King Movement endgültig zu zerschlagen. Es kam zum Krieg in den Regionen Waikato und Taranaki, der sich bis zur Bay of Plenty ausbreitete, bis 1864 endlich die letzten Schlachten geschlagen wurden. In Dutzenden von Gefechten fielen 1000 Maori und 700 britische Soldaten.

Die Geschichte von Te Kooti

Nach Beendigung der Waikato-Kriege entstand in Taranaki die messianische Bewegung Pai Marire. Christliche Lehre und traditioneller Maoriglaube vermischten sich in der Vorstellung der Hauhau-Krieger, die überzeugt waren, dass sie unter einem übernatürlichen Schutz standen. Sie kämpften darum, Land und *mana* der Maori zurückzuerobern. Der harte Kern der Bewegung wurde 1866 mit Unterstützung anderer Maoristämme zerschlagen, doch bis dahin hatte sie sich bis an die Ostküste der Nordinsel ausbreiten können.

1865 wurden die Anhänger des Pai Marire wurden zusammengetrieben und auf die Chatham Islands verbannt. Einer der Verbannten, Te Kooti, hatte auf den Chatham Islands Visionen und gründete dort die Religion Ringatu (»Erhobene Hand«). Mit seinen Anhängern brach er 1868 aus dem Gefängnis aus, stahl ein Boot und setzte zur Nordinsel über. Te Kooti rächte sich, indem er 54 Pakeha (Europäer) und Maori tötete. Von britischen und Maoritruppen verfolgt, verübte er eine Reihe von Überfällen rund um die Poverty Bay und in den Urewera Mountains, bevor seine Truppe zerschlagen wurde. 1872 zog er sich in die Wildnis des King Country zurück, wo er seine Religion weiterentwickelte, die noch heute ausgeübt wird. Te Kooti, der letzte Krieger der Neuseelandkriege, wurde 1883 begnadigt.

Glowworm Cave

✉ 39 Waitomo
Village Rd.,
Waitomo

☎ 07/878-8228

$ $$$$ (Ticket für
2 Höhlen)

www.waitomo.com

unterirdischen Quellen und Flüssen, die immer neue Höhlen aus dem Gestein waschen, ist diese Region tatsächlich einzigartig. Abenteurer können Ausflüge in die Unterwelt des Höhlensystems unternehmen.

Die Hauptattraktion ist die **Glowworm Cave** mit ihren Tropfsteinen. Auf einem schwarzen Fluss gleiten die Tourboote in die »Glühwürmchengrotte«, in der die Decke wie der Sternenhimmel glitzert. Führungen in diese und andere Höhlen bucht man im **Caves Visitor Center**.

Über die Hauptstraße gelangt man drei Kilometer westlich der Glowworm Cave zur **Aranui Cave**, die 1910 von dem Maori Ruruku Aranui entdeckt wurde. In den hohen Kammern dieser Höhle wachsen faszinierende Stalaktiten in Rosa, Weiß und Hellbraun.

Führungen durch die **Ruakari Cave** beginnen bei der Legendary Black Water Rafting Co. an der Straße nach Waitomo, einen Kilometer vor dem Ortseingang. Der 1,6 Kilometer lange Weg führt an unterirdischen Flüssen zwischen Stalaktiten und Stalagmiten hindurch.

Adrenalinjunkies hergehört: Beim Schwarzwasserrafting saust man durch die unterirdischen Stromschnellen; auch Felsklettern und Abseilen sowie Höhlenexpeditionen werden angeboten.

Waitomo (www.waitomo. org.nz) hat ein Museum, ein Besucherzentrum, in dem das **Waitomo Caves Discovery Center** ($) über die Höhlen informiert und ein paar Versorgungsmöglichkeiten. Unterkünfte gibt es in der Umgebung.

19 Kilometer südlich von Waitomo liegt **Te Kuiti**, wo der Maorikämpfer Te Kooti im 19. Jahrhundert Zuflucht fand. Im Ort steht die Statue des »Großen Scherers« – ein Hinweis auf die Schafzucht und das Volksfest **Te Kuiti Muster**, das im April gefeiert wird. ∎

Glühwürmchen

Die neuseeländischen Glühwürmchen (arachnocampa luminosa) sind nicht mit den gleichnamigen Käfern in Europa und Nord- und Südamerika verwandt. Die Glühwürmchen von Waitomo sind Mückenlarven, die dünne Netze spinnen, in denen sich Insekten verfangen. Mit ihrem grünen Schimmer locken sie die Insekten an – je hungriger sie sind, desto stärker leuchten sie. Bis zur Verpuppung dauert es sechs bis zwölf Monate. Danach hängen sie weitere ein bis zwei Wochen an der Höhlendecke. Nach dem Schlüpfen leben die Mücken nur, um sich zu vermehren – nach der Eiablage stirbt das Weibchen.

Coromandel Peninsula

Eine großartige Küstenlandschaft, Traumstrände, zerklüftete Berge und alte Goldgräberstädte machen die Halbinsel Coromandel zu einem der beliebtesten Urlaubsorte der Kiwis. Von Thames führt eine malerische Küstenstraße auf der geschützten Westseite in den hübschen Ort Coromandel und weiter über die Hügel zu den Surfstränden und Badeorten an der Ostküste. Man plant am besten mindestens zwei Tage für die Erkundung der Halbinsel ein.

Kinder beim Spielen mit Muscheln in Whitianga, Coromandel Peninsula

Die Westküste

Die ersten Europäer siedelten sich auf der Halbinsel an, als 1852 in der Nähe von Coromandel Gold gefunden wurde. Der große Ansturm setzte jedoch erst ein, als 1867 Berichte von einem Fund bei Thames die Runde machten. Im Laufe von nur zehn Jahren wurde allerdings Kauriholz zum wichtigsten Erwerbszweig.

Heute lebt die Coromandel Peninsula überwiegend vom Tourismus und der Immobilienhandel floriert.

Thames: Am Fuße des Firth of Thames liegt das Städtchen Thames. Seine Hauptstraße säumen Holzhäuser aus der Zeit des Goldrauschs 1865. Zu Hochzeiten gab es hier über 100 Hotels, zu denen auch

Thames

🅰 Karte S. 105

Besucher-
information

✉ 200 Mary St.
☎ 07/868-7284

www.thecoromandel.
com/thames
& www.thamesinfo.
co.nz

Miniatureisenbahn der Driving Creek Railway & Pottery

das **Brian Boru Hotel** *(700 Pollen St., 07/868-5558)* gehörte.

Im **Thames School of Mines and Mineralogical Museum** *(101 Cochrane St., Tel. 07/868-6227, $$)* ist eine große gesteinskundliche Sammlung untergebracht. Interessante Fotos und Relikte aus der Pionierzeit zeigt das **Thames Historical Museum** *(Pollen & Cochrane Sts., Tel. 07/868-8509, $).*

Nicht versäumen sollte man einen Besuch der **Goldmine Experience** *(Tel. 07/ 868-8514, www.goldmine-experience.co.nz, $$$)* am SH25. Führungen durch die ehemalige Goldmine finden im Sommer täglich und im Herbst und Frühling an den Wochenenden statt.

Im **Kauaeranga Valley** im **Coromandel Forest Park** östlich von Thames gibt es Wasserfälle, dichte Wälder, Kauridämme und Wanderwege. Das **Kauaeranga Visitor Centre** *(Tel. 07/867-9080)*, zwölf Kilometer von Thames entfernt an der Kauaeranga Valley Road gelegen, informiert dazu.

Coromandel: Der landschaftlich reizvolle SH25 führt von Thames aus 55 Kilometer in Richtung Norden nach Coromandel, das seit Langem ein Aufenthaltsort für Künstler und Aussteiger ist. Auch hier führte der ab 1852 einsetzende Goldrausch zu einem Bauboom – die historischen Gebäude an der Hauptstraße, der **Pollen Street**, zeigen es. Ort und Halbinsel wurden nach der »HMS Coromandel« benannt, einem Schiff der britischen Marine, das 1820 hier anlegte.

Die drei Kilometer nördlich gelegene **Coromandel**

Goldfield Centre & Stamper Battery *(410 Buffalo Rd., Tel. 0210/ 232-8262, $$)* wird von einem riesigen Wasserrad angetrieben und zerkleinert Gestein für die Goldgewinnung. Man kann an einer informativen Führungen teilnehmen und sogar Gold waschen.

Die Attraktion der Stadt ist die **Driving Creek Railway & Pottery** *(380 Driving Creek Rd., Tel. 07/866-8703, $$$$$)* am nördlichen Stadtrand, eine Töpferwarenfabrik mit Miniaturbahn durch den Wald.

INSIDERTIPP

Schnappen Sie sich eine Schaufel, und buddeln Sie sich bei Ebbe am Hot Water Beach Ihren eigenen Whirlpool am Meer. Die beste Zeit dafür liegt zwischen Dezember und März.

CARRIE MILLER
NATIONAL GEOGRAPHIC-Autorin

Von Coromandel aus reisen die meisten Besucher weiter nach Whitianga. Die unbefestigte 309 Road nach Whitianga durchquert wunderschöne Wälder. Unterwegs führen Spaziergänge zu den **Waiau Falls**. Die Fahrt über den SH25 dauert länger, bietet aber Abstecher an einsame Strände wie die **Opito Bay**.

Nördlich von Coromandel: Eine landschaftlich schöne, befestigte Straße nach Norden führt ins verschlafene **Colville**. Die unbefestigte Port Jackson Road führt am **Mount Moehau** vorbei nach Port Jackson und endet an der **Fletchers Bay**, einer Bucht mit Traumstränden. Über die Port Charles Road, eine alternative Strecke nördlich von Colville, gelangt man erst nach **Port Charles** mit seinem märchenhaften Strand und dann zur **Stony Bay**, von wo der **Coromandel Walkway** *(einfache Strecke drei Stunden)* zur Fletchers Bay führt.

Die Ostküste

Schon Captain Cook wusste die Ostküste der Halbinsel zu schätzen und verbrachte fast den ganzen November 1769 an der Mercury Bay. Hier beobachtete er den Transit des Planeten Merkur und handelte mit den Maori. Noch heute ist die **Mercury Bay** das Juwel der Ostküste von Coromandel.

Das auf der anderen Seite des bergigen Rückens der Halbinsel, Coromandel gegenüber liegende **Whitianga** ist der größte Ferienort an der Mercury Bay. Hier locken der sichelförmige **Buffalo Beach** und ein hübscher Hafen voller Boote und mit zahlreichen Unterkünften und Restaurants. In Whitianga gibt es auch ein kleines **Museum** *(11A The Esplanade,*

Coromandel
⬛ Karte S. 105
Besucherinformation
✉ 85 Kapanga Rd.
☎ 07/866-8598
www.coromandeltown.co.nz

Mercury Bay & Whitianga
⬛ Karte S. 105
Besucherinformation
✉ 66 Albert St., Whitianga
☎ 07/866-5555
www.whitianga.co.nz

$$), aber im Grunde dreht sich hier alles um den Wassersport.

Eine Fähre setzt nach **Ferry Landing** über. Von dort führt ein Spaziergang zum schönen Strand der **Flaxmill Bay** und weiter zum **Aussichtspunkt Shakespeare Cliff** oberhalb des **Lonely Beach**. Die Aussicht über den weißen Sand von **Cook's Beach** ist fantastisch.

Der Haarige Moehau

Gerüchten zufolge verbirgt sich hinter den Kauribäumen auf Coromandel der sagenhafte Haarige Moehau. Wie sein ebenfalls nie gesehener amerikanischer Cousin Bigfoot wird der Haarige Moehau als Kreuzung aus Mensch und Affe beschrieben. Während die Maori behaupten, er wäre ein Nachfahre des mythischen Maero-Volkes, gehen andere davon aus, dass es sich um einen ausgebüchsten Gorilla handelt.

Von Ferry Landing zu Cook's Beach sind es zu Fuß etwa drei Kilometer. Mit dem Auto ist die Strecke deutlich länger, weil man auf dem SH25 um Whitianga Harbour herumfahren muss. Allerdings gelangt man auf dieser Straße auch zum fantastischen **Hahei Beach** 40 Kilometer von Whitianga entfernt. Neben diesem Traumstrand beginnt in Hahei auch der Wanderweg zum **Cathedral Cove**, einem gigantischen Felsüberhang.

Das Highlight der Wanderung ist ein Bad im Sand von **Hot Water Beach**, neun Kilometer südlich von Hahei. Bei Ebbe dringt heißes Quellwasser durch den Sand.

Südlich von Whitianga führt der SH25 wieder landeinwärts und trifft im alten Bergwerksstädtchen **Tairua** auf die Küste. Für eine großartige Aussicht sollte man Richtung Strand fahren, in den Paku Drive abbiegen und zu Fuß zum **Paku Summit** hochsteigen.

Eine kurze Fahrt mit der Fähre führt von Tairua ins Örtchen **Pauanui**. Einer der schönsten Strände von Coromandel liegt wenige Gehminuten vom Fähranleger entfernt.

Das 40 Kilometer südlich von Tairua gelegene **Whangamata** lockt mit einem langen Strand. Das südlich von Whangamata gelegene Städtchen **Waihi** erlebte 1878 einen Goldrausch. Die **Martha Mine** war die ergiebigste Miene Neuseelands und kann besichtigt werden (*Tel. 07/863-9015, http:// golddiscoverycentre.co.nz, $$$$*). Im **Waihi Arts Centre & Museum** (*54 Kenny St., Tel. 07/863-8386, Do–Mo, www.waihimuseum.co.nz, $*) eine ebenfalls eine interessante Bergbauausstellung zu erleben. ∎

Bay of Plenty

Die Bay of Plenty ist eine sanft gewellte Küstenlinie mit viel Sonne, Stränden, Kiwiplantagen – und einem Immobilienboom. Sie ist eine der am schnellsten wachsenden Regionen des Landes. Weiter östlich liegt White Island, der aktivste Vulkan Neuseelands.

Der Küstenbadeort Mount Maunganui

Die westliche Bay of Plenty

Die Bay of Plenty (Bucht der Fülle) erhielt ihren Namen 1769 von Captain Cook nach der Menge an Nahrungsmitteln, die die Maori zum Tausch anboten, im erfreulichen Kontrast zu dem feindseligen Empfang in der Poverty Bay (Bucht der Armut).

Das Zentrum der Region ist die Stadt **Tauranga** mit 127 000 Einwohnern, deren schöner Hafen für die landwirtschaftlichen Betriebe der Umgebung besonders wichtig ist. Die wundervollen Strände und die vielen Sonnenstunden ziehen Ruheständler an, doch so friedlich war es hier nicht nicht immer. Das Gebiet blickt auf eine weit zurückreichende Geschichte als Lebensraum der Maori zurück. Doch als sich in den 1830er Jahren ersten Europäer dort ansiedelten, hatten die Musketenkriege die Bevölkerung

Tauranga

Karte S. 105

Besucherinformation

✉ 95 Willow St.
☎ 07 / 578-8103

www.bayofplentynz. com

bereits auf etwa 2000 Maori dezimiert. In den 1860er Jahren breiteten sich die Neuseelandkriege von Waikato bis zur Bay of Plenty aus, wo erbitterte Kämpfe geführt wurden, die während der Unruhen um die religiöse Bewegung der Hauhau-Krieger und Te Kooti (siehe S. 111) fortdauerten.

Tauranga war Schauplatz der Schlacht von Gate Pa: 1864 errichteten britische Truppen in Tauranga die Festung Monmouth und griffen von dort mit 1700 Soldaten das befestigte Dorf an, in dem sich die 230 Maorikrieger befanden. 100 Soldaten fielen bereits in den ersten Minuten, der Rest ergriff daraufhin die Flucht. Es war die größte Niederlage der Briten in den Neuseelandkriegen.

Die Überreste des **Monmouth Redoubt** sind im Robbins Park an der Cliff Road zu finden. Ganz in der Nähe ist das beeindruckende Kriegskanu »Te Awanui« ausgestellt. Eine weitere Sehenswürdigkeit ist das **Elms Mission House** (*Tel. 07/577-9772, tgl 10–16 Uhr, $*) nahe der Harbour Bridge in der Mission Street gele-

Surfer, bereit, in die Bay of Plenty hinauszupaddeln

ERLEBNIS: Ein Vulkan aus der Nähe

Die am leichtesten zugänglichen Vulkane Neuseelands liegen im Tongariro National Park, in der Nähe von Taupo (siehe S. 130f). Doch wer wirklich etwas geboten bekommen möchte, kommt um White Island (Whaakari) nicht herum.

Die 48 Kilometer vor der Küste gelegene Insel zu besuchen ist nicht billig, aber die Tour garantiert einen Blick in den Schlund eines aktiven Vulkans, aus dessen jüngstem Krater Dampf und kochendes Wasser quellen. Die Fahrten finden immer statt – es sei denn, der Vulkan bricht gerade aus oder die See ist zu rau.

White Island Tours (15 The Strand E., Whakatane, Tel. 07/308-9588, www.white island.co.nz, $$$$$) bietet sechsstündige Bootsfahrten an, inklusive 1,5 bis 2 Stun-den Aufenthalt, einem Besuch am Krater und in einer alten Schwefelmine. Vom Flugplatz in Whakatane aus fliegt **Frontier Helicopters** (Tel. 07/308-4188, www. frontierhelicopters.co.nz, $$$$$). Der gesamte Ausflug dauert rund 2,5 Stunden, davon ist gut eine Stunde Aufenthalt auf der Insel, kostet allerdings auch zweieinhalbmal so viel.

Für Kurztrips bietet **Volcanic Air Safaris** (Rotorua City Lakefront, Memorial Dr., Tel. 07/348-9984, www.volcanicair. co.nz, $$$$$) Hubschrauberflüge von der Seeseite in Rotorua und von Tauranga aus an. Ein weiterer Veranstalter in Tauranga, **Aerius Helicopters** (Tel. 0800/864-354, www.aerius.co.nz, $$$$$), fliegt ab Tauranga Airport und vom Themenpark Kiwi360.

gen. Es wurde 1847 von Pfarrer A. N. Brown erbaut.

Übernachten sollte man nicht in Tauranga, sondern besser im Vorort **Mount Maunganui**, fünf Kilometer jenseits der Harbour Bridge. Der Badeort, in dem sich ein riesiger vulkanischer Kegel aus dem Nichts zu erheben scheint, gleicht einem Waikiki im Miniaturformat.

Mount Maunganui hat auf einer Seite einen Strand an einer geschützten Bucht zu bieten, auf der anderen den 22 Kilometer langen **Ocean Beach**. Der lässt sich mit einem Apartment direkt am Strand genießen, aber auch der Campingplatz liegt am Wasser und am Fuß des Vulkans, den alle The Mount nennen. Außerdem gibt es in der Gegend schöne Wan-derwege und **heiße Salzwassertümpel**, in denen man entspannen kann.

Te Puke, 28 Kilometer südöstlich von Tauranga am SH2 gelegen, ist die »Kiwi-frucht-Hauptstadt der Welt«. Der Anbau der Früchte machte in den 1980er Jahren selbst Kleinbauern zu Millionären. Die größte Attraktion von Te Puke ist **Kiwi360** (Tel. 07/573-6340, www.kiwi360.com, $$$), ein Mix aus Plantage und Themenpark, der unter der riesigen Kiwifrucht am Stadtrand zu finden ist.

Die östliche Bay of Plenty

Von der Wasserseite aus betrachtet, sieht der entzückende Küstenort **Whaka-tane** genauso aus, wie man

Whakatane

Karte S. 105

Besucherinformation

Quay St.
07/306-2030

www.whakatane.
com

sich den typischen südpazifischen Hafen vorstellt. Yachten ankern im Flusshafen, von fast senkrecht ansteigenden, bewaldeten Hügeln umringt. Doch abseits dieser malerischen Szenerie verzeichnet der Ort landeinwärts einen rapiden Bauboom. Er berührt bereits das sechs Kilometer

Die Entstehung von Whakatane

Einst waren die Hügel rund um Whakatane mit *pa* übersät. Die Region besitzt ein reiches Kulturerbe der Maori, beginnend mit der Ankunft des frühen Seefahrers Toi in seinem Kanu. Das Urahnen-Kanu »Mataatua«, das möglicherweise in der Poverty Bay in See stach, landete hier erst Jahrhunderte später an. Der Legende zufolge waren die Männer an Land, als das Kanu begann abzutreiben. Allen Gewohnheiten zum Trotz sprangen die Frauen in das Kanu und paddelten es zurück. Dabei riefen sie »*Ka whakatane au i ahau*« (»Ich werde ein Mann sein«). So kam die Siedlung zu ihrem Namen Whakatane (»männlich sein«).

ein riesiger Felsen und das Wahrzeichen des Ortes. Direkt dahinter, am Canning Place, führt der **Kohi Point Walkway** zur Hillcrest Road hinauf und weiter zum Aussichtspunkt an der Seaview Road. Für eine noch bessere Aussicht sollte man zum **Puketapu** emporsteigen, einem zweiten gewaltigen Felsen, auf dem sich einmal das *pa* der Ngati Awa befand.

INSIDERTIPP

Die landschaftlich einmalige Fahrt auf dem Pacific Coast Highway von Manukau nach Napier sollte man sich auf keinen Fall entgehen lassen. Höhepunkte sind die Wandmalereien in Katikati und der längste Pier Neuseelands in der Tolaga Bay.

MARY HERMANSON
Beraterin, Whakatane-Distriktverwaltung

Whakatane ist nicht zuletzt der Ausgangspunkt für einen Flug oder eine Bootsfahrt nach White Island.

White Island: Eine der spektakulärsten Sehenswürdigkeiten Neuseelands ist White Island oder Whaakari (»dramatisch«). Die Vulkan-

entfernte, exklusive Badeörtchen **Ohope Beach**, an dessen schönem, langem Strand Ohiwa Harbour liegt.
Der **Pohaturoa**, der sich über The Strand erhebt, ist

insel liegt 48 Kilometer vor der Küste, Captain Cook taufte sie nach der Wolke aus Dampf, die sie umgab.

Der letzte große Ausbruch im Jahr 2000 bedeckte die Insel mit Schlamm und Schlacke und schuf einen

ler Geschichte, bekannt durch den Mord an Pastor Carl Volkner durch die Hauhau-Krieger 1865. Sie hängten und köpften ihn, stachen seine Augen aus und verspeisten sie. In der **St. Stephens Church** *(112 Ford St.)*

Opotiki

Karte S. 105

Besucher-information

70 Bridge St.

07 /315-3031

www.opotikinz.com

Kiwis sind in Te Puke ganz groß

neuen Krater mit einem See. Der Vulkan ist aktiv, Dampffontänen schießen aus den Fumarolen. Mit dem Boot ist es ein Tagesausflug, denn die Anfahrt dauert etwa anderthalb Stunden. Für Eilige gibt stehen Helikopter bereit (siehe Kasten S. 119).

Opotiki: Was für ein Kontrast zum 54 Kilometer entfernten Whakatane. In dem altmodischen Landstädtchen am SH2 werden keine Wohnblocks errichtet, obwohl die Strände genauso schön sind. Opotiki ist das Tor zur Ostküste, eine Maorihochburg mit wechselvol-

erinnert ein Grabstein an diesen Märtyrertod. Das örtliche **Museum** *(Tel. 07/ 315-5193, 123 Church Street, $$)* erläutert die Geschichte der Region. Der Eintritt gilt auch für den alten Kolonialladen in der Nähe mit vielen Erinnerungsstücken.

Hukutaia Domain, etwa acht Kilometer südlich des Ortes am Ende der Woodlands Road gelegen, bietet schöne Wanderwege durch zwei Hektar Landschaft mit vom Aussterben bedrohten Pflanzen. Dort steht der 2000 Jahre alte Taketakerau. Der Baum diente den Maori als Begräbnisstätte. ∎

Rotorua

Die klassischen Bilder von Neuseeland – Geysire, Schlammtümpel und der furchterregende Kriegstanz *haka* – sind in Rotorua Realität. Hier trifft vulkanische Aktivität auf die Kultur der Maori. Abgerundet wird das Paket durch heiße Quellen, Haka und *hangi* (Erdöfen). Aber auch Wasser hat die Region Rotorua zu bieten, denn hier gibt es überall Bergseen und Flüsse voller Forellen.

Rotorua ist bekannt für Veranstaltungen zur Maorikultur

Rotorua
🄰 Karte S. 105
**Besucher-
information**
✉ 1167 Fenton St.
☎ 07/348-5179
www.rotoruanz.com

Geschichte

Die Region Rotorua liegt in einem vulkanischen Graben, der sich von White Island bis zum Tongariro National Park erstreckt. Eine lange Folge heftiger Ausbrüche hat die Topografie geformt und Kraterseen hinterlassen. Im Jahr 1886 explodierte der nicht weit entfernte Mount Tarawera und spie Feuer und Schlamm, mit

denen er ganze Dörfer auslöschte.

Die einheimischen Maori heißen Te Arawa nach dem Kanu ihrer Vorfahren, das wahrscheinlich im 14. Jahrhundert hier anlandete. Als der Stamm wuchs und sich in *hapu* (Unterstämme) aufspaltete, waren Konflikte unvermeidbar. Diese Stammesfehden waren jedoch nichts im Vergleich mit den

Verheerungen, die der rivalisierende Ngapuhi-Häuptling Hongi Hika 1823 anrichtete. Mit Musketen bewaffnet, töteten seine Krieger alle und jeden, und als die Arawa Zuflucht auf der Insel Mokoia im Lake Rotorua suchten, ließ er seine Männer Kanus über die Berge zum See ziehen, um auch die wenigen Überlebenden zu vernichten. Hika ist in dieser Gegend immer noch verhasst.

INSIDERTIPP

Wenn Sie Rotorua in südlicher Richtung verlassen, sollten Sie am Rainbow Mountain Reserve Walk eine Pause einlegen. Besuchen Sie Ranger's Hut und den Heißwasserfluss nahebei.

DANIELA VERGARA
National Geographic-Expertin

Weiteres Leid erfuhren die Arawa von den Waikato-Maori. Als in den 1860er Jahren der Krieg ausbrach, verbündeten sie sich mit den Briten gegen ihre alten Feinde und halfen, den Nachschub von der Ostküste zu unterbinden.

Heute geht es hier friedlicher zu, nur der Ausbruch des Tarawera 1886 konnte die Besucherströme für kurze Zeit aufhalten.

Die Liebenden von Rotorua

Die Insel Mokoia mitten im Lake Rotorua ist Schauplatz der bekanntesten Liebesgeschichte dieser Gegend. Sie handelt von Hinemoa, die am Ufer lebte, und ihrem Geliebten Tutanekai, der auf der Insel zu Hause war. Die Familien waren gegen diese Verbindung, doch als der verliebte Tutanekai auf seiner Flöte spielte, drangen die Klagelaute über den See zu Hinemoa. Sie sprang in das eisige Wasser und schwamm zu ihm hinüber. Danach musste sie sich erst einmal in der heißen Quelle der Insel aufwärmen, die seitdem Hinemoa's Pool heißt. Sie lebten glücklich bis ans Ende ihrer Tage.

Stadtzentrum von Rotorua

Die 68 000-Einwohner-Stadt Rotorua liegt an einem großen See und hat einiges zu bieten. Die meisten Attraktionen liegen am Rand oder außerhalb der Stadt, aber auch im Zentrum gibt es einiges zu sehen. Was sofort auffällt, ist der typische Geruch nach faulen Eiern, wie ihn Schwefelwolken verbreiten.

Einen Spaziergang durch die Stadt beginnt man am besten an den **Government Gardens** in der Fenton Street, einen Block östlich der Hauptstraße, die zum See hinunterführt. In den

Rotorua Museum

✉ Oruawhata Dr.,
Government
Gardens

☎ 07/350-1814

Ⓢ $$$

www.rotorua
museum.co.nz

Gärten liegt das innovative **Rotorua Museum** in einem Badehaus von 1908. Sehenswert sind die alten Bäder und die Pumpenanlage sowie die Austellungen zum Ausbruch des Tarawera und zum Stamm der Te Arawa.

Nebenan die restaurierten **Blue Baths** *(Tel. 07/350-2119, www.bluebaths.co.nz, $$$)* im Art-déco-Stil haben ebenfalls ein Museum, das sich mit dem Vergnügen eines gemischten Badehauses befasst, doch das Thermalbad und die Entspannungspools sind die größere Attraktion. Das **Polynesian Spa** *(Hinemoa St., Tel. 07/348-1328, www.polynesian-spa.co.nz, $$$$$)* am Südende der Gärten wurde bereits 1882 über einer heißen Quelle errichtet.

Der Uferabschnitt des Lakefront Drive, am Ende der Fenton Street, eignet

sich zum Bummeln. Die Ticketschalter offerieren Jetbootfahrten, Hubschrauberflüge und Plätze auf der »Lakeland Queen« *(Tel. 07/348-0265, $$$$$)*, einem Raddampfer, der auf dem Lake Rotorua kreuzt.

Das historische Maoridorf **Ohinemutu** weiter westlich am See war einst die Hauptsiedlung. Rund um den Dorfplatz stehen Gemeinschaftsgebäude wie das traditionelle **Tamatekapua Versammlungshaus** und die **St. Faith's Anglican Church** mit schönen Maorischnitzereien und einem Buntglasfenster, das Christus in einem Maoriumhang zeigt, wie er auf dem Wasser des Lake Rotorua wandelt.

Whakarewarewa Valley

Nach dem Ausbruch des Tarawera übersiedelten viele Dorfbewohner in das zwei

Die Government Gardens von Rotorua

ERLEBNIS: Heiße Quellen

Heiße Quellen gibt es überall in Neuseeland, viele von ihnen werden kommerziell genutzt. Die Badegäste können hier schwimmen oder sich entspannen, Massagen und weitere Wellnessangebote wahrnehmen.

Die geothermische Aktivität unter der Erdoberfläche tritt vor allem auf dem Zentralplateau in der Umgebung von Rotorua und Taupo zutage, man sollte aber immer Badesachen dabeihaben, denn fast überall in Neuseeland locken heiße Quellen.

Besucher kommen schon seit mehr als 100 Jahren nach Rotorua, um hier zu kuren, früher vor allem im eindrucksvollen **Government Bath House**, das heute das Stadtmuseum beherbergt. Die bekanntesten Bäder im Zentrum von Rotorua sind das **Polynesian Spa** mit Swimmingpools, Massage und Wellnessanwendungen sowie die nahe gelegenen **Blue Baths** mit einem großen beheizten Schwimmbad und Entspannungspools. Außerhalb der Stadt liegt die geothermisch aktive Region Hell's Gate mit Schlammbädern und heißen Quellen.

Auch in Taupo gibt es einige heiße Quellen, darunter das große **DeBretts Spa Resort** (SH5, Tel. 07/378-8559), eine gepflegte Anlage mit Hot Pools, Swimmingpools und Wellnessanwendungen. Das vergleichbare **Waiwera Infinity Spa Resort** (siehe S. 80) in Waiwera, nördlich von Auckland, bietet mit Thermalpools, Sauna, Fitnesscenter

Natürliche heiße Quellen am Hot Water Beach

und Wasserrutschen Erholung für die ganze Familie.

Weitere Anlagen finden sich überall auf der Nordinsel (www.nzhotpools.co.nz), daneben aber auch viele natürliche heiße Quellen, für die kein Eintritt bezahlt werden muss (Achtung: Vor dem Betreten Wassertemperatur prüfen!). Zwei bekannte heiße Quellen liegen am **Hot Water Beach** (siehe S. 116) auf der Coromandel Peninsula, wo die Quelle bei Ebbe durch den Sand hochblubbert, und am **Hot Water Stream** in Taupo, am Wanderweg Huka Falls (siehe S. 131).

Auf der Südinsel ist die geothermische Aktivität geringer, deshalb gibt es dort weniger heiße Quellen. Zwei schöne Plätze sind **Hanmer Springs** (siehe S. 203) und **Maruia Springs** (siehe S. 203) am Lewis Pass. Das japanische Badehaus von Maruia Springs mit seinen Außenbecken ist vor allem im Winter faszinierend: Ringsumher schneit es, während man im dampfend heißen Wasser sitzt. Unter den natürlichen Quellen gelten die **Welcome Flat Hot Pools** am Copland Wanderweg im Westland Tai Poutini National Park als Geheimtipp, allerdings dauert die Wanderung von der Straße südlich des Fox Glacier aus etwa sieben Stunden.

Whakarewarewa
✉ 17 Tryon St.
☎ 07/349-3463
$ $$$$$
www.whakareware
wa.com

Te Puia
✉ Hemo Rd.
☎ 07/348-9047
$ $$$$$
www.tepuia.com

Kilometer südlich der Stadt, am anderen Ende der Fenton Street gelegene Thermalgebiet Te Whakarewarewa, kurz Whaka genannt. 1997 spaltete sich das Maori Arts & Crafts Institute, das zu Te Puia wurde, von der Dorfgemeinschaft ab, sodass das Tal heute geteilt ist.

Die Festung von Te Puia

Ehe Te Puia zum Kulturzentrum und zur Touristenattraktion wurde, war es jahrhundertelang ein kriegerischer Stützpunkt. Die 1325 erbaute Festung ist ein eindrucksvolles Zeugnis der Kriegskunst der Maori. Sie wurde im Laufe der Zeit von einem *hapu* (Unterstamm) an den nächsten weitergegeben. Ihre Lage über einem komplizierten Gewirr aus Terrassen und natürliche Hindernisse wie Geysire und Schlammtümpel machten sie nahezu uneinnehmbar.

Whakarewarewa ist seither nicht mehr so überlaufen, obwohl die alten Dörfer mit ihren Holzhäusern und dem Versammlungshaus mit schönen Schnitzereien absolut authentisch sind.

Te Puia (siehe Kasten) hat etwa das Gleiche zu bieten. Hier gibt es ein Museum zur zu Geschichte und Kultur, eine Schnitzerei und eine Weberei, ein nachgebautes Dorf und Vorführungen.

Sehenswert ist auch der berühmte Geysir **Pohutu** (»Großer Spritzer«), der jede Stunde eine etwa 20 Meter hohe Fontäne speit.

INSIDERTIPP
Erforschen Sie die Ruinen von Te Wairoa. Das Dorf wurde 1886 beim Ausbruch des Tarawera verschüttet: ein südpazifisches Pompeji, in dem die Zeit stehen geblieben ist.

LARRY PORGES
National Geographic Travel Books-Redakteur

Der Norden von Rotorua

Nördlich der Stadt, am SH5, gibt es einige Themenparks. In den Gewässern von **Rainbow Springs** *(Tel. 07/350-0440, www.rainbowsprings. co.nz, $$$$)*, fünf Kilometer außerhalb des Ortes, wimmelt es von Forellen. Daneben hat der Minizoo Tuataras (Brückenechsen) sowie Gehege mit einheimischen Vögeln und Kiwi-Aufzuchtstationen zu bieten.

In der Nähe kann man sich von **Skyline Skyrides** *(Tel. 07/347-0027, $$$$$)* auf den Gipfel des Mount Ngongotaha befördern lassen und dort die Aussicht genießen.

Etwa zehn Kilometer Richtung Norden entlang

des SH5 bietet das **Agrodome** *(141 Western Rd., Tel. 07/357-1050, www.agrodome.co.nz, $$$$$)* einen Einblick in die heimische Landwirtschaft. Höhepunkte sind die Präsentationen zur Schafzucht, Schur und der perfekt ausgebildeten Hütehunde bei der Arbeit. Angeboten werden auch Bungee-Jumping und andere aufregende Aktivitäten.

Zu den weiteren Attraktionen an der Paradise Valley Road zählen der **Paradise Valley Springs Wildlife Park** *(Tel. 07/348-9667, www.paradisev.co.nz, $$$$$)*, mit einheimischen und exotischen Tieren, und der kreisrunde Irrgarten von **aMAZEme** *(Tel. 07/357-5759, $$$)*.

Östlich von Rotorua

Hell's Gate *(Tel. 07/345-3151, $$$$, Spa $$$$$)* ist eine kleine Thermalregion, 16 Kilometer nordöstlich von Rotorua an der Straße nach Whakatane (SH30), so benannt von George Bernard Shaw, der 1934 hierher kam. Eine Wanderung führt zum **Devil's Cauldron**, in dem der Schlamm schwappt, und zu den heißen **Kakahi Falls**. Der SH30 führt weiter zu den Waldseen Rotoiti und Rotoma.

Um die Schönheit der Landschaft zu genießen, sollte man südöstlich von Rotorua die Tarawera Road nehmen, die von dem SH30 abzweigt. Die Straße führt

Besucher betrachten den Geysir Pohutu in Te Puia

am mit Mammutbäumen bepflanzten **Redwoods Whakarewarewa Forest Park** *(www.redwoods.co.nz)* entlang, in dem man wandern und Radfahren kann, zu den Blue and Green Lakes. Um den **Blue Lake** führt eine schöne Wanderung *(Rundweg 1,5 Stunden)*.

Etwa 16 Kilometer nach den Seen kommt man zum **Buried Village** *(Tarawera Rd., Tel. 07/362-8287, www.buriedvillage.co.nz, $$$$$)*. Hier befand sich Te Wairoa, ein bekanntes Touristenziel am

Fuße der Pink and White Terraces – Sinterterrassen, die als achtes Weltwunder galten –, bis das Dorf 1886 beim Ausbruch des Mount Tarawera unter Stein, Asche und Schlamm begraben wurde und die Terrassen in einem neu entstandenen See versanken.

Lady Knox

Damit er zeigt, was er kann, muss man den Lady Knox Geyser mit Seife locken. Der Geysir hat zwei Kammern, von denen die eine heißer ist als die andere. Wenn Seife in die obere Kammer gelangt, sinkt die Oberflächenspannung, das Wasser beider Kammern vermischt sich, und der Geysir bricht aus. Dieses Phänomen entdeckten 1901 zu Tode erschrockene Strafgefangene, als sie ihre Wäsche waschen wollten.

Auf dem **Lake Tarawera** hinter dem Buried Village, am Fuße des Mount Tarawera kreuzen Touristenschiffe.

Die Thermalregion im Süden

Überaus beeindruckend ist die Region südlich von Rotorua, für die man an bei Taupo den SH5 verlassen muss.

Das **Waimangu Volcanic Valley** (*Tel. 07/366-6137, www.waimangu.com, $$$$$*), 19 Kilometer von Rotorua entfernt, verbindet geother-

mische Sehenswürdigkeiten mit schönen Wanderwegen und der Möglichkeit einer Bootsfahrt auf dem **Lake Rotomahana**. Hier ist es ruhiger und lange Spaziergänge sind möglich (*dafür sollte man mindestens zwei Stunden und weitere 45 Minuten für die Bootsfahrt einplanen*). In Waimangu (»schwarzes Wasser«) gibt es zwar keine Geysire, dennoch schießt hier Dampf hoch und brodeln die Tümpel. Die Höhepunkte sind der blassblaue **Inferno Crater Lake** und die mehrfarbige **Warbrick Terrace**.

Die spektakuläre Thermalregion **Wai-O-Tapu** (*Tel. 07/366-6333, www. waiotapu.co.nz, $$$$$*) liegt 28 Kilometer von Rotorua entfernt: eine faszinierende Mondlandschaft mit Kratern, Schlammtümpeln und Sinterterrassen, Teichen und Dampf. Hauptattraktion ist der **Lady Knox Geyser**, der jeden Tag um 10.15 Uhr eine über 20 Meter hohe Fontäne ausstößt (siehe Kasten). Sehenswert sind auch die **Artist's Palette**, ein Teich, der die Farbe wechselt, der angrenzende **Champagne Pool**, der bei 74 °C vor sich hinblubbert, und das **Devil's Bath**, das je nach Lichteinfall grün oder gelb schimmert.

Weiter im Süden liegt die Thermalregion **Orakei Korako** (siehe S. 130f), 21 Kilometer abseits des SH5 und 66 Kilometer von Rotorua. ∎

Naturgewalten

Im September 2010 verursachte ein schweres Erdbeben in Christchurch beträchtliche Schäden. Doch es kam noch schlimmer: Ein Nachbeben fünf Monate später verwüstete die Stadt und forderte 158 Menschenleben.

Im Jahr 186 n. Chr. verzeichneten römische Historiker Sonnenuntergänge »wie lodernde Flammen«; man vermutet heute, dass die Ursache dieses Phänomens der Ausbruch des neuseeländischen Vulkans Taupo war, bei dem es sich vermutlich um den heftigsten Vulkanausbruch weltweit innerhalb eines Zeitraums von 5000 Jahren handelte. Dabei entstand der Krater, in dem sich der Lake Taupo bildete. 1886 flog der Gipfel des Mount Tarawera förmlich in die Luft, 120 Menschen verloren bei dem Ausbruch ihr Leben. Immer wieder spuckt der White Island Volcano Asche aus.

Zwischen Rotorua, Lake Taupo und dem Tongariro National Park erstreckt sich die Taupo Volcanic Zone. Im südlichen Bereich liegen die gefährlichsten Vulkane Neuseelands: Tongariro, Ngauruhoe und Ruapehu. Mount Ngauruhoe ist der jüngste von ihnen. Im 20. Jahrhundert brach er 45-mal aus, das letzte Mal 1975. Mount Tongariro schlief seit 1926, bevor er 2012 erneut ausbrach. Ruapehus letzte Eruption erfolgte 2008, dennoch bleibt der mit 2796 Metern höchste der drei auch der gefährlichste: Innerhalb der letzten 70 Jahre brach er mindestens 60-mal aus. An Heiligabend 1953 starben 151 Menschen, als die Kraterwand des Ruapehu einbrach.

Verantwortlich für diese Naturkatastrophen ist die Pazifische Platte, die sich auf der Höhe der Nordinsel unter die Indo-Australische Platte schiebt, auf der Neuseeland liegt. Durch die Reibung der tektonischen Platten entsteht aus Gestein Magma, das durch Risse in der Erdkruste austritt. Weiter im Süden bewegen sich die Platten ebenfalls – dort, wo der Hikurangi-Graben in den Alpine Fault übergeht.

Ausbruch des Mount Ruapehu, Tongariro National Park

Plattenkollisionen unter der Südinsel schieben die Südlichen Alpen nach oben.

Das über einer Verwerfung liegende Wellington erlebt häufig Erdbeben: 1855 hob ein mächtiges Beben den Boden des Hafenbeckens an. Jedes Jahr kommt es in ganz Neuseeland zu Hunderten leichterer Beben. Das bisher zerstörerischste machte 1931 die Stadt Napier dem Erdboden gleich und forderte 258 Menschenleben. Mount Taranaki im Westen der Nordinsel brach zuletzt 1755 aus, doch Wissenschaftler warnen, dass ein erneuter Ausbruch fällig sei. Die dicht besiedelte vulkanische Zone um Auckland ist seit 600 Jahren ruhig geblieben, doch das kann sich jederzeit ändern.

Central Plateau

Auf dem Central Plateau liegen die Vulkane des Tongariro National Park, einer alpinen Wüstenregion mit atemberaubender Landschaft. Der in der Nähe gelegene Lake Taupo ist berühmt für seine Forellenbestände, und die Stadt Taupo ist die beste Basis für Ausflüge in die Umgebung.

Die Huka Falls in der Nähe von Taupo

Taupo

🏔 Karte S. 105

**Besucher-
information**

✉ 30 Tongariro St.

☎ 07/376-0027

**www.greatlake
taupo.com**

Taupo

Taupo liegt mitten in einer großartigen Landschaft an der Nordostecke von Neuseelands größtem See, **Lake Taupo**. Der See, der durch einen Vulkanausbruch entstanden ist (siehe S. 129), ähnelt einem Binnenmeer, hinter dem die Tongariro-Vulkane aufragen.

Orakei Korako (*Tel. 07/ 378-3131, $$$$$*), 37 Kilometer nördlich von Taupo am SH1, ist zwar nur eine kleine vulkanische Region, doch sie liegt in einer wunderschönen Seenlandschaft. Vom Besucherzentrum/ Café/Andenkenladen fährt eine Fähre über den Lake Ohakuri zu zahlreichen Zielen in der Umgebung. Eine einstündige Wanderung führt zu den großen Sinterterrassen, zum unregelmäßig spuckenden **Diamond Geyser**, zu Schlammtümpeln, kochenden Teichen und zur **Ruatapu Cave**, einer großen Höhle mit einem smaragdgrünen, heißen Teich.

Sieben Kilometer nördlich von Taupo liegt das geothermische Kraftwerk *(SH5, Tel. 07/378-0913)* von **Wairakei**, das besichtigt werden kann. Wairakei war früher eine Region mit besonders starker thermischer Aktivität, bis das 1958 erbaute Kraftwerk den Großteil davon absorbierte. Zwischen den Dampffontänen und Tümpeln liegen die künstlich geschaffenen **Wairakei Terraces** *(Tel. 07/378-0913, www.wairakeiterraces.co.nz, $$$)*, die den natürlichen Sinterterrassen als Fundament dienen.

Etwas näher an der Stadt liegen an der Karapiti Road die brodelnden **Craters of the Moon Walk** *($$)* mit zahlreichen Dampffontänen und kochenden Teichen.

Taupo liegt an der Quelle des längsten Flusses Neuseelands, des Waikato, der aus dem See zu den beeindruckenden **Huka Falls** an der Huka Falls Road, vier Kilometer nördlich der Stadt, fließt. An dieser Straße gibt es noch mehr Sehenswürdigkeiten: ein Honigcenter, eine Garnelenfarm und das informative **Volcanic Activity Center** *(Tel. 07/374-8375, $$$)*. Der **Huka Falls Walkway** ist ein sehr schö-

ner einstündiger Wanderweg, der von den Wasserfällen aus am Fluss Waikato entlangführt. Er endet an der Spa Road, in der Nähe des Taupo Bungy *(Tel. 07/377-1135, $$$$$)*, auf einer Klippe über dem Fluss.

Tongariro National Park

Im Tongariro National Park erheben sich die landesweit höchsten Vulkane Tongariro, Ngauruhoe und Ruapehu. Vor einer kleineren Eruption 2012 brach Tongariro letzt-

Taniko-Weberei

Taniko ist eine besondere Art der *raranga* (Weberei) der Maori, für die kein Webstuhl benötigt wird. Die Technik ist auch als Fingerweberei oder Flechten bekannt und eine der am besten bewahrten Maoritraditionen. Der Ausdruck *taniko* bezeichnet aber auch ein typisch neuseeländisches Muster, das auf der Abfolge und Variation von Dreiecken basiert.

mals 1926 aus, während Ngauruhoe im 20. Jahrhundert der aktivste der drei war. Die 1954 aus dem Ngauruhoe quellenden Lavaströme waren die größten jemals aufgezeichneten, seine letzte bedeutende Eruption ereignete sich 1975.

In jüngerer Zeit brach der Ruapehu mehrmals aus, das letzte Mal 2008, aber nie so

Tongariro National Park

🅰 Karte S. 105

Besucherinformation

✉ Whakapapa Village, SH 48, Mount Ruapehu

☎ 07/892-3729

www.doc.govt.nz

heftig wie 1995/96, als der Vulkan die ganze Region in Alarmbereitschaft versetzte. 1969 überschwemmte ein nächtlicher Lahar (vulkanischer Schlammstrom) ein Gebiet, in dem tagsüber 2000 Menschen Ski gefahren waren. 2007 konnten Warnsysteme verhindern, dass ein weiterer Lahar Menschenleben forderte.

Das zum Weltnaturerbe ernannte Gebiet ist im Sommer von Wanderern und Vulkanfans, im Winter von Ski-und Snowboardfahrern bevölkert.

Whakapapa Village am Fuß des Ruapehu ist das Verwaltungszentrum des Parks und Standort des Besucherzentrums.

Ambitionierte Wanderer entscheiden sich oft für den dreitägigen **Tongariro Northern Circuit**, beliebt ist aber auch eine eintägige Wanderung auf einer Teilstrecke dieser Runde: der **Tongariro Alpine Crossing** (siehe S. 134f), der die Gipfel des Tongariro und Ngauruhoe einbezieht.

Der höher gelegene Skiort Whakapapa ist Ausgangspunkt für die Besteigung des Ruapehu.

Rund um den Naturpark

Von Taupo aus verläuft der Highway (SH1) Richtung Süden bis nach **Turangi**, der größten Stadt in der Umgebung. Das Besucherzentrum von Turangi (*Tel. 07/386-*

ERLEBNIS: Forellenangeln

In Neuseelands wunderschönen Seen und kristallklaren Flüssen wimmelt es von großen Forellen. In den 1880er Jahren wurde die Regenbogenforelle aus Kalifornien eingeführt, die durchschnittlich 1,5 bis 2 Kilogramm wiegt, aber auch bis zu 7 Kilogramm schwer werden kann. Die europäische Bachforelle kam schon 20 Jahre zuvor ins Land.

Gute Angelplätze gibt es überall, besonders beliebt sind Rotorua auf der Nordinsel und das Gebiet um Lake Brunner auf der Südinsel. Das berühmteste Forellengebiet ist der Lake Taupo samt seiner Zuflüsse (vor allem der Tongariro).

Für das Angeln in Binnengewässern ist ein Angelschein erforderlich (und eine spezielle Lizenz für die Region Taupo). Die Scheine und alle nötigen Informationen erhält man in den Büros der Fischerei-

und Jagdbehörde (*www.fishandgame.org. nz*). Informationen zu den besten Plätzen bekommt man aber auch in Sportgeschäften, in denen man Ausrüstung kaufen oder mieten kann.

Obwohl es nicht unbedingt notwendig ist, heuern viele Angler Führer an, die alles über die örtlichen Gegebenheiten wissen. Die meisten Angelführer findet man in Taupo, sie sind aber auch in Touristenzentren wie Rotorua, Wanaka und Queenstown vertreten. Die Touristeninformation helfen bei der Suche.

Falls das Forellenangeln langweilig werden sollte: Vor 100 Jahren wurden in den Flüssen an der Ostküste der Südinsel Königslachse ausgesetzt, und im Zeitraum von November bis März kann man sie in Rakaia, Waimakariri, Rangitata und Waitaki fangen.

Das New Zealand Army Museum in Waiouru

8999) hält ausführliches Infomaterial für Wanderer bereit. Darüber hinaus ist der Ort ein Zentrum des Forellenfangs (siehe Kasten). Das von der Naturschutzbehörde geleitete **Tongariro National Trout Center** *(Tel. 07/386-8085, $$$)* liegt drei Kilometer südlich der Stadt am SH1.

Südlich von Turangi führt der SH1 zum Wüstenplateau östlich des Parks. Die Desert Road, die über die Ebene führt, ist im Winter oft gesperrt. Sie trifft bei **Waiouru**, wo das **National Army Museum** *(SH1 & Hassett Dr., Tel. 06/387-6911, www.armymuseum.co.nz, $$$)* beheimatet ist, wieder auf die Zivilisation.

Der SH47 von Turangi nach Whakapapa führt an der Ostseite des Parks entlang und zum Ort **National Park** am SH4. Das schlichte Städtchen bietet Einkaufsmöglichkeiten und Unterkünfte für Parkbesucher.

INSIDERTIPP

Wer sich in einem *bach* (Ferienhaus) direkt am See in Acacia Bay in Taupo einmietet, kann sich direkt nach dem Aufstehen seine Angel schnappen und zum Mittagessen eine Forelle fangen.

CMDR. MARK WORSFOLD
Stellv. Marine-Attaché,
Botschaft von Neuseeland,
Washington, D. C.

Ohakune an der Südflanke des Ruapehu ist eine gute Basis für Ausflüge in den Whanganui National Park (siehe S. 147). Im Sommer ist vor allem im Zentrum, in der Skisaison dagegen in der Umgebung des alten Bahnhofs immer viel los. Über Wanderrouten und andere Freizeitaktivitäten informiert die Ohakune Ranger Station. ■

Tongariro Alpine Crossing

Die Wanderung über den Tongariro Alpine Crossing Track wird nicht umsonst als schönste Tageswanderung der Welt bezeichnet, denn in sieben bis acht Stunden sind hier Vulkane, Kraterseen, alpine Wüsten, Wald, Wasserfälle und heiße Quellen zu sehen. Die 17 Kilometer lange Strecke hat wirklich jeden Superlativ verdient – angemessene Kleidung, Ausrüstung, Fitness und das richtige Wetter vorausgesetzt.

Die tatsächlich smaragdfarbenen Emerald Lakes (»Smaragdseen«), Mount Tongariro

Am besten unternimmt man die Wanderung im Sommer. Transfers zum Start- und vom Endpunkt kann man in den Besucherzentren und Unterkünften buchen.

Start ist am **Parkplatz Mangatepopo** ❶, von dort aus geht es über eine spärlich bewachsene Ebene zur Hütte Mangatepopo. Dem Mangatepopo Stream folgend, führt der Weg über alte Lavaströme allmählich aufwärts. Nach etwa einer Stunde erreicht man den Seitenpfad nach **Soda Springs** ❷ *(10 Minuten für den Abstecher)*.

Von Soda Springs geht es über Vulkangestein bergauf. Nach einer Stunde gelangt man oben an und wird

mit einem fantastischen Blick über das Tal belohnt. Ein markierter Pfad führt auf den **Mount Ngauruhoe** *(ein kräftezehrender, zwei- bis dreistündiger Rundwanderweg)*, aber die meisten Wanderer gehen über den flachen **South Crater** ❸ weiter. Diese Hochwüste wird von der roten Kegelspitze des Ngauruhoe und vom zerklüfteten Kamm des Tongariro flankiert.

Nach der Durchquerung des South Crater wird der Weg steiler. Der vorherrschende Westwind ist in dieser Höhe oft bitterkalt und der Boden ist selbst im Sommer vereist. An der Abzweigung zum **Mount Tongariro** *(1,5 bis 2 Stunden für den Abstecher)* wird der Pfad wieder eben. Rechts liegt der großartige **Red Crater** ❹.

Der Pfad führt am Kraterrand entlang, mit 1886 Metern der höchste Punkt der Wanderung, von dem sich eine umwerfende Aussicht eröffnet. Danach geht es hinab zu den funkelnden und dampfenden **Emerald Lakes** ❺. Der schwierige Teil der Wanderung ist jetzt geschafft, das Ziel noch etwa 3,5 Stunden entfernt.

Weiter geht es über den Boden des **Central Crater**, anschließend zum **Blue Lake** ❻. Hinter dem See führt der Pfad auf der geschützten Seite bergab, es tauchen auch Moose, Sträucher und die ersten verkrüppelten Pflanzen auf. Der Pfad windet sich weiter bergab – das Panorama mit dem Lake Rotoaira und dem Tieflands vor Augen.

Der Weg führt zur **Ketetahi Hut** ❼, einem Treffpunkt mitten in den Wolken, der nach dem Ausbruch von 2012 neu angelegt wurde. Nach 20 Minuten sieht man schon den Wasserdampf der Ketetahi Hot Springs aufsteigen, allerdings liegen sie auf Privatgrund, der Zugang ist verboten.

Weiter unten findet man sich unversehens in einem Wald wieder. Von dort führt der Pfad an einem plätschernden Bach entlang und an Wasserfällen vorbei, bis er schließlich auf dem **Parkplatz Ketetahi** ❽ endet, wo man auf den Bus für die Rückfahrt wartet.

NICHT VERSÄUMEN:

Soda Springs • Red Crater •
Emerald Lakes • Blue Lake •
Ketetahi Hot Springs

✚ Siehe Karte S. 105
➤ Parkplatz Mangatepopo
↔ 17 km
🕐 7–8 Std.
➤ Parkplatz Ketetahi

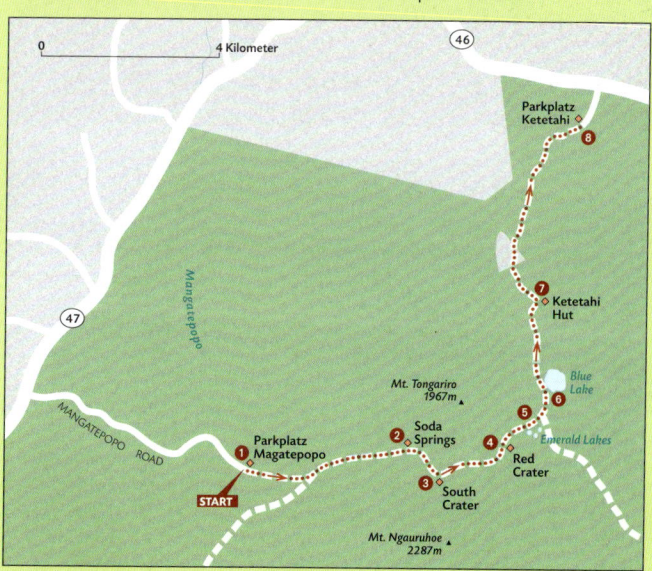

Die Ostküste

Zur Ostküste gehören die sonnige Hawke's Bay, die Art-déco-Stadt Napier, die Maoriregion Gisborne und das East Cape. Zentraler Anziehungspunkt ist Napier, aber eine Fahrt um das East Cape ist ein besonderes Erlebnis, und der Te Urewera National Park im Hinterland ist ein Wanderparadies.

Das Gebäude der National Tobacco Company in Napier im Stil des Art déco

Napier

- Karte S. 105

Besucher-information

- 100 Marine Parade
- ☎ 06/834-1911

www.napierinthe city.co.nz & www.napiernz.com

Napier

Das am Pazifik gelegene Napier (57 000 Einwohner) ist für seine Architektur berühmt, allerdings haben die schönen Bauten ihre Existenz einer Katastrophe zu verdanken.

Am 3. Februar 1931 zerstörte ein Erdbeben der Stärke 7,9 die Stadt fast vollständig. Ein Teil des Meeresbodens wurde um mehr als zwei Meter angehoben. Als

überall Brände ausbrachen, musste Napier evakuiert werden. Das ganze Land beteiligte sich am Wiederaufbau. Heute gilt die Innenstadt von Napier als eines der weltweit schönsten Beispiele für den Art-déco-Stil. Führungen und Spaziergänge gehören zu den Hauptattraktionen. Die schönsten Häuser stehen an der **Emerson Street** und der **Tennyson Street** (siehe Kasten).

Unterwegs in der Stadt: Hohe Norfolktannen säumen die nostlagische Strandpromenade **Marine Parade**. Zu den Art-déco-Schmuckstücken, die man hier findet, gehört die **Veronica Sun Bay** in der Nähe der Touristeninformation, ein Denkmal für das Schiff, das den Bewohnern nach dem Erdbeben Hilfe brachte. Die Seeseite erinnert an einen englischen Badeort, komplett mit Kiesstrand und Freiluftbühne.

Am Nordende der Marine Parade liegt das **Ocean Spa** (42 Marine Parade, Tel. 06/835-8553, $$–$$$), ein Schwimmbad mit heißen Pools, Massage- und Wellnessangeboten. Die **Skulptur Pania of the Reef** ist ein Wahrzeichen der Stadt. Nach einer Maorilegende schwamm Pania, vom Gesang der Sirenen angelockt, hinaus ins Meer, wo sie in ein Riff verwandelt wurde.

Das faszinierende **MTG Hawke's Bay Museum** (1 Tennyson Street, Tel. 06/835-7781, www.mtghawkes bay.com, $) ist Geschichte und Kultur der Hawke's Bay gewidmet.

Vorbei am Besucherzentrum, den Sunken Gardens und einigen viktorianischen Villen gelangt man zum **National Aquarium of New Zealand** (546 Marine Parade, Tel. 06/834-1404, www.nationalaquarium.co. nz, $$$$). Hier leben Haie,

ERLEBNIS:
Art déco in Napier

Eine Tour zu Napiers Art-déco-Architektur beginnt am besten auf der **Emerson Street** an der Ecke Marine Parade. Dort steht das **A&B Building** mit Kuppel, das 1936 für eine Versicherung erbaut wurde. Weiter unten auf der Emerson Street ist das Interieur der **ASB Bank** mit Maorischnitzereien verziert. Das **Criterion Hotel** hat wunderschöne Bleiglasfenster und auch in der **Napier Mall** sind Meisterwerke des Art déco zu entdecken.

Biegen Sie bei dem im spanischen Missionsstil errichteten **Provincial Hotel** an der Ecke Clive Square rechts ab, und gehen Sie weiter zur Tennyson Street. Achten Sie auf die alte **Feuerwache** in Nr. 163. Wenn Sie Richtung Meer weitergehen, kommen Sie am **Municipal Theatre** und am Gebäude des **Daily Telegraph** vorbei und erreichen schließlich das **Art Deco Centre** (Nr. 7; Tel. 06/835-0022, www.artdeconapier.com) mit einem gut sortierten Museumsshop.

Schildkröten, Krokodile, Kiwis und Tuataras (Brückenechsen), und es gibt die Möglichkeit, mit Haien zu schwimmen.

Mehr von der ursprünglichen Stadtbebauung sieht man, wenn man den **Bluff Hill** hinaufsteigt, der den Norden der Stadt überragt. Hier sind viele viktorianische Villen erhalten, und der Blick über die Bucht ist großartig.

Rund um die Hawke's Bay
Art-déco-Fans werden auch **Hastings** (73 000 Einwohner) kennenlernen wollen, Napiers weniger begüterten

Hastings

📍 Karte S. 105

**Besucher-
information**

✉ Russell &
Heretaunga
Street East

☎ 06/873-5526

**www.visit
hastings.co.nz**

Nachbarn. Während Napier vom Tourismus gut leben kann, ist Hastings, 21 Kilometer weiter südlich an der SH2 gelegen, ein bescheidenes Städtchen, das von dem Erdbeben von 1931 ebenfalls hart getroffen wurde. Auch hier löste die Zerstörung der alten Bausubstanz einen Art-déco-Boom aus. Ein guter Ausgangspunkt für eine Stadtbesichtigung ist das **Westermans Building** *(Heretaunga & Russell Sts.)*, in dem heute die Touristeninformation untergebracht ist. Ein besonderes Prachtstück ist das 1915 im spanischen Missionsstil erbaute **Hawke's Bay Opernhaus** *(101 Hastings St. South)*, das üppigen Bauschmuck zur Schau trägt.

INSIDERTIPP

Unterwegs am abgelegenen East Cape, können Sie Ihre Vorräte im Hicks Bay General Store aufstocken. Sie finden dort auch eine Post und eine Tankstelle (19 Wharf Rd.).

BRENT OPELL
NATIONAL GEOGRAPHIC-Experte

An der Südspitze der Hawke's Bay liegt **Cape Kidnappers**. Das Kap erhielt seinen Namen von Captain Cook, nachdem der Diener seines tahitianischen Über-

setzers an diesem Ort von Maori ergriffen worden war. »Gezwungen ... das Feuer zu eröffnen«, tötete Cook zwei oder drei Maori und der junge Mann entkam .

Cape Kidnappers ist bekannt für eine Australtölpelkolonie, in der bis zu 20 000 Vögel dieser Art nisten. Sie können dort von September bis Anfang Mai beobachtet werden. *(Infos zu Touren erhält man in den Besucherzentren in Napier und Hastings).*

Die zweite Attraktion der Hawke's Bay ist der Weinbau. Die Region ist berühmt für ihren Chardonnay, aber auch die Rotweine sind von besonderer Qualität. Auskunft erteilt die Broschüre *Hawke's Bay Winery Guide.* Besuchenswert sind die **Church Road Winery** *(150 Church Rd., Tel 06/833-8234, www.churchroad.co.nz)*, die Kellereitouren anbietet, sowie das Weingut **Mission Estate** *(198 Church Rd., Tel. 06/ 845-9350)* mit eigenem Restaurant (siehe S. 299), beide in Taradale.

Te Urewera National Park

Dieser Nationalpark schützt das größte unberührte Waldgebiet der Nordinsel. Der Großteil der Wälder, Seen und Berge ist nur zu Fuß zu erreichen. Das **Besucherzentrum** *(House 2 Aniwaniwa, SH 38, Tel. 06/837-3803)* bei Aniwaniwa liegt am Seeufer.

Apirana Ngata

Der in dem Dorf Te Araroa am East Cape geborene Sir Apirana Turupa Ngata (1874–1950) war einer der fähigsten Politiker Neuseelands und ein hervorragender Maoriführer. Der Rechtsanwalt und erste Maori-Hochschulabsolvent wurde 1905 für den Wahlbezirk Eastern Maori ins Parlament gewählt. Er war ein gewandter Redner und kluger Taktierer und blieb bis 1943 Parlamentmitglied.

Er machte sich vor allem als Kämpfer für die Interessen der Maori einen Namen und setzte sich dafür ein, Sprache und Traditionen seines Volkes zu erhalten. Er war die treibende Kraft hinter Kunst- und Handwerkschulen wie der in Rotorua, förderte den Bau zahlreicher neuer traditioneller Versammlungshäuser, sammelte Maorigesänge und -beschwörungen, studierte die Geschichte seines Stammes, der Ngati Porou, und arbeitete an Wörterbüchern und Bibelübersetzungen.

Ngata war eines der wichtigsten Mitglieder der Young Maori Party, die die Maori innerhalb der Institutionen der Pakeha (Europäer) vertrat. Obwohl sie später von Maori-Aktivisten kritisiert wurde, war die Partei die erste effektive moderne Organisation, die von in Europa ausgebildeten Maori geführt wurde.

Das Kronjuwel des Parks ist der **Lake Waikaremoana**. Der beliebteste Wanderweg des Landes, der **Waikaremoana Track**, führt rund um den See. Die Wanderung dauert drei bis vier Tage, eine Voranmeldung ist erforderlich.

Auch die kürzeren Strecken beginnen am Besucherzentrum, darunter jene zu den nahe gelegenen **Aniwaniwa Falls** und zu den **Papakorito Falls** oder zum **Lake Waikareiti** *(Hin- und Rückweg 2 Stunden)*.

Gisborne

Die östlichste Stadt Neuseelands, die der internationalen Datumsgrenze am nächsten liegt, genoss ihre 15 Minuten Ruhm 2000, als sie als erste Stad das neue Jahrtausend begrüßen konnte. Zudem war dies der Ort, an dem Cook erstmals neuseeländischen Boden betrat.

In einer Region, in der 45 Prozent der Bevölkerung Maori sind, scheint der Europäer kein hohes Ansehen zu genießen – zumindest nach dem Obelisken zu urteilen, der auf The Esplanade **Cooks Landeplatz** markiert. Eine Tafel am gleichen Ort ehrt die ersten Maori, die hier an Land kamen.

Das kleine **Tairawhiti Museum** *(10 Stout St., Tel. 06/867-3832, www.taira whitimuseum.org.nz)* zeigt eine Ausstellung zum Krieger Te Kooti (siehe S. 111) und eine Surfbrettsammlung, denn der **Waikanae Beach** *(am Ende der Grey Street)* ist eines der Topsurfreviere des Landes.

Gisborne ist ein Weinbaugebiet. Besuchenswert ist das **Gisborne Wine Centre** *(Tel. 06/867-4085, www. gisbornewine.co.nz/winecentre)* auf The Esplanade. ∎

Gisborne

📍 Karte S. 105

Besucherinformation

✉ 209 Grey St.

☎ 06/868-6139

www.gisbornenz.com

Rundfahrt um das East Cape

Das East Cape gehört noch immer den Maori, der europäische Einfluss ist hier so gering wie nirgendwo sonst auf der Nordinsel. Das dünn besiedelte Gebiet bildet einen interessanten Kontrast zum modernen Neuseeland. Entlang der wunderschönen Küstenstrecke tauchen immer wieder kleine Maoridörfer auf.

Sonnenuntergang hinter der anglikanischen Kirche bei Raukokore

Von **Gisborne** aus fährt man auf dem SH35 an herrlichen Surfstränden entlang. Nach 21 Kilometern biegt man ab nach **Whangara** ❶. Das hübschen Maoristädtchen liegt an einer Bucht. Bei **Tolaga Bay** ❷ trifft der Highway wieder auf die Küste. Kurz vor dem Ortseingang biegt man zum langgezogenen Tolaga Bay Wharf ab. **Cook's Walkway** *(Hin- und Rückweg 2,5 Stunden)* beginnt am Pier, führt die Klippen hinauf und dann wieder hinab zu Cooks Landeplatz, Cook's Cove.

Vorbei an **Tokomaru Bay** erreicht man die größte Stadt am East Cape, **Ruatoria** ❸. Das Zentrum des Stammes der Ngati Porou ist auch die Heimat der Ngati Dread. Die Maori-Rastafaris verbinden die Lehren der Rastas mit Ringatu, der Religion Te Kootis, des

Freiheitskämpfers aus den Neuseelandkriegen (siehe S. 111). Neben Dreadlocks tragen viele Ngati Dread *moko* (Gesichtstätowierungen). Nach weiteren 20 Kilometern Richtung Norden gelangt man nach **Tikitiki** ❹. Hier muss man **St. Mary's Church** mit Maorischnitzereien ansehen.

Etwa auf halber Strecke der Tour liegt der kleine Ort **Te Araroa** ❺. Auf einem Schulhof steht hier Te Waha O Rerekohu, mit 40 Metern Umfang mutmaßlich der dickste Pohutukawabaum des Landes. Von Te Araroa aus geht es 20 Kilometer über eine unbefestigte Straße zum **East Cape** ❻, dem Kap, das als erstes auf der Welt die Morgendämmerung zu sehen bekommt. Der Aufstieg auf den Leuchtturm lohnt sich vor allem bei gutem Wetter.

Nach Te Araroa erreicht man die **Hicks Bay** ⑦ und anschließend **Lottin Point**, vier Kilometer abseits der SH35, wohin eine steile, nur zum Teil asphaltierte Straße führt. Kurz vor der **Waihau Bay** ⑧ trifft die Straße wieder auf die Küste.

Von der Waihau Bay aus folgt die SH35 105 Kilometer weit der Küstenlinie, an Buchten und Stränden vorüber. Bei **Raukokore** ⑨ steht die anglikanische Kirche mit dem geschnitzten Eingangsportal auf einer Landspitze. Die Straße schlängelt sich durch schöne

NICHT VERSÄUMEN:

Tolaga Bay • Tikitiki • Leuchtturm am East Cape • Raukokore

Buchten, wie der **Whanarua Bay**, bis zum Ort **Te Kaha** ⑩.

Ein Stück weiter windet sich die Straße am **Motu River** entlang. Die SH35 führt noch durch einige kleine Dörfer und an Buchten entlang, bis sie in Opotiki endet (siehe S. 121).

Taranaki & Whanganui

Die ländlichen Distrikte Taranaki und Whanganui liegen an der westlichen
Ausbuchtung der Nordinsel, abseits der Touristenpfade und erlauben einen
Blick auf das ursprüngliche Neuseeland. Zwei Attraktionen stechen heraus:
der Vulkankegel des Mount Taranaki und die Wildnis am Whanganui River.

Ein einsamer Camper im Egmont National Park genießt den Blick auf den Taranaki

New Plymouth

🗺 Karte S. 104

**Besucher-
information**

✉ Puke Ariki,
St. Aubyn St.

☎ 06/759-0897

**www.taranaki.
co.nz** &
**http://visitnew
plymouth.nz**

New Plymouth

New Plymouth (74 000 Ein-
wohner) ist die wichtigste
Stadt in Taranaki. Mit dem
einzigen Tiefwasserhafen an
der Westküste versorgt sie
das fruchtbare Hinterland
und die vor der Küste liegen-
den Bohrinseln.

Die Gegend war von den
Ati Awa besiedelt, die jedoch in den 1820er und
1830er Jahren vom Stamm
der Waikato vertrieben wurden. 1839 kaufte die New

Zealand Company den weni-
gen verbliebenen Maori ihr
Land ab, und 1841 landete
das erste Schiff mit englischen Siedlern. Als die ursprünglichen Besitzer zu-
rückkamen, kam es zum
Konflikt. Als der Häuptling
der Ati Awa, Wiremu Kingi,
1860 einen Landverkauf un-
tersagte, wurden Truppen
entsandt, was den Taranaki-
Krieg (siehe S. 111) auslöste.
Die Siedler flüchteten in die
Sicherheit des befestigten

New Plymouth. 1861 wurde ein Waffenstillstand vereinbart, aber die Kämpfe bald flammten wieder auf. Mit den Hauhau-Angriffen im Süden von Taranaki dauerten sie bis 1869 an. Danach nahmen Siedler das Land der Maori eigenmächtig in Besitz und machten es zum Milchbauernland.

Eine Stadtbesichtigung beginnt man am besten am **Puke Ariki**, einem Kulturkomplex mit Bibliothek, Galerien, Cafés und einem Museum. Hier wird eine schöne Sammlung von *taonga* (Schätzen) der Maori gezeigt.

An der Rückseite des Puke Ariki steht an der Ariki Street das 1853 erbaute **Richmond Cottage** *(Tel. 06/759-6060, Sa–So),* in dem prominente Siedlerfamilien der ersten Generation wohnten.

INSIDERTIPP

Schnappen Sie sich Ihr Brett, und reiten Sie die Welle an einem der Strände am Surf Highway 45 in Taranaki.

ANGELA GORE
Neuseeländische Botschaft, Washington, D.C.

Die **Govett-Brewster Art Gallery** *(42 Queen St., Tel. 06/759-6060, www. govettbrewster.com)* wird mit Wechselausstellungen

ihrem Ruf als bestes neuseeländisches Museum für zeitgenössische Kunst gerecht. Dauernd zu sehen sind Werke von Len Lye (1901–80), einem der bekanntesten Künstler Neuseelands (siehe Kasten).

Len Lye

Len Lye (1901–80) war von dem Gedanken fasziniert, Bewegung in Kunst umzusetzen. Dazu wollte die traditionellen Grenzen zwischen Gattungen und Kulturen durchbrechen und gestaltete beispielsweise Filmmaterial, indem er auf die Emulsion malte oder Muster hineinkratzte. Seine Kunst, in der sich Maori- und europäische Einflüsse vermischen, lässt sich am besten durch sein Lebensmotto beschreiben: »Individuelles Glück Jetzt«.

Egmont National Park

Einer der atemberaubendsten Anblicke Neuseelands, der Vulkan **Mount Taranaki**, liegt im Egmont National Park. Der Gipfel des 2518 Meter hohen Taranaki ist fast das ganze Jahr über schneebedeckt. Der letzte Ausbruch liegt über 250 Jahre zurück. Von Norden betrachtet, ist seine Spitze ein nahezu perfekter Kegel.

Der holländische Seefahrer Abel Tasman war der erste Europäer, der den Taranaki 1642 zu Gesicht

Egmont National Park

Karte S. 104

Besucherinformation

Egmont National Park Visitor Centre, 2879 Egmont Rd.

06/756-0990

www.doc.govt.nz

Tätowierungen

Tätowierungen gehören zur Kultur der Maori. Die Gesichtstätowierungen (*moko*), die man heute überwiegend sieht, waren ursprünglich jedoch ranghohen Stammesmitgliedern vorbehalten. Die schmerzhaften Moko wurden oft über viele Jahre hinweg mit kleinen Knochenbeilen und einem Hämmerchen in die Haut eingeritzt und mit Kohle und anderen Pigmenten gefärbt. Hochrangige Frauen trugen ebenfalls Moko, allerdings meist nur auf dem Kinn.

bekam. James Cook war 1770 vom Anblick des Berges überwältigt und benannte ihn nach dem Grafen von Egmont. Für die Maori hieß der Berg jedoch schon immer Taranaki (»schimmernder Berg«), und in den 1980er Jahren wurde er offiziell in Mount Taranaki (Egmont) umbenannt.

Es gibt drei Zugänge zum Naturpark: North Egmont am Nordhang *(vom SH3 am Dorf Egmont abfahren)*, East Egmont im Osten und Dawson Falls im Südosten *(beide über Stratford auf dem SH3 zu erreichen)*. **North Egmont** erreicht man am besten von New Plymouth aus. Hier befindet sich das **Besucherzentrum** (siehe S. 143) mit Ausstellungen, einem Café und Informationen zu Wanderungen, z. B. der drei bis fünf Tage beanspruchenden Umrundung des Berges auf dem **Around the Mountain Circuit** (AMC).

Eine schöne, zweistündige Wanderung ist der **Vero-**

Blumenbeete als Verkehrsinseln in Whanganui

ERLEBNIS: Mit dem Kanu auf dem Whanganui

Ein weiteres Neuseeland-Abenteuer ist eine Kanufahrt auf dem Whanganui River. Eine Möglichkeit ist die 145 Kilometer lange, fünftägige Fahrt von Taumarunui nach Pipiriki durch den **Whanganui National Park**. Möglich sind aber auch drei Tage (von Whakahoro nach Pipiriki) oder ein Tag (von Taumarunui nach Ohinepane oder andere Variationen).

Vom 1. Oktober bis zum 30. April müssen die Hütten und Campingplätze entlang der Strecke beim Department of Conservation (www.doc.govt.nz) im Voraus gebucht werden, das für den Trip einen Great Walk Pass herausgibt.

Der Fluss hat kleinere Stromschnellen, die jedoch leicht zu befahren sind. Es werden aber auch geführte Touren angeboten. Die meisten Fahrt werden von Taumarunui aus organisiert, und die Veranstalter stellen nicht nur die Kanus und die gesamte Ausrüstung, sondern übernehmen auch die Fahrt und den Gerätetransport vom und zum Fluss. Zu den Anbietern gehören **Taumarunui Canoe Hire** *(Tel. 07/895-7483, www.taumarunui canoehire.co.nz)* und **Whanganui River Canoes** *(Tel. 07/385-4176, www.whanga nuirivercanoes.co.nz)* in Raetihi. In Whakahoro bietet **Wades Landing Outdoors** *(Tel. 07/895-4854, www.whanganui.co.nz)*, in Ohakune **Canoe Safaris** *(Tel. 06/385-9237, www.canoesafaris.co.nz)* Kanufahrten auf dem Whanganui River an.

nica Loop Track, über den es 30 Minuten lang steil bergauf geht, bis der Pfad den **Holly Track** kreuzt. Der zehnminütige Abstecher auf dem Holly Track zum Aussichtspunkt lohnt sich in jedem Fall. Der Veronica Loop Track führt anschließend sanft bergab durch den Wald und zurück zum Gebäude der Parkverwaltung.

Der Zugang über den **East Egmont** ist der höchstgelegene. Er führt zu den Manganui-Skipisten und zum beliebten Stratford Mountain House *(Tel. 06/765-5457, www.mountain house.co.nz)*. Der grandiose **Aussichtspunkt East Egmont** liegt nur zehn Gehminuten vom oberen Parkplatz entfernt.

Auch in **Dawson Falls** gibt es eine Berghütte zum Übernachten und ein DOC-Besucherzentrum *(Tel. 06/443-0248)*. Zu den Wandermöglichkeiten gehört der einstündige **Kapuni Loop Track** zu den schäumenden Dawson Falls.

Whanganui

Der Whanganui River fließt durch einige der schönsten und vielfältigsten Landschaften Neuseelands, bis er schließlich in Whanganui (»große Flussmündung«) ins Meer mündet.

Die New Zealand Company besiedelte Whanganui 1840 nach umstrittenen Landkäufen. In den ersten Jahren kam es immer wieder zu Scharmützeln. Ironischerweise waren es die Stämme vom unteren Flusslauf, die 1864 die Stadt vor marodierenden Kriegern der

Whanganui

▲ Karte S. 105

Besucherinformation

✉ 31 Taupo Quay
☎ 06/349-0508

www.newzealand.com/int/whanganui

Hauhau schützten. In den 1880er Jahren wurde der Fluss zur Lebensader für das abgeschiedene Landesinnere.

Heute liegt das Herz der Stadt an der Ecke der baumbestandenen Hauptstraße **Victoria Avenue** und Ridgeway Street, wo schöne alte Gebäude den **Watt Fountain** mit seinen Gaslaternen umgeben.

Kaninchenplage

Die ersten Kaninchen, die Mitte des 19. Jahrhunderts nach Neuseeland gebracht wurden, lieferten Fleisch und Fell und vermittelten den heimwehkranken britischen Kolonisten ein Gefühl von Heimat. Doch als die Kaninchenpopulation explosionsartig anwuchs, war der Schaden am Ökosystem nicht mehr zu übersehen. Importierte natürliche Feinde wie Frettchen und Wiesel erwiesen sich als nicht weniger katastrophale Fehlgriffe. 1947 entschied die Regierung schließlich, den Verkauf von Kaninchenfleisch und -fell zu verbieten und die Tiere das ganze Jahr über gezielt zu vernichten. Seitdem sind die Bestände unter Kontrolle.

Das **Whanganui Regional Museum** (Watt St., Tel. 06/349-1110, www.wrm. org.nz), zwei Blocks nördlich im Queens Park gelegen, lohnt einen Besuch. Die dort ausgestellten Maoriporträts von Gottfried Lindauer sind Nationalschätze. Dazu kommen MaoriArtefakte wie Schnitzereien, Kriegskanus und Jadekeulen. In dem angrenzenden klassizistischen Gebäude ist die **Sarjeant Gallery** (Tel. 06/349-0506, www.sarjeant.org.nz) untergebracht.

Auf dem Fluss versetzt der Raddampfer »Waimarie« (Taupo Quay, Tel. 06/ 347-1863, Nov.–April tgl. 11.30 Uhr, $$$$$) seine Fahrgäste zurück in die gute alte Zeit. Das **Whanganui Riverboat Centre** (http://riverboats.co.nz) am Ufer berichtet über die Restaurierung des Dampfers und die Geschichte des Flusses. Der modernisierte **Taupo Quay** wurde zur Künstlerkolonie. Dort gibt es Glaskunstateliers und ein Zentrum, das lokale Künstler fördert.

Vom **Drurie Hill** auf der anderen Uferseite genießt man einen herrlichen Blick auf Stadt und Fluss. Man geht durch einen gefliesten Tunnel in den Berg hinein und betritt einen Fahrstuhl aus dem Jahr 1918 ($). Auf dem Hügel steht der **Memorial Tower** für die Gefallenen des Ersten Weltkriegs.

Der Fluss lässt sich am besten mit einem Kanu erforschen, das bei **Whanganui River TOP 10 Holiday Park** (460 Somme Parade, Tel. 06/343-8402, $$$$$), am Ufer sieben Kilometer nordöstlich der Stadt, gemietet werden kann.

Whanganui River

Die 80 Kilometer lange Fahrt auf der **Whanganui River Road** von Whanganui in das abgeschieden gelegene Pipiriki ist etwas ganz Besonderes.

Die Straße führt an hoch über dem Fluss erbauten, alten Maorifestungen und an Missionsstationen mit klassischen Namen wie Atene (Athen) und Koriniti (Korinth) vorbei, bis man **Jerusalem** erreicht. Hier gründete die französische Nonne Mary Joseph Aubert 1883 die katholische Mission und arbeitete für die Armen und Kranken. Jerusalem war auch die Heimat des Dichters James K. Baxter.

Mit dem Kanu auf dem Whanganui River

Pipiriki liegt am Südrand des **Whanganui National Park**, einer Wildnis, die nur über den Fluss oder zu Fuß zu erreichen ist. **Bridge to Nowhere Jetboat Tours** *(Tel. 06/385-4622, $$$$$)* bietet Flussfahrten an, die von Pipiriki zur **Bridge to Nowhere** führen. Die »Brücke ins Nirgendwo« wurde ihrer Zeit als Zugang zu einer Siedlung für Heimkehrer aus dem Ersten Weltkrieg gebaut. Im Park gibt es Angebote für Abenteurer, von dreitägigen Fuß- bis zu drei- bis fünftägigen Kanuwanderungen (siehe Kasten S. 145) mit Übernachtungen in Zelten und Hütten. Von Pipiriki aus sind es 24 Kilometer bis Raetihi und zum SH4, falls man Richtung Tongariro National Park und Ohakune (siehe S. 131ff) weiterfahren möchte.

Kajakfahrten organisiert man am besten in **Taumarunui**, westlich vom Lake Taupo am SH4 gelegen. Hier hilft die Besucherinformation *(Hakiaha St., Tel. 07/895-7494)* weiter. Eisenbahnfans wird die **Raurimu Spiral** gefallen, die 37 Kilometer südlich der Stadt zu finden ist. Die Strecke führt in Kehrschleifen und durch Tunnel einen Steilhang hinauf. ∎

Neuseelands Hauptstadt ist eine lebenswerte Stadt, in der sich
Geschichte und Moderne verbinden

Wellington
& der Süden

Die scheinbar schwerelose Farnskulptur hängt über dem Civic Square in Wellington

Wellington & der Süden

Als der Gott Maui die Nordinsel aus dem Meer fischte, legte sich ihr Schwanz im Norden, ihr Kopf im Süden nieder, rund um Wellington. Bis heute der »Kopf« des Landes, ist die Hauptstadt eine malerische Metropole, die sich über Hügel und Schluchten rund um einen Hafen ausbreitet.

Wellington ist der Ausgangspunkt der Fähre für die Überfahrt zur Südinsel, aber die Stadt selbst ist einen Aufenthalt wert. Im Stadtzentrum stößt man auf zahlreiche historische Bauwerke, während im verjüngten Hafenviertel das Leben brodelt. Auf keinen Fall sollte man das Nationalmuseum Te Papa auslassen.

Von jedem Hügel bietet sich ein herrlicher Blick auf den blau schillernden Naturhafen, Hochhäuser und Türme sowie die mit viktorianischen Häusern übersäten anderen Hügel.

Die Stadtgründung im Auftrag der New Zealand Company erfolgte 1840 durch William Wakefield (1801–48). Landstreitigkeiten und Überschwemmungen kennzeichneten die frühen Jahre der Kolonie, aber Wellington wuchs und wuchs, indem es den Landmangel ab 1852 durch Landgewinnung im Küstenbereich kompensierte. Da die Stadt an einer geologischen Störungszone liegt, kommt es oft zu Erdbeben. Am folgenreichsten war jenes im Jahr 1855 mit einer Stärke von 8,2 auf der Richterskala.

1865 wurde die Hauptstadt des Landes von Auckland nach Wellington verlegt. Grund war die zentraler Lage und Nähe zur Südinsel. Die Stadt dehnte sich in die Vororte aus, wie nach Thorndon mit seinen erdbebensicheren Holzgebäuden, zu denen auch die Old Government Buildings (1876) zählen, in denen die neuseeländischen Gesetze geschmiedet werden.

Für eine Hauptstadt ist Wellington mit seinen 200 000 Einwohnern recht klein, aber im Großraum Wellington einschließlich der Trabantenstädte Lower Hutt, Upper Hutt und Porirua leben 449 000 Menschen. Die Stadt rühmt sich ihrer Kunstszene, ihres Nachtlebens, ihrer guten Einkaufsmöglichkeiten, Festlichkeiten, Konzerte und Ausstellungen. Außerdem ist sie die Filmmetropole des Landes, nicht zuletzt dank dem in Wellington geborenen Peter Jackson, dem Regisseur von *Der Herr der Ringe*.

»Windy City« Wellington ist bekannt für heftige Winde, sturmgeschüttelte Landeanflüge und die wild schäumende See. Von Wellington aus gut sichtbar ist die Südinsel auf der anderen Seite der Cook Strait.

Die Kapiti Coast nördlich von Wellington ist ein beliebtes Ausflugsziel. Schöne Strände und Sehenswürdigkeiten liegen entlang dem SH1, der wichtigsten Straße Richtung Norden.

Eine alternative Fahrstrecke ist der SH2 nach Napier, sie führt entlang der Hügelketten im Osten quer durch Wairarapa, eine Region mit Weingütern, historischen Orten und dem Pukaha Mount Bruce National Wildlife Centre. Am Ende des »Fischkopfs«, am Schnittpunkt beider Routen, liegt die Universitätsstadt Palmerston North. ∎

Wellington

In Wellingtons Innenstadt gibt es viel zu entdecken. Hier wird das geschicht-
liche Erbe der Stadt sichtbar und hier erstreckt sich das Hafenviertel mit dem
Nationalmuseum Te Papa. Die Fahrt mit der Cable Car zum Botanischen Garten eröffnet herrliche Blicke auf den Naturhafen und die Hügel der Vororte.

Die moderne Innenstadt Wellingtons

Civic Square

⬛ Karte S. 151

**Besucher-
information**

✉ Victoria &
Wakefield Sts.

☎ 04/802-4860

**www.wellingtonnz.
com**

Civic Square

Als Ausgangspunkt für einen
Stadtrundgang empfiehlt
sich der Civic Square gleich
hinter der Besucherinformation. Das Kulturzentrum ist
ein Treffpunkt mitten in der
Stadt und mit interessanten
Kunstwerken ausgestattet
wie der Aluminium-Skulptur
Ferns (»Farne«), einer 175
Kilogramm schweren, an
Drähten aufgehängten fili-
granen Kugelskulptur.

Sehenswerte Bauwerke
am Platz sind die **Old Town
Hall** (1904), Sitz des New
Zealand Symphony Orches-
tra, und das **Michael Fowler
Centre** nebenan mit Kon-
zerthalle. In beiden Gebäuden findet alle zwei Jahre
das **New Zealand Festival**
statt. Ihnen zur Seite stehen
das Veranstaltungszentrum
Capital E und die **City Gallery**, die in einem Art-déco-
Gebäude residiert.

Hafenviertel

Vom Civic Square aus gelangt man über die mit Straßenkunst gesäumte City to Sea Bridge ans Wasser. Hinter der Brücke wendet man sich nach rechts und passiert das **Circa Theatre** *(1 Taranaki St., Tel. 04/801-7992),* das von einem der spannendsten Theaterensembles der Stadt bespielt wird.

Dominiert wird das Hafenviertel vom Stolz der Stadt: **Te Papa**, dem Nationalmuseum Neuseelands (siehe S. 154).

INSIDERTIPP

Die beste Zeit für einen Besuch im Te Papa? Am Donnerstagabend ist das Museum bis 21 Uhr geöffnet und man hat es beinahe für sich allein.

PETER TURNER
National Geographic-Autor

Vom Te Papa aus geht man am Kai entlang Richtung Norden, in eine Gegend, in der immer etwas los ist. Fast überall stößt man auf Straßenkunst, zum Beispiel im **Frank Kitts Park**, einer der wenigen Grünflächen in der Innenstadt.

Hinter dem Park liegt der **Queens Wharf**, wo sich die **TSB Bank Arena** befindet, in der Konzerte und andere Events stattfinden. Das

2015 rundum renovierte **Museum of Wellington City & Sea** mit Sitz im Harbour Trust (1892) zeigt Dokumente zur Geschichte Wellingtons, von Fotos von historischen Rugbyspielen bis zu Berichten vom Untergang der »Wahine«. Die Fähre versank 1968 während eines Sturms in der Cook Strait. Das Unglück kostete 51 Menschen das Leben.

Kolosskalmar

Am 22. Februar 2007 zog die Besatzung eines neuseeländischen Fischerboots im Rossmeer den größten bisher bekannten Kalmar aus dem Wasser: zehn Meter lang, 495 Kilogramm schwer, Augen mit einem Durchmesser von jeweils 28 Zentimetern. Der Kalmar wurde eingefroren, ehe er ein Jahr später von Wissenschaftlern untersucht wurde. Inzwischen liegt er konserviert im Te Papa.

Weiter nördlich beherbergen die historischen Hafengebäude mittlerweile Apartments, Restaurants und vieles mehr, auch **Fergs Kayaks** *(Tel. 04/499-8898)* in Shed 6. Dort kann man Kajaks mieten, um die Stadt vom Wasser aus zu bewundern. Betrieben wird der Laden von Ian Ferguson, der vier olympische Goldmedaillen im Kanusport gewonnen hat.

City Gallery
- Karte S. 151
- 101 Wakefield St, Civic Square
- 04/913-9032
www.citygallery.org.nz

Museum of Wellington City & Sea
- Karte S. 151
- Jervois Quay
- 04/472-8904
www.museumofwellington.co.nz

Te Papa

Karte S. 151

Cable St.

04/381-7000

www.tepapa.govt.nz

Te Papa

Das Museum of New Zealand Te Papa Tongarewa beherbergt die bedeutendste Sammlung neuseeländischer Kunst. Eröffnet wurde der 300 Millionen NZ $ teure Bau 1998. Die Mauer, die das Gebäude durchschneidet, ist ein Symbol für die geologische Störungszone, in der Wellington liegt. Das Gebäude steht in dessen Mitte, daher wurden zum Schutz vor Erdbeben Bauelemente aus Gummi und Stahl eingefügt.

Auf sechs Ausstellungsebenen werden Neuseelands Natur und das Kulturerbe der Maori dokumentiert, besonders eindringlich im **Te Marae**, einem rekonstruierten Versammlungshaus der Maori. **Toi Te Papa: Art of the Nation** beherbergt eine bedeutende Sammlung von Artefakten.

Einziger Kritikpunkt ist, dass noch wesentlich mehr spannende Exponate ausgestellt werden könnten, wären da nicht die Wechselausstellungen und modernen Installationen. Alljährlich zählt man mehr als eine Million Besucher. Das Museum ist jeden Tag geöffnet, der Eintritt ist frei.

Lambton Quay

Die Haupteinkaufsmeile in Wellington ist der Lambton Quay. Er war ursprünglich eine Uferpromenade, wurde aber durch die Landgewinnungsmaßnahmen der euro-

päischen Siedler nach 1840 vom Wasser abgeschnitten. Im westlichen Abschnitt geht es steil aufwärts, im östlichen sanft hinab zu den Docks auf neugewonnenem Land. Der Boulevard wird von historischen Bauwerken gesäumt, darunter die 1884 errichte **Old Bank Arcade**. Im ehemaligen Sitz der Bank of New Zealand, residieren heute Modeläden.

Zu den weiteren Sehenswürdigkeiten zählen die **Plimmer Steps** hinauf zur Boulcott Street, benannt nach dem Kaufmann John Plimmer, einem der Gründungsvater Wellingtons. Am Anfang der Treppe steht eine Statue von Plimmer und seinem Hund Fritz.

Nördlich des Lambton Quay, gegenüber der Grey Street, liegt der Eingang zur **Wellington Cable Car** *(Tel. 04/472-2199, www.welling toncablecar.co.nz, $)*. Die Standseilbahn wurde 1902 als Verbindung zum Vorort Kelburn oben in den Hügeln fertiggestellt, nachdem die Stadt über ihre Grenzen hinausgewachsen war. Jeden Tag transportiert sie bis 22.00 Uhr Einwohner und Touristen an der Victoria University vorbei bis zum Botanischen Garten.

Wer mit der Cable Car zum Lambton Quay zurückfahren möchte, muss dort Richtung Norden gehen, um in den Parliament District (siehe S. 156) zu gelangen.

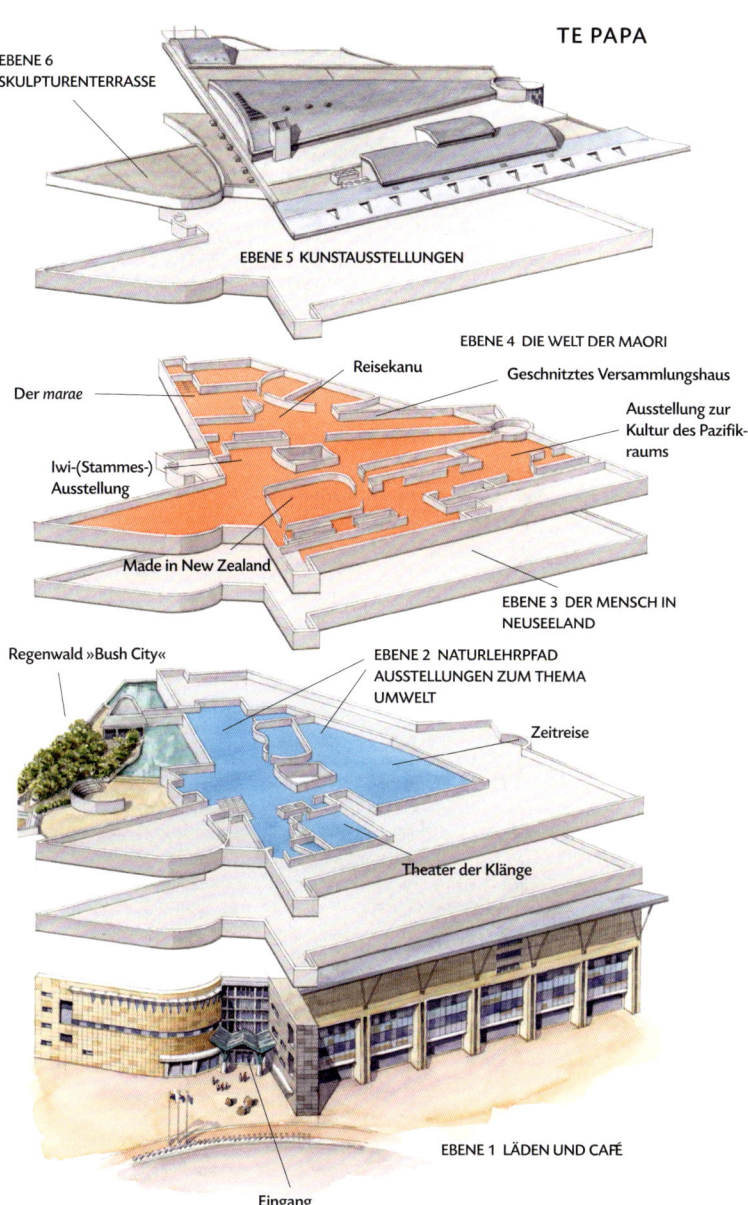

TE PAPA

EBENE 6
SKULPTURENTERRASSE

EBENE 5 KUNSTAUSSTELLUNGEN

EBENE 4 DIE WELT DER MAORI

Reisekanu

Geschnitztes Versammlungshaus

Der *marae*

Ausstellung zur
Kultur des Pazifik-
raums

Iwi-(Stammes-)
Ausstellung

Made in New Zealand

EBENE 3 DER MENSCH IN
NEUSEELAND

Regenwald »Bush City«

EBENE 2 NATURLEHRPFAD
AUSSTELLUNGEN ZUM THEMA
UMWELT

Zeitreise

Theater der Klänge

EBENE 1 LÄDEN UND CAFÉ

Eingang

Botanischer Garten und Thorndon

Am oberen Punkt der Cable-car-Route erstreckt sich auf 26 Hektar Wellingtons schönste Parklandschaft. Von der Station aus läuft man, am Carter Observatory & Planetarium vorüber, bis zum **Treehouse Visitor Centre** *(Tel. 04/499-1400)* und von dort zum **Begonia House** hinunter.

ERLEBNIS:
Öko-Engagement

Naturschutzprojekte in Neuseeland haben einen immer stärker werdenden Zulauf an Freiwilligen, die Flora und Fauna näher kennenlernen und die herrliche Natur schützen wollen.

Conservation Volunteers *(www. conservationvolunteers.co.nz)* organisieren ein- bis sechswöchige Aktionskampagnen. Die Teilnehmer können an Aufforstungen, Pflege von Naturschutzgebieten, Wildtierbeobachtungen o. Ä. teilnehmen. Unterkunft und Verpflegung sind im Preis (ab 900 €) eingeschlossen. Informationen bei **The New Zealand Department of Conservation** *(www.doc.govt.nz/get-invol ved)*. Es werden auch Volontariate vergeben, die aber hauptsächlich für Einheimische gedacht sind. Daneben gibt es Kurzzeitpraktika.

Vom Begonia House aus gelangt man durch den **Bolton Street Memorial Park**, wo viele Gründungsväter der Stadt beigesetzt wurden, zurück in die Stadt. Wenn man dazu durch den jüdischen Teil des Friedhofs den Robertson Way entlanggeht, blickt man auf die schönen Villen von Thorndon. Der Robertson Way mündet auf The Terrace und führt zurück in den Parliament District und zur Bahnstation.

Man kann die Anlage aber auch nördlich vom Begonia House verlassen und über die Tinakori Road im historischen **Thorndon** zurückgehen. Hier kommt man an einigen der schönsten Häuser der Stadt vorbei.

An der Tinakori Road, kurz hinter Upton Terrace, steht das **Premier House**, das dem neuseeländischen Premierminister als offizielle Residenz dient. Es wurde 1843 ursprünglich aus Holz errichtet und seither mehrfach um- und ausgebaut.

An der Tinakori Road Nummer 25 liegt **Katherine Mansfield Birthplace** *(Tel. 04/473-7268, Mo geschl., $$)*, das restaurierte Geburtshaus der neuseeländischen Schriftstellerin (siehe Kasten).

Parliament District

Am oberen Ende des Lambton Quay stehen die 1876 errichteten **Government Buildings**. Das zweitgrößte Holzgebäude der Welt hat eine Fassade, die es wie einen Steinpalast aussehen lässt. Heute befindet sich in dem altehrwürdigen Bauwerk die juristische Fakultät der Victoria University.

Katherine Mansfield

Katherine Mansfield, unbestritten Neuseelands berühmteste Schriftstellerin, wurde 1888 als Kathleen Mansfield Beauchamp in einem kleinen Haus in der Tinakori Road Nummer 25 geboren. Ihr Vater, Harold Beauchamp, war Bankier, was es der Familie später ermöglichte, in ein größeres Haus umzuziehen.

Ihre Ausbildung genoss Katherine an der Wellington Girls High School, später am Queens College in London. Ab 1908 lebte sie als bisexuelle Bohemienne dauerhaft in Europa, bis sie den Literaturkritiker John Middleton Murry heiratete.

Obwohl sie nur Bände mit Kurzgeschichten veröffentlichte, wurde sie von der Literaturkritik hochgelobt und verkehrte mit englischen Literaturgrößen, darunter D. H. Lawrence und Autoren der Bloomsbury Group wie T. S. Eliot,

Aldous Huxley und Virginia Woolf. Sie starb 1923 mit 34 Jahren an Tuberkulose, kurz nach Erscheinen der Kurzgeschichte *The Garden Party*, die als Höhepunkt ihres Schaffens gilt. Ihr zu Ehren wird ein Literaturpreis vergeben.

Ein modernes Kontrastprogramm bildet das oft geschmähte **Beehive** (»Bienenkorb«) schräg gegenüber. Das kreisförmige Gebäude (von 1981) ist Amtssitz des Premierministers, diverser Ministerien und weiterer bienenfleißiger Regierungsbeamter. Das neuseeländische Parlament tagt gleich nebenan in den neoklassizistischen **Parliament Buildings** von 1922 (*Eintritt frei*). In der Nähe steht die sehenswerte **Parliamentary Library** (1899), ein Bauwerk aus rosafarbenem Stein, das nach dem verheerenden Brand von 1907 an die Stelle der ersten Parliament Buildings, ein Holzgebäude, trat.

Der **Backbencher Pub** (*34 Molesworth Street, www. backbencher.co.nz*), gegenüber den Parliament Buildings, bewirtet seit Jahrzehnten durstige Politiker. Wer dort sein Bier bestellt, wird mit Sicherheit neuseeländische Volksvertreter treffen – oder zumindest deren lebensgroße Porträts an den Wänden.

Courtenay & Cuba

Südlich des Te Papa und des Hafenviertels erstreckt sich entlang dem Courtenay Place und der davon abzweigenden Cuba Street Wellingtons belebtester Restaurant- und Nachtlebenbezirk. Vor allem freitag- und samstagnachts geht hier die Post

Teestunde im Esszimmer von Katherine Mansfield

Parliament Buildings

🗺 Karte S. 151

✉ Besucher benutzen den Eingang Molesworth St.

☎ 04/471-9503

www.parliament.nz/ en-NZ

ab, wenn die Bars bis in die frühen Morgenstunden geöffnet haben.

Auch tagsüber lohnt sich ein Ausflug dorthin. Denn in der Cuba Street stehen reihenweise viktorianische Kaufmannshäuser, während man am Courtenay Place auf alte Theater und Merkwür-

Satirische Bildnisse von Politikern zieren die Wände des Backbencher Pub and Cafe

digkeiten wie das **Taj Mahal** stößt, eine neobarocke öffentliche Toilettenanlage aus dem Jahr 1928, die heute ein Restaurant beherbergt.

Von dort gelangt man zum Hafenkai, wo sich die Oriental Parade bis zur **Oriental Bay** zieht, einem schicken Areal rund um einen hübschen Badestrand.

Wellingtons Vororte

Viele Vororte Wellingtons sind mit hölzernen Villen an grünen Hügeln gespickt. Im südlich des Zentrums gelege-

nen Aro Valley sind viele schöne alte Häuser erhalten geblieben. Vor der Abrissbirne gerettet wurde auch das älteste Gebäude des Aro Valley, das **Colonial Cottage** von 1858 *(68 Nairn Street, Tel. 04/ 384-9122, Jan.–Feb. tgl., März–Dez. Sa–So, $$)*. Mit seiner Inneneinrichtung im Stil des 19. Jahrhunderts und einem Garten ist es heute als Museum der Öffentlichkeit zugänglich.

Einen Kilometer östlich liegt das **Basin Reserve**, einer der größten Kricketplätze des Landes. Ursprünglich war das Gelände ein See, dessen Grund durch das Erdbeben von 1855 angehoben wurde. Das **New Zealand Cricket Museum** *(Tel. 04/ 385-6602, $)* im Old Grandstand zeigt Exponate zum Kricketsport.

Das beeindruckendste Panorama der Stadt, das von der Cook Strait über den Flughafen im Süden und den gesamten Hafen bis zum Hutt Valley im Norden reicht, bietet sich vom Gipfel des **Mount Victoria**. Man kann ihn zu Fuß vom Courtenay Place aus erreichen, oder mit dem Auto – ab dem Embassy Theatre die Majoribanks Street entlang, dann an der Hawker links und an der Palliser wieder rechts.

Im **Wellington Zoo** *(200 Daniell St., Tel. 04/381-6755, www.wellingtonzoo.com, $$$$)*, vier Kilometer südlich vom Stadtzentrum, gibt es eine

Kiwi-Station und neben anderen Tieren Tiger und Schimpansen zu sehen.

INSIDERTIPP

Die Performance »The World of WearableArt« ist weit mehr als eine Modenschau – sie ist ein Kaleidoskop aus Farbe, Licht, Musik und halbverrückten Mode-kreationen.

CARRIE MILLER
NATIONAL GEOGRAPHIC-Autorin

Zealandia *(Tel. 04/920-9200, Waiapu Road, Karori, $$–$$$$$)*, drei Kilometer westlich der Stadt, ist ein einzigartiges Naturschutz-gebiet. Kiwi, Takahes, Kakas, andere seltene Vögel sowie Tuataras bewegen sich frei in einem bewaldeten Tal. Bei Abendführungen bekommt man die Vögel aus nächster Nähe zu sehen.

Wer eine Küstenrund-fahrt durch die östlichen Vororte Wellingtons unter-nehmen möchte, fährt die Oriental Parade entlang und folgt dem Küstenverlauf 30 Kilometer, vorbei an Buchten und Stränden wie der Evans Bay, der pinien-bestandenen Mahanga Bay, der Braker Bay, wo Zwerg-pinguine nisten, und an den Surfstränden Worser Bay und Lyall Bay. Der Name der Küstenstraße ändert sich bis zur Island Bay häufig. Von dort fährt man über The Parade/Adelaide Road nach Wellington zurück.

Unterwegs zur Halbinsel Miramar passiert man die **Weta Cave** *(Tel. 04/380-9361, 1 Weka St.)*, ein Mini-Museum, das einen Blick hinter die Kulissen bei Weta, der Produktionsfirma von Peter Jackson, gewährt.

Unterwegs in der Stadt

Beliebte Nachtclubs in Wellington sind:

Concrete Bar *(Cable Car Ln., Level 1, Lambton Quay, www.concretebar.co.nz)*. Hier können Sie Tapas, Cocktails und eine große Weinaus-wahl direkt unter der Seil-bahn genießen.

Matterhorn *(106 Cuba St., www.matterhorn.co.nz)*. In dieser Bar treffen sich Wellingtons Yuppies auf einen Cocktail.

Molly Malone's *(Cour-tenay Pl. & Taranaki St., www.mollymalones.co.nz)*. Dieser Pub-Klassiker ist immer gut für einige Gläser Guinness zu den Klängen einer irischen Band.

Für eine Hafenrundfahrt besteigt man am Queens Wharf die Fähre *(Tel. 04/499-1282, www.eastbywest. co.nz, $$–$$$$)* zur **Days Bay**, wo man den Strand entlang-wandern kann bis zu den **Läden in der Rimu Street** in Eastbourne. ∎

Der Süden

Der Süden der Nordinsel umfasst zwei an Wellington grenzende Regionen – die Kapiti Coast nördlich der Haupstadt und das Farmland, die Weingüter und die abgeschiedene Küstenlinie von Wairarapa östlich von ihr. Ein Drehkreuz zwischen beiden Regionen ist die Universitätsstadt Palmerston North.

Parks und im Stadtzentrum von Palmerston North

Martinborough

 Karte Umschlag-
innenseite
hinten

Besucher-
information

✉ 18 Kitchener St.

☎ 06/306-5010

**www.wairarapanz.
com**

Wairarapa

Der dünn besiedelte Distrikt Wairarapa erstreckt sich nordöstlich von Wellington entlang der zerklüfteten Rimutaka Range. Nach Norden schotten die Tararua Ranges die hügelige Farmlandschaft mit Weinanbau und historische Städtchen ab. Von Wellington aus nimmt man den SH2 durch die ausgedehnten Vororte Lower und Upper Hutt.

Wairarapa verdankt seinen Namen dem Lake Wairarapa (»glänzender See«) außerhalb von Featherston, wo man den SH2 Richtung **Martinborough** verlässt. Das verschlafene Martinborough erwacht an den Wochenenden zum Leben, wenn Tagesausflügler aus Wellington die Stadt bevölkern. Den Rang eines Wahrzeichens nimmt das **Martinborough Hotel** (*The*

Square, siehe S. 301) ein, in dem man hervorragend speisen und übernachten kann. **Martinborough Wine Merchants** *(6 Kitchener St., Tel. 06/306-9040, www.martinboroughwinemerchants.co.nz)* ist für seine edlen Tropfen bekannt.

INSIDERTIPP
Betrachten Sie in der Cape Palliser Seal Colony Robbenbabys aus nächster Nähe, und bewundern Sie hier den nächtlichen Sternenhimmel über Neuseeland.

CHARLOTTE BUEB
Bloggerin für National Geographic Intelligent Travel-Blog

Von Martinborough aus geht es Richtung Süden zur einsamen windgepeitschten Küste des **Cape Palliser**. Dort, wo die Straße auf die Küste trifft, beginnt ein zweistündiger Rundkurs um die spektakulären Felsformationen der **Putangirua Pinnacles**. Hinter dem Fischerort Ngawi räkelt sich eine Kolonie von Seebären auf den Felsen vor dem **Leuchtturm**, dem südlichsten Punkt der Nordinsel.

Weiter nördlich am SH2 liegt **Greytown**, ein weiterer bekannter Touristenort, der zahlreiche historische Holzgebäude, darunter die

schöne **St. Andrews Church**, sowie Antiquitäten- und Kunsthandwerkläden zu bieten hat. Hält man sich weiter Richtung Norden, erreicht man Masterton, die größte Stadt von Wairarapa. Setzen Sie die Fahrt weitere 30 Kilometer über den SH2 fort bis zum **Pukaha Mount Bruce National Wildlife Centre** *(Tel. 06/375-8004, www.pukaha.org.nz, $$$$$)*, dem bedeutendsten Wildreservat des Landes. Hier kann man die Vielfalt der Tierwelt Neuseelands bestaunen.

Kapiti Coast
Die Kapiti Coast verläuft in nordwestlicher Richtung über die Ohariu-Störungszone. Landeinwärts säumen die zerklüfteten Tararua Ranges den SH1, Richtung

Goldene Schere
Kein anderes Land ist stolz darauf, beinahe ausschließlich für seine Schafzucht bekannt zu sein – Neuseeland schon. Alljährlich, meist Anfang März, finden in Masterton die Golden Shears Shearing & Wool Handling Championships statt. Die Wettkämpfe erfreuen sich großer Beliebtheit. Informationen und Tickets erhält man im **Shear Discovery Centre** *(12 Dixon St., Masterton, www.sheardiscovery.co.nz)*.

Auf der Jagd nach den Ringen

Eines der größten Ereignisse in Neuseeland war die Verfilmung der *Herr der Ringe*-Trilogie sowie des *Hobbit* durch den neuseeländischen Regisseur Peter Jackson, selbstverständlich an neuseeländischen Schauplätzen.

Die Landschaften Neuseelands waren die ideale Kulisse für die Verfilmung des Fantasyklassikers

Während der Dreharbeiten zur Filmtriologie *Der Herr der Ringe* wurde ganz Neuseeland zu »Mittelerde«. Die Filmemacher beschäftigten ein ganzes Heer von über 20 000 Mitarbeitern. Die Auswirkungen auf die Wirtschaft – und auf den Nationalstolz – waren gewaltig. Die Regierung ernannte einen *Minister for the Rings*. Die Welturaufführungen fanden in Wellington (seither Wellywood genannt) statt, und Regisseur Peter Jackson wurde zum Motor einer schlagartig boomenden neuseeländischen Filmindustrie.

Spezialeffekte von Weta Workshop, Jacksons Studio in Wellington ansässiges Studio, ließen die ohnehin zauberhafte Landschaft noch magischer erscheinen. Über 150 Landstriche wurden zur Kulisse und kamen beim *Hobbit* erneut als solche zum Einsatz.

Drehorte auf der Nordinsel

Obwohl sich die Aufregung mittlerweile etwa gelegt hat, wird noch immer eine ganze Reihe von Touren für Tolkien-Fans angeboten. Selbst Hotels und Restaurants verkaufen Memorabilia.

Der am leichtesten wiederzuerkennende Drehort ist Hobbiton (in der deutschen Übersetzung Hobbingen; siehe S. 109), das auf der Nordinsel in der Region Waikato außerhalb von Matamata liegt. Die Hobbit-Häuser wurden in die grünen Hügel hinein- und für die Verfilmung des *Hobbit* später erneut aufgebaut. Heute sind sie ein beliebtes Ziel für Hobbit-Fans.

Die Bar Matterhorn in der Cuba Street in Wellington war zu Drehzeiten ein Lieblingstreff der Schauspieler. Vor allem Elijah Wood war ein häufig gesehener Gast.

TRACY PELT
National Geographic-Manager

In Wellington und Umgebung lagen eine Reihe von Drehorten, darunter der für die Mittelerdestadt Bree, die auf der Halbinsel Miramar und auf einer alten Militärbasis im Vorort Seatoun aufgebaut wurde. Kulisse für Helm's Deep (Helms Klamm) war eine Mine an der Western Hutt Road. Der Kaitoke Regional Park war Schauplatz für Rivendell (Bruchtal) und die Fords of Isen (Furten des Isen). Der Waitarere Forest nahe Foxton, an der Kapiti Coast nördlich von Wellington, lieferte den Trollshaw Forest (die Trollhöhen) und den Wald von Osgiliath.

In den Filmen beeindrucken außerdem die aktiven Vulkane im Tongariro National Park. Das Skigebiet Whakapapa wurde mithilfe von Computeranimation zum düsteren Land Mordor, der Mount Tongariro zum Mount Doom (Schicksalsberg) umgestaltet. Entlang der Desert Road östlich des Naturparks entstanden für den Film die Plains of Gorgoroth (Hochebene von Gorgoroth).

Drehorte auf der Südinsel

Auch Landschaften auf der Südinsel wurden als Drehorte einbezogen, zum Beispiel das Gebiet rund um Queenstown für die großen Kampfszenen. Die Szene am Amon Hen (Berg des Auges), wo die Freundschaft der Gefährten

beinah zerbricht, wurde am Ufer des Lake Wakatipu aufgenommen. Die Berge im Mount Aspiring National Park am nördlichen Rand des Sees bei Glenorchy wurden zu den Misty Mountains (Nebelgebirge). Die Filmszenen, in denen die Freunde zwischen den Pillars of the Kings (Säulen der Könige) hindurchpaddeln, wurden am Kawerau River gedreht.

Weitere Drehorte auf der Südinsel waren der Arrowtown River, der die Kulisse für den Ford of Bruinen (die Bruinenfurt) gab, Takaka Hill nahe Nelson (Chetwood Forest), Ida Valley nahe Alexandra (Rohan) und Te Anau, wo aus dem Mararoa River der Silverlode River (Silberlauf) wurde.

ERLEBNIS:
Auf Tour zum *Herrn der Ringe*

Mehrere Veranstalter bieten *Herr der Ringe-* **und** *Hobbit-***Touren an:**
Hobbiton *(Tel. 07/888-1505, 501 Buckland Rd., Hinuera, www.hobbitontours. com)* **bei Matamata, wo die Hobbit-Häuser stehen.**
Pure Glenorchy *(Tel. 03/441-1079, http://pureglenorchy.com)* **bringt Interessierte von Queenstown aus zu spektakulären Drehorten.**
Heliworks *(Queenstown International Airport, Tex Smith Ln., Queenstown, Tel. 03/441-4011, www.heliworks.co.nz)* **zeigt** *Ring-***Drehorte aus der Luft.**
Die Wellington Movie Tours *(Tel. 027/419-3077, www.adventuresafari. co.nz)* **in Wellington offerieren eine Auswahl von** *Herr der Ringe-***Touren.**
Echte Fans lieben die Weta Cave *(1 Weka St., Miramar, Tel. 04/909-4100, www.wetanz.com).* **Hier werden Requisiten und Aufbauten gezeigt und Drehgeheimnisse verraten.**

Westen beherrscht Kapiti Island das Blickfeld.

Paekakariki, 40 Kilometer nördlich von Wellington, ist ein ruhiger Badeort mit einem schwarzen Sandstrand. Im **Queen Elizabeth Park** am nördlichen Stadtrand erstrecken sich die

Ein junger Zwergkiwi (*apteryx owenii*) mit seinem Vater im Karori Sanctuary nahe Wellington

letzten natürlichen Dünen an der Küste. Fünf Kilometer nördlich von Paekakariki am MacKays Crossing, dicht am SH1, befindet sich das **Tramway Museum** (*Tel. 04/ 292-8361, www.wellington trams.org.nz, 26. Dez. bis* *31. Jan. tägl., Feb. bis 24. Dez. Sa–So, $$*) wo man historischen Straßenbahnen bestaunen kann, die auf einer zwei Kilometer langen Strecke bis zum Strand fahren.

Die größte Stadt an der Küste, **Paraparaumu**, erstreckt sich vom Highway hinunter bis an einen schönen Strand. In der Besucherinformation (*Coastlands Shopping Center, Tel. 04/ 298-8195*) kann man sich über Unterkünfte und Aktivitäten informieren. Automobilfreunde zieht es ins **Southward Car Museum** (*Otaihanga Rd., Tel. 04/297-1221 www.southwardcar museum.co.nz, $*). Doch die größte Attraktion nahe der Stadt ist **Kapiti Island**. Die fünf Kilometer vor der Küste gelegene Insel war einst das Hauptquartier des Maorihäuptlings Te Rauparaha, dessen bewaffnete Banden die Westküste terrorisierten. Das Department of Conservation hat die Insel im Lauf der Zeit so sicher gemacht, dass hier gefährdete Vogelarten leben können, darunter viele Kiwis. Für einen Besuch der Insel benötigt man eine Erlaubnis des DOC in Wellington (*Tel. 04/384-7770, www.doc. govt.nz*). Auf Kapiti Island gibt es auch eine Übernachtungsmöglichkeit (*Tel. 03/ 363-6606, www.kapiti islandnaturetours.co.nz*). Die Überfahrt ist von Paraparaumu Beach aus möglich.

In **Otaki** unterstützte Te Rauparaha den Bau der Rangiatea Church, einer der schönsten Maorikirchen des Landes. Ansonsten ist Otaki ein guter Ausgangspunkt für Wanderungen durch die Tararua Ranges. Startpunkt ist **Otaki Forks**, 19 Kilometer östlich der Stadt an der Otaki Gorge Road.

Palmerston North

Mitten im fruchtbaren, flachen Ackerland liegt an den Ufern des Manawatu River Palmerston North (82 000 Einwohner). Die hiesige **Massey University**, ist die zweitgrößte Universität des Landes.

INSIDERTIPP

Ausflüge in das Vogelparadies Kapiti Island sind auf 50 Teilnehmer, von denen 16 die Möglichkeit zur Übernachtung haben, begrenzt. Deshalb sollte man einen solchen Ausflug rechtzeitig buchen.

PETER TURNER
National Geographic-Autor

1866 gründeten europäische Siedler die Stadt und fügten, um sie von Palmerston auf der Südinsel unterscheiden zu können, den Namenszusatz North an. Sie legten die Straßen rund um **The Square** an, einen Platz mit Grünflächen, Gärten und Seen. Westlich des Platzes steht **Te Manawa**, eine Mischung aus Museum und Kunstgalerie. Einige Straßenblocks weiter Richtung Nordwesten stößt man auf »Palmys« größte Attraktion: das **New Zealand Rugby Museum**. Die **Victoria Esplanade Gardens**, 1,6 Kilometer südlich des Square gelegen, sind eine grüne Oase mit Rosengärten, Spazierwegen, Spielplätzen und einer Voliere. Jenseits des Flusses liegt die Universität, zu der man über die Brücke an der Fitzherbert Avenue gelangt.

Richtung Osten, nach Napier und Wairarapa, verläuft der SH3 durch die **Manawatu Gorge**. Für eine Wanderung durch die Schlucht benötigt man drei bis vier Stunden. ∎

ERLEBNIS:
Abenteuer E-Bike

Als Universitätsstadt eines umweltbewussten Landes präsentiert sich Palmerston North ökologisch vorbildhaft. **Ezy Rider** *(6 Centennial Dr., Tel. 06/359-2737, http://ezyrider.bike)* unterhält an mehreren Standorten Verleihstationen für E-Bikes, um Besuchern eine umweltbewusste Erkundung der Stadt und ihrer Umgebung zu ermöglichen. Man kann auf eigene Faust losradeln, oder aber aus einer Vielzahl von Touren, die von einem halben Tag bis zur mehrtägigen Abenteuertour reichen, wählen.

Palmerston North

▲ Karte Umschlaginnenseite hinten

Besucherinformation

▣ The Square
☎ 06/358-1414

www.manawatunz.co.nz

Te Manawa

▣ 326 Main St.
☎ 06/355-5000

www.temanawa.co.nz

New Zealand Rugby Museum

▣ 326 Main St.
☎ 06/358-6947
⑤ $$$

www.rugbymuseum.co.nz

Sonne, Meer, Berge, Wein und eine reiche Tierwelt sind ein reizvoller Einstieg in die majestätische Landschaft der Südinsel

Marlborough & Nelson

Kajakfahrt auf dem Meer am Arch Point, Abel Tasman National Park

Marlborough & Nelson

**Eine felsige Küste, Berge, Strände, eine reiche Tierwelt und Wanderwege:
Die nördlichste Spitze der Südinsel bietet fantastische Möglichkeiten.**

Der Marlborough-Distrikt ist Neuseelands sonnigste Region (mit bis zu
2400 Sonnenstunden pro Jahr) und
bildet für die Touristen, die mit der
Fähre aus Wellington ankommen, das
Tor zur Südinsel. Nach der Fahrt über
die zuweilen etwas raue Cook Strait
bieten die Marlborough Sounds ein
ruhigeres Hafengewässer in Blau und
Grün.

Eine wunderbare Landschaft mit
bewaldeten Buchten und Inseln erwartet Schiffsreisende auf der Fahrt durch
die verschlängelten Passagen der Sun-

de. Dieser Küstenabschnitt ist der ideale Zufluchtsort. Das erkannte schon
Captain Cook, der auf seinen Pazifik-
erkundungen hier monatelang Schutz
fand. Vom Fährhafen Picton aus können die Sunde auch auf einer beeindruckenden Autotour nach Nelson,
dem Hauptort des Nelson-Distrikts,
ausgiebig erkundet werden.

Nur 30 Autominuten von Picton
Richtung Süden liegt Blenheim. Hier
beginnt Neuseelands beste Weinregion. Die geraden Linien der Rebstöcke
durchziehen das sonnige Wairau

de säumen die zwiebelförmige Halbinsel, die eine idyllische Verbindung von Wald und Meer darstellt.

Die Golden Bay liegt nicht einmal 200 Kilometer von der Landeshauptstadt weg, doch Welten entfernt von der modernen Betriebsamkeit dort. Der hoch emporragende Berg Takaka trennt sie vom restlichen Nelson-Distrikt ab, wodurch sie etwas beschwerlich zu erreichen ist.

Vom Städtchen Takaka aus kommt man zu den ruhigen nördlichen Abschnitten des Abel Tasman National Park. Etwas weiter entfernt befinden sich Farewell Spit (»Landzunge des Abschieds«) und der Kahurangi National Park. Von Nelson aus kann man auch über Murchison zur Westküste fahren oder einen Abstecher zum Nelson Lakes National Park mit den Zwillingsseen Rotoiti und Rotoroa unternehmen. ∎

Valley, und in zahlreichen reizvollen Weinkellereien werden gehobene Küche und Weinproben geboten.

Hinter Blenheim schmiegen sich Straße und Schienen Richtung Kaikoura fast durchweg dicht an die zerklüftete Küste. Die landschaftlich herrliche Strecke kombiniert Meer und Eis – die Kaikoura Ranges gleich hinter der Küste sind oft schneebedeckt. Die Stadt Kaikoura ist Neuseelands Topadresse für die Beobachtung von Meeressäugern. Besucher, die keinen Abstecher nach Kaikoura planen, reisen stattdessen oft von Picton nach Nelson weiter, einen der ältesten besiedelten Orte in Neuseeland und eine sehr lebenswerte Stadt. Viktorianische Villen überziehen die hügeligen Vororte, die einen schönen Hafen umgeben.

Die Hauptattraktion des gleichnamigen nordwestlichen Distrikts ist der Abel Tasman National Park. Smaragdfarbene Buchten und goldgelbe Strän-

Gefallenendenkmal in Blenheim

Marlborough

Die Fähre aus Wellington durchquert mit den Marlborough Sounds eine der schönsten Wasserstraßen der Welt. Die Gewässer können vom Hafenstädtchen Picton aus näher erkundet werden. Südlich davon liegt Blenheim, der Hauptort der produktivsten Weinregion des Landes. Weiter südlich ist Kaikoura ein bekanntes Reiseziel zur Walbeobachtung.

Im Yachthafen Havelock, Marlborough Sounds, liegen Boote vor Anker

Picton

Karte S. 168

Besucher-information

The Foreshore, Picton (einschließlich DOC-Büro)

03/520-3113

www.picton co.nz

Picton

Picton, für viele Besucher die erste Station auf der Südinsel, gibt einen ersten Vorgeschmack auf die landschaftlichen Wunder des Südens. Von bewaldeten Anhöhen umgeben, bildet Picton den Auftakt zu den Marlborough Sounds. Ursprünglich war Picton die Maorisiedlung Waitohi. In der Ship Cove (»Schiffsbucht«) an der Spitze des Sunds verbrachte Captain Cook zwischen 1770 und 1777 insgesamt vier Monate. Von hier aus beanspruchte er Neuseeland für den britischen König Georg III. und benannte den Sund nach dessen Gemahlin Charlotte. Die Idylle zerbrach, als Stammeshäuptling Te Rauparaha die Cook Strait überquerte und die

Marlborough Sounds an-
griff. Viele der örtlichen
Stämme wurden ausge-
löscht. Als die New Zealand
Company 1849 die Eignung
des Orts als Hafen prüfte,
war die Gegend nur dünn
besiedelt.

Nach vielen Namens-
wechseln wurde die Stadt
1859 nach dem walisischen
General Sir Thomas Picton
(1758–1815) benannt. Pic-
ton wurde zur Provinz-
hauptstadt erklärt, musste
diese Ehre jedoch 1865 an
Blenheim abgeben, das als
Zentrum der Landwirt-
schaft florierte. Doch Picton ist noch heute der
Haupthafen von Marlbo-
rough, wo Fähre und Zug
ankommen.

INSIDERTIPP

**In Picton sollte man im
Kenepuru Sound Kajak
fahren – man teilt sich
das Wasser mit einer
Handvoll Booten und
Millionen wunder-
schöner Quallen.**

DAVID LUNDQUIST
NATIONAL GEOGRAPHIC-Experte

Das **Picton Museum** am
London Quay informiert
über Pictons frühe Maori-
und europäische Geschichte
sowie über den Walfang
und die Aufenthalte Cooks.

Das **Edwin Fox Maritime
Museum** in der Nähe des-

Neuseeland-Topfbauchpferd-chen

In den neuseeländischen Gewässern wimmelt es nur so von exotischen Tieren. Hierzu gehören auch einige Seepferdchenarten. Mit einem (relativ gesehen) riesigen Brutbeutel und einer Länge von 33 Zentimetern ist das Neuseeland-Topfbauchpferdchen eines der größten der Welt. Wie bei anderen Seepferdchen ist es das Männchen, das die befruchteten Eier trägt. Die Brut umfasst 300 Exemplare, aber manche Männchen können sogar bis zu 700 Pferdchen im Beutel tragen. Sie haben nur wenige natürliche Feinde; dennoch schrumpft ihr Bestand, da sie als Trockensubstanz Hauptbestandteil in vielen traditionellen chinesischen und koreanischen Arzneien sind.

Fähranlegers beherbergt
die »Edwin Fox«. Sie wurde
1853 in Kalkutta gebaut und
beförderte Truppen zum
Krimkrieg, Sträflinge nach
Australien, Fracht nach Asi-
en und Einwanderer nach
Neuseeland.

Das **EcoWorld Aquari-
um** im angrenzenden Ge-
bäude ist auf Seepferdchen
spezialisiert, zeigt aber auch
Haie und Stachelrochen. Es
gibt spezielle Becken, in denen Kinder einige Meeres-
bewohner anfassen können.

Picton Museum
✉ 9 London Quay
☎ 03/573-8283
💲 $
www.pictonmuseum-newzealand.com

Edwin Fox Maritime Museum
✉ Dunbar Wharf
☎ 03/573-6868
💲 $
www.edwinfoxsociety.com

EcoWorld Aquarium & Terrarium
✉ Picton Foreshore
☎ 03/573-6030
💲 $$$$
www.ecoworldnz.co.nz

Marlborough Sounds

Das Labyrinth von Wasser-
wegen, Buchten und Inseln
der Marlborough Sounds ist
entstanden, indem sich die
beiden Hauptinseln über
Millionen von Jahren hin-
weg aufeinander zu bewegt
haben. Die Südinsel, die auf
der Pazifischen Platte ruht,

Die Governor's Bay im Queen Charlotte Sound

nem Kanu, der Südinsel, in
die Nordinsel hineinfuhr,
formten sich die Sunde aus
Splittern des zerstörten
Bugs.

Wie sie auch entstanden
sein mögen – das Ergebnis
ist göttlich. Captain Cook
sah das ebenso, und seine
Beschreibungen dieses Zu-
fluchtsorts zogen spätere
Seefahrer magisch an. Die
Sunde sind bis heute ein
Besuchermagnet geblieben.
Es gibt ein paar gewundene,
malerische Straßen, über
die einige Buchten zu erreichen sind, aber das Boot ist
das romantischste Trans-
portmittel. In den Sounds
wird die Post per Schiff gebracht, und zum B&B oder
Hotel kommt man mit ei-
nem Wassertaxi.

Queen Charlotte Drive: Wer
die Sunde per Auto erleben
möchte, sollte den Queen
Charlotte Drive von Picton
nach Havelock nehmen,
eine spektakuläre, 40 Kilometer lange Straße, die sich
durch Wald schlängelt. Sie
führt die Küste des Queen
Charlotte Sound entlang
und überquert anschließend
eine Küstenebene bis zu den
unteren Ausläufern des Pelorus Sound. Unter den vielen reizenden Buchten entlang der Strecke lohnt
besonders die **Governors
Bay**; der zehnminütige Spaziergang zum **Cullen Point**
bietet eine schöne Aussicht.
Entlang der Straße stehen

schiebt sich allmählich unter
die Australische Platte, die
die Nordinsel trägt. Dabei
werden die Täler der
Sounds geflutet.

Die Maori erzählen eine
andere, aber nicht unähnli-
che Entstehungsgeschichte:
Als der Gott Aoraki mit sei-

ERLEBNIS: Weintouren

Man kann zwar auch seine eigene Tour zu den Weingütern des Wairau Valley zusammenstellen, aber viele Reiseveranstalter bieten Ausflüge an, mit denen man sich die Organisation erspart. Die meisten sind flexibel, nicht teuer und finden in kleinen Gruppen statt. Auf Wunsch schließt der Ausflug ein Mittagessen im Restaurant eines Weinguts ein.

Molesworth Tours

29 Taylors Pass Rd., Blenheim, Tel. 03/572-8025, www.molesworthtours.co.nz. Vielfältiges Angebot an Touren zu den wichtigsten Weingütern des Wairau Valley und in das nahe gelegene Awatere Valley.

Highlight Tours

15a Murphys Rd., Springlands, Blenheim, Tel. 03/577-9046, www.highlightwinetours. co.nz. Individuell zugeschnittene Touren, die fünf bis acht Weingüter umfassen und drei bis fünf Stunden dauern.

Bubbly Grape Weintouren

5 Landau Pl., Blenheim, Tel. 0800/228-2253, www.bubblygrape.co.nz. Kleine Touren, die auf den hochgeschätzten Sauvignon blanc der Region ausgerichtet sind.

Marlborough Tours

16a Admiralty Pl., Waikawa Bay, Picton, Tel. 03/573-7122, www.marlborough tours.co. nz. Wein, Essen, individuell zugeschnittene Touren. Start in Picton oder Blenheim.

Sounds Connection

94 Wellington St., Picton Tel. 03/573-8843, www.soundsconnection.co.nz. Bietet Touren rund um das Thema Wein, aber auch zu anderen regionalen Themen.

Wine Tours by Bike

33 Blicks Rd., Renwick, Tel. 03/572-7954, www.winetoursbybike.co.nz. Holt die Teilnehmer ab und stellt Ausrüstung und eine Karte der Weingüter für eine Tour auf eigene Faust zur Verfügung.

immer wieder Kunsthandwerkläden und B&Bs.

Auf halber Strecke den Queen Charlotte Drive entlang führt eine Abzweigung zur Siedlung Anakiwa und zum Beginn des **Queen Charlotte Track**, einem Wanderweg durch die Marlborough Sounds zur historischen Ship Cove. Der Weg ist 71 Kilometer lang und kann in drei bis fünf Tagen erwandert werden. Mit dem Mountainbike benötigt man 13 Stunden, allerdings ist ein Teil der Strecke von Dezember bis Februar gesperrt.

Der **Kenepuru Sound** kann auch über eine asphaltierte Straße erkundet werden, die vom Queen Charlotte Drive abzweigt. Die malerische Strecke führt an Farmland, Wald und Buchten vorbei zum Dörfchen Portage und endet am Ferienort Kenepuru Head am Ende des Sunds. Anschließend führt sie als Piste an mehreren Buchten vorbei bis zum Pelorus Sound.

Das Hafenstädtchen **Havelock** bildet gemeinsam mit Picton ein Tor zu den Sunden. Es ist Neuseelands Haupthafen für Grünlippmuscheln, wie an den Speisekarten der Restaurants unschwer abzulesen ist. Hier kann man gut zu Mittag essen, z. B. im Hafen direkt am

Fahrt durch das Wairau Valley

Marlborough ist Neuseelands führendes Weinanbaugebiet. In den sonnigen Ebenen des Wairau Valley mit seinen frostigen Wintern wächst eine einzigartige Traube, die 70 Prozent des neuseeländischen Weins liefert. Die Region ist für ihren Sauvignon blanc mit intensivem Fruchtgeschmack berühmt, aber es werden auch Riesling, Chardonnay und Pinot noir angebaut.

Heranreifende Trauben auf einem Weingut bei Blenheim

Dutzende von Weingütern befinden sich nur eine kurze Autofahrt von Blenheim oder Renwick entfernt, so dass man ein oder zwei sonnige Tage mit Weinproben verbringen kann. Für organisierte Touren siehe Kasten S. 173.

Wither Hills ❶ *(211 New Renwick Rd., Tel. 03/520-8284, www.witherhills.co.nz)* ist auf Sauvignon blanc, Chardonnay und Pinot noir spezialisiert.

Villa Maria ❷ *(Paynters & New Renwick Rds., Fairhall, Tel. 03/520-8472, www.villamaria.co.nz)* bietet eine breite Palette von Sauvignon blanc bis zu Pinot noir.

Brancott Estate ❸ *(180 Brancott Rd., Tel. 03/520-6975, www.brancott estate.com)*, einer der bekanntesten

NICHT VERSÄUMEN:

Wither Hills • Matua • Cloudy Bay • Alan Scott

Namen im Tal, empfängt Sie in einem in eine Hügelkuppe hineingebauten Restaurantkomplex

Mahi ❹ *(9 Terrace Rd., Renwick, Tel. 03/572-8859, www.mahiwine.co.nz)* hat sich auf Weine von einzelnen Weinbergen spezialisiert und bietet Sauvignon blanc, Chardonnay, Pinot noir und Pinot gris an.

Wairau River ❺ *(264 Rapaura Rd., Tel. 03/572-7950, www.wairauriver*

wines.com) bietet einen einladenden Weinkeller und ein Mittagsrestaurant.

Vavasour ❻ *(Redwood Pass Rd., Tel. 03/572-8200, www.vavasour.com).* Hier können Sie mehrere Weine aus dem Awatere Valley verkosten.

Georges Michel ❼ *(56 Vintage Ln., Tel. 03/572-7230, www.georgesmichel. com)* hat die französische Tricouleur geflaggt, und sein sympathisches Café La Veranda kredenzt erschwingliche Lunch-Teller.

Herzog ❽ *(81 Jeffries Rd., Tel. 03/572-8770, www.herzog.co.nz)* ist ein renommiertes Lokal mit einem hübschen Weinkeller. Essen Sie in dem eleganten Restaurant oder im preisgünstigeren Bistro zu Abend.

Das nahe gelegene **Alan Scott** ❾ *(Jacksons Rd., Tel. 03/572-9054, www. allanscott.com),* bietet gleichfalls Kellereiführungen an.

Cloudy Bay ❿ *(Jacksons Rd., Tel. 03/520-9140, www.cloudybay.co.nz)* hat

mehr als alle anderen Weingüter dazu beigetragen, dass Marlboroughs Sauvignon blanc so berühmt geworden ist.

Wenn Sie nach so viel Wein mal etwas anderes trinken wollen, finden Sie in der gemütlichen **Moa Brewery** ⓫ *(258 Jacksons Rd., Tel. 03/572-5146, www.moabeer.com)* in einer Seitenstraße der Jacksons Road Pale Ale, ein Boutique-Stout und Cider.

Hunters ⓬ *(603 Rapaura Rd., Tel. 03/572-8489, www.hunters.co.nz)* ist eine der Topadressen im Tal mit attraktiver Kellerei.

Rock Ferry ⓬ *(80 Hammerichs Rd., Tel. 03/579-6431, www.rockferry.co.nz)* keltert eine Auswahl von Öko-Weinen. Im Café des Hauses können Sie auch zu Mittag essen.

➕ Siehe Karte S. 168
► Blenheim
↔ 42 Kilometer
⏱ 1–2 Tage
► Blenheim

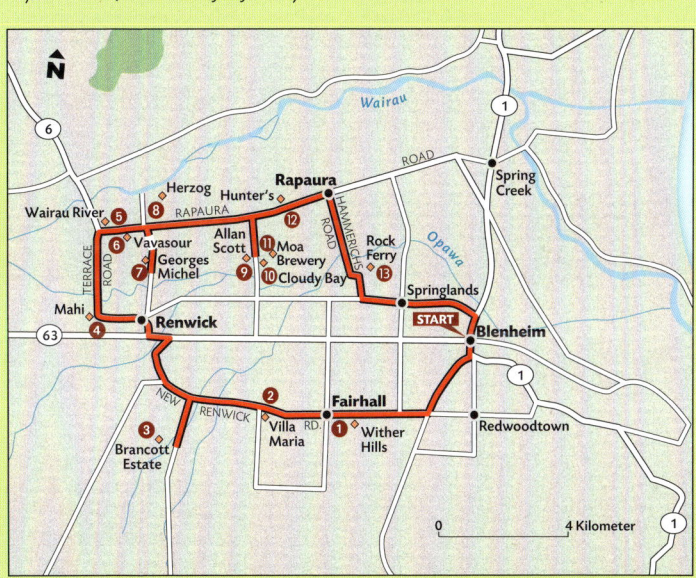

Pelorus Mailboat

✉ Jetty 1,
Havelock Marina

☎ 03/574-1088

💲 $$$$$, Kinder
frei

🕐 Di, Do und Fr

http://themailboat.
co.nz/de/

Kaikoura

🅰 Karte S. 168

Besucher-
information

✉ Westend,
Kaikoura

☎ 03/319-5641

www.kaikoura.co.nz

Der Wairau-Tumult

Die koloniale Besiedelung rings um Blenheim verlief nicht reibungslos. Das Wairau Valley erlebte den berüchtigten Wairau-Tumult. Nachdem die Kolonie 1842 bei Nelson gegründet wurde, benötigte man weiteren anbaufähigen Boden. Die New Zealand Company begann das Wairau Valley zu vermessen. Sie berief sich dabei auf einen umstrittenen Landvertrag zwischen dem Walfänger John Blenkinsop und dem Maori-häuptling Te Rauparaha, den sie erworben hatte. Als die Hütte der Gutachter niedergebrannt wurde, beschloss die Regierung in Nelson, einzugreifen. Eine bewaffnete Mannschaft, die von dem Kolonieleiter Captain Arthur Wakefield angeführt wurde, begab sich 1843 nach Wairau, um Te Rauparaha in Gewahrsam zu nehmen. Die Maori waren mit Musketen bewaffnet. In dem Gefecht, das daraufhin entbrannte, wurden 22 Europäer, darunter auch Wakefield, getötet.

Wasser, wo auch das **Pelorus-Postboot** ablegt, das Touristen auf die Tagestour mitnimmt.

Schotterpisten führen zum Küstenort **French Pass** unddem davor gelegenen **D'Urville Island**. Man kann dort angeln, Tiere beobachten und auch übernachten. Die Straße nach French Pass beginnt bei Rai Valley, auf der Straße nach Nelson, etwa 25 Kilometer von Havelock entfernt.

Ebenfalls nur wenig befahren ist die Straße von Picton nach Blenheim. Sie führt über den Berg von Picton nach Waikawa, das sich an einer schönen Bucht erstreckt, und dann die **Port Underwood Road** entlang. Die Straße folgt zunächst dem Queen Charlotte Sound und führt ab der Opihi Bay zur Ostküste.

Blenheim

Marlboroughs größte Stadt mit 27 000 Einwohnern war ein ländlicher Ort, bis in den 1970er Jahren der Weinanbau begann. In der zweiten Februarwoche füllt sich Blenheim zum **Wine Marlborough Festival** *(www.marlboroughwinefestival.co.nz)*, bei dem Essen, Wein und Unterhaltung geboten werden.

Die Weingüter sind die Hauptattraktion in der Gegend, aber auch das **Omaka Aviation Heritage Centre** *(79 Aerodrome Rd., Tel. 03/579-1305, $$$$$)* ist sehr sehenswert. Das **Marlborough Provincial Museum** *(New Renwick Rd., Tel. 03/578-1712, www.marlboroughmuseum.org.nz)* am südlichen Stadtrand gewährt Einblicke in das Leben der Kolonialzeit.

Das Weinanbaugebiet **Awatere Valley** liegt südlich der Stadt. Eine holprige Straße führt zur zur **Molesworth Station** *(Tel. 03/575-7043)*, mit 180 500 Hektar die größte Farm des Landes.

INSIDERTIPP

Wer mit Delfinen schwimmen möchte, sollte das Schiff um 17.30 Uhr nehmen. Die Tiere haben dann bereits ihre Abendmahlzeit eingenommen und sind zum Spielen aufgelegt. Versuchen Sie, mitzuhalten!

CHRISTY RIZZO
Expertin für Erlebnisreisen

Kaikoura

Seine Existenz verdankt dieser Ort dem Reichtum des Meeres. Er ragt auf einer Halbinsel in den Ozean hinein. Nach der Maorilegende genau dort, wo Maui seinen Fuß abstützte, als er die Nordinsel emporfischte. Die Lage mit den Kaikoura Ranges im Hintergrund ist überwältigend. 1843 gründete Kapitän Robert Fyffe eine Walfangstation und erbaute auf einem Fundament aus Walknochen das **Fyffe House**, das heute ein Museum beherbergt.

Die Touren von **Whale Watch Kaikoura** (siehe Kasten S. 181) sind Kaikouras Hauptattraktion. Zu den eher kostspieligen Aktivitäten gehören Rundflüge, Schwimmen mit Delfinen und Robben, Tauchen, Kajakfahrten und die Beobachtung von Albatrossen. Preiswerter ist ein Besuch im **Kaikoura District Museum**. Hier finden sich Exponate zum Meer, den Maori und der Walfangindustrie vor Ort. Kostenlos ist ein zweistündiger Spaziergang am Fyffe House vorbei zur Robbenkolonie. ∎

Fyffe House
✉ 62 Avoca St.
☎ 03/319-5835
🕐 Im Winter
Di & Mi geschl.

Kaikoura District Museum
✉ 14 Ludstone Rd.
☎ 03/319-7440
💲 $

Wandgemälde mit Wal am Adelphi Café in Kaikoura

Nelson

Nelson umfasst die nordwestliche Spitze der Südinsel und ist eine Region, die von Bergen umgeben und von ruhigen Gewässern umschmeichelt wird. Von der hübschen Stadt Nelson aus kann man direkt zum Abel Tasman National Park aufbrechen. Entlang der gesamten Küste finden sich schöne Strände.

Antiquitätengeschäft in Nelson

Nelson

🅰 Karte S. 168

Besucher-information

✉ 77 Trafalgar St.

☎ 03/546-9339

www.nelsonnz.com

Nelson

Von grünen Hügeln umgeben und direkt am Meer gelegen, gilt Nelson (46 000 Einwohner) als eine der lebenswertesten Städte des Landes. Die New Zealand Company legte im Jahr 1839 den Grundstein für die Stadt. Sie kaufte billig Land von den Maori und verkaufte es an die Siedler, die ab 1842 kamen. Noch heute stehen in der Stadt einige schöne viktorianische Villen aus der Zeit.

Die Hauptstraße **Church Hill** blickt auf die Trafalgar Street und wird von den Maori *Pikimai* (»kletter hier hoch«) genannt. Einst befanden sich hier ein *pa* (befestigtes Dorf) sowie die Siedlung der New Zealand Company. Der Festungswall von Fort Arthur, das nach dem Wairau-Tumult 1843 (siehe Kasten S. 176) erbaut wurde, ist noch in Resten erhalten. Von der Anhöhe aus dominiert die **Christ Church Cathedral** (*Tel. 03/ 548-1008*) die Stadt. Im Sommer gibt es Führungen.

In der Nähe befindet sich das **Nelson Provincial Museum** zur Geschichte der Maoristämme und der Siedler aus Europa.

Die **Suter Art Gallery** in den historischen Queens Gardens zeigt Werke von Kolonisten-Künstlern wie John Gully (1819–88), Gottfried Lindauer und Petrus Van der Velden, vom frühen Sammler Andrew Suter zusammengetragen. Zeitgenössische Kunst ist ebenfalls gut repräsentiert, und das Museum hat ein schönes Café.

INSIDERTIPP

Mittwochnachmittag und Samstagvormittag ist in Nelson Markt. Hier finden Sie besondere Leckerbissen und handgefertigte Mitbringsel (*www.market ground.co.nz/fmnz nelson & www.nelson market.co.nz*).

NICOLAS BARTH
National-Geographic-Experte

Das **World of Wearable-Art & Classic Cars Museum** am südwestlichen Stadtrand

zeigt Entwürfe (von bizarr bis wunderbar) des jährlichen Modewettbewerbs WOW. Die Ausstellung mit mechanischem Laufsteg ist klein, aber sehr beeindruckend. Das Automuseum bietet eine Auswahl an Modellen aus Detroit.

Kunsthandwerk

Die neuseeländischen Künstler produzieren ein breites Spektrum an attraktivem Kunsthandwerk. Regionen wie Nelson und Waiheke Island sind für ihr Kunsthandwerk bekannt, aber überall im Land finden sich Studios und Galerien mit Töpferware, Glas und Webereien. Drechsler stellen interessante Werke aus einheimischen Hölzern wie Kauri und Rimu her. Glasbläser in Nelson ziehen kleine Teile aus einheimischem Metall in Glas ein und erzeugen so handgearbeitete Glasperlen, die sowohl europäische als auch einheimische Ästhetik widerspiegeln. Die Touristeninformationen halten Broschüren über örtliche Künstler und Ateliers bereit.

Der **Founders Heritage Park**, ein Freilichtmuseum, liegt 1,6 Kilometer nordöstlich der Stadtmitte und besteht aus einer Ansammlung von historischen Gebäuden und Fahrzeugen.

Nelson Provincial Museum

✉ Hardy & Trafalgar Sts.
☎ 03/548-9588
💲 $
www.museumnp.
org.nz

Suter Art Gallery

✉ 28 Halifax St.
☎ 03/548-4699
💲 $
www.thesuter.org.nz

World of WearableArt & Classic Cars Museum

✉ Cadillac Way, abseits Quarantine Rd., Annesbrook
☎ 03/547-4573
💲 $$$$
www.wowcars.co.nz

Founders Heritage Park

✉ 87 Atawhai Dr.
☎ 03/548-2649
💲 $$
www.founderspark.
co.nz

Wunderland der Tiere

Neuseeland ist die Heimat einer Fülle von Meerestieren und einzigartiger Vögel, die in ihrem natürlichen Lebensraum beobachtet werden können. Das Angebot an Ausflügen zur Tierbeobachtung ist groß. Das Department of Conservation beaufsichtigt auch spezielle Fortpflanzungsgebiete, wo man die Tiere von Verstecken aus beobachten kann, ohne sie zu stören.

Großer Tümmler mit begleitender Taucherin

Wale

Neuseelands nährstoffreiche Gewässer ziehen 22 Walarten an. Am häufigsten sieht man Pott- und Buckelwale, Bryde- und Glattwale. Gemäß einer Legende der Maori waren es Wale, die die ersten Menschen nach Aotearoa führten. Waljäger folgten ebenfalls den Walen und jagten sie unbarmherzig. Heute ist Walbeobachtung ist eine große Touristenattraktion, vor allem in Kaikoura auf der Südinsel, wo man Pottwale sehen kann (siehe Kasten S. 181). Orcas findet man ebenfalls in neuseeländischen Gewässern. Die kleine Population ist am häufigsten vor der Ostküste der Nordinsel zu beobachten.

Delfine

Unter den zehn Delfinarten Neuseelands sind Schwarzdelfine und Gemeine Delfine am häufigsten. Die kleineren Hector- und Maui-Delfine sind sogar ausschließlich vor Neuseeland anzutreffen.

Mit Delfinen zu schwimmen ist äußerst beliebt, vor allem in der Bay of Islands und in Kaikoura. Zwei Delfine wurden gar zu Helden: Opo (siehe Kasten S. 99), ein Weibchen, das sich am Ferienort Opononi aufhielt und mit Kindern spielte, und Pelorus Jack, ein Risso-Delfin, der angeblich Schiffen half, gefährliche Felsen und Strömungen der Cook Strait zu umschiffen.

Robben

Nachdem Captain Cook über die große Zahl an Seebären in Neuseeland berichtet hatte, schlugen Robbenjäger überall ihre Lager auf und jagten die Robben wegen ihres Pelzes, bis sie fast ausgerottet waren.

Mittlerweile unter Schutz gestellt, können Pelzrobbenkolonien an mehreren Stellen entlang der Küste beobachtet werden. Auch hierfür ist die Südinsel am besten geeignet, vor allem die Posten in Kaikoura, auf der Otago Peninsula, in den Catlins und am Cape Foulwind in der Nähe von Westport. Überwiegend leben hier Seebären, aber es gibt auch die größeren Neuseeland-Seelöwen, die Südlichen See-Elefanten und Seeleoparden. Auf der Otago Peninsula und in den Catlins kommen die Seelöwen auch an Land.

Der seltene Gelbaugenpinguin brütet in Neuseeland

ERLEBNIS: Whale Watch Kaikoura

Da man fast immer Pottwale zu sehen bekommt, ist **Whale Watch Kaikoura** (Tel. 03/319-6767, www.whalewatch.co.nz) mittlerweile die wichtigste Wildtierattraktion des Landes. Das Unternehmen gibt eine Erfolgsquote von 95 Prozent an. Wenn keine Wale zu sehen sind, werden 80 Prozent des Preises zurückgezahlt. Neben Pottwalen sieht man häufig Delfine, seltener Buckel- und Blauwale.

Whale Watch Kaikoura wird von Maori betrieben. Das Kuri-Volk, das zum Stamm der Ngai Tahu gehört, gründete das Unternehmen 1987, als die Fischerei im Ort zurückging. Seit seinen Anfängen mit Schlauchboottouren ist das Unternehmen stark gewachsen und verfügt über eine Flotte von Katamaranen, denen Flugzeuge den Weg zu den Walen weisen.

Vögel

Weltweit gibt es 16 Pinguinarten – neun findet man in neuseeländischen Gewässern. Die drei Hauptarten sind der Zwergpinguin, der Gelbaugenpinguin und der Dickschnabelpinguin. Die anderen Arten bewohnen Neuseelands antarktische Gebiete und subantarktische Inseln.

Die Otago Peninsula ist auch für ihre Kolonie von Königsalbatrossen berühmt. Am Muriwai Beach westlich von Auckland und am Cape Kidnappers bei Hastings leben riesige Kolonien von Australtölpeln.

Viele heimische Landvögel sind inzwischen bedroht, aber es gibt noch einzigartige Spezies wie die farbenfrohe Takahe oder das Nationaltier Neuseelands, den flugunfähigen Kiwi. Den besten Überblick über die Vogelarten des Landes erhält man im Pukaha Mount Bruce National Wildlife Centre bei Masterton auf der Nordinsel. Den scheuen, nachtaktiven Kiwi sieht man in der freien Natur aber nur selten.

ERLEBNIS:
Kajakfahren im Abel Tasman National Park

Die imposante Küste des Abel Tasman National Park kann zu Fuß oder mit dem Boot erkundet werden, aber in einem Kajak durch die wunderschönen Buchten zu entlegenen Stränden zu gleiten überbietet alles. Man kann entweder ein Kajak mieten und sich allein auf den Weg machen oder an einer geführten Kajaktour teilnehmen, von der Halbtages- bis zur Dreitagestour. Als Unterkunft stehen dabei Hütten, Zeltplätze oder luxuriöse Lodges zur Auswahl. Außerdem kann man die Kajakfahrten mit einer Wanderung oder einer Rückfahrt per Wassertaxi kombinieren.

Die meisten Betreiber befinden sich in Marahau am Rand des Parks, im zehn Kilometer entfernten Kaiteriteri und in Motueka. Geführte Touren sind beliebt, während Kajaks für Individualtouren meist nur an Gruppen von mindestens zwei Personen mit Kajak- und Wildniserfahrung vermietet werden. Zelt- und Kajakausrüstung können gestellt werden.

In Marahau sind unter anderem die Betreiber **Abel Tasman Kayaks** (Tel. 03/527-8022, www.abeltasmankayaks.co.nz), **Kahu Kayaks** (Tel. 03/527-8300, www.kahukayaks.co.nz) und **Ma-rahau Sea Kayak**s (Tel. 03/527-8176, www.msk.net.nz) ansässig. Im kleinen Urlaubsort Kaiteriteri bietet sich **Kaiteriteri Kayaks** (Tel. 03/527-8383, www.seakayak.co.nz) an.

Nebenan liegt der **Miyazu Japanese Garden**.

Der **Botanic Hill**, der sich über den beiden Gärten entlang der Milton Street erstreckt, bietet zahlreiche schöne Panoramablicke. Ein Schild weist den geographischen Mittelpunkt Neuseelands aus.

Tasman Bay

Bei Tahunanui hat Nelson einen schönen Stadtstrand zu bieten. Wer einen leeren Sandstrand sucht, sollte sich nach **Rabbit Island** aufmachen. Die Insel erreicht man über eine Brücke auf halber Strecke zwischen Richmond und dem Küstenort Mapua.

In der gesamten Umgebung der Tasman Bay finden sich sehr viele Kunsthandwerkläden: Töpfer, Goldschmiede, Maler, Drechsler und Glasbläser. Weingüter florieren hier ebenso, vor allem in **Richmond** und **Upper Moutere**, das früher Sarau hieß. Die deutschen Siedler, die die Stadt gründeten, erbauten hier eine beeindruckende lutherische Kirche.

In **Lower Moutere**, in der Nähe von Motueka, befindet sich die **Riverside Community**, die während des Zweiten Weltkriegs von Pazifisten gegründet wurde.

Zentrum dieser sonnigen und fruchtbaren Obstregion, in der Äpfel, Birnen, Beeren, Hopfen und Kiwis angebaut werden, ist **Motueka** (7500 Einwohner). Der Ort ist der ideale Ausgangspunkt für einen Besuch im Abel Tasman National Park. Der beliebte kleine Ferienort **Kaiteriteri**, der 14 Kilometer nördlich liegt, hat goldene Strände zu bieten und ist ebenfalls eine gute Basis für Ausflüge zum Nationalpark.

Abel Tasman National Park

Mit seinen 225 Quadratkilometern ist er zwar Neuseelands kleinster Nationalpark, dafür aber einer der berühmtesten. Man kann Tagestouren unternehmen, den Abel Tasman Coast Track erwandern oder mit dem Kajak an einem der schönsten Küstenabschnitte der Welt entlangfahren.

INSIDERTIPP

Die riesigen Holzskulpturen der Arts Unique Gallery *(www.facebook. com/artsuniquemarahau/info)* in Marahau erzählen von den Mythen der Maori und zählen zu den schönsten ihrer Art.

CHARLOTTE BUEB
Bloggerin für National Geographic Intelligent Travel Blog

Der Park umfasst Buchten, Lagunen, Strände und klare Gewässer, aber auch Marmorschluchten, Granit- und Kalksteinfelsen, ausgedehnte Südbuchenwälder und Regenwald, der dicht ans Meer heranwächst. Benannt ist der Park nach dem niederländischen Entdecker Abel Tasman, der mit seinen Schiffen am 16. Dezember 1642 in der Nähe der Wainui Bay im Norden des Parks vor Anker ging.

Der Haupteingang des Nationalparks im Süden ist **Marahau**, das 20 Kilometer von Motueka entfernt liegt. Von Marahau und weiter südlich von Kaiteriteri aus fahren alle Arten von Schiffen zu moderaten Preisen in den Park hinein. Wer das Boot wählt, kann sich an dem Küstenabschnitt bis

Abel Tasman National Park
🅰 Karte S. 168
Besucherinformation
☎ 03/546-9339
www.doc.govt.nz

Kajakfahrer und Robbe im Abel Tasman National Park

Totaranui irgendwo absetzen und später wieder abholen lassen. Für eine Tagestour lässt man sich mit dem Boot zur Torrent Bay oder Bark Bay bringen und wandert auf dem **Abel Tasman**

Coastal Track nach Marahau zurück.

Der Wanderweg zwischen Marahau und der Wainui Bay, der zu den *Great Walks* (»Großen Wanderwegen«) gehört, ist eine

Höhlenerkundung

Die Karstlandschaft rund um Marlborough und Nelson besteht aus zerfurchten Klippen und einem Höhlengeflecht. Heute trifft man in vielen Höhlen, die einst Grabstätten der Maori waren, auf zahlreiche Abenteuerreisende. Die berühmteste Höhle, Harwood Hole, wurde 1957 entdeckt. Ihr 176 Meter tiefer Einstiegsschacht wurde erstmals erkundet, indem die Leute aus der Umgebung einen Schuljungen an einem Geschirr hinunterließen. 1960 wurde der Gründer des neuseeländischen Vereins für Höhlenforschung von einem losen Felsbrocken erschlagen, als er die Höhle erkundete. Der Bekanntheitsgrad der Höhle zieht Besucher an, aber eine Begehung ist bis heute nicht ungefährlich.

Strecke von 51 Kilometern, die sich in drei bis fünf Tagen zurücklegen lässt. In Torrent Bay und Awaroa können neben Hütten Privatunterkünfte gemietet werden. Das Mündungsgebiet bei Awaroa und der Fluss beim Onetahuti Beach

lassen sich nur bei Ebbe überqueren (vorher über die Gezeiten informieren).

Eine andere Dreitagestour, der Inland Track, führt von der Wainui Bay nach Marahau zurück, allerdings ist dieser Weg durch das Innere des Parks deutlich schwieriger.

Im Norden gelangt man bei Totaranui in den Park. Hier befinden sich ein Büro des Department of Conservation und ein Zeltplatz mit Strand. Viele Wanderer beginnen oder beenden hier den Küstenweg und fahren eine Strecke von/nach Marahau mit dem Boot.

Die Straße von Takaka in der Golden Bay nach Totaranui führt durch das verschlafene Örtchen Pohara, das über einen sicheren Strand verfügt. Kurz hinter dem Hafen von Tarakohe liegen die Ligar Bay und der Tata Beach mit schönen, goldenen Sandstränden. Bald darauf ist die Straße nicht mehr befestigt, aber dafür landschaftlich sehr reizvoll. Auf dem Weg zum Naturpark lohnt ein Abstecher für den 45-minütigen Spaziergang zum Wasserfall Wainui Falls.

Der dritte Parkeingang ist ein wenig genutzter »Hintereingang«. Die unbefestigte Cannan Road führt vom Takaka Hill ins Innere des Parks. Die Gegend, von Marmorschluchten, Kalksteinfelsnasen und unterirdischen Wasserläufen durchzogen, unterscheidet sich deutlich vom übrigen Park. Man kann zwölf Kilometer weit fahren und dann in 45 Minuten zum **Harwood Hole**, einem 176 Meter tiefen Marmorschacht, der direkt in die **Starlight Cave** führt, wandern.

de, von Juni bis August jedoch nur nach vorheriger Anmeldung statt. Hier sind auch Moa-Knochen zu sehen. Nördlich der Ngarua Caves liegt Harwood Hole (siehe Kasten S. 184).

Das entspannte **Takaka**, der Hauptort der Golden Bay, liegt auf der anderen

Golden Bay

🄰 Karte S. 168

Besucherinformation

✉ DOC Golden Bay Area Office, 62 Commercial St., Takaka

☎ 03/525-8026

Bunte Kajaks am Kaiteriteri Beach in Nelson

Golden Bay

Takaka Hill beschützt die Golden Bay. Die Fahrt von Motueka nach Westen ist etwas beschwerlich, aber man wird durch schöne Ausblicke belohnt. Kurz vor der Spitze des Takaka Hill – dem einzigen Ort Neuseelands, wo Marmor abgebaut wird – liegen die **Ngarua Caves** (Tel. 03/528-8093, $$$$). Führungen durch die Höhlen finden zwischen 10 und 16 Uhr zur vollen Stun-

Seite des fruchtbaren Takaka Valley. Das **Golden Bay Museum** (Commercial St., Tel. 03/525-6268, www.goldenbaymuseum.org.nz) beherbergt historische Exponate und ein Diorama von Abel Tasmans Begegnung mit den Maori. Einen Besuch lohnt das **Wholemeal Café** (60 Commercial St., Tel. 03/ 525-9426, www. wholemealcafe.co.nz), ein Lokal im Hippie-Stil mit vielen Köstlichkeiten.

Takaka

🄰 Karte S. 168

Besucherinformation

✉ Willow St.

☎ 03/525-9136

Ein Wasserfall stürzt über einen Felsvorsprung am Cupola Creek, Nelson Lakes National Park

Nelson Lakes National Park

🅰 Karte S. 168

Besucher-information

✉ Visistor Information Center, View Rd., St. Arnaud

☎ 03/521-1806

www.doc.govt.nz

Nordwestlich von Takaka, abseits des SH60 liegen die **Te Waikoropupu Springs** (bekannter als Pupu Springs). Wanderwege verlaufen durch den Wald und entlang einer Wasserbahn, die zu Goldgräberzeiten genutzt wurde. Die Quellen liegen vier Kilometer nördlich der Stadt, nach der Abzweigung fährt man noch drei Kilometer weit.

Von Takaka aus führt die malerische Abel Tasman Road nach Totaranui (siehe S. 184). Ehe man die Stadt erreicht, liegt etwas abseits der Straße die **Rawhiti Cave**. Die Tropfsteinhöhle kann mit Führungen besichtigt werden.

Collingwood ist der letzte Ort vor der Golden Bay und Ausgangspunkt für Ausflüge zum Farewell Spit, zum **Kahurangi National Park** und zum **Heaphy Track** (siehe S. 219), der im Aorere Valley, 28 Kilometer von Collingwood entfernt, beginnt.

Farewell Spit ist eine 35 Kilometer lange, sichelförmige Sandbank, die die Golden Bay schützt und am Cape Farewell, dem nördlichsten Punkt der Südinsel, endet. Der Zugang zu diesem wichtigen Lebensraum für Watvögel ist beschränkt.

Nelson Lakes National Park

Die Gletscherseen Rotoiti und Rotoroa bilden das Herzstück des Nelson Lakes National Park. **St. Arnaud**, an den Ufern des Lake Rotoiti gelegen, ist die Basis für Entdeckungen. In der Nähe liegt auch das **Skigebiet Rainbow**.

Im **Lake Rotoiti** (»kurzer See«) und im 40 Autominuten entfernten **Lake Rotoroa** (»langer See«) wimmelt es von Bachforellen. Kurze Seewanderwege laden zu Spaziergängen ein.

Das Wunderland hinter den Seen erreicht man nur zu Fuß, etwa auf dem fünftägigen **Travers-Sabine**

Circuit, der an imposanten Bergen und abgelegenen Seen vorbeiführt, oder auf dem dreitägigen **Lake Angelus Track**.

INSIDERTIPP

Wenn die Sandfliegen Sie plagen, flüchten Sie sich zu den Bäumen! Die kleinen Monster mögen offenes Wasser und Lichtungen, aber keine dichte Vegetation. Ein weiterer Schutz: Essen Sie Marmite oder Vegemite, die viel Vitamin B enthalten.

KIM FRANCIS
*Gründerin von
Black Sheep Touring Co.*

Murchison

Die Kleinstadt Murchison auf halbem Wege zwischen Nelson und Westport liegt am spektakulären Buller Gorge Heritage Highway (SH6), dem Tor zur Westküste der Insel. 1929 wurde sie durch ein Erdbeben zerstört. Das **Murchison Museum** (60 Fairfax St., Tel. 03/ 523-9392) zeigt Fotos.

Am **Buller River** sind Aktivitäten wie Jetboot- und Kajakfahren oder Wildwasserrafting möglich. 14 Kilometer außerhalb von Murchison, Richtung West-

port, schwebt die **Buller Gorge Swingbridge** (*Tel. 03/523-9809, $$*) über dem tosenden Fluss. Die Hängebrücke eröffnet atemberaubende Aussichten. Hier gibt es eine Seilrutsche, Wanderungen und Jetbootfahrten werden angeboten. ■

ERLEBNIS: WWOOfen

Die Möglichkeit, längere Zeit auf einem Bauernhof als Helfer zu verbringen, gewährt einen einzigartigen Einblick in das Leben auf dem Land in Neuseeland. WWOOF (*Willing Workers On Organic Farms*/»Freiwillige Arbeitskräfte auf ökologischen Bauernhöfen«) ist ein internationales Netzwerk, das solche Aufenthalte organisiert.

In Großbritannien gegründet, hat sich WWOOF seit 1974 auch in Neuseeland etabliert. Die Arbeit wird nicht mit Geld bezahlt; als Gegenleistung für typische Farmarbeiten wie beispielsweise Jäten und Mulchen oder Hilfe bei der Wein- und Käseherstellung oder beim Strohballenbau werden kostenlose Unterkunft und Verpflegung angeboten.

Um ein WWOOFer zu werden, muss man sich bei der Organisation registrieren. Gegen eine geringe Gebühr erhält man eine Liste der rund 1000 teilnehmenden Biobauernhöfe. Die Anmeldung ist online, per Post oder per Fax möglich (*WWOOF NZ, P. O. Box 1172, Nelson 7040, NZ, Tel. & Fax 03/544-9890, www.wwoof.co.nz*).

Da Essen und Unterkunft gestellt werden, betrachtet die neuseeländische Einwanderungsbehörde das WWOOFen als eine bezahlte Tätigkeit und verlangt ein Arbeits- oder Studentenvisum. Einjährige Working-Holiday-Visa sind für 18- bis 30-Jährige aus 26 Ländern, darunter auch Deutschland, in der Regel ohne Hindernisse zu bekommen.

Von der seit ihren Anfängen englisch geprägten Stadt Christchurch quer über die Schafweiden der Plains zu den höchsten Gipfeln der Southern Alps

Christchurch & Canterbury

Straßenbahn und Stechkahn fahren auf dem Avon River: zwei zeitlose Fortbewegungsmittel zur Erkundung von Christchurch

Christchurch & Canterbury

Für viele Besucher ist Christchurch die erste Station auf der Südinsel. Es ist die größte Stadt im Süden und wirkt wie ein Stück England im Pazifik. Einen Kontrast dazu bildet die grandiose Landschaft der Southern Alps.

Christchurch ist das Tor zur Region Canterbury, in der die höchsten Gipfel der Southern Alps in den Himmel ragen. Die Stadt selbst erstreckt sich am Rand der Canterbury Plains. Im Osten wird sie von der Banks Peninsula begrenzt, einer geologischen Kuriosität, die steil aus dem angrenzenden Flachland ragt. Auf diesem großen Aufschluss von Vulkangestein mit ländlichen Hügeln und Buchten lebten einst französische Siedler, die eine französisch geprägte Stadt hinterlassen haben, die zu den herausragenden Sehenswürdigkeiten der Südinsel zählt: Akaroa.

Landeinwärts erstreckt sich das riesige, fruchtbare Farmland der Canterbury Plains bis zu den Ausläufern der Alps. Im Norden liegt das hübsche Städtchen Hanmer Springs, der beliebteste Kurort der Südinsel mit heißen Quellen. Jenseits davon verlaufen mehrere Passstraßen durch die Alps bis an die Westküste.

Der höchste Pass ist Arthur's Pass, der sich durch den gleichnamigen Nationalpark zieht. In dieser alpinen Landschaft trifft man auf verschneite Berggipfel, Skigebiete und schöne Wanderwege.

Der meistbesuchte Abschnitt der Alps erstreckt sich weiter südlich: dort, wo der Aoraki/Mount Cook, der höchste Berg des Landes, aufragt. Die Fahrt von Christchurch dorthin auf der Inland Scenic Route ist eine der schönsten Strecken Neuseelands. Sie verläuft zunächst in südlicher Richtung durch die Canterbury Plains und windet sich dann landeinwärts, an Geraldine vorbei und durch hügeliges Farmland, ehe sie wüstenähnliche Landschaften und schöne Seen erreicht, wie den türkisfarbenen Lake Tekapo. Dahinter lauern im Mount Cook National Park, die Gipfel, an denen Edmund Hillary für die Erstbesteigung des Mount Everest trainierte.

Der Aoraki/Mount Cook ist zweifellos das Juwel der Alpen, aber auch die gesamte umgebende Landschaft ist faszinierend. Ein Höhepunkt ist für viele ein Drink in der Lounge des Hermitage Hotel mit ihren vom Fußboden bis zur Decke reichenden Fenstern. Schon eine kurze Wanderung durch den Nationalpark wird mit herrlichen Panoramablicken belohnt, noch eindrucksvoller aber ist ein Rundflug.

Vom Aoraki/Mount Cook aus führt die Route weiter bis Queenstown in Otago. Entlang des SH1 kommt man auf dem Weg nach Dunedin durch Timaru. ■

Mt. Lyford Skifield

Claverley

PAZIFISCHER OZEAN

Maruia Springs

Lewis Pass

HANMER FOREST

Hanmer Springs

Cheviot

Motunau Beach

Harper Pass

ARTHUR'S PASS NATIONAL PARK

Waipara

Pegasus Bay

Goat Pass

Otira

Temple Basin Skifield

Arthur's Pass

Harman Pass

Mt. Rolleston

Bealey Spur

CRAIGIEBURN FOREST PARK

Porters Pass

Oxford

Willowbank Wildlife Reserve

Int. Antarctic Centre

Orana Wildlife Park

CHRISTCHURCH

SUMMIT RD

Lyttelton

Akaroa

Lyttelton Harbour

Banks Peninsula

Porters Skifield

Mt. Hutt Skifield

Mt. Hutt

Methven

Rakaia

Canterbury Bight

Mt. Somers

Ashburton

Rangitata

AORAKI/MT. COOK NATIONAL PARK

SOUTHERN ALPS

Tasman Glacier

Aoraki/Mt. Cook 3,754m

Aoraki/Mt. Cook

Lake Tekapo

Geraldine

Mt. Dobson Skifield

Fairlie

Caroline Bay

Lake Pukaki

Burkes Pass

Lake Tekapo

TIMARU

Twizel

Wasserkraftwerk Upper Waitaki

Lake Ruataniwha

Lake Benmore

Lake Ohau

Ohau Skifield

Zur Orientierung

Auckland

Wellington

Christchurch

Neuseeland

0   40 Kilometer

Christchurch

Christchurch, Neuseelands zweitgrößte Stadt, hat sich von den Erdbeben 2010 und 2011 rasch erholt. Trotz des Verlusts vieler historischer Gebäude konnte sich die Stadt ihren sehr »englischen« Charakter erhalten. Ihren Besuchern hat sie viel zu bieten: Museen, Kunstgalerien, große Rasenflächen und die Stechkähne auf dem Avon. Von hier aus kann man viele Ausflüge unternehmen, so etwa in die ehemals französische Siedlung Akaroa.

Der Peacock Fountain am Canterbury Museum

Christchurch

🅰 Karte S. 191

Besucher-information

✉ Botanic Gardens, Rolleston Ave.

☎ 03/379-9629

www.christchurchnz.com

Geschichte

Von den Port Hills, über die die ersten europäischen Siedler nach ihrer Ankunft im Lyttelton Harbour hierher kamen, erstreckt sich Christchurch flach und gitterförmig landeinwärts.

Christchurch war eine geplante Siedlung der Church of England. Ab 1848 begann die Canterbury Association, die Edward Gibbon Wakefield (1796–1862) und John Robert Godley (1814–61) gegründet hatten, Siedler für die Canterbury Plains zu werben. Sie orientierte sich dabei an der englischen Klassengesellschaft, das heißt, die Arbeiter und Handwerker, die 1850 auf den ersten vier Schiffen ankamen, sollten dem Landadel dienen. Und so kam es auch: Auf den Schaffarmen in den Plains entwickelte sich schnell eine wohlhabende Oberschicht, und schon bald verwandelte sich die Siedlung in ein Städtchen.

Die einst so schäbigen Siedlungen wichen luxuriösen Villenvierteln. Die Wollbarone bauten sich im Vorort Fendalton noble Herrenhäuser und unterstützten den Bau von Privatschulen für ihre Kinder. Parks und neoklassizistische Gebäude schmückten die Stadt. Die neue Aristokratie schuf im Südpazifik ein zweites, versnobtes England. Erst in jüngerer Zeit lockerte sich die soziale Hierarchie durch den Zuzug von Einwanderern.

Die größten Veränderungen brachten jedoch die beiden Erdbeben 2010 und 2011 (siehe S. 196) mit sich.

INSIDERTIPP

Im Januar treffen sich in Christchurch die weltbesten Straßenkünstler zum World Buskers Festival. Der Eintritt kostet nicht viel mehr als das Kleingeld in der Hosentasche.

DAVID LUNDQUIST
National Geographic-Experte

Cathedral Square

Cathedral Square bildete das Herz der Altstadt und war bis zum Erdbeben von historischen Gebäuden gesäumt. Wie viele davon

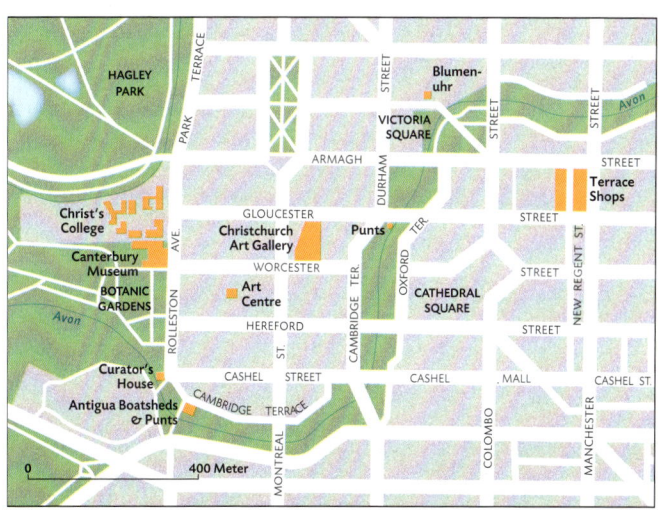

wiederhergestellt werden können, ist noch nicht abzusehen. Der Platz liegt im Mittelpunkt der »roten Zone«, die zwei Jahre lang nicht betreten werden durfte. Seit 2013 werden Gebäude und Straßen langsam wieder zugänglich gemacht und auch die Menschen strömen wieder herbei.

Christchurch bei Nacht

Auch das Nachtleben wurde durch die Erdbeben schwer beeinträchtigt. Die Bars und Pubs der westlichen Vorstädte profitierten von dem plötzlich wesentlich kleineren Angebot an Lokalen anderswo.

Im **Christchurch Casino** (30 Victoria St., www.chch casino.co.nz) in der Innenstadt treten Bands mit Coverversionen von Achtzigerjahreklassikern auf.

Dux Live (363 Lincoln Rd., Addington, www.duxlive.co. nz) ist ein beliebter Pub, der Biere aus eigener Brauerei, Bands und vegetarisches Essen zu bieten hat.

Pomeroy's Old Brewery Inn (292 Kilmore St., www. pomeroysonkilmore.co.nz). Biere von kleinen Brauereien, Themenabende und Livemusik nordöstlich vom Stadtzentrum.

Der schwerste Verlust war die von 1864 bis 1904 erbaute und nach der Universitätskirche von Oxford benannte **ChristChurch Cathedral**, das Wahrzeichen der Stadt. Die Kirche war bei dem Beben so schwer beschädigt worden, dass die anglikanische Kirche schließlich den Abriss in Auftrag geben musste. Die Befürworter des Erhalts der Kathedrale prozessieren noch. Als Zwischenlösung wurde weiter westlich, an der Ecke Hereford und Madras Street, eine

von dem japanischen Architekten Shigeru Ban entworfene Kathedrale teilweise aus Karton errichtet. Erhalten geblieben ist das **Old Post Office** aus dem Jahr 1897, das jedoch bis zu seiner Restaurierung noch geschlossen bleiben wird.

Um den Cathedral Square wieder als Treffpunkt attraktiv zu machen, hat die Stadtverwaltung bereits Ende 2011 den **Food Truck Market** rund um die baufällige Kathedrale ins Leben gerufen. Er findet von November bis März jeden Freitagnachmittag bis zum späten Abend statt. Dann bieten Dutzende mobile Garküchen Gerichte aus aller Welt an. Inmitten der Trümmer entstand auch die **Re:START Mall** (www. restart.rg.nz), ein provisorisches Einkaufszentrum aus bunt angemalten Schiffscontainern südwestlich vom Cathedral Square in der Cashel Street. Gleich nebenan befindet sich die **Quake City** (99 Cashel Street, Tel. 03/ 365-8375, $$$$, www.quake city.co.nz), ein Museum, das seinen Besuchern die schweren Stunden des Bebens und seine Folgen nahebringt.

Nordöstlich vom Platz hat die pastellfarbene, 1932 im spanischen Missionsstil erbaute Terrace Shops an der **New Regent Street** wiedereröffnet. Hier sind die schönsten Cafés und Bars der Stadt auf einem Fleck versammelt.

Frühling im Hagley Park

Cultural Precinct

Zwischen dem westlichen Abschnitt des Worcester Boulevard und den Botanic Gardens befinden sich mehrere kulturelle Einrichtungen, weshalb man diese Gegend auch **Cultural Precinct** nennt. Viele der eher niedrigen Gebäude überstanden die Erdbeben.

Die Ufer des sich durch die Stadt schlängelnden **Avon** bilden die grüne Lunge der Stadt. Der im Norden an der Colombo Street liegende **Victoria Square** wird diagonal vom Fluss durchschnitten. Den hübschen Park zieren Statuen von Königin Viktoria und Kapitän Cook. Eine Fußgängerbrücke führt über den Fluss zur Blumenuhr und zum modernen Rathaus.

Die mitten im Precinct gelegene **Christchurch Art Gallery** ist ein eindrucksvolles modernes Gebäude, in dem u. a. eine große Sammlung moderner und zeitgenössischer Kunst aus Canterbury untergebracht ist. Die Erdbeben beschädigten die Glasfassade, Deckenkonstruktionen und Installationen im Gebäude. Die Wiedereröffnung ist für 2016 geplant.

Die ab 1877 errichteten, neogotischen Gebäude des **Arts Centre** *(www.arts centre.org.nz)* am Worcester Boulevard trafen die Erschütterungen derart, dass ihre Restaurierung noch einige Jahre in Anspruch nehmen wird. Bis 1974 beherbergten sie die University of Canterbury, danach zogen Werkstätten, Galerien und Ateliers hier ein.

Der Worcester Boulevard mündet in die Rolleston Avenue. Hier trotzte das **Canterbury Museum**, ein Sammelmuseum alter Schule, sowohl dem Zahn der Zeit als auch den Beben. Das

**Christchurch
Art Gallery**

🅰 Karte S. 193

✉ Worcester Blvd.
& Montreal St.

☎ 03/941-7300

**www.christchurch
artgallery.org.nz**

**Canterbury
Museum**

🅰 Karte S. 193

✉ Rolleston Ave.

☎ 03/366-5000

**www.canterbury
museum.com**

Die Erdbeben von Christchurch

Am 4. September 2010 trat um 4.25 Uhr 40 Kilometer westlich der Stadt ein Erdbeben der Stärke 7,1 auf. Gebäude stürzten ein, Straßen brachen auf und wurden angehoben, Wasserrohre barsten, aber weil die Menschen in ihren Häusern und die Straßen leer waren, gab es keine Todesopfer. Niemand ahnte, dass dies nur Vorläufer der Katastrophe am 22. Februar 2011 waren.

Die Cathedral of the Blessed Sacrament nach dem Erdbeben im Februar 2011

Das Erdbeben von 2011

Das in nur fünf Kilometer Tiefe unterhalb des südöstlichen Stadtrands mitten am Tag aufgetretene Erdbeben der Stärke 6,3 löste eine Welle der Zerstörung aus. Häuser wurden auseinandergerissen, Menschen in die Luft geschleudert. Mehr als 185 Tote waren zu beklagen, über die Hälfte von ihnen hatte sich im sechsstöckigen Canterbury Television Building aufgehalten.

Das von den »vier Avenues« (Bealey, Fitzgerald, Moorhouse und Deans) eingerahmte Stadtzentrum war am stärksten betroffen. In sich zusammenfallende Hochhäuser forderten die meisten Todesopfer. Ein Viertel aller Gebäude erlitt irreparable Schäden und musste abgerissen werden. Durch

Verflüssigung des Bodens in den östlichen Vorstädten entstanden 400 000 Tonnen Schlamm, die viele Häuser überfluteten. Einige Gebiete können nicht wieder bebaut werden. Insgesamt wurden an die 100 000 Häuser beschädigt und 10 000 zerstört. Wer in seinem Haus bleiben konnte, hatte weder Strom noch Wasser, Kanalisation und Straßen waren nicht mehr benutzbar.

Im Juni und Dezember 2011 erschütterten starke Nachbeben die Stadt. Manche Bewohner zogen fort. Sie fühlten sich in Christchurch nicht mehr sicher. Die Mehrheit aber tat sich zusammen, um die Stadt mit Helfern aus ganz Neuseeland wiederaufzubauen. Tausende von Freiwilligen beteiligten sich an den Aufräumarbeiten.

Die Red Zone

Das Herz der Altstadt rings um die Kathedrale wurde zur »roten Zone« erklärt, die nicht betreten werden durfte, nun aber allmählich kleiner wird (aktuelle Informationen auf Website der **Canterbury Earthquake Recovery Authority** *www.cera.govt.nz*). Der Schutt der Ruinen ist beseitigt, überall sind Baustellen. Bis alle Spuren beseitigt sind, wird es jedoch noch Jahre dauern. Die Pläne für den Wiederaufbau sehen eine an die Erdbebengefahr angepasste ökologische Hightech-Stadt vor. Man geht davon aus, dass die Wiederaufbaumaßnahmen die Wirtschaft stark ankurbeln und so die Stadtentwicklung fördern werden. ∎

Moa-Diorama vermittelt einen Eindruck von den gefiederten Riesen, und in anderen Ausstellungen sind so gut wie alle neuseeländischen Vogelarten vertreten. Die Antarktis-Ausstellung wirkt im Vergleich zu der moderneren am Flughafen (siehe S. 199) etwas verstaubt, veranschaulicht aber durchaus die Schwierigkeiten der ersten Expeditionen.

Unmittelbarer Nachbar des Museums ist das **Christ's College**. Die 1850 als Knabenschule gegründete Lehranstalt verkörpert englische Traditionen, wie die schwarz-weißen Krawatten und Blazer der Schüler ahnen lassen. Zu den Gebäuden zählt die 1863 erbaute, heute als Bibliothek genutzte **Big School**.

Die **Christchurch Tramway** (Tel. 03/366-7830, www.tram.co.nz, $$$$) stellte 1954 den Dienst ein, doch seit 1995 zuckeln die Straßenbahnen auf einer Touristenlinie mit 17 Stationen wieder durch die Stadt.

Wenn Sie vom Canterbury Museum auf der Rolleston Avenue nach Süden gehen, passieren Sie den Eingang der **Botanical Gardens** und das **Curator's House** (Tel. 03/379-2252), eine kleine Neo-Tudor-Villa von 1920. Die ehemalige Dienstwohnung des Gartenkurators ist heute ein Restaurant.

Südlich des Flusses stehen die 1882 erbauten Bootshäuser **Antigua Boatsheds** (2 Cambridge Terrace, Tel. 03/366-6768). Zu ihrer Blütezeit gab es einen Aufenthaltsraum für die wartenden Damen und sonntags Livemusik. Heute kann man Räder und Boote mieten und im Café sitzen. Die Bootshäuser sind heute auch das Hauptquartier von **Punting on the Avon** (Tel. 03/366-0337, www.punting.co.nz, 30 Min., $$$$$). Die mit englischem Strohhut ausstaffierten Stechkahnführer neh-men ihre Passagiere mit auf eine Fahrt auf dem Fluss. Sie können die Kahnfahrt auch an der **Gloucester Street Bridge** beginnen.

Folgen Sie von den Boatsheds aus **Cambridge Terrace** und gehen Sie über den Fluss zur **Oxford Terrace** mit ihren Restaurants und Bars.

Der Zauberer von Neuseeland

Eine ganz besondere Attraktion in Christchurch ist der Wizard. Alljährlich im Sommer erscheint der »Zauberer« auf dem Cathedral Square, um lautstark zu sinnieren und über alles Erdenkliche herzuziehen, von der englischen Monarchie bis zur Globalisierung und Chinas wachsendem Einfluss in dem Welt.

Gewandet in traditionelles Schwarz und mit einem kegelförmigen Hut, versteht er sich selbst als ein »lebendes Kunstwerk«, das 1974 nach Christchurch einwanderte. Anfangs wollten die Stadtherren ihn vertreiben, aber irgendwie hat er sie wohl verzaubert und gilt seither als der größte Exzentriker Neuseelands.

Geboren wurde er 1932 als Ian Brackenbury Channell in England, wo er als wissenschaftlicher Mitarbeiter an einem Lehrstuhl für Soziologie arbeitete, ehe er sich der Kosmologie und Esoterik zuwandte. Er besitzt sogar eine Website: www.wizard.gen.nz.

Nach der Sperrung des Cathedral Square irrte er eine Weile durch den Kosmos, kehrte aber schließlich an seine alte Wirkungsstätte zurück – um lautstark gegen den Abriss des Stadtwahrzeichens zu wettern.

City Gardens

Die frühen Siedler fanden die Sumpfebene von Christchurchs ziemlich trist und machten sich bald daran, das zu ändern. Im 160 Hektar großen **Hagley Park** am Rand der Innenstadt gibt es viel Grün, künstliche Seen, einen

**Christchurch
Gondola**

✉ 10 Bridle Path
Rd.

☎ 03/384-0310

$ $$$$

www.gondola.co.nz

Golfplatz, Wander- und Radwege und botanische Gärten. Die **Botanic Gardens** wurden 1863 mit der Pflanzung einer englischen Eiche zur Feier der Hochzeit von Königin Viktorias ältestem Sohn mit Prinzessin Alexandra von Dänemark eingeweiht. In den 30 Hektar großen Anlagen gedei-

Canterbury Plains. Christchurchs Bewohner nutzen sie als Naherholungsgebiet. Die ersten Siedler kamen über den **Bridle Path**, der bis zum Bau des Eisenbahntunnels 1867 die einzige Verbindung zwischen Christchurch und Lyttelton blieb.

Der vorausschauender Volksvertreter Harry Ell

Das berühmte Johnson's wurde nach dem Erdbeben wiedereröffnet

hen über 10 000 exotische und einheimische Pflanzen.

Westlich des Hagley Park liegt **Mona Vale Estate** (*63 Fendalton Rd, Riccarton*). Das 1899 gegründete prächtige Anwesen mit Park erstreckt sich an beiden Ufern des Avon. Damals befand es sich im Besitz der Deans, einer der ersten Siedlerfamilien, die sich hier niederließen.

Die Vororte von Christchurch

Die **Port Hills**, die die Stadt einrahmen, bilden einen Kontrast zu den flachen

(1862–1934) betrieb erfolgreiche Lobbyarbeit für ein Netz von Naturreservaten in der Hügellandschaft die **Summit Road** entlang, das man heute mit dem Auto erkunden kann. Zu seinen Plänen gehörte auch das 1918 erbaute **Sign of the Takahe**. Das Gasthaus im Stil eines englischen Herrenhauses aus dem Mittelalter liegt an der Dyers Pass Road, auf halbem Weg zur Summit Road. Seit den Erdbeben ist es geschlossen.

Von der **Christchurch Gondola** aus eröffnen sich

an einem klaren Tag herrliche Ausblicke bis zu den Southern Alps. Vom Parkplatz an der Tunnel Road fährt die Seilbahn jeden Tag bis 21 Uhr zum Gipfel der Port Hills mit Restaurant und Museum.

Christchurch hat sich schon immer an England orientiert, hat aber auch eine Affinität zum Südpol. Im **International Antarctic Centre** am Flughafen kann man interaktive Exponate und Filme über den eisigen Kontinent sehen. Zu den Highlights gehören Zwergpinguine und der Antarktisraum: Darin kann man, in eine arktistaugliche Montur gekleidet, einen Schneesturm erleben. Will man auch die Fahrt mit dem Hägglund-Mobil und andere Extras mitnehmen, empfiehlt es sich, den Xpress Pass zu kaufen.

Nordwestlich der Stadt, etwa acht Kilometer hinter dem Flughafen, liegt der **Orana Wildlife Park** (*Tel. 03/359-7109, www.orana wildlifepark.co.nz, $$$$$*), ein großer Zoo mit Giraffen, Löwen und Tigern, aber auch Kiwis und anderen einheimischen Vogelarten. Die Fütterungen der Tiere sind ein absolutes Highlight.

Wesentlich kleiner, aber landschaftlich schöner ist der **Willowbank Wildlife Park** (*60 Hussey Rd., Tel. 03/ 359-6226, www.willowbank. co.nz, $$$$$*) mit seiner Sammlung von Kleintieren aus aller Welt, einer Farm

mit Haustieren und mit einem Kiwi-Gehege.

Banks Peninsula

Gleichsam an der Türschwelle zu Christchurch liegt die Halbinsel **Banks Peninsula**, entstanden durch gewaltige Vulkanausbrüche und von

Captain Cook nach seinem Botaniker Joseph Banks benannt. Die Maori schätzten ihre Wäldernund Fischgründe ebenso wie die frühen Siedler. Sie war der Schauplatz des historischen Zwischenspiels um Akaroa, als Frankreich versuchte, in Neuseeland Fuß zu fassen.

Lyttelton mit seinem Meeresblick und hübschen Cottages, ist eine 12 Kilometer westlich gelegene Satellitenstadt von Christchurch. Die durch den Tunnel unter den Port Hills erreichbare Stadt bietet stimmungsvolle Hafenkneipen und eine Bar- und Caféscene.

Lyttleton hat unter den Erdbeben sehr gelitten und

International Antarctic Centre

- Karte S. 191
- 38 Orchard Rd., Christchurch
- 03/357-0519
- $$$$$

www.iceberg.co.nz

Hector-Delfine

Im Jahr 2015 lebten nur noch 7200 Hector-Delfine im Meer rund um die Südinsel – weltweit die einzigen Gewässer, in denen sie vorkommen. Man erkennt sie an ihren runden schwarzen Rückenflossen, von den Einheimischen scherzhaft »Mickymausohren« genannt. Da die Tiere im seichten Wasser leben, werden sie häufig von Schiffen verletzt, oder sie verfangen sich in Fischernetzen, in denen sie qualvoll verenden. Es gibt zwar Maßnahmen zum Schutz, bisher jedoch mit geringem Erfolg. Denn die Population wächst nur langsam, da die Weibchen nur alle zwei oder drei Jahre ein Junges gebären.

Akaroa

📍 Karte S. 191

Besucher-information

✉ 74a Rue Lavaud

☎ 03/304-7784

www.akaroa.com

Akaroa Museum

✉ 71 Rue Lavaud

☎ 03/304-1013

💲 Einritt frei

www.akaroamuseum.org.nz

The Giant's House

✉ 68 Rue Balguerie

☎ 03/304-7501

www.thegiantshouse.co.nz

viele historische Gebäude verloren, auch die neogotische **Timeball Station**. Von 1876 bis 1934 wurde dort täglich eine Kanonenkugel in die Höhe gezogen und fallen gelassen, zur Übermittlung der Greenwich-Zeit an die Schiffen im Hafen.

85 Kilometer von Christchurch entfernt liegt **Akaroa**, das Juwel der Halbinsel mit engen Straßen und Kolonialgebäuden. Die Stadt wurde von dem Walfänger-Kapitän Jean Langlois gegründet, der im Jahr 1840 60 französische Siedler um die halbe Welt dorthin lockte. Als die Siedler ankamen, war jedoch der Vertrag von Waitangi (siehe S. 90f) bereits unterzeichnet, und sie wurden von der britischen Flagge begrüßt. Obwohl nach ihnen englische und deutsche Siedler auf die Südinsel kamen, war diese Siedlung stark französisch geprägt – die Straßen bekamen französische Namen und die Cottages wurden im französischen Provinzstil erbaut.

Im Interesse des Tourismus hat man das französische Erbe wieder aufleben lassen: Die Cafés servieren französische Küche, Straßen wie Lavaud und Cross heißen seit 1968 wieder Rue Lavaud und Rue Croix. Dem besonderen Charme der beschaulichen Stadt hat das nicht geschadet. Ihre Geschichte kann man im **Langlois-Eteveneaux House** verfolgen, das heute wie das alte **Court House** und das **Customs House**, zum Akaroa Museum gehört.

Ein Spaziergang durch das Hafenviertel und die von hübschen Cottages und Kirchen gesäumten Straßen gibt einen guten Eindruck. Sehr sehenswert ist auch **The Giant's House**, die Wirkungsstätte der Künstlerin Josie Martin.

Im Informationszentrum kann man viele Aktivitäten buchen. Bei den als Wildlife Tours deklarierten Hafenrundfahrten sieht man Delfine und Pinguine (siehe Kasten S. 199). ■

Die »Nimrod«-Expedition

Am 1. Januar 1908 setzten Ernest Shackleton und seine Mannschaft in Lyttelton die Segel der »Nimrod« gen Südpol. In der Antarktis angekommen, wollten sie Hunde, Ponys und ein Automobil einsetzen, um den Südpol zu erreichen. Die Rückkehr zur antarktischen Küste dauerte länger als erwartet. Als sie die Küste erreichten, mussten sie feststellen, dass die »Nimrod« bereits auf dem Heimweg war. Als letzten Rettungsversuch setzte Shackleton das Wohnzelt in Brand, in der Hoffnung, von der »Nimrod« aus könne man Feuer und Rauch noch sehen. Und glücklicherweise geschah es: Das Schiff kehrte zurück und holte die Männer an Bord.

ERLEBNIS: Surfkurse

Mit seiner extrem langen Küstenlinie ist Neuseeland ein wahres Surferparadies. Surfen ist bei Kiwis und Besuchern gleichermaßen beliebt, doch abseits der ausgetretenen Pfade gibt es außerhalb der Sommersaison relativ ruhige Surfstrände.

Für Anfänger werden an zahllosen Orten des Landes Surfkurse angeboten – im Unterschied zu entsprechenden Kursen auf Hawaii und in Australien auch für kleinere Gruppen.

Die Surfschulen stellen Boards und Anzüge zur Verfügung. Letztere sind ein Muss in den oft kühlen Gewässern Neuseelands. Im Norden genügt im Sommer ein kurzer Neoprenanzug, aber im Süden braucht man grundsätzlich einen langen.

Der 1966 gedrehte Surf-Filmklassiker *The Endless Summer* hat Raglan (auf der Nordinsel) auf die Surf-Weltkarte gesetzt, und noch immer ist es der berühmteste Surfstrand Neuseelands. Die Surfschulen in Raglan bieten 3,5-Stunden-Kurse an.

In Auckland konzentrieren sich Surfstrände und Surfschulen überwiegend an der Westküste, wie Muriwai Beach bei Waimauku.

Auch die Ostküste der Nordinsel kann mit guten Surfstränden und -schulen aufwarten, vor allem bei Gisborne und Mount Maunganui.

Die meisten Surfschulen der Südinsel liegen an der Ostküste bei Kaikoura, Christchurch und Du-

Ein Surfer am Wainui Beach bei Gisborne auf der Nordinsel

nedin, wo man an den Stadtstränden ausgezeichnet surfen kann. **New Zealand Surfing** (www.surfingnz.co.nz) verfügt über eine Liste der einzelnen Surfschulen, eine Auswahl folgt unten. Weitere Infos erhält man in den Touristeninformationen vor Ort.

Aotearoa Surf
11 Te Arai Point Road, Te Arai, Tel. 09/431-5760
www.aotearoasurf.co.nz
Catlins Surf
601 Curio Bay Rd., Catlins, Tel. 03/2468-552
www.catlins-surf.co.nz
Muriwai Surf School
458 Motutara Rd., Muriwai Beach,

Tel. 021/478-734,
www.muriwaisurfschool.co.nz
New Zealand Surf School
Marine Parade, Mount Maunganui,
Tel. 021/477-873
www.nzsurfschool.com
Rapua Adventures
P. O. Box 17509, Greenlane, Auckland, Tel. 09/828-0426
www.rapuaadventures.com
Raglan Surfing School
5 Whaanga Rd., Whale Bay, Raglan
Tel. 07/825-7873
www.raglansurfingschool.co.nz
WOW Surf School
Wainui Beach, Gisborne, Tel. 022/313-0213
www.wowsurfschool.com

North Canterbury

North Canterbury ist vielen lediglich als Durchreisestation auf dem Weg ins nördliche Marlborough oder an die Westküste bekannt. Doch in Hanmer Springs kann man in den schönsten heißen Quellen der Südinsel baden, und der Arthur's Pass National Park ist für seine herrliche Landschaft bekannt.

Ein Bad in den heißen Quellen von Hanmer Springs

Lewis Pass

🅼 Karte S. 191

**Besucher-
information**

✉ 40 Amuri Ave.,
Hanmer Springs

☎ 03/315-0020

**www.visithurunui.
co.nz**

Von Christchurch zum Lewis Pass

Der Lewis Pass ist eine der drei Hauptrouten durch die Southern Alps zur Westküste der Südinsel. Man nimmt den SH1 nördlich von Christchurch und biegt bei Waipara auf den SH7 ab. Der Highway ist wenig befahren und zieht sich durch Farmland und Wälder.

Zwischen Hanmer Springs und Kaikoura (siehe S. 177)

lohnen nur wenige Orte entlang des SH1 einen Aufenthalt. Für Weinliebhaber bildet Waipara eine Ausnahme.

Schon seit Langem rangiert **Pegasus Bay** (Tel. 03/ 314-6869) unter Neuseelands besten Weingütern, vor allem wegen seiner Riesling-, Chardonnay- und Pinot-noir-Weine. Das Restaurant serviert Gerichte aus einheimischen Produkten. Die **Mud House Winery**

(Tel. 03/314-6900) ist mittlerweile eines der größten Weingüter des Landes und bietet eine große Produktpalette. Sein Restaurant ist sehr empfehlenswert. **Waipara Springs Winery and Cafe** (Tel. 03/ 314-6777), direkt an der Hauptverkehrsstraße, lockt mit einer rustikalen Weinbar, einem Café und Köstlichkeiten aus lokaler Produktion.

81 Kilometer nördlich von Waipara liegt **Hanmer Springs** an einem hoch gelegenen Talbecken. Mit seinen Thermalquellen zieht das Heilbad schon seit dem 19. Jahrhundert Besucher an. Das Städtchen hat einen Bäderkomplex direkt an der Hauptstraße, mit einer Reihe von Felsenpools, die mit 35 ° C heißem Quellwasser gefüllt sind.

Das Angebot an Unterkünften und das Freizeitangebot in Hanmer Springs sind groß. Im **Hanmer Forest** kann man ausgedehnte Wanderungen unternehmen. Im Winter bietet Hanmer zwei kleine Skigebiete. Auf dem Waiau River kann man sich beim Jetbootfahren und Wildwasserrafting vergnügen. Bungee-Jumping wird an einer malerischen Brücke außerhalb der Stadt geboten.

Der **Lewis Pass** ist die nördlichste der drei großen Gebirgsüberquerungen in den Southern Alps und war einst eine Handelsroute der Maori. Mit nur 864 Metern Höhe ist er niedriger und leichter zu bewältigen als der Arthur's Pass (siehe S. 204f), außerdem verstopfen hier im Sommer keine Camperkolonnen die Straßen.

Nördlich vom Pass

Nordwestlich des Lewis Pass liegt **Maruia Springs** (Tel. 03/523-8840, www. maruiasprings.co.nz), ein kleines Heilbad, das sich in ein dicht bewaldetes Tal einschmiegt.

Japanische Bäder

Das japanische Bad (onsen) ist mehr auf Geselligkeit als auf Schrubben ausgerichtet und wird weltweit immer populärer. Bevor man es betritt, muss man sich gründlich waschen. Das Bad selbst ist tiefer und heißer als sein westliches Gegenstück – eine Art Zen-Badewanne. Traditionell waren die onsen gemischte Bäder, heute wird meist nach Geschlechtern getrennt.

In jüngster Zeit haben japanische Investoren die Badekultur ihrer Heimat (siehe Kasten) in den entlegenen Ort gebracht, mit nach Geschlechtern getrennten Badehäusern und individuellen Bademöglichkeiten. Am besten kann man die Felsenpools an einem Wintertag genießen, wenn Schneefall die Umgebung verschönert.

Hanmer Springs
Karte S. 191

Hanmer Springs Thermal Pools & Spa
42 Amuri Ave.
03/315-0000
$$$$
www.hanmersprings.co.nz

ERLEBNIS: Auf Bergtour

Lange Zeit waren die schnee- und eisbedeckten Hänge der Southern Alps Trainingsstätte für die weltbesten Bergsteiger, unter anderem für Sir Edmund Hillary, der gemeinsam mit dem Sherpa Tenzing Norgay im Jahr 1953 als Erster den Mount Everest bezwang. In den Southern Alps legte Hillary die Grundlagen für diese exzellente Leistung, denn hier ragen 19 Gipfel mehr als 3000 Meter hoch in den Himmel, von denen der höchste der Aoraki/Mount Cook mit 3750 Metern ist.

Die Routen reichen von einfachen Bergwanderungen bis zum Eisklettern und Bergsteigen mit kompletter Ausrüstung. Auch Alpinwanderungen und Kletterausflüge sind im Angebot. Für professionelle Bergsteiger ist der **New Zealand Alpine Club** (*www.alpineclub.org.nz*) die beste Anlaufstelle, er verwaltet auch die meisten Berghütten. Für die Trainingskurse benötigt kein Vorkenntnisse, aber eine gute Kondition. Grundkentnisse im Klettern und im Umgang mit Seilen sind von Vorteil.

Arthur's Pass

Der kürzeste Weg von Christchurch zur Westküste führt auf dem SH73 über den Arthur's Pass, mit 920 Metern der höchste von drei Hauptpässen über die Southern Alps. Viele Jahre lang galt das kurvenreiche Joch als besonders gefährlich, vor allem in den Serpentinen außerhalb von Otira. Durch Baumaßnahmen konnte die Situation entschärft werden.

Die Strecke wird von gleißenden Berggipfeln flankiert und ist ausgesprochen spektakulär. Verkehrsgünstiger ist allerdings die Bahnverbindung zwischen Christchurch und Greymouth, wohl Neuseelands schönste Bahnstrecke. Der TranzAlpine verkehrt täglich in beide Richtungen und durchfährt dabei den acht Kilometer langen **Otira-Tunnel**, der bereits 1923 fertiggestellt wurde.

Der Tunnel beginnt bei **Arthur's Pass Village**, dem größten Ort in dieser Gegend, fünf Kilometer südlich des Passes gelegen. Der alpine Weiler hat zwar nur 50 Einwohner, wird aber pro Jahr von etwa 25 000 Touristen frequentiert. Es gibt dort ein Restaurant, an dem auch Keas (siehe Kasten S. 216) gehalten werden, sowie Unterkünfte für all die Wanderer, Bergsteiger und Skifahrer, die es in den **Arthur's Pass National Park** zieht.

Der 114 500 Hektar große Nationalpark erstreckt sich mit insgesamt 16 Berggipfeln, die höher als 2000 Meter aufragen, über die Southern Alps. Die Flora im Park reicht von Südbuchenwäldern im Osten bis zum Regenwald an den westlichen Berghängen. Man kann hier hervorragend wandern, sei es nur einige Stunden oder auf dem zweitägigen **Goat Pass Track**, dem fünftägigen

Harper Pass Track oder auf der schwierigeren Route des Harman Pass. Selbst auf kürzeren Routen sollte man eine gute Ausrüstung mit sich führen und auf wechselhaftes Wetter gefasst sein. Die jährliche Niederschlagsmenge im Park liegt immerhin bei 450 Zentimetern, und es kann jederzeit schneien.

Um einen ersten Eindruck von der Schönheit des Parks zu gewinnen, genügt bereits eine einstündige Wanderung zum **Devil's Punchbowl Waterfall**. Sie beginnt am Parkplatz an der Punchbowl Road, nördlich des Dörfchens. Den Wasserfall kann man schon von der Straße aus sehen, aber so richtig erlebt man ihn erst während der Wanderung durch die schönen Südbuchenwälder. Vom selben Parkplatz aus führt eine 90-minütige Wanderung zu den **Bridal Veil Falls**.

Der **Dobson Nature Walk** führt vom Pass aus bergab – eine etwa 30-minütige, herrliche Wanderung durch die alpine Landschaft. Auch der 3,5 Stunden lange **Bealey Valley Walk** bis an den Fuß des Mount Rolleston ist jede Anstrengung wert. Der Wanderweg beginnt zwei Kilometer nördlich des Weilers und führt durch Südbuchenwälder und Graslichtungen, ehe er bei The Chasm den Bealey River überquert.

Wesentlich anspruchsvoller ist die Wanderung zum **Temple Basin**, dem nahe ge-

legenen Skigebiet. Sie beginnt am Pass und dauert insgesamt drei Stunden. Dabei kann man wundervolle Ausblicke auf die Bergwelt und im Sommer die Wildblumenblüte genießen.

Skigebiete: Vor dem Arthur's Pass überquert die Straße von Christchurch den **Porters Pass**. Dort in der Nähe, in der Craigieburn Range, liegt – nur 89 Kilometer von Christchurch entfernt – ein Skigebiet. Weitere Gebiete sind Craigieburn und Mount Cheeseman.

INSIDERTIPP

Ein besonderes Erlebnis sind Pferdetreks oder Fahrten mit einer alten Postkutsche durch das Rubicon Valley nicht weit vom Arthur's Pass.

OLIVER FÜLLING
Reiseführerautor und Reiseleiter

Am **Mount Hutt**, dem Christchurch nächstgelegenen Skigebiet, dauert die Skisaison von Juni bis Oktober, und das Skigebiet gilt als eines der besten im Land.

Das nahe gelegene **Methven** ist im Sommer ziemlich verschlafen, aber im Winter geht es beim Après-Ski heiß her. Ganzjährig hat der Ort Aktivitäten wie Angeln, Golf, Jetbootfahren, Wandern und Mountainbiking zu bieten. ∎

Arthur's Pass National Park

▲ Karte S. 191

Besucherinformation

✉ SH73, Arthur's Pass Village

☎ 03/318-9211

Rubicon Valley

▲ Karte S. 191

Rubicon Valley Horse Treks

✉ Rubicon Rd., Kowai Bush, Springfield

☎ 03/318-8886

www.rubiconvalley.co.nz

Skifahren in Neuseeland

In Neuseeland liegen einige der besten Skigebiete auf der Südhalbkugel. Zu den schönsten gehören jene an den Hängen des Vulkans Ruapehu auf der Nordinsel. Mehr Betrieb herrscht jedoch auf der Südinsel, vor allem bei Queenstown und Wanaka sowie in der Gegend um Christchurch.

Touristen und Kiwis zieht es gleichermaßen an die Hänge des Mount Hutt

Im Unterschied zu anderen Ländern verfolgt Neuseeland die Politik des *nature first*: Die Entwicklung von Pisten und Unterkünften ist zugunsten einer intakten Umwelt begrenzt.

Mount Ruapehu

Der Mount Ruapehu bietet die einzigartige Gelegenheit, die Hänge eines aktiven Vulkans hinunterzufahren. Mit seinem dampfenden Kratersee ist er einer der drei aktiven Vulkane im Tongariro National Park.

Vor allem zwei Skigebiete sind zu empfehlen. Vom beliebten Skigebiet

Whakapapa (siehe S. 132) am Nordhang genießt man einen herrlichen Ausblick. Im kleineren **Turoa** an der Südflanke des Berges zieht sich die längste Abfahrt den Berg (722 Meter) hinunter.

Man kann in Whakapapa Village übernachten, sechs Kilometer vom Skigebiet entfernt, aber die meisten Unterkünfte liegen im Nationalpark und in Ohakune (siehe S. 133).

Canterbury

Das zweifellos beste Skigebiet Neuseelands liegt am **Mount Hutt** (siehe

S. 205). Es bietet eine sehr lange Ski-saison. Breite Hänge erlauben erstklassige Abfahrten im Pulverschnee sowie Snowboarding und Langlauf.

Weitere Skigebiete erstrecken sich in der Region Arthur's Pass/Craigieburn Range. Die **Porters Ski Area** ist das wichtigste und liegt Christchurch am nächsten (89 Kilometer).

In North Canterbury versorgt das Heilbad Hanmer (siehe S. 203) zwei weitere kleine Skigebiete: die Pisten bei Hanmer selbst und das familienfreundliche Mount Lyford.

Mackenzie Country

Das etwas abgelegene Mackenzie Country liegt im Schatten des Aoraki/Mount Cook und verfügt über schöne Skigebiete, die in der Regel nicht überfüllt sind.

Der Skiort **Roundhill** nahe dem Lake Tekapo bietet sanft hügelige Pisten für Anfänger und Fortgeschrittene. Das Skigebiet am **Mount Dobson** hat die landesweit größte Piste für Anfänger/Fortgeschrittene.

Das nahe Twizel gelegene **Ohau** (siehe S. 213) hat hervorragende Schneeverhältnisse, unterschiedliches Gelände und Pisten für Fortgeschrittene und Spitzenfahrer.

Wanaka

Der malerische Ort liegt an einem See, eine Stunde nordöstlich von Queenstown. In seiner Umgebung gibt es hervorragende Skimöglichkeiten für alle Schwierigkeitsgrade.

In **Treble Cone** beträgt der Höhenunterschied 705 Meter über drei Talbecken hinweg, wobei man herrliche Ausblicke über die Berggipfel genießt.

Das hoch gelegene **Cardrona** (siehe S. 251 und 253) an der Straße nach Queenstown ist ein familienfreundlicher Skiort. Das Pistenangebot reicht von sanften Hängen für Anfänger bis zu anspruchsvollen Abfahrten für Fortgeschrittene. Von Cardrona aus gelangt man zur **Snow Farm New Zealand**, einem Skilanglaufgebiet mit insgesamt 50 Kilometern Loipen.

Queenstown

Eingebettet in eine herrliche Landschaft am Lake Wakatipu, liegt die Nummer eins unter den Skiorten auf der Südinsel: Queenstown.

ERLEBNIS:
Skiabenteuer

Folgende Skizentren und -gebiete auf der Südinsel u. a. garantieren einen erlebnisreichen Wintersport-Tag:

Quest Snow Centre
Duke St., Queenstown
Tel. 03/450-1970

Mount Hutt Snow Centre
94 Main St., Methven
Tel. 03/302-8811
www.nzski.com

Lake Wanaka
Vier Skiorte
www.lakewanaka.com

Am **Coronet Peak**, der nicht mal eine halbe Stunde von Queenstown entfernt ist, findet man erstklassige Skipisten und herrliche Ausblicke auf den Lake Wakatipu. Am Geburtsort des neuseeländischen Skifahrens hat man freie Auswahl unter allen Schwierigkeitsgraden.

The Remarkables, ein spektakulärer Gebirgszug nahe Queenstown, ist ebenfalls ein beliebter Skiort mit drei Talbecken und Pisten für Anfänger und Fortgeschrittene.

South Canterbury

Wenn man Richtung Süden durch das flache Farmland der Canterbury Plains fährt, erreicht man auf dem SH1 Richtung Dunedin die Stadt Timaru. Die meisten Touristen biegen vor Canterburys zweitgrößter Stadt ab, um die Fahrt zu den Southern Alps und vor allem den Aoraki/Mount Cook zu genießen.

Schafe in einem Pferch, überragt von den Arrowsmith Mountains

Timaru

Karte S. 191

Besucher-
information

2 George St.
(gegenüber der
Bahnstation)

03/687-9997

**www.south
canterbury.org.nz**

Timaru

Timaru, mit 27 000 Einwohnern die größte Stadt im südlichen Canterbury, war ab 1838 eine Walfängerstation. Richtig besiedelt wurde sie jedoch erst im Zuge der 1859 einsetzenden europäischen Einwanderung. Der Name der Stadt geht auf den Maorinamen Te Maru (»Platz des Friedens«) zurück. In der Bucht fanden die Kanus der Maori Schutz.

Auf halbem Weg zwischen Christchurch und Dunedin gelegen, ist Timaru ideal für einen Zwischenaufenthalt am SH1.

Viele der sehenswerten Bauwerke und Straßenzüge aus der Blütezeit der Stadt haben überlebt, vor allem entlang Beswick Street, Cains Street und Barnard Street. Dazu zählt die altmodische **Royal Arcade**, die sich abseits der Stafford

Street erstreckt. Die **St. Mary's Anglican Church** (24 Church St.) wurde 1880 im Stil der englischen Neogotik errichtet. Den Turm kann man besteigen. Die 1911 erbaute **Sacred Heart Basilica** (7 Craigie Ave.) mit Kupferdach am südlichen Ende der Hauptstraße ist eines der bemerkenswertesten Bauwerke in der Stadt.

Einen Bummel wert ist **The Bay Hill**, eine sanierte Straße mit Café-Bars und Restaurants, die einen schönen Blick auf die terrassierte Piazza oberhalb der Caroline Bay freigibt.

Das **South Canterbury Museum** (Tel. 03/687-7212, http://museum.timaru.govt.nz/home, Mo geschl.) in der Perth Street zeigt historische Exponate und eine Replik des Flugzeugs das der hier geborene Richard Pearse (1877–1953) 1902 aus Bambus, Stahl, Draht und Leinwand baute. Beharrlich behaupten die Kiwis, dass Pearse damit schon ein Jahr vor den Gebrüdern Wright geflogen sei.

Ein Gehöft von 1908 ist Sitz der **Aigantighe Art Gallery** (49 Wai-Iti Rd., Tel. 03/688-4424, Mo geschl.) mit einer umfangreichen Sammlung von Kunstwerken aus Neuseeland, dem pazifischen Raum, Asien und Europa. Nicht versäumen sollte man den **Goldie Room** mit berühmten Maoriporträts von C. F. Goldie.

Von Christchurch zum Aoraki/Mount Cook

Die kürzeste Strecke in südwestlicher Richtung von Christchurch nach Queenstown führt über den Aoraki/Mount Cook. Auf dieser Strecke erlebt man eine spektakuläre, ländlich geprägte Landschaft vor dem Panorama von Gletscherseen und der Southern Alps.

ERLEBNIS: Ballonfahrten

Die flachen Canterbury Plains sind ideal für Ballonfahrten, denn das sich bis zu den schneebedeckten Southern Alps erstreckende Patchwork von Ackerland bietet von oben einen zauberhaften Anblick. Gestartet wird im Morgengrauen, der vierstündige Flug schließt ein Champagnerfrühstück mit ein.

Aoraki Balloon Safaris (Tel. 03/302-8172, www.nzballooning.co.nz) operiert außerhalb von Methven, 94 Kilometer südwestlich von Christchurch am Fuß der Alpen, und bietet mit seinen Ballonen atemberaubende Ausblicke auf den Aoraki/Mount Cook und andere Berggipfel. **Balloon Adventures Up Up and Away** (Unit 6, 31 Stevens St., Christchurch, Tel. 03/381-4600) startet von Christchurch aus, wobei man herrliche Blicke über die Stadt genießen kann.

Etwa eine Autostunde südlich von Christchurch auf dem SH1 kommt man nach **Ashburton**, das keine Attraktionen bietet. Sobald man 36 Kilometer südlich von Ashburton den Rangitata River überquert hat, biegt man von der Hauptstraße auf den SH79 ab und gelangt

**Aoraki/
Mount Cook
National Park**

◪ Karte S. 191

**Besucher-
information**

✉ 1 Larch Grove,
Aoraki/Mount
Cook Village

☎ 03/435-1186

www.mtcooknz.com

so in das hübsche Städtchen
Geraldine. Hier kann man
in Straßen, die von historischen Häusern gesäumt
werden, bummeln. Im Be-
sucherzentrum (*Tel. 03/
693-1006*) erhält man Informationen zum örtlichen
Kunsthandwerk und zu Aus-
flügen in die Umgebung.

Sir Edmund Hillary

Der bekannteste Bergstei-
ger der Welt wurde in Auckland geboren und arbeitete
zunächst als Imker. Im Lauf
der Zeit wurde er jedoch
zum begeisterten Bergsteiger. Nach seiner Zeit als
neuseeländischer Soldat im
Zweiten Weltkrieg bei der
Luftwaffe erwachte in ihm
der Ehrgeiz, den Mount
Everest zu bezwingen. Als
erstem Menschen gelang
ihm dies 1953 gemeinsam
mit dem nepalesischen
Sherpa Tenzing Norgay.
Nach einem 15-minütigen
Gipfelpicknick mit Kuchen
stiegen sie wieder ab, von
Hillary mit dem bärbeißigen
Satz kommentiert: »Tja, wir
haben den Bastard be-
siegt!« 1958 führte er die
erste Fahrzeugexpedition
zum Südpol.

Anschließend geht es auf
dem SH8 bis Fairlie weiter,
danach über den Burkes Pass
und durch das **Mackenzie
Country**. Es ist nach einem
Schafzüchter benannt, der
zum Volkshelden wurde, als

er in den damals unerforsch-
ten Canterbury Highlands
eine gestohlene Schafherde
wiederfand.

Der erste See, an den man
gelangt, ist der **Lake Tekapo**,
ein türkisfarbener See, der
von den schneebedeckten
Southern Alps eingerahmt
wird. Die größte Attraktion
im gleichnamigen Dorf sind
die **Tekapo Springs** (*Tel.
03/680-6550, www.tekapo
springs.co.nz*) mit Heißwas-
serbecken, Saunas und dem
angeschlossenen Winter-
park mit ganzjähriger Eislaufbahn.

Nach weiteren 40 Kilome-
tern glitzert der **Lake Pukaki**
mit einem herrlichen Aus-
blick auf den Aoraki/Mount
Cook in der Sonne. Sein tür-
kisfarbenes Wasser verdankt
er dem feinkörnigen Felsun-
tergrund und dem Schmelz-
wasser der Gletscher. Hinter
dem Damm am SH80
kommt die Abzweigung zum
Aoraki/Mount Cook. Von
dort führt der Weg nach
Twizel (siehe S. 213).

Aoraki/Mount Cook National Park

Mit seinen 19 Gipfeln über
3000 Meter ist der Aoraki/
Mount Cook National Park
der Höhepunkt der Sou-
thern Alps. Die Landschaft
selbst ist eher abweisend.
Sie besteht aus Fels und Eis,
40 Prozent sind von Glet-
schern bedeckt. In den Park
gelangt man durch eine
Fahrt am Lake Pukaki ent-

Eine Bronzestatue von Sir Edmund Hillary in seiner zweiten Heimat, den Southern Alps

lang bis zum Aoraki Mount Cook Village hinauf. Dort steht seit 1884 die Grande Dame unter den neuseeländischen Hotels, **The Hermitage** (siehe S. 306).

INSIDERTIPP

Der Aoraki/Mount Cook, unser höchster und heiliger Berggipfel, ragt über den grasbestandenen Mackenzie Plains empor und ist so eindrucksvoll wie der Himalaja.

COLIN MONTEATH
NATIONAL GEOGRAPHIC-Fotograf

Bei The Hermitage befindet sich das **Sir Edmund Hillary Alpine Centre** mit einer Ausstellung über den Natur-

park und die Geschichte des Bergsports dort.

Der König unter den Gipfeln ist der Aoraki, der »Wolkenkratzer«. Bis vor Kurzem hieß er noch Mount Cook, erhielt aber 1998 im Rahmen eines Abkommens zwischen der Regierung und dem Stamm der Ngai Tahu den heutigen Doppelnamen **Aoraki/Mount Cook**. Mit 3754 Metern ist er der höchste Berg in Neuseeland, obwohl er 1991 durch einen Felsabbruch zehn Meter an Höhe verlor (siehe Kasten S. 213). Der Berg bietet einen majestätischen Anblick, ist jedoch oft in Wolken gehüllt.

Der Aoraki/Mount Cook hat Bergsteiger aus aller Welt angezogen, die dort trainiert haben, unter anderem Edmund Hillary, den Bezwinger des Mount Everest (siehe Kasten). Mag auch nicht allzu hoch sein, ist der Aufstieg doch ziemlich schwierig. Seit der Erstbesteigung 1894 haben mehr als 200 Menschen ihr Leben an ihm verloren.

Weitere majestätische Gipfel sind Tasman, Sefton, Eli de Beaumont, Haast, Dampier und die Minarets. Man kann diese Berge auch

aus. Mit einer Länge von 29 und einer Breite von drei Kilometern ist er der größte Gletscher Neuseelands. Obwohl er in den tieferen Lagen mittlerweile nackten Fels zeigt, ist die Eisdecke teilweise noch bis zu 600 Meter dick. Im Winter kann man auf dem Gletscher Heliskiing betreiben.

Lupinen blühen an den Ufern des Lake Tekapo

von der Westküste aus anpeilen, denn der Aoraki/ Mount Cook liegt an der zum Westland Tai Poutini National Park (siehe S. 226ff).

Gletscher: Im Park erstrecken sich Dutzende von Gletschern, die fünf größten sind Tasman, Hooker, Mueller, Godley und Murchison. Den **Tasman Glacier** sieht man schon vom Parkeingang

Wanderungen: Der einfachste Weg, in den Park zu gelangen, ist auf einem der vielen Wanderwege vom Dorf aus. **Governors Bush Walk** heißt eine einstündige Wegschleife hinter dem Dorf. Sie führt durch Südbuchenwälder mit herrlichen Ausblicken auf die Bergwelt. Der **Kea Point Walk**, eine zweistündige Wanderung, beginnt am The Hermitage und führt durch Grasland bis zur Moräne des Mueller Glacier, wo er an einer Aussichtsplattform mit einer faszinierenden Aussicht auf das Hooker Valley und den Mueller Glacier endet.

Der **Hooker Valley Track** ist etwas schwieriger, aber für seine Bergpanoramen, Gletscher und Seen bekannt. Er verläuft über zwei Hängebrücken und führt am Mueller Lake vorbei, ehe er den Hooker Lake erreicht. Vom Parkplatz am Ende der Hooker Valley Road aus benötigt man etwa drei Stunden. Aktuelle Informationen zu Wegzustand und Wetter sollte man sich vorher im Besucherzentrum des Department of Conservation holen.

Twizel

Die dem Park am nächsten gelegene Stadt **Twizel** wurde 1968 gegründet, um 6000 Arbeitern eine Bleibe zu schaffen, die am Bau des Wasserkraftwerks Upper Waitaki beteiligt waren. Nach der Fertigstellung des Kraftwerks, war die Arbeiterstadt reif für den Abriss. Doch die Einwohner kämpften für ihren Erhalt, und heute lebt sie weitgehend vom Tourismus.

Twizel ist ein guter Ausgangspunkt für Ausflüge zum Aoraki/Mount Cook und verfügt über etliche Unterkunftsmöglichkeiten. Rund um Twizel finden sich zahlreiche Freizeitmöglichkeiten, aber die Hauptattraktion

---

Höhenverlust

Am 14. Dezember 1991 gegen Mitternacht löste sich am Gipfel des Aoraki/ Mount Cook ein Felsabbruch. Zunächst hörte man nur ein dumpfes Rumpeln, doch es wurde eine gewaltige Felslawine daraus, die eine Stärke von 3,9 auf der Richterskala erreichte. Bergsteiger in der Nähe beobachteten, wie der Berg förmlich in sich zusammenzustürzen schien. Am nächsten Morgen war er um ganze dreißig Meter geschrumpft. Doch auch mit 3724 Meter ist der Mount Cook noch immer der höchste Berg Neuseelands.

---

sind zweifellos die Schwarzen Stelzenläufer, die zu den seltensten Watvögeln der Erde gehören. Bestaunen kann man sie im **Ahuriri Conservation Park** südlich der Stadt, in dem lohnenswerte Touren angeboten werden.

Der **Lake Ruataniwha** am Südrand der Stadt ist für schöne Bootstouren bekannt, ebenso wie der **Lake Benmore**, ein Stausee im Osten. Der **Lake Ohau**, der sich 30 Kilometer westlich von Twizel ausbreitet, bietet gute Möglichkeiten zum Bootfahren, Schwimmen und Angeln. Westlich des Sees liegt das **Skigebiet Ohau**. ■

Twizel

🅰 Karte S. 191

Besucherinformation

✉ Mackenzie District Council, Market Place, Twizel

☎ 03/435-3124

**www.twizelnz.com &
www.twizel.info**

Überwältigende Landschaft, Gletscher, alte Bergbaustädte und Wildnis zwischen den Southern Alps und der zerfurchten Küste

Westküste

Ein gut gesicherter Bergsteiger an der eisigen Wand einer abenteuerlichen Gletscherspalte am Fox Glacier, Westland Tai Poutini National Park

Westküste

Die Westküste, durch die Southern Alps vom Rest der Südinsel abgeschnitten und häufig von Regengüssen gepeitscht, zeigt eine raue Landschaft mit Schnee und Eis, dichten Wäldern, Seen und wilden Stränden.

Die »Coast«, wie sie kurz genannt wird, erstreckt sich über 600 Kilometer, erreicht aber nur selten mehr als 30 Kilometer in der Breite. Wilde Städte, von raubeinigen Pionieren, die zu den Goldfeldern strömten, bevölkert, entstanden an der Westküste in den 1860er Jahren fast über Nacht. Als die Goldminen versiegten, verwandelten sich blühende Städte in Geisterstädte, doch eine neue Generation von Bergleuten, die Steinkohle förderten, folgte. Heute zählt die Küste zu den am dünnsten besiedelten Gebieten Neuseelands, und die Städte kämpfen darum, dass die jungen Leute bleiben.

Die Landschaft lockt jährlich Hunderttausende von Besuchern an, von denen die meisten den kürzesten Weg zum Fox Glacier und Franz Josef Glacier nehmen. Sie zählen zu den am leichtesten zugänglichen Gletschern der Welt. Noch erstaunlicher ist, dass sie in Regenwäldern der gemäßigten Breiten liegen.

Die Westküste ist sowohl dicht bewaldet als auch öde. Captain Cook stellte 1770 fest: »Kein Land auf der Erde kann öder und kahler erscheinen.« Nur wenige Maori lebten an der Westküste, doch es gab dort einen großen Schatz: *pounamu (greenstone oder Jade)*. Fast 300 Jahre lang, ab etwa 1400, kontrollierten die Ngati Wairangi den Handel mit diesem kostbaren Stein, der auf der gesamten Nordinsel geschätzt wurde. Dann drangen die Ngai Tahu in das Gebiet vor und nahmen die Lagerstätten in Besitz. Sie schleppten die Steine über hohe Pässe durch die Southern Alps.

Diese Pässe sind bis heute Tore zur Westküste. Die nördlichen Routen über den Arthur's Pass und den Lewis Pass waren die einzigen Zugänge, bevor 1965 die Straße über den Haast Pass im Süden eröffnet wurde.

An der Küste können Sie historische Städte, alte Bergwerke und einsame Strände besuchen. Jade ist in Hokitika

Kea

Der neugierige, spitzbübische Kea *(nestor notabilis)* ist ein Bergpapagei, der in den Southern Alps lebt. Die Vögel sind unberechenbar, lautstark, furchtlos und gewöhnen sich schnell an Menschen. Manchmal kommen sie bis an Picknickplätzen oder Caféterrassen, wie im Arthur's Pass Village. Die Papageien fressen Insekten, Beeren und andere Pflanzenteile, manchmal auch Aas, etwa tote Schafe. Letzteres trug ihnen den Ruf als Schafmörder ein. Farmer schossen sie reihenweise ab, bis sie 1986 unter Schutz gestellt wurden. Sie haben sich angewöhnt, Futter von Besuchern anzunehmen, die von den Späßen der frechen grünen Papageien und ihren lauten »Keeeaaa«-Rufen entzückt sind. Doch Keas machen auch vieles kaputt, mit Vorliebe die Gummidichtung von Windschutzscheiben, ebenso Zelte, Taschen – einfach alles, was sie in ihren Schnabel bekommen können. Keas können aggressiv sein, deshalb sollte man besser ein wenig Abstand halten.

NICHT VERSÄUMEN:

noch immer vorhanden, wo neben
Stein auch Knochen, Muscheln und
Holz geschnitzt werden. Die größte
Stadt, Greymouth, ist Ausgangs-
punkt für Besuche alter Berg-
bausiedlungen. Weiter nördlich
führt eine Küstenstraße zu den
Pancake Rocks (»Pfannkuchen-
Felsen«) von Punakaiki.

 In der nördlichsten Region rund um Karamea liegt
Kahurangi National Park,
der zu den entlegens-
ten Wildnissen Neu-
seelands zählt. Hier
liegt der Heaphy Track,
einer der neun über-
aus beliebten *Great
Walks* (»Großen
Wanderwegen«). ∎

Westport & Umgebung

Die Bergbaustadt Westport ist das Tor zum westlichen Teil des Kahurangi National Park, der viele Gesichter hat. Südlich von Westport, im Paparoa National Park, liegen die berühmten Pancake Rocks von Punakaiki.

Hohes Pampasgras säumt die Pfade auf dem Heaphy Track

Westport

🅰 Karte S. 217

**Besucher-
information**

✉ 123 Palmerston
St.

☎ 03/789-6658

**www.westport.
nz.com**

**Coaltown
Museum**

✉ 123 Palmerston
St.

☎ 03/789-6658

💲 $$

Westport

Wo der Buller River ins Meer mündet, liegt Westport, der wichtigste Hafen der Westküste. Goldsucher ließen sich 1861 hier nieder, doch die Ausbeute war mager, und bald waren die Kohlenminen die Treiber der Entwicklung. Noch heute wird hier der größte Teil der neuseeländischen Kohle abgebaut. Das **Coaltown Museum** im Zentrum ist diesem Industriezweig gewidmet.

Westport ist ein Kreuzungspunkt zwischen Norden und Osten der Südinsel. Richtung Norden folgt der SH6 nach Nelson dem Buller River durch die Buller Gorge und bleibt bis Murchison (siehe S. 187) am Fluss.

Die Alternative ist, bei Inangahua, 45 Kilometer von Westport entfernt, den SH6 Richtung Reefton und Haupthighway zur Ostküste zu verlassen. Letzterer führt über den Lewis Pass.

Nördlich von Westport

Der SH67 führt von Westport aus nach Norden und endet hinter Karamea am Beginn des Heaphy Track, des Hauptanziehungspunkts der Region.

Für einen Abstecher nach **Denniston**, neun Kilometer vom Highway entfernt, biegen Sie in Waimangaroa ab. Denniston, einst ein Zentrum des Kohlebergbaus, ist heute fast eine Geisterstadt, doch es gibt dort einige gute Wege, wie den **Denniston Walkway**, einen Saumpfad, der zur Denniston Incline (siehe Kasten), einer alten Lorenstation, führt.

INSIDERTIPP

Sie können auch nur einen Teil des Heaphy Track gehen oder vom Oparara Basin aus zu einer kurzen Wanderung zu spektakulären Kalksteinformationen aufbrechen.

JORGE I. NÚÑEZ
National Geographic-Experte

Die Straße nach Norden verläuft anschließend durch einstige Bergbaustädte, ehe sie im Landesinneren zum bewaldeten **Karamea Bluff** ansteigt und wieder zur Stadt **Karamea** hinabführt, von wo aus der Zugang zum im **Kahurangi National**

Park erfolgt. Seine üppige Vegetation variiert deutlich von den dichten Steineibenwäldern und tropisch aussehenden Nauki-Palmen *(rhopalostylis sapida)* an der Westküste bis zu den Südbuchenwäldern im Osten des Areals.

Denniston Incline

Die Einheimischen bezeichnen die Denniston Incline als »achtes Weltwunder«. Die Konstruktion von 1879 wurde gebaut, um Kohle vom Denniston-Plateau herunterzutransportieren. Die mit jeweils zwölf Tonnen Kohle beladenen Loren über die extrem steilen Gleise fahren zu lassen, war ein schwieriges Unterfangen und erforderte starke Bremsen, die manchmal auch versagten. Manch Unglücklicher kam hier zu Tode, infolge eines technischen Defekts unter herabfallender Kohle begraben.

Der **Heaphy Track** *(www.heaphytrack.com)* ist der berühmteste Wanderweg des Parks, eine 82 Kilometer lange Wanderung vom Aorere Valley (bei Collingwood in Nelson) bis Kohaihai, das 16 Kilometer nördlich von Karamea liegt. Der *Great Walk* bietet Unterkünfte in Hütten, die über das Department of Conservation (siehe S. 19) gebucht werden müssen.

Kahurangi National Park
Karte S. 217
Besucherinformation
Millers Acre/ Taha o te Awa, 79 Trafalgar St., Nelson
03/546-9339
www.doc.govt.nz

**Paparoa
National Park**

🅰 Karte S. 217

**Besucher-
information**

✉ Main Rd.,
Punakaiki

☎ 03/731-1895

www.doc.govt.
nz/parks-and-
recreation/national-
parks/paparoa

**Underworld
Adventures**

✉ SH 6,
Charleston

☎ 03/788-8168

💲 $$$$$, keine
Kinder unter
10 Jahren

www.caverafting.
com

Blowholes

Blowholes entstehen als Nebenprodukt von Erosion. Wellen, die gegen die Küste schlagen, tragen den weicheren Stein allmählich ab und lassen so unter Wasser Höhlen entstehen. Mit der Zeit verursacht die Erosion kleine Löcher in der Höhlendecke – die Blowholes. Wenn eine Welle durch den Eingang der Höhle strömt, wird sie durch diese Löcher abgeleitet. Der Druck der anstürmenden Welle führt zu sehr eindrucksvollen Ausbrüchen mit Spritzfontänen.

Eine andere Möglichkeit sind kurze Wanderungen im **Oparara Basin**. Biegen Sie von der Straße zum Heaphy Track an der McCallums Mill Road ab, und fahren Sie etwa 16 Kilometer bis zum Beginn der einfachen 20-Minuten-Wanderung zum beeindruckenden **Oparara Arch**, der über einen Fluss führt. Der **Moria Arch** (Rundtour von einer Stunde) ist ähnlich. **Crazy Paving Cave** und **Box Canyon Cave** liegen dicht an der Straße.

Südlich von Westport

Elf Kilometer von Westport entfernt, führt eine anderthalbstündige Rundtour von **Cape Foulwind** an der Küste entlang zu einer Robbenkolonie. Sie können auch bis zur **Tauranga Bay** fahren und fünf Minuten zu den Robben laufen.

In der einst blühenden Stadt **Charleston** am Nile River, 27 Kilometer südlich von Westport, veranstaltet Underworld Adventures Raftingtouren in Höhlen und Glühwürmchen-Höhlentouren am Nile River.

INSIDERTIPP
Unbedingt sehenswert ist Punakaiki mit seinen an Pfannkuchenstapel erinnernden Steinformationen und Blowholes.

JORGE I. NÚÑEZ
NATIONAL GEOGRAPHIC-Experte

Punakaiki (www.puna kaiki.co.nz), etwa 60 Kilometer südlich von Westport am SH6 gelegen, ist berühmt für seltene Felsformationen aus Kalkstein. Vom Ort aus führt eine 20-minütige Wanderung zu den **Pancake Rocks & Blowholes**, den schönsten ihrer Art, die zum **Paparoa National Park** gehören. Punakaiki hat Unterkünfte und Cafés zu bieten. Sie liegen nahe beim Besucherzentrum, das über Park und Wanderwege informiert. Einer davon führt an einer dramatischen Kalksteinschlucht entlang (Pororari River Track, 2,5 Stunden). ∎

Pioniere

Viele Neuseeländer europäischer Abstammung führen manche Eigenheit des Nationalcharakters auf die ersten Siedler und deren Einfallsreichtum, Willensstärke und Bereitschaft, hart zu arbeiten, zurück.

Im späten 18. Jahrhundert galt Neuseeland als unzivilisierter Außenposten. Robbenfänger errichteten 1792 die erste Siedlung, ein Camp am entlegenen Dusky Sound, wo sie Schutz vor den Regengüssen suchten. Weitere Menschen folgten, von den hohen Preisen für Robbenfelle und Tran angelockt. Manche heirateten Maorifrauen und blieben. Ein Siedler, der 16-jährige James Caddell, überlebte 1810 als Einziger einen Maoriangriff und nahm später die Tochter eines Häuptlings zur Frau. Als ihm 13 Jahre später Europäer begegneten, war sein Gesicht tätowiert, und er konnte kaum noch Englisch sprechen.

Im Norden waren es vor allem Walfänger, die Kontakt zu den Maori hatten. Die englischen oder amerikanischen Männer jagten im Südpazifik Pottwale. In der Bay of Islands suchten sie Schutz. Das Dorf Kororareka erwarb sich bald den Ruf, hier seien die Sitten locker. Ab 1809 siedelten Händler in dem Hafenort, Missionare folgten 1814.

Denkmal für die Siedler von 1842, Wakefield Quay, Nelson

Besiedlung durch die Briten

Wenige Siedler wagten sich über die Bay of Islands hinaus, und als die Briten 1840 Neuseeland annektierten, gab es dort erst ein paar Hundert Europäer. Doch die New Zealand Company hatte von den Maori Land erworben und verkaufte es an Siedler aus England und Schottland, von denen viele zum ersten Mal ihr Glück als Bauern versuchten. Sie führten ein raues, einsames Leben. Oftmals kam es zu Auseinandersetzungen mit den Maori um das Land.

Zu Massenansiedlungen kam es erst in den 1860er Jahren, als in Otago Gold gefunden wurde. Über Nacht entstanden Städte, als Tausende nach Otago, dann an die Westküste und schließlich auf die Halbinsel Coromandel auf der Nordinsel strömten. Als die Goldfelder erschöpft waren, boten die Kohlebergwerke an der Westküste neue Arbeitsmöglichkeiten.

Im Norden der Nordinsel lockten in den 1870er Jahren die mächtigen Kauriwälder Siedler an. Dieses Holz war eines der Hauptexportgüter Neuseelands. Die Holzfäller lebten in einsamen Camps. Zusätzlich streiften bis zu 20 000 Menschen durch die Sümpfe, um dort Kopal, das Harz der Kauribäume, zu gewinnen.

Greymouth & Hokitika

Die meisten Küstenbewohner leben im mittleren Teil der Westküste, vor allem in Greymouth und Hokitika. Greymouth zeigt heute seine Vergangenheit in Shantytown und bietet sich als Ausgangspunkt für Ausflüge zu alten Bergbaustädten an, während Hokitika die Jadehauptstadt Neuseelands ist.

Treffen des Black Powder Musket Club, eines Schützenvereins in der Umgebung von Greymouth

Greymouth

🅰 Karte S. 217

Besucherinformation

✉ Railway Station, 164 Mackay St.

☎ 03/768-7080

www.greydistrict. co.nz

Greymouth

Greymouth war der Ort der großen Maorisiedlung Mawhera, als 1846 der erste Europäer, Thomas Brunner, hier eintraf. Die Kleinstadt wurde 1865, zur Zeit des großen Goldrauschs, angelegt, sie ist das Zentrum der Region und der westliche Endpunkt der TranzAlpine, der aufregendsten Eisenbahnstrecke des Landes, die von Christchurch aus über die Southern Alps führt.

Das **History House Museum** zeigt Exponate zum Bergbau. **Monteith's Brewing** braut das beliebteste Bier der Westküste und kann besichtigt werden.

Die größte Sehenswürdigkeit in der Umgebung von Greymouth ist **Shantytown**, elf Kilometer südlich der Stadt am SH6 gelegen. Die Rekonstruktion einer Goldgräberstadt vermittelt den Besuchern ein realistisches Bild jener Zeit.

Wer in der Umgebung von Greymouth unterwegs ist, sollte unbedingt im Pub Formerly the Blackball Hilton einen Stopp einlegen und die köstlichen, vor Ort gemachten Würste genießen.

BRENT OPELL
National Geographic-Experte

Östlich von Greymouth glänzt der **Lake Brunner**, der größte und schönste See an der Westküste. Man erreicht ihn über eine Abzweigung vom SH7, der nordöstlich durch das Grey Valley führt. In diesem Tal, etwa 25 Kilometer von Greymouth entfernt, liegt **Blackball**, eine alte Kohle- und Goldbergbaustadt, die 1908 durch einen Bergarbeiterstreik Berühmtheit erlangte, der zur Gründung der Gewerkschaften im Land führte. Spazieren Sie durch die Straßen, oder trinken Sie ein Bier im historischen Pub **Formerly the Blackball Hilton** *(26 Hart St.)*, das seinen Namen nach einer Auseinandersetzung mit der Hotelkette ändern musste.

Weiter nördlich wendet sich im hübschen **Reefton** der Highway ins Landesinnere. Der alte Weiler, der nach seinen Goldadern *(reefs)* benannt ist, besitzt östlich des Ortes am Highway ein **Museum** mit Erinnerungsstücken an die goldenen Zeiten. Reeftons Besucherinformation *(Tel. 03/732-8391)* liefert Einzelheiten zu guten, lohnenden Wanderungen zu den Gold- und Kohlebergwerken.

Jade

Neuseeländischer *greenstone* ist ein dunkelgrüner Nephrit, eine Art der Jade, die sich von der hellergrünen, selteneren, in China beliebten Jade unterscheidet. Jadesteine werden meist in Flüssen gefunden, vor allem im Arahura und im Taramakau bei Hokitika, aber auch an den Stränden der Westküste. Der harte Stein war das wichtigste Handelsgut zwischen den Maori der Nord- und der Südinsel. Sie verwendeten ihn für Äxte, Keulen und Schmuckornamente. Der Maoriname für die Südinsel lautet Te Wai Pounamu oder »Grünsteinwasser«. Gemäß dem Vertrag von Waitangi kontrolliert seit 1997 der Stamm der Ngai Tahu den Handel mit dem *pounamu* der Westküste.

Hokitika
Die Stadt Hokitika, etwa 40 Kilometer südlich von Greymouth, boomte 1864, als Tausende von den australischen Goldfeldern herbeiströmten. Ende 1866 war Hokitika eine der größten

History House Museum
✉ 27 Gresson St.
☎ 03/768-4028
🕐 Sa–So geschl.
💲 $
www.greydc.govt.nz/facilities/history-house-museum

Monteith's Brewing
✉ Turumaha & Herbert Sts.
☎ 03/768-4149
💲 $$$$ (Tour)
www.monteiths.co.nz

Shantytown
🗺 Karte S. 217
✉ Rutherglen Rd., Paroa
☎ 03/762-6634
💲 $$$$$
www.shantytown.co.nz

Hokitika
🗺 Karte S. 217
Besucherinformation
✉ Weld St.
☎ 03/755-6166
www.hokitika.org

Hokitika Museum

✉ Hamilton & Tancred St.

☎ 03/755-6898

$ $$

www.hokitika museum.co.nz

Eine Jadeschnitzer in Hokitika bei der Arbeit

Städte Neuseelands, 1873 wurde es Hauptstadt des Westland-Distrikts.

Im 20. Jahrhundert ging es mit Hokitika bergab. Zurück blieben breite Straßen, gesäumt von großartigen Gebäuden. Ein schöner Spaziergang führt von der Besucherinformation nach Süden zum historischen Bezirk **Gibson Quay** am Fluss, an der Mündung entlang zum Aussichtspunkt **Sunset Point** und weiter zum wilden Strand.

Die vielen Kunst- und Kunsthandwerksläden sind die Hauptanziehungspunkte des Ortes. Es gibt dort alles, von der Glasbläserei bis zu Schmuck aus *paua* (Muschelschalen), doch am berühmtesten ist Hokitika für seine Jadeschnitzer.

Im neoklassizistischen Carnegie Building war früher die Stadtbücherei untergebracht, gestiftet von dem amerikanischen Philanthro-

pen Andrew Carnegie. Heute beherbergt es das **Hokitika Museum**. Sie finden dort Exponate zu Jade, Gold und der Pioniervergangenheit der Stadt.

INSIDERTIPP

Hokitika ist berühmt für die Werkstätten der Jadeschnitzer. Es gibt kaum einen anderen Ort in Neuseeland, wo man schönere Souvenirs kaufen kann.

PETER TURNER
National Geographic-Autor

Hokitikas berühmtes **Wildfoods Festival** (*www.wildfoods.co.nz, Tickets erforderlich*) im März bietet Gelegenheit, authentisches Bush-Food (siehe Kasten S. 225) zu probieren.

Südlich von Hokitika fand man in der Goldgräberstadt

Bush-Food

Gebratene Wespenlarven sind nicht Ihr Fall? Wie wäre es stattdessen mit Erdwurm-Trüffeln? Falls Sie Lust darauf haben, sollten Sie das Wildfoods Festival besuchen, auf dem es alle diese Leckereien gibt, gleich neben den gebratenen Lammschwänzen. Sie können auch Kaninchenburger, Fischaugen, Eiscreme mit Wespengeschmack, die verschiedensten Hoden oder Pastete von Gleitbeutlern versuchen. Und sie werden für diese Köstlichkeiten anstehen müssen. Das Festival im März bringt dem 3000-Einwohner-Ort rund 20 000 Besucher.

der vom Leben der Maori erzählt. Die Okarito-Lagune ist ein wichtiges Schutzgebiet für Watvögel. **Okarito Nature Tours** (Tel. 03/753-4014, $$$$–$$$$$) bietet Öko-Kajaktouren und eine Kajakvermietung.

Für eine schöne Zwei-Stunden-Runde zu Fuß, gehen Sie am Strand nach Süden, bis Sie zu einer Überführung kommen und dort landeinwärts. Der Pfad führt zu **The Trig** mit Blick bis zum Aoraki/Mount Cook an klaren Tagen. ■

Maorischnitzerei in Hokitika

Ross den Honourable-Roddy-Nugget: mit 2,81 Kilogramm der schwerste Goldnugget, der je in Neuseeland gefunden wurde. Er wurde König Georg V. zu seiner Krönung im Jahr 1911 überreicht und später zu einem königlichen Teeset eingeschmolzen. Das Besucherzentrum (4 Aylmer Street, Tel. 03/755-4077, www.ross. org.nz) präsentiert ein Replikat des berühmten Goldnuggets und mehr.

Biegen Sie etwa 35 Kilometer südlich von Ross vom SH6 nach **Okarito** an der Küste ab. In dieser abgelegenen Siedlung spielt Keri Hulmes preisgekrönter Roman Unter dem Tagmond,

Gletscher & Süden

Der Franz Josef Glacier und der Fox Glacier sind die Hauptattraktionen der Westküste. Sie liegen im Westland National Park und zählen zu den am leichtesten zugänglichen Gletschern der Welt. Die Straße folgt der Küste weiter nach Süden, an Haast vorbei bis zur einsamen Jackson Bay.

Sonnenuntergang über Lake Matheson und Mount Tasman

**Westland Tai
Poutini National
Park**

🅰 Karte S. 217

Besucher-
information

✉ Main Rd., SH 6
Franz Josef

☎ 03/752-0796

www.doc.govt.nz &
www.glaciercountry.
co.nz

Westland Tai Poutini
National Park

Als größte Attraktion der Westküste erstreckt sich der Westland Tai Poutini National Park von den höchsten Bergen der Southern Alps bis zu den Stränden an der Westküste. Bekannt ist dieser Park für seine Gletscher Franz Josef und Fox, die nah am Meer liegen und direkt von der Hauptstraße aus zugänglich sind.

Der Park an der Westseite der Southern Alps wird durch die Alpine Fault (Alpine Faltung) geteilt, die eine Kette von Gipfeln auf über 3000 Meter Höhe emporschiebt, darunter auch den Aoraki/Mount Cook. Ergiebige Schneefälle speisen die 140 Gletscher im Park. Franz Josef und Fox sind die beiden größten und beinhalten fast zwei Drittel des Gletschereises.

Im Zentrum des Parks liegen die kleinen Orte Franz Josef und Fox, beide am Highway nahe dem jeweiligen Gletscher. Sie haben eine Reihe von Unterkünften, doch in der Hochsaison empfiehlt es sich trotzdem, zu reservieren. Spazierwege führen bis dicht an die Gletscher, doch wer auf das Eis gelangen möchte, muss sich einer geführten Tour anschließen oder per Hubschrauber in höher gelegene Bereiche fliegen.

Franz Josef Glacier

Der deutsche Geologe Julius von Haast (1822–87) benannte den etwa zwölf Kilometer langen Gletscher im Jahr 1865 nach dem österreichischen Kaiser Franz Joseph I. Heute liegt der Gletscher, der 7000 Jahre alt ist, 19 Kilometer vom Meer entfernt, doch er war einmal so groß, dass er bis ins Meer kalbte.

Der Waiho River wird von Gletscherschmelzwasser gespeist. Ein 45-minütiger Spaziergang an seinem Ufer entlang führt bis auf ein paar Hundert Meter an den Gletscher heran. Der Bereich direkt am Gletscher ist abgesperrt, denn dort können ohne Vorwarnung Tonnen von Eis über die Oberfläche des Gletschers herabstürzen. Wenn Sie näher an den Gletscher herankommen möchten, schließen Sie sich einer geführten Tour an.

Das Dorf Franz Josef liegt fünf Kilometer vom Parkplatz entfernt. Das **National Park Visitor Centre** zeigt Exponate zur Pflanzenwelt, das **West Coast Wildlife Centre** züchtet und zeigt seltene Okarito-Streifenkiwis und andere Kiwis.

Fox Glacier

Zum Fox Glacier kommen nicht so viele Besucher wie zum Franz Josef Glacier, obwohl der Weg einfacher und der Ausblick nicht weniger

West Coast Wildlife Centre

✉ Cowan & Cron Sts., Franz Josef

☎ 03/752-0600

💲 $$$$$

www.wildkiwi.co.nz

ERLEBNIS: Heliskiing

Eine der aufregendsten Arten, die Majestät der Southern Alps zu erleben, ist das Skifahren auf den abgelegenen oberen Schneefeldern. Wenn Sie ein guter bis sehr guter Skiläufer sind, fliegt Sie ein Helikopter ans obere Ende einiger herrlicher Hänge, nimmt Sie am unteren Ende wieder auf und bringt Sie zur nächsten unberührten Piste.

Dieses ultimative Skierlebnis bieten unter anderen **Harris Mountains Heli-Ski** (Shotover & Camp Sts., Queenstown, Tel. 03/442-6722, 99 Ardmore St., Wanaka, nur im Winter, Tel. 03/443-7930, www.heliski. co.nz) und **Wilderness Heliskiing** (Alpine Guides, Mount Cook Village, Tel. 03/435-1834, www.wildernessheli.co.nz).

---

beeindruckend ist. Der 13 Kilometer lange Gletscher überwindet auf dem Weg über die Southern Alps 2600 Höhenmeter. Er trägt den Namen von Willliam Fox (1812–93), einem früheren Premierminister Neuseelands. Vom Parkplatz aus führt ein etwa 30-minütiger Spaziergang das Tal entlang. Am Ende des Wegs ist die Gletscherfläche nur noch etwa 40 Meter entfernt. Geführte Touren auf den Eisfluss können im Dorf

Richtung Süden nach Haast

Vom Fox Glacier führt der Highway nach Süden durch das **Copland Valley**, wo der **Copland Track** über einen Gebirgspass durch die

Das rustikale Café Nevé am Fuß des Fox Glacier

Fox Glacier

📵 Karte S. 217

Besucher-information

☎ 03/751-0807

www.doc.govt.nz

Fox Glacier, acht Kilometer vom Parkplatz entfernt, gebucht werden.

Westlich des Dorfes spiegeln sich Aoraki/Mount Cook und Mount Tasman im Wasser des **Lake Matheson**. Ein Weg am Seeufer führt durch den Wald, der Rundgang dauert eine Stunde. Der See liegt sechs Kilometer vom Fox Glacier entfernt, gleich an der Straße zum **Gillespies Beach**, einem Strand mit schwarzem Sand und Quarzkieseln.

Southern Alps bis nach Mount Cook Village verläuft. Die Überquerung ist nur für erfahrene Bergsteiger geeignet, Wanderer können bis zur **Welcome Flat Hut** gehen, eine Wanderung von sieben Stunden.

Die Straße trifft in **Bruce Bay** wieder auf die Küste, wo ein Stamm der Ngai Tahu ihren *marae* hat. Weiter südlich serviert am Paringa River das **Salmon Farm Café** *(Tel. 03/751-0837)* frischen Lachs. Angler können im einige Kilometer entfernten **Lake Paringa** Königslachs oder Forellen selbst fangen.

INSIDERTIPP

Wer zwischen dem Fox Glacier und Haast unterwegs ist, den bringt ein 40-minütiger Spaziergang durch den Wald, am Lake Moeraki vorbei, zum Munro Beach, einem der schönsten kleinen Strände Neuseelands.

BRENT OPELL
National Geographic-Experte

Nach dem Abstecher landeinwärts wendet sich die Straße bei **Knights Point** wieder der Küste zu. Es gibt einen schönen Aussichtspunkt, und der Rest der Strecke bis Haast verläuft meist direkt am Meer.

Haast, 118 Kilometer vom Fox Glacier entfernt, ist der südlichste Zugang zur Westküste, bei dem es sich eigentlich um drei Städtchen handelt: Haast Junction, wo der SH6 auf die Straße nach Jackson Bay trifft, Haast Beach an jener Straße und Haast Township, zwei Kilometer entfernt, am SH6 nach Wanaka. Das **Haast Visitor Centre** *(Jackson Bay Rd., Tel. 03/750-0809)* gibt nützliche Informationen.

Das letzte einsame Stück die Küste entlang zieht sich die Straße 50 Kilometer nach **Jackson Bay**, wo sie endet. Jackson Bay wurde von Walfängern gegründet. Vergeblich versuchte der regenreiche Ort 1875, Siedler anzuwerben. Heute ist Jackson Bay ein verschlafenes Fischerdorf.

ERLEBNIS: Besuch auf dem Gletscher

Wenn Sie diese Gegend bereisen, ist eine geführte Tour zu den Gletschern ein Muss. **Franz Josef Glacier Guides** bietet Wanderungen auf den Gletscher, Eisklettern und Touren mit dem Hubschrauber.

Glacier Base, 63 Cron St.
Franz Josef Glacier,
Tel. 03/752-0763
www.franzjosefglacier.com
$$$$$

Fox Glacier Guiding hat viele verschiedene Touren im Programm. Neben Gletscherwanderungen wird auch ein Ausflug mit dem Hubschrauber zum Chancellor Dome angeboten.

44 Main Rd., SH 6
Fox Glacier,
Tel. 03/751-0825
www.foxguides.co.nz
$$$$$

Von Haast verläuft der SH6 entlang des Haast River ins Landesinnere und über den **Haast Pass** nach Wanaka und Queenstown. Auf dem Weg durch den Mount Aspiring Park (siehe S. 254) bietet sich eine Reihe kurzer Wanderungen und schöne Aussichtspunkte. ■

Gletscher

Wie alle Gletscher auf der Erde sind auch der Fox Glacier und der Franz Josef Glacier auf dem Rückzug, obwohl sich genau genommen immer ein Teil eines Gletschers, getragen vom Schmelzwasser, auf Talfahrt befindet. Tatsächlich dehnte sich die Oberfläche der Gletscher in den 1980er Jahren durch starke Schneefälle in den Southern Alps sogar ein Jahrzehnt lang aus.

Gletscher entstehen aus Schnee, der sich in einem Becken ansammelt, immer wieder taut und erneut überfriert und sich dadurch verdichtet. Die Gletscher Fox und Franz Josef liegen auf einem warmen Grund. Dadurch entsteht in ihrem Basisbereich Schmelzwasser, das ihnen hilft, hangabwärts zu gleiten. Verglichen mit anderen Gletschern, bewegen sich die Gletscher der Westküste sehr schnell, mit bis zu vier Metern pro Tag.

Da Gletscher aus Eisschichten bestehen, bewegen sie sich auch im Innern – manche Schichten

schneller als andere. Beim Fox Glacier und beim Franz Josef Glacier bewegt sich die oberste Schicht von etwa 20 Metern Dicke am schnellsten, ist aber auch brüchiger und bekommt leichter Risse, aus denen tiefe Gletscherspalten oder Bergschrunde ent-

U-förmiges Tal

Endmoräne

Gletscherzunge

Bäche

Schwemmlandebene

stehen. Gletscher zu überqueren ist deshalb so gefährlich, weil starke Schneefälle die Spalten überdecken und Schneebrücken schaffen können, die unter dem Gewicht eines Kletterers manchmal zusammenbrechen.

Gletscher waschen den Fels aus, während sie darübergleiten. Sie sammeln dabei große Mengen Gestein, von großen Felsbrocken bis zu feinem Pulver, das durch ständigen Abrieb entsteht. Dieses Gesteinsmehl verursacht die milchig graue Farbe von Gletscherflüssen. Das Gestein, das die Gletscher mit sich führen, wird an den Seiten als Hügel aus Steinen und Kies abgelegt, die Moränen genannt werden.

Mit der Zeit mahlen Gletscher tiefe, u-förmige Täler aus dem Untergrund, im Unterschied zu den v-förmigen Flusstälern. Viele der großen Seen auf der Südinsel wurden von einstigen Gletschern geschaffen, die längst geschmolzen sind.

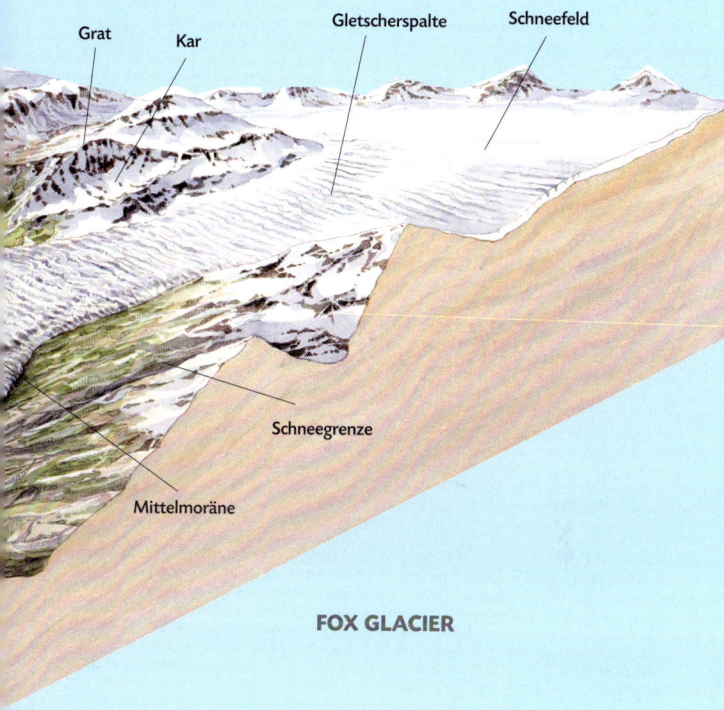

Grat Kar Gletscherspalte Schneefeld

Schneegrenze

Mittelmoräne

FOX GLACIER

Von Seen, majestätischen Bergen und atemberaubenden Wüstenlandschaften bis zu ehrwürdigen viktorianischen Küstenstädten
und einer faszinierenden Tierwelt unweit der Zivilisation

Otago

Herbstimpression in Arrowtown, Central Otago

Otago

Eine Region der Extreme vom historischen Dunedin an einer fruchtbaren Küste voller Meereslebewesen, bis zum surrealen wüstenähnlichen Landesinneren, das sich im Schatten der Southern Alps ausdehnt.

Das Juwel in der Krone Otagos ist Queenstown, der Urlaubsort Nummer eins liegt an einem fantastischen Gletschersee im Schutz der Alps. Die Stadt ist der ideale Ausgangspunkt für Ausflüge nach Central Otago, aber für diejenigen, die es etwas ruhiger mögen, ist Wanaka samt seinem wunderschönen See möglicherweise die bessere Wahl.

Der größte Teil der Southern Alps liegt im Mount Aspiring National Park. Hier gibt es die schönsten Wanderwege des Landes, wie den Routeburn Track. Im Nordteil des Parks liegt der Haast Pass. Das Tor zur Westküste ist eine atemberaubende Hochgebirgsstraße.

Von Queenstown aus kann man sich ins Herz von Central Otago vorwagen,

zur Hochplateauwüste mit ihrer zerklüfteten Schieferlandschaft. Hier herrschen die heißesten Sommer und die
trockensten, kältesten Winter. Die raue
Landschaft bietet sich nicht unmittelbar zur Besiedlung an, aber alte Goldgräberstädte zeugen von einer Blütezeit im 19. Jahrhundert.

Die reichsten Goldvorkommen entdeckte man zwischen 1860 und 1861
in Central Otago. Goldsucher aus der
ganzen Welt kamen in Scharen, Städte
schossen wie Pilze aus dem Boden, und
obwohl der Goldrausch kaum länger als
ein Jahrzehnt andauerte, verdoppelte
sich in dieser Zeit die Bevölkerung Neuseelands.

Ein großer Teil des Reichtums floss
nach Dunedin, das sich zur prachtvollen
Stadt entwickelte. Banken, Büros, Hotels und Kirchen aus Stein ersetzten

Ein Experte bearbeitet ein Stück Holz. Oamaru
ist die Heimat vieler Kunsthandwerker

schon bald die einfachen Behausungen
der frühen Siedler. Dunedin hängt noch
heute an seinen schottischen Wurzeln
und bewahrt dieses Erbe. Die liebens-
würdige Stadt erstreckt sich zwischen
Hafen und angrenzenden Hügeln. Ein
interessanter Urlaubsort abseits der
Busroute Christchurch–Queenstown–
Milford.

Die größte Attraktion liegt vor den
Toren der Stadt auf der Otago Peninsula. Hier schaut man über Weideland auf
herrliche Meereslandschaften und
kann zahlreiche heimische Wildtiere –
riesige Albatrosse, Robben und Pinguine sowie Seelöwen beobachten.

Wer die Küste entlangreist, sollte in
Oamaru Station machen, einem ver-
schlafenen Städtchen, das wie Dunedin
zur Zeit des Goldrausches seine Blüte
erlebte. Hier blib eine ganze Reihe viktorianischer Gebäude aus weißem Kalkstein erhalten. Neben den Menschen
haben auch Pinguine Oamaru zu ihrer
Heimat erkoren. ∎

Dunedin & Otago Peninsula

Durch den Goldrausch in der 1860er Jahren wurde Dunedin zur größten und prachtvollsten Stadt Neuseelands mit einer eleganten Architektur, die auch heute noch beeindruckt. Vor den Toren der Stadt liegt die Otago Peninsula.

Standbild des Dichters Robert Burns am Octagon, Dunedin

Dunedin

🗺 Karte S. 234

Besucher-information

✉ 50 The Octagon

☎ 03/477-3300

www.dunedin.govt.nz

Dunedin

Dunedin, mit 126 000 Einwohnern die zweitgrößte Stadt der Südinsel, erstreckt sich an steilen Hügeln am Ende eines langen Hafens. Es besteht aus einer reizvollen Mischung aus stattlichen viktorianischen Gebäuden, Museen und Kunstgalerien und ist insgesamt übersichtlich. Die 20 000 Studenten der Universität Otago sorgen jedoch dafür, dass Dunedin alles andere als ein verschlafenes Städtchen am Ende der Welt ist.

Seit der Zeit um 1100 wurden die Küstenregionen Otagos von den Maori besiedelt. Die ersten Wal- und Robbenfänger kamen in den 1820er Jahren, doch die Kolonie blühte erst auf, als 1848 die Siedler der Free Church of Scotland an Land gingen. Sie kamen unter der Führung von Captain William Cargill (1784–1860) und des Geistlichen Thomas Burns (1796–1871) und nannten die Siedlung erst New Edinburgh, entschieden sich dann aber für Dunedin, den alten schottischen Namen für Edinburgh. Die Vision dieser frommen Leute von einem neuen Heimatland wurde vom Goldrausch des Jahres 1861 förmlich hinweggefegt.

INSIDERTIPP

In der First Church und dem angrenzenden Museum am Moray Place finden freitagmittags oft klassische Konzerte statt, meist kostenlos.

MARCUS TURNER
NATIONAL GEOGRAPHIC-Autor

Der Reichtum des Goldes floss in den 1880er Jahren auch in die Stadtbebauung. Banken und Firmengebäude, Kirchen und Hotels wuchsen entlang der hügeligen Straßen empor. Obwohl der Goldrausch schließlich wieder abebbte, nährte weiterer Wohlstand aus der Landwirtschaft die Stadt bis zur Mitte des 20. Jahrhunderts. Heute erlebt Dunedin dank der Universität, die seit den 1980er Jahren um ein Dreifaches gewachsen ist, einen neuen Aufschwung, an dem auch der Tourismus seinen Anteil hat.

Die steilste Straße der Welt

Es ist mag nicht der Mount Everest oder der Aoraki/Mount Cook sein, aber die Baldwin Street zu erklimmen ist Ehrensache für jeden Besucher von Dunedin.

Die knapp 350 Meter lange Baldwin Street ist laut Guinnessbuch der Rekorde die steilste Straße der Welt. 35 Prozent maximale Steigung bedeutet, dass es pro Meter, den man horizontal voranschreitet, 0,35 Meter in die Höhe geht. Einige Konkurrenten, etwa die Canton Avenue in Pittsburgh, möchten der Straße den Titel abspenstig machen. Wie dem auch sei, die Begehung dieser Straße stellt eine Herausforderung für die Lunge dar. Jedes Jahr im Sommer laufen bis zu 1000 Wettkämpfer beim »Baldwin Street Gutbuster« die Straße rauf und wieder runter.

Otago Museum

✉ 419 Great King St.

☎ 03/474-7474

💲 $$

www.otagomuseum.nz

Das **Otago Museum** beherbergt auf drei Etagen eine der größten Sammlungen des Landes. In der Tangata Whenua Gallery befinden sich eindrucksvolle Kunstwerke der Maori, darunter ein riesiges Kriegskanu und erstklassige Holzschnitzarbeiten. Auch andere polynesische und malaiische Kulturen sind gut

Spaziergang durch Dunedin

Wer durch die Innenstadt schlendert, sieht prächtige Kirchen, Banken und Bürogebäude aus dem 19. Jahrhundert, als Dunedin die größte Stadt und das wichtigste Finanzzentrum des Landes war.

Dunedin kann sich der größten Dichte an viktorianischer Architektur in ganz Neuseeland brüsten. Im Herzen der Stadt liegt der von Bäumen beschattete **Octagon ❶**, ein achteckiger Platz, der von historischen Gebäuden gesäumt wird. Der Spaziergang beginnt an den im italienischen Stil erbauten **Municipal Chambers** (1880) und führt weiter zur nebenan gelegenen neogotischen **St. Paul's Cathedral ❷**, der anglikanischen Kathedrale von 1919.

Vor der Kirche steht ein **Standbild von Robert Burns**, dem berühmtesten Sohn Schottlands. Der Dichter war der

Onkel von Thomas Burns, einem Gründungsvater der frühen Siedlung.

Vom Octagon wendet man sich südwärts vorbei an der Touristeninformation auf der Princess Street, dann biegt man nach einem Häuserblock links in die Moray Place ab. An der nächsten Ecke (Burlington Street) steht die hoch aufragende **First Church ❸**, von den Angehörigen der Free Church of Scotland errichtet. Vollendet wurde der neugotische Bau 1873.

Weiter geht es die Burlington Street hinunter und nach rechts in die Dowling Street hinein. An interessanten Gebäuden findet man hier das keilförmige **Commerce Building** und das **Imperial Building** (1906), die **Garrison Hall** (1877) und das eindrucksvolle **Milford House ❹** (1883), früher eine Textilfabrik, heute eine Kunstgalerie.

Am oberen Ende der Straße biegt man links in die Princess Street ein, Hauptdurchgangsstraße und Finanzbezirk in der Altstadt. Zu den massiv gebauten Finanzgebäuden gehören die **National Bank of New Zealand** und der alte Hauptsitz der **Bank of New**

Die First Church in Dunedin

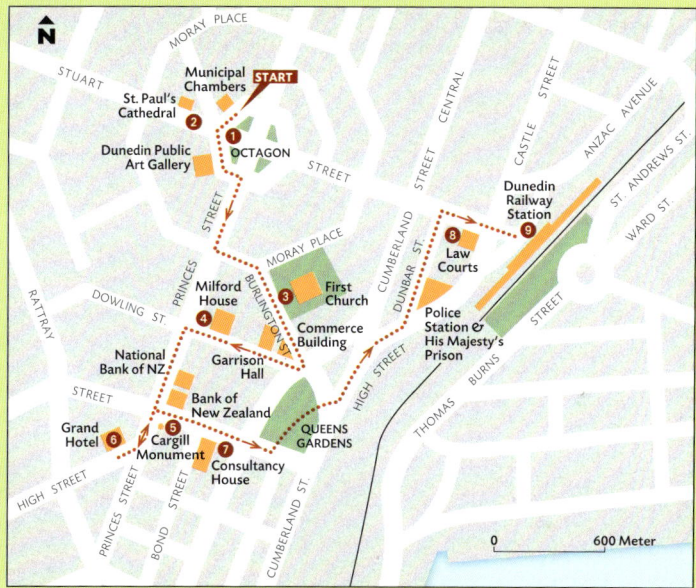

Zealand (1883). Das **Cargill Monument** ⑤ (1863) auf der anderen Seite der Rattray Street ist einem weiteren Gründer der Stadt, Captain William Cargill, gewidmet. An der Abzweigung der High Street steht das **Grand Hotel** ⑥, zur Zeit seiner Errichtung 1883 das schönste Hotel der Stadt.

Die Rattray Street in östlicher Richtung gehend, kommt man am **Consultancy House** ⑦ (1908) an der Bond Street vorbei. Danach geht man links durch Queens Gardens und hält sich rechts in Richtung High Street. An der Ecke zur Dunbar Street liegen die **Police Station** (1896) und **His Majesty's Prison** (1896), das dem Vollzug des Rechts an jenen dienten, die von den **Law Courts** ⑧ (1899) an der Castle Street hierhergeschickt worden waren.

Hinter den Law Courts erreicht man über die Stuart Street die **Dunedin Railway Station** ⑨. Der Bahnhof wur-

✚ Siehe Karte S. 234
▶ The Octagon
⬌ 2 Kilometer
🕐 2 Stunden
▶ Railway Station

NICHT VERSÄUMEN:

Octagon • First Church • Law Courts • Dunedin Railway Station

de 1904 im flämischen Renaissancestil erbaut, und seine Fassade brachte dem Architekten George Troup den Spitznamen *Ginger-bread George* (»Lebkuchen-George«) ein. Im oberen Stockwerk zeigt die **New Zealand Sports Hall of Fame** (*Tel. 03/477-7775, www.nzhalloffame.co.nz, $*) Devotionalien zu Sporthelden.

**Dunedin Public
Art Gallery**
- ⓐ Karte S. 239
- ✉ 30 The Octagon
- ☎ 03/474-3240

www.dunedin.art.
museum

**Toitu Otago
Settlers Museum**
- ✉ 31 Queens
  Gardens
- ☎ 03/477-5052
- $ Eintritt frei

www.toitusm.com

Olveston
- ✉ 42 Royal Tce.
- ☎ 03/477-3320
- $ $$$$

www.olveston.co.nzh

Gelbaugen-pinguine

Der Gelbaugenpinguin lebt nur in Neuseeland. Sein Name rührt von dem gelben Streifen her, der von seinem Auge nach hinten verläuft. Die Maori nennen den Vogel *hoihoi* (»Krachmacher«). Die Pinguine nisten in einem Gebiet von der Banks Peninsula nahe Christchurch bis nach Stewart Island. Die besten Gelegenheiten zur Beobachtung bieten sich auf der Otago Peninsula und bei den Catlins in Southland.

Sie sind eine der seltensten Pinguinarten und suchen abgelegene Nistplätze in küstennahen Wäldern. Doch die Zerstörung ihres Lebensraums sowie eingeführte Tiere gefährden ihr Überleben. Nach dem Schlüpfen im November gehen die Küken im Februar oder Anfang März auf eine gefährliche, bis zu 500 Kilometer lange Reise in ihre Winterquartiere, die nur 15 Prozent gesund und munter erreichen.

scher Kunst, die regelmäßig mit Ausstellungen bedeutender Meisterwerke auf sich aufmerksam macht. Ein zweiter Sammelschwerpunkt sind frühe und zeitgenössischer neuseeländischer Kunst.

Nicht Kunst, sondern Alltagsleben steht im Mittelpunkt des **Toitu Otago Settlers Museum**. Neben der Abteilung über die Siedler gibt es auch eine mit Verkehrsmitteln. Hier sehen Sie Oldtimer, Hochräder, eine Straßenbahn sowie die Dampflok Josephine. Aus historischer Sicht am interessantesten sind Fotos und Exponate aus den Anfängen von Dunedin und zur Stadtentwicklung.

Von historischem Interesse ist auch das **Olveston**, ein Gebäude, das von 1904 bis 1906 für den Kaufmann David Theomin im Stil der Zeit Jakobs I. erbaut wurde. Mit seiner aufwendigen Möblierung und einer schönen Kunstsammlung gibt es ein Beispiel für den Luxus einer privilegierten Schicht zur Zeit Eduards VII. Die einstündige Führung muss im Voraus gebucht werden.

Weitere Sehenswürdigkeiten in Dunedin

Dunedin beansprucht für sich, mit der Baldwin Street die laut Guinnessbuch der Rekorde steilste Straße der Welt zu besitzen (siehe Kasten S. 237). Sie liegt etwa

vertreten. Europäische Siedlungs- und Seefahrtsgeschichte sowie die Naturkunde der Südinsel sind weitere Schwerpunkte.

Nur wenige Häuserblocks entfernt befindet sich in einem imposanten modernen Gebäude der Eckpfeiler der **Dunedin Public Art Gallery**: Eine Sammlung europäi-

drei Kilometer nordöstlich des Octagon, abseits der North Road.

Führungen durch die **Cadbury Chocolate Factory** locken Naschmäuler nach Dunedin. Zur 75-minütigen Führung *(Reservierung empfohlen)* gehören ein Film und als Höhepunkt ein riesiger Schokoladenbrunnen.

Hochschulabsolventinnen vor der University of Otago, Neuseelands ältester Universität (1869)

Die **Speights Brewery** bietet ebenfalls Führungen an. Sie dauern 90 Minuten und beinhalten Trinkproben der Biersorten aus einer der ältesten Brauereien des Landes *(Reservierung nötig)*.

Die **University of Otago**, an der Cumberland Street, nahe dem Otago Museum

gelegen, erwacht Ende Februar zum Leben, wenn die Orientierungswoche für die *scarfies* (»Schaltträger«), wie die Studenten hier genannt werden, stattfindet. An den Ufern des Leith liegt das **Registry Building** (1879).

Der **St. Kilda Beach**, der sich vier Kilometer südlich des Octagon erstreckt, ist ein Sandstrand wie aus dem Bilderbuch. Der angrenzende Strand **St. Clair** bietet Salzwasserpools und ein schönes Café. Acht Kilometer südwestlich der Stadt verläuft der **Tunnel Beach Walkway**. Der 40-minütige Rundgang führt die Klippen entlang und durch einen Tunnel zum Strand.

Das 22 Kilometer nordöstlich von Dunedin gelegene **Orokonui Ecosanctuary** ist ein Vogelschutzgebiet in einem großen Wald mit Besucherlehrzentrum und Waldlehrpfaden.

Der Bahnhof von Dunedin ist Ausgangspunkt für die **Taieri Gorge Railway** *(Tel. 03/477-4449, www.taieri. co.nz, $$$$$)*. Für die spektakuläre Fahrt entlang der Taieri River Gorge durch die Berge von Central Otago zieht eine Diesellokomotive die Waggons aus den 1920er Jahren täglich nach Pukerangi *(4-stündige Rundfahrt)*, im Sommer freitags und sonntags nach Middlemarch *(6-stündige Rundfahrt)*. Middlemarch ist Ausgangspunkt des 150 Kilometer

Cadbury Chocolate Factory

✉ 280 Cumberland St.

☎ 0800/4 2462-8687

💲 $ (Tour $$$$$)

www.cadbury.co.nz

Speights Brewery

✉ 200 Rattray St.

☎ 03/477-7697

💲 Tour $$$$$

www.speights.co.nz

Orokonui Ecosanctuary

✉ 600 Blueskin Rd., Waitati

☎ 03/482-1755

💲 $$$ (Tour $$$$$)

www.orokonui. org.nz

Marine Studies Centre

✉ 185 Hatchery Rd

☎ 03/449-5826

www.otago.ac.nz/ marine-studies

Royal Albatross Centre

✉ 1260 Harington Point Rd.

☎ 03/478-0499

💲 $$$$–$$$$$

www.albatross. org.nz

langen **Central Otago Rail Trail** (*www.centralotagorail-trail.co.nz*) nach Clyde, einer der beliebtesten Fahrrad-strecken im Land.

Otago Peninsula

Die einst vulkanische Halb-insel vor den Toren Dune-dins mit vielen Einbuchtun-gen, steilen Hügeln und sogar mit einer Burg ragt wie eine gekrümmte Tier-kralle ins Meer hinein. Hier lässt sich die maritime Tier-welt mühelos beobachten.

Der Ausflug beginnt an der Stadtgrenze auf der Por-tobello Road am östlichen Rand des Hafens. Der erste interessante Zwischenstopp sind die **Glenfalloch Wood-land Gardens** (*430 Porto-bello Rd., Tel. 03/476-1775*), eine wunderhübsche Gar-tenanlage rund um ein statt-liches Haus von 1871. Die

Wege führen durch Anpflan-zungen von exotischen Bäu-men, Rhododendren, Azale-en, Magnolien und Fuchsien.

Auf der Portobello Road kommt auf halbem Weg die kleine Siedlung **Portobello** mit einigen Übernachtungs- und Einkehrmöglichkeiten in Sicht. Direkt vor dem Ort betreibt das **Marine Studies Centre** eine Ausstellung zum Meeresleben der Halbinsel sowie ein Aquarium für ein-heimische Arten.

Am Eingang zum Hafen liegt die Felsenklippe Taiaroa Head, wo das **Royal Alba-tross Centre**, eine der größ-ten Attraktionen auf der Halbinsel, beheimatet ist. Die weltweit einzige Brut-kolonie von Königsalba-trossen auf dem Festland besucht man auf geführten Wanderungen, am besten in der Zeit von Dezember bis

Kinder lieben die interaktive Ausstellung im Royal Albatross Centre

Februar. Auch die Festung Taiaroa Head kann man nur im Rahmen dieser Führung besichtigt werden.

Der **Pilots Beach**, direkt vor dem Albatros-Zentrum gelegen, ist der Lieblingsort der Robben. Nach Sonnenuntergang machen sich die Zwergpinguine auf den Weg zu ihren Nestern dort.

Auf dem Weg zum Taiaroa Head bieten sich noch mehr Naturabenteuer. Mit **Monarch Wildlife Cruises** (Tel. 03/477-4276, www.wildlife.co.nz, $$$$$) kann man eine einstündige Bootstour vom Anleger am Wellers Rock aus unternehmen, um Albatrosse, Robben und andere Tiere zu beobachten. Auch Halbtages- und Tagesausflüge vom Hafen in Dunedin mit Rückfahrt im Bus sind möglich.

Penguin Place nahe der Portobello Road ist ein privates Tierschutzgebiet, in dem der bedrohte Gelbaugenpinguin Quartier bezogen hat (siehe Kasten S. 240). Die Brutstätten der Pinguine lassen sich durch versteckte Tunnel, Gräben und Schutzhütten beobachten. Die Führungen muss man vorher reservieren.

Robben, Pinguine und Seelöwen besuchen auch die Ozeanstrände wie **Allans Beach** und **Victory Beach** an der Ostküste der Halbinsel, doch auch hier muss man sich einer Führung anschließen.

Auf dem Rückweg nach Dunedin sollte man die Highcliff Road nehmen, um die Aussicht zu genießen. Wer auf die Sandymount Road abbiegt, kann hoch über den Klippen den 20-minütigen Weg nach **The Chasm** entlangwandern.

INSIDERTIPP

Man kann die Königsalbatrosse auch gratis beobachten. Wenn man am frühen Abend zum Taiaroa Head aufbricht, sieht man die Eltern vom Ozean zu ihren Nestern zurückkehren.

MARCUS TURNER
NATIONAL GEOGRAPHIC-Autor

Ein weiterer beliebter Weg *(einfache Strecke 40 Minuten)* führt vom Ende der Seal Point Road zur **Sandfly Bay**, wo Gelbaugenpinguine nisten.

Die Highcliff Road ein Stück weiter hinauf kommt die Abzweigung nach **Larnach Castle**. Der Geschäftsmann William Larnach (1833–98) häufte ein Vermögen an und stellte es mit diesem Wohnsitz gebührend zur Schau. Im Schloss, das Sie selbstständig erkunden dürfen, gibt es ein Café. Für stilvolle Übernachtungen stehen eine neue Lodge und umgebaute Ställe zur Verfügung. ∎

Penguin Place

✉ 45 Pakihau Rd., Harington Point
☎ 03/478-0826
💲 $$$$$
www.penguinplace.co.nz

Larnach Castle

✉ 145 Camp Rd.
☎ 03/476-1616
💲 $$$–$$$$$
www.larnachcastle.co.nz

North Otago

Die schönste Stadt zwischen Dunedin und Christchurch ist Oamaru. Hier gibt es neben brütenden Pinguinen einen historischen Bezirk mit großartiger Architektur. Auf dem Weg dorthin sollte man die Moeraki Boulders besuchen, die, halb im Sand vergraben, über den Strand verstreut liegen.

Die Säulen an der Bank of New South Wales sind aus dem Kalkstein der Region gearbeitet

Oamaru

🅼 Karte S. 234

Besucher-information

✉ 1 Thames St.

☎ 03/434-1656

www.visitoamaru. co.nz

Oamaru

Oamaru (13 000 Einwohner), 114 Kilometer nördlich von Dunedin, blühte erst durch den Goldrausch, später durch den Handel mit gefrorenem Fleisch auf. Das brachte die Mittel für eine Reihe prächtiger Gebäude aus dem Kalkstein der Region: Banken, Kirchen, Warenhäuser und sogar ein Opernhaus sind Relikte des unglaublichen Reichtums jener Tage.

Die Stadt liegt auf halbem Weg zwischen Dunedin und Christchurch am SH1. Ihr Herz schlägt im alten Hafengebiet am südlichen Ende der Hauptstraße Thames Street. Der Hafen von Oamaru wurde in den 1970er Jahren geschlossen. Zurück blieben viktorianische Straßenzüge, die als **Oamaru Historic Precinct** zwischen Tyne und Harbour Street überlebt haben und heute von Cafés, Kunstgewerbe-

INSIDERTIPP

Oamaru ist wie ein versstecktes Juwel und eine Reise wert. Die Sanierung des historischen Stadtviertels hat zu einer Belebung des traditionellen Kunsthandwerks geführt.

COLIN MONTEATH
National Geographic-Fotograf

und Antiquitätenläden sowie Märkte gesäumt werden. Neoklassizismus und korinthische Säulen bestimmen das Bild der Architekturdenkmäler aus weißem Kalkstein.

Die Geschichte dieses Steins wird im **North Otago Museum** erzählt, das in einem Steinbau untergebracht ist, der einst die Bibliothek Oamaru Athenaeum war. Fotos und Werkzeug werfen ein Licht auf die Kolonialzeit. Eine Ausstellung ist auch der bekannten Schriftstellerin Janet Frame (1924–2004) gewidmet.

In der **Forrester Gallery** sind Werke einheimischer Künstler zu sehen. Das skurrile **Steampunk HQ** zelebriert viktorianische Science-Fiction.

Oamarus Zwergpinguine, die früher direkt unter den Häusern brüteten, galten einst als Plage. Heute zählen sie zu den Wahrzeichen der Stadt. Jeden Abend sieht man sie am alten Steinbruch, heute die **Oamaru Blue Penguin Colony**, Richtung Meer watscheln, wo eine Aussichtsplattform und eine Möglichkeit zur Nestbeobachtung errichtet wurden.

Seltene Gelbaugenpinguine (siehe Kasten S. 240) brüten auch am Bushy Beach an den südlichen Randgebieten der Stadt. Schutzwände machen es möglich, die scheuen Tiere dort zu beobachten. ∎

North Otago Museum
✉ 60 Thames St.
☎ 03/434-0852
www.northotago
museum.co.nz

Forrester Gallery
✉ 9 Thames St.
☎ 03/433-0853
$ $$
www.forrester
galle ry.com

Steampunk HQ
✉ 1 Itchen St.
☎ 03/778-6547
www.steampunk
oamaru.co.nz

Oamaru Blue Penguin Colony
▲ Karte S. 234
✉ 2 Waterfront Rd.
☎ 03/433-1195
$ $$–$$$
www.penguins.co.nz

Moeraki Boulders

Zu den geologischen Kuriositäten Neuseelands gehören die Moeraki Boulders, die 78 Kilometer von Dunedin, nicht weit vom Highway nach Oamaru, halb im Sand versteckt über den Strand verstreut liegen. Nach südmaorischer Überlieferung handelt es sich bei den bis zu drei Meter hohen kugelförmigen Felsbrocken um Vorratskörbe, die aus dem Ahnenkanu Te Araiteuru, mit dem die Maori aus ihrer Heimat Hawaiki nach Neuseeland kamen, über Bord gespült wurden. Geologen erklären ihre Gestalt als Ergebnis eines Festigungs- und Kristallisierungsprozesses von schlammigen Unterwassersedimenten, die sich gewöhnlich schneller formen als das umliegende Sedimentgestein und dabei immer härter und unempfindlicher gegen Verwitterungsprozesse werden. Noch immer sieht man neue Felsbrocken aus den erodierenden Klippen empordringen. Die Bucht entlang zieht sich das hübsche Dorf Moeraki, das früher eine Walfangstation war.

Central Otago

Das zerklüftete Schieferplateau von Central Otago ist ein raues, gespensti-
sches Gebiet mit schroffen Bergen, dürrem Grasland und Seen – und doch
gehört es zu den schönsten Regionen Neuseelands. Am Fuße der Alps liegt
der vielseitige Ferienort Queenstown. Wanaka ist die kleinere Ausführung,
und weitere alte Städte und Weingüter wollen erkundet werden.

Cafés und Souvenirläden in Queenstown

Cromwell

🏔 Karte S. 234

**Besucher-
information**

✉ 2d The Mall

☎ 03/445-0212

**www.cromwell.
org.nz**

Von Cromwell nach Alexandra

Der größte Teil von Central Otago ist dünn besiedelt. Doch in den 1860er Jahren fielen Tausende auf den Goldfeldern bei Cromwell ein und so gibt es eine Reihe sehenswerter Orte rund um Cromwell und Alexandra. Alte Goldminen und Geisterstädte liegen auf den Hügeln, und Weingüter florieren dort, wo einst Zeltstädte der Goldgräber standen.

Cromwell hat ein modernes Stadtzentrum. In den Randgebieten herrscht dagegen das Wildweststraßenbild des alten Cromwell vor: eine Ansammlung von einem Dutzend historischer Gebäude aus den Überflutungsgebieten des Clyde Dam, die nach 1993 an neuer Stelle wiederaufgebaut wurden.

Nach fünfminütiger Autofahrt in südlicher Richtung erreicht man das Örtchen **Bannockburn**, das sich selbst als »Herz der Wüste« bezeichnet. Hier gibt es ein paar alte Gebäude aus der Goldgräberzeit. Im Norden der Stadt führt eine Straße an der Mt. Difficulty Winery vorbei zu den alten Schleusen, wo Goldsucher einst auf den ergiebigsten Goldfeldern Otagos gruben.

Abseits des SH8 führt 27 Kilometer nördlich von Cromwell eine steile Schotterstraße durch die Geisterstadt **Bendigo** bis zu den alten Goldgruben. Ein interessanter Wanderweg führt durch die alten Goldfelder drei Kilometer weiter oben an der Straße.

Richtung Alexandra bildet nicht weit hinter dem Clyde Dam das hübsche Dorf **Clyde** eine grüne Oase mitten in der Wüste. Historische Steinbauten und Cafés säumen die Hauptstraße. Ein schöner Wanderweg führt am smaragdgrünen Fluss entlang. Auf dem **Central Otago Rail Trail** (siehe Kasten), der hier endet, kann man Rad fahren.

Alexandra ist eine attraktive Stadt und bester Ausgangspunkt für Erkundungsausflüge ins Umland. Überall sieht man Weingüter und Obstgärten. Die Stadt verfügt aber auch über gute Kunsthandwerksläden und das interessante Museum

beim **Informationszentrum** (*21 Centennial Ave., Tel. 03/ 448-9515*), das Ausstellungen zum Goldrausch und Otago zeigt.

ERLEBNIS:
Central Otago Rail Trail

Radfahren ist eine beliebte Art, Neuseeland zu bereisen. Bemerkenswert in Anbetracht der vielen Berge. Doch auf dem weitgehend flachen Central Otago Rail Trail ist es einfach, die Goldfelder und das Wüstenland von Central Otago so zu erkunden.

Die Bahnlinie von Dunedin nach Clyde hat wesentlich zur Erschließung der Region beigetragen, aber von 1963 an standen die Züge still. Die Gleise zwischen Middlemarch und Clyde wurden in den 1980er Jahren aufgenommen, schließlich wurde aus der Strecke im Jahr 2000 der 150 Kilometer lange Central Otago Rail Trail.

Noch heute fährt eine dampfbetriebene Touristenbahn (siehe S. 241) von Dunedin nach Middlemarch, eine malerische Strecke zum östlichen Ende der Fahrradroute. Tourenräder können in Clyde, Alexandra, Middlemarch und Dunedin gemietet werden, oder man bucht eine Tour mit allem Drum und Dran. Umfassende Hinweise zum Radweg und zu Veranstaltern findet man auf der informativen Website *www. centralotagorailtrail.co.nz.*

Ein schöner Weg führt den Fluss entlang zur historischen **Shaky Bridge**. Hier liegt, direkt unter der **Alexandra-Uhr**, Wahrzeichen der Stadt, das in die zerklüfteten Hügel an der Nordseite der Stadt gesetzt wurde, ein schönes Weingut-Café. Vom **Aussichtspunkt Tucker Hill** hat man den besten Blick über das ganze Tal.

Queenstown

🅰 Karte S. 234

**Besucher-
information**

✉ Shotover &
Camp Sts.

☎ 03/442-4100

www.queenstown-
vacation.com

**Dept. of
Conservation
Visitor Centre**

✉ 50 Stanley St.

☎ 03/442-7935

www.doc.govt.nz

Skyline Gondola

✉ Brecon St.

☎ 03/441-0101

💲 $$$$

www.skyline.co.nz

INSIDERTIPP

Bewundern Sie die Southern Alps aus der Vogelperspektive! Infos zum Fallschirmspringen in Queenstown unter *www.nzoneskydive.co.nz.*

CHARLOTTE BUEB
*Bloggerin für National
Geographic Intelligent Travel Blog*

Queenstown

An den Ufern des Lake Wakatipu unterhalb der zerklüfteten Berge, die vollkommen zu Recht *The Remarkables* (»die Bemerkenswerten«) genannt werden, liegt Queenstown, das beliebteste Touristenziel auf der Südinsel. Dies ist ein Ferienort für jede Jahreszeit und für jeden Geschmack – vom genussvollen Luxus bis zur Bar für Rucksackreisende, von Wanderrouten im Sommer bis Skipisten im Winter, von großartiger Landschaft bis zu Extremsport und Abenteuer wird alles geboten.

Mit über einer Million Gäste im Jahr gehört die Umgebung von Queenstown zu den am schnellsten wachsenden Reiseregionen Neuseelands.

Eine Besichtigungstour in Queenstown beginnt man am besten mit einer Fahrt mit der **Skyline Gondola**, die zu Bob's Peak hinauf und von dort durch eine Schneise in den Kiefernbeständen zu einer Aussichtsterrasse mit Restaurant und Café pendelt. Von hier aus genießt man eine herrliche Aussicht auf The Remarkables und die gesamte Stadt. Die Landschaft ist zu jeder Jahreszeit überwältigend. Mutige können mit einem Tandemgleitschirm hinunterfliegen, Tollkühne stürzen sich an einem Gummiseil in die Tiefe. Wer entspannt genießen möchte, fährt mit dem Sessellift

---

Der Goldrausch

Queenstown hatte schon die Maori angezogen, die hier Jadesteine *(greenstones)* für die Fertigung von Schmuck suchten, als William Gilbert Rees 1860 hier die erste Farm der Region erbaute. Die Schafzucht war jedoch schnell vergessen, als 1862 Schafscherer im Shotover River Gold entdeckten. Selbst Rees' Gehöft diente als Goldfeld, doch er profitierte anderweitig vom Goldrausch.

Queenstown und das benachbarte Arrowtown wurden von Glücksrittern überflutet, doch die Gegend verarmte rasch wieder, als die Goldquellen versiegten. Bis 1900 war die Zahl der Einwohner auf 200 geschrumpft, und es dauerte bis in die 1970er Jahre hinein, dass ein neuer Goldrausch ausbrach – der Tourismus.

hinunter, während Durchtrainierte auf den Wegen hinablaufen.

Im **Kiwi & Bird Life Park** direkt bei der Gondelstation an der Brecon Street kann man den Nationalvogel, den Kiwi, sehen. Zu den seltenen und nicht ganz so seltenen Vögeln dort gehören Keas, Wekarallen,

Nur wenige Gehminuten von der Innenstadt entfernt liegen die **Queenstown Gardens**, in denen man ausgiebig umherspazieren und dabei die schöne Aussicht auf See und Berge genießen kann. Von April bis Oktober gibt es hier zudem eine öffentliche Eislaufbahn zum Schlittschuhfahren.

Kiwi & Birdlife Park
✉ Brecon St.
☎ 03/442-8059
💲 $$$$$
www.kiwibird.co.nz

TSS Earnslaw
✉ Real Journeys Steamer Wharf, Beach St.
☎ 03/249-6000
💲 $$$$$
www.realjourneys. co.nz

Gleitschirmfliegen hoch über Queenstown und dem Lake Wakatipu

Ziegensittiche und der Schwarze Stelzenläufer.

Eine weitere eindrucksvolle Möglichkeit, Queenstown zu erleben, findet man an Bord des Passagierdampfers »**TSS Earnslaw**«, der von einem sanierten Anleger an der Beach Street abfährt. Sehr sehenswert sind der Maschinenraum und die historischen Ausstellungsstücke in den Vitrinen. Einige Rundfahrten steuern die **Walter Peak Farm** an, ein Gehöft in malerischer Uferumgebung.

In Queenstown ist nicht viel Historisches erhalten geblieben, das **William's Cottage** an der Ecke Marine Parade/Earl Street ist das älteste Gebäude der Stadt (1864). Es ist heute ein Geschäftshaus.

Underwater World (*Tel. 03/442-6142, $*), Teil der Kawarau-Jetboot-Anlage am Ende der Mall in Richtung Landungsbrücke, ist ein Unterwasser-Observatorium, in dem man riesige Forellen durch trübe Scheiben betrachtet.

Wer in Queenstown nach »Beschäftigung« sucht, hat die Wahl: Bungee-Jumping, Jetbootfahren, Wildwasserrafting, Flusssurfen, Kanufahren, Fallschirmspringen, Drachenfliegen, Kajakfahren und Reiten ... Wie wäre es mit einer Angel-, Wander-, Weingut-, Jeep- oder Mountainbiketour?

ERLEBNIS:
Routeburn Track

Viele halten die vom Department of Conservation (DOC) ausgearbeitete Wanderung von Glenorchy nahe Queenstown nach The Divide im Fiordland National Park für die schönste im Land. Wegen des großen Andrangs müssen der Weg, auf dem nur eine begrenzte Anzahl von Wanderern unterwegs sein darf, die vier DOC-Hütten sowie die zwei Campingplätze in der Hochsaison (Oktober bis April) im Voraus, vorzugsweise online, gebucht werden (www.doc.govt.nz, nach Routeburn suchen). Die Wanderung führt drei Tage durch die schönsten alpinen Landschaften im Mount Aspiring und im Fiordland National Park. Transport zum Ausgangspunkt in Queenstown oder in The Drive am anderen Ende kann organisiert werden.

Von Queenstown aus kann man Ausflüge in andere Regionen der Südinsel buchen, per Bus oder Flugzeug zum Milford Sound reisen.

Informationen zu einigen der schönsten Bergwanderungen in den nahe gelegenen Southern Alps inklusive Routeburn Track, Greenstone Track und Rees-Dart

Track (siehe S. 253) erhält man beim Department of Conservation (DOC) in der Stanley Street.

Rund um Queenstown

Während sich Queenstown im Entwicklungsrausch befindet, klammert sich das 21 Kilometer nordöstlich gelegene **Arrowtown** an sein Goldgräbererbe. Viele Originalbauten aus der Zeit des Goldrausches sind noch erhalten. Da Arrowtown ein beliebtes Ziel für Tagesausflügler von Queenstown ist, säumen viele Lokale und Touristenläden die malerische Hauptstraße Buckingham Street.

Die Stadt wurde quasi von dem im Arrow River gefundenen Gold im Jahre 1862 erbaut. In ihren besten Zeiten zählte sie bis zu 7000 Einwohner. Das **Lakes District Museum & Information Centre** (49 Buckingham St., Tel. 03/442-1824) beantwortet alle Fragen von Besuchern, zeigt Exponate aus der Goldgräberzeit und vermietet Pfannen zum Goldwaschen im Fluss.

Nicht weit vom oberen Ende der Buckingham Street entfernt, sollte man sich die alten Goldgräberstätten ansehen. Man findet hier auch die **chinesische Siedlung** mit Originalsteinhäusern und -alltagsgegenständen, die das harte Los der chinesischen Goldsucher zeigen. Wanderwege führen über die Hügel rund um die Stadt, und eine nur mit Allradantrieb befahrbare Straße führt hoch in die Berge nach **Macetown**, wo man Überreste einer Geisterstadt in einer malerischen Schlucht bewundern kann.

Der schnellste Weg von Queenstown nach Arrowtown führt über den Highway SH6, aber wer die schönere Strecke bevorzugt, sollte Queenstown über die Gorge Road verlassen. Sie führt fünf Kilometer nördlich von Queenstown an Arthur's Point vorüber.

Ein weiterer Abstecher führt über eine Nebenstraße zum Skigebiet am **Coronet Peak**, wo im Sommer Lifte für Touristen und Mountainbiker laufen. In der Nähe liegt **Skippers Canyon**, ein altes Goldgräbergebiet mit Abenteuergelände für Bungee-Jumper und Wildwasserfahrer. Achtung, die meisten Autoverleihfirmen verbieten das Fahren auf der abenteuerlichen Skippers Road. An dieser Nebenstraße liegt das **Millbrook Resort**, ein Weltklasse-Golfplatz mit teuren Übernachtungsmöglichkeiten.

Der Ort an dem das kommerzielle Bungee-Jumping gewissermaßen erfunden wurde, liegt bei Queenstown, an der alten **Kawarau Bridge**, 23 Kilometer nordöstlich der Stadt an der SH6. **A. J. Hackett Bungy** (siehe S. 252; *Tel. 03/450-1300, $$$$$*) bietet ein abgerunde-

Märchenland für Skifahrer

Coronet Peak liegt Queenstown am nächsten (18 Kilometer entfernt) und bietet Pisten aller Schwierigkeitsgrade. Am Wochenende ist Nachtskifahren möglich.
The Remarkables sind für Anfänger wie für Gelegenheitsskifahrer gut geeignet. Das Skigebiet liegt etwa 50 Auto- oder Busminuten von Queenstown entfernt.
Cardrona, ein Hochgebirgsskigebiet, das Richtung Wanaka liegt, ist für trockenen Schnee und breite Abfahrten bekannt.
Treble Cone nahe Wanaka ist das größte Skigebiet und besonders für Fortgeschrittene geeignet.

tes Bungee-Erlebnis mit verschiedenen Sprüngen und ein Bungee-Museum.

Drei Kilometer östlich des SH6 liegt die **Gibbston Valley Winery**, das bekannteste Weingut der Gegend. Angeboten werden Führungen durch Weinberg und -keller inklusive Verkostungen. Mithilfe der Broschüre *Central Otago Wine Map* kann man sich selbst eine Tour durch die Weingüter in dieser Region zusammenstellen.

Eine malerische Straße führt 40 Kilometer westlich von Queenstown nach **Glenorchy** am Lake Wakatipu. Der winzige Ort in spektakulärer Lage ist ein

Millbrook Resort
Malaghans Rd.
03/441-7000
www.millbrook.co.nz

Gibbston Valley Winery
1820 State Highway 6
03/442-6910
Touren $$$–$$$$$
www.gibbstonvalley.com

Im Rausch des Adrenalins

Obwohl man mittlerweile rund um den Globus Extremsportarten betreibt, machte erst Neuseeland den Abenteuerurlaub populär und nennt sich selbst bis heute »Land des Adrenalins«.

Jetboot fahren auf dem Shotover River

Bungee-Jumping stammt ursprünglich aus Vanuatu, wo todesmutige Männer, Schlingpflanzen um ihre Fußgelenke gebunden, von einem hölzernen Turm hinuntersprangen. Die »moderne« Variante geht auf den Neuseeländer A. J. Hackett zurück, der sich erstmals 1987 vom Eiffelturm herunterstürzte. Ein Jahr später gründete Hackett an der Kawarau Bridge bei Queenstown (siehe S. 251) das erste Bungee-Unternehmen der Welt. Die Kawarau-Brücke ist nach wie vor beliebt, aber man kann sich auch von einer Auslegerbrücke der Skyline Gondola (siehe S. 248) oder in den 102 Meter tiefen Skippers Canyon (siehe S. 251) stürzen.

Wassersport

Der Techniker Bill Hamilton entwickelte ein Boot, das die wilden, seichten Gewässer der Südinsel passieren konnte. Es besitzt ein Wassertriebwerk, das Wasser durch eine steuerbare Düse herausschießen lässt, und gleitet damit so übers Wasser, dass der größte Teil des Rumpfs über der Wasseroberfläche bleibt.

Beliebte Orte für Wildwasserrafting sind der Shotover River und Kawarau River in Queenstown sowie der Rangitata River und Buller River, auch auf der Südinsel. Auch auf der Nordinsel wird viel Rafting betrieben, wobei der Kaituna River in der Nähe von Rotorua mit den drei Meter hohen Okere Falls am spannendsten ist. Aus dem Rafting durch Stromschnellen entwickelte sich das Schwarzwasserrafting, eine rasante Tunnelfahrt durch eine Höhle bei Waitomo auf der Nordinsel (siehe S. 112).

Zorbing und mehr

Eine weitere Spezialität in Neuseeland sind Tandemsprünge vom Berg oder aus dem Flugzeug, bei denen man an einen Profi angegurtet zur Erde schwebt. Fallschirmsegeln von Bob's Peak in Queenstown (siehe S. 248) ist eine spektakuläre Art, sich die Stadt anzusehen. In Wanaka und Taupo findet man renommierte Fallschirmzentren.

Vergnügen mit Kick sind ferner Bungee-Schaukeln, Rap-Jumping (eine Art des Abseilens) und River-Sledging (bäuchlings auf einem Styroporbrett durchs Wildwasser schießen). Einfallsreiche Neuseeländer erfanden darüberhinaus das Zorbing (in einem durchsichtigen Plastikball den Hang hinunterrollen z. B. bei Rotorua) und das Shweeb, eine flotte pedalbetriebene Monorailbahn (wird ebenfalls in Rotorua angeboten, siehe S. 127).

Paradies fürOutdoor-Aktivitäten wie Jetbootfahren, Kajaken, Fallschirmspringen. Von Glenorchy aus sind einige der besten Wanderwege wie der **Routeburn Track** (siehe Kasten S. 250) zu erreichen. Viele Wanderer kehren über den **Greenstone Track** oder den **Caples Track** zurück, die in einer Viertagesschleife auch kombiniert werden können. Es geht durch bewaldete Täler, die am Lake Wakatipu enden. Eine Alternative ist der schwierigere, gebirgige **Rees-Dart Track**.

Wer weder wandern noch fliegen möchte, kann südlich von Queenstown über den SH6 durch atemberaubende Wüstenlandschaften über die Southern Alps nach Fiordland oder zum Milford Sound gelangen. Am unteren Ende des Lake Wakatipu, am SH6, liegt **Kingston**, früher ein Abfahrtsbahnhof von Dampfzügen. Die vergangene Pracht kann auf dem **Kingston Flyer** (*Tel. 03/248-8888, Okt.–April, $$$$–$$$$$*), einem restaurierten Dampfzug, nacherlebt werden, der zweimal täglich nach Fairlight (14 Kilometer südlich) fährt. Von dort fahren Busse nach Queenstown zurück.

Wanaka

Wanaka (9700 Einwohner) in malerischer Lage am **Lake Wanaka** mit Blick auf schneebedeckte Berge gleicht einem »Klein Queenstown«.

Die Kulisse erscheint noch spektakulärer, da die Stadtentwicklung nicht so heftig mit der Natur kollidiert. Das Städtchen ist das Tor zu den Wanderwegen hinauf zu den Gipfeln des Mount Aspiring National Park und zu den 20 Kilometer bzw. 34 Kilometer entfernten Skigebieten **Treble Cone** und **Cardrona**. Letzteres liegt in der Nähe des gleichnamigen Örtchens und ist über die Cardrona Road zwischen Wanaka und Queenstown zu erreichen. Die 117 Kilometer lange Straße ist eine schöne Alternative zum SH6.

Cinema Paradiso

Wer ein besonderes Dinner- und Kinoerlebnis sucht, sollte Wanakas **Cinema Paradiso** (*Ardmore St., Tel. 03/443-1505, www.paradiso.net.nz*) besuchen. Hier kann man vor dem Film, in einer Pause oder danach ein komplettes Menü genießen. Die Bestuhlung ist originell: neben alten Sofas stehen ein gepolstertes Auto und Sitze aus einem chinesischen Flieger zur Auswal.

Wanaka bietet unzählige Freizeitaktivitäten von allen Arten an Wassersport bis zu Fallschirmspringen und Gleitschirmfliegen am Flughafen von Wanaka. Dort befindet sich auch das **Warbirds & Wheels Museum**. Eingebettet in eine Sammlung von Kampfflugzeugen

Wanaka

▲ Karte S. 234

Besucherinformation

✉ Lakefront, 103 Ardmore St.

☎ 03/443-1233

www.lakewanaka.co.nz

Warbirds & Wheels Museum

✉ 11 Lloyd Dunn Av., Wanaka Airport

☎ 03/443-7010

💲 $$$$

www.warbirdsandwheels.co.nz

Puzzling World

✉ 188 Wanaka-Luggate Hwy., SH 84

☎ 03/443-7489

💲 $$$$

www.puzzlingworld.com

aus dem Zweiten Weltkrieg ist hier die Geschichte des Flugwesens detailliert aufbereitet. Alle zwei Jahre findet die Flugschau **Warbirds Over Wanaka** statt.

Auf dem Weg zum Flughafen Richtung Cromwell liegt am SH84 die **Puzzling World** mit schrägen Gebäuden und kuriosen optischen Täuschungen.

INSIDERTIPP

Die Hütten in Neuseelands Nationalparks sind gemütlich und sauber und sollten auf mehrtägigen Wanderungen auf jeden Fall genutzt werden.

CHRISTY RIZZO
Expertin für Erlebnisreisen

Mount Aspiring National Park

Der Mount Aspiring National Park überspannt die Southern Alps und ist ein Eldorado für Wanderer und Bergsteiger. Er gehört zum Weltnaturerbe Te Wahipounamu und konzentriert sich um den Gipfel des Mount Aspiring. Im Westen und Süden erstreckt er sich in die Wälder des Fiordland, im Norden reicht er bis zum Haast Pass.

In den südlichen, näher an Queenstown gelegenen Ausläufern befinden sich der berühmte **Routeburn Track**

(siehe Kasten S. 250) und andere beliebte Wanderrouten. Der meistbesuchte Teil des Parks ist jedoch der nördliche Zipfel, wo der SH6 von Wanaka zur Westküste durch den Park führt.

Gletschergeformte Täler wechseln sich mit schroffen Gipfeln ab. Der **Mount Aspiring**, der wegen seiner Steilwände auch als »Neuseelands Matterhorn« bekannt ist, ist der einzige Berggipfel außerhalb des Aoraki/Mount Cook National Park, der über 3000 Meter aufragt.

Wanderungen im nahe gelegenen Matukituki Valley führen ins Herz des Naturgebiets. Eine Autostunde von Wanaka entfernt führt der **West Matukituki Track** zur Aspiring Hut *(zwei Stunden einfach)*. Der beliebtere **Rob Roy Track** zweigt 15 Minuten, nachdem man vom Parkplatz aufgebrochen ist, vom West Matukituki Track ab und ermöglicht eine leichte, drei- bis vierstündige Wanderung, die über den Fluss führt, ehe sie in den Wald ansteigt. Von dort gelangt man in ein Tal mit Blick auf den Rob Roy Glacier. Infos haben die Büros des DOC in Wanaka, Queenstown, Haast und Makarora.

Haast Highway

Die Straße von Wanaka zur Westküste ist eine der spektakulärsten Strecken des Lan-

Weinberg des Gutes Rippon am Lake Wanaka

des. Sie führt über den Haast Pass, den südlichsten von drei Hauptpässen über die Southern Alps.

Der Highway SH6 verläuft im Norden Wanakas in Richtung **Lake Hawea**, dann am Seeufer entlang über The Neck, einen schmalen Streifen Land, der den Lake Hawea vom nördlichen Ende des Lake Wanaka trennt.

Die Straße folgt dem Makaroa River stromaufwärts zum **Makarora Tourist Centre**, in dem Ausstellungsobjekte zu Natur und Mensch ein Licht auf die Geschichte der Region werfen.

Zehn Kilometer vom Besucherzentrum entfernt, führt ein 30-minütiger Rundweg zu den malerischen **Blue Pools**. Etwas weiter, am **Cameron Creek**, belohnt ein 15-minütiger Rundweg zu einer Aussichtsplattform mit einem Blick auf das Tal und die umliegenden Berge.

Der **Haast Pass** (563 Meter) ist der höchste Punkt und bietet den besten Ausblick. Ein Pfad führt zu einer Aussichtsplattform mit überwältigendem Rundblick. Die Wanderung dauert etwa eine Stunde.

Jenseits des Passes folgt der Highway dem Verlauf des Haast River, an einigen Wasserfällen vorbei, so an den **Thunder Creeks Falls**, die in nur fünf Minuten zu Fuß leicht zu erreichen sind. Einige Kilometer weiter liegt **Pleasant Flat**, ein hübscher Picknick- und Campingplatz.

Auf halbem Weg zwischen Haast Pass und dem Ort Haast liegt der **Roaring Billy Waterfall**, zu dem man auf einem 25-minütigen Rundweg durch üppige Wälder und grüne Baumfarne gelangt. ■

Haast
🄼 Karte S. 234
Besucherinformation
✉ SH6 & Jackson Bay Rd.
☎ 03/750-0809
www.doc.govt.nz

Makarora
🄼 Karte S. 234
Besucherinformation
✉ Wanaka-Haast Hwy.
☎ 03/443-8372
www.makarora.co.nz

Atemberaubende Fjorde, Berggipfel und Seen gehen über
in saftiges Weideland, das von einer malerischen Küste mit der
vorgelagerten Stewart Island gesäumt wird

Fiordland
& Southland

Ein Wanderer auf dem Milford Track genießt den Anblick der MacKay Falls

Fiordland & Southland

Neuseelands tiefer Süden: Näher kann man der Antarktis als gewöhnlicher Reisender kaum kommen. Fjorde, Seen, Wanderwege und die Insel Stewart Island machen die Region zu einem lohnenswerten Reiseziel.

Der Mount Tutoko, Fiordlands höchster Berg

und Teil des Weltnaturerbes Te Wahipounamu. Übernachten kann man in dem kleinen Ort Te Anau am gleichnamigen See, dem letzten Ort vor dem Milford Sound.

Der noch kleinere Ort Manapouri, ebenfalls an einem schönen, gleichnamigen See gelegen, ist der Ausgangspunkt für den einzigen anderen Fjord, den man befahren kann, den Doubtful Sound. Mit Ausnahme dieser beiden Fjorde ist der Parks unberührt. Es gibt jedoch einige eindrucksvolle Wandermöglichkeiten, wie den berühmten Milford Track und den Kepler Track.

Gletscher formten einst das Landschaftsbild Fiordlands und hinterließen die Fjorde der Südwestküste, die sich hinter Berggipfeln und dichten Wäldern vor dem Meer verstecken. In östlicher Richtung, auf der windabgewandten Seite, weicht die Wildnis Gletscherseen und Schafweiden.

Der Hauptanziehungspunkt der Region ist der Milford Sound. Eine Schifffahrt durch den Fjord mit seinen hohen Felsgipfeln ist atemberaubend, und die Straße dorthin führt durch Neuseelands eindrucksvollste Wildnis überhaupt – den Fiordland National Park. Er ist der größte Naturpark des Landes

Während Fiordland ungezähmte Wildnis ist, wurde das benachbarte Southland von Menschenhand geformt. Schottische Siedler errichteten hier große Schaffarmen. Die Namen der Städte und Flüsse erinnern an Schottland, und das schottische »r« gehört weiterhin zum Akzent der Südländer.

Die Hauptattraktion Southlands ist die Küstenstraße zwischen Invercargill und Dunedin. Das Landschaftsbild reicht von zer- klüfteter Küste und schönen Stränden bis zu Wäldern und Wasserfällen. In dieser entlegenen Ecke tummeln sich Meerestiere wie Seebären und Seelöwen, Delfine und Pinguine.

Als letzte Station vor der Antarktis liegt unterhalb der Südinsel eine angenehme Überraschung: Stewart Island wird von warmen Strömungen umspült. Dort finden sich Buchten, teils mit weißem Sand, und Wälder mit riesigen Farnen. ∎

N

TASMANSEE

Milford Sound
Mt. Pembroke
Stirling Falls
Mitre Peak
Milford
Homer Tunnel
Lake Ada
Lake Marian
94
The Divide
MILFORD TK.
Cleddau
Hollyford
Eglinton
Earl Mts.

Murchison Mts.
Lake Te Anau
• Knobs Flat
Mirror Lakes
Te Anau Caves
Lake Orbell
Doubtful Sound
Deep Cove
KEPLER TK.
West Arm
Te Anau
Wilmot Pass
Manapouri Power Station
Manapouri
94
6
Mossburn
Lumsden
Dusky Sound
FIORDLAND NATIONAL PARK
Ohai
94
90
Lake Hauroko
Clifden
96
Gore
1
8
Tuatapere
Te Waewae
99
6
96
93
Balclutha
Te Waewae Bay
Anderson Park & Art Gallery
1
Mataura
CATLINS FOREST PARK
Kaka Point
Owaka
Monkey Island
Colac Bay/Oraka
Riverton
INVERCARGILL
Nugget Point
McLean Falls
Fortrose
Bluff
Bluff Hill
Otara
Waikawa
Cathedral Caves
Foveaux Strait
NORTHWEST CIRCUIT
Curio Bay
Porpoise Bay
Maori Beach
RAKIURA TK.
Ackers Point Lighthouse
Halfmoon Bay (Oban)
Ulva Island
Mason Bay
Bluff Ferry
P A Z I F I S C H E R O Z E A N
Paterson Inlet
STEWART ISLAND
RAKIURA NATIONAL PARK

Zur Orientierung
Auckland
⊛ Wellington
• Christchurch
Neuseeland mit Farbkodierung

0   60 Kilometer

Fiordland

Das Landschaftsbild kann kaum spektakulärer sein als im abgeschiedenen Fiordland mit Bergen und Fjorden. Der Fiordland National Park umfasst beinahe die gesamte Region, inklusive der berühmten Sounds Milford und Doubtful. Am Rand des Parks nehmen die Ferienorte Te Anau und Manapouri Übernachtungsgäste auf.

Ein Mutter-Tochter-Team erkundet mit dem Kajak den Doubtful Sound im Fiordland National Park

Fiordland National Park

Karte S. 259

Besucher-
information

Lakefront Dr.,
Te Anau

03/249-7924

www.fiordland.org.
nz/about-fiordland/
Fiordland-National-
Park

Fiordland National Park

Der wildeste, feuchteste und entlegenste Teil Neuseelands ist zugleich der atemberaubendste. Die über dem Park thronenden Berge werden von den *Roaring Forties*, den Stürmen über dem südlichen Ozean, mit reichlich Regen versorgt.

Die meisten Besucher, die hierher kommen, möchten vor allem die Schönheit des Milford Sound erleben, den man über die Straße von Te Anau aus auf einer landschaftlich reizvollen Strecke erreichen kann. Das andere Hauptziel ist der Doubtful Sound.

Die Gneis-, Schiefer- und Granitfelsen des Naturparks wurden vor 500 Millionen Jahren durch tektonische

Faltungen und Verwerfungen geformt. Gletscher haben die Landschaft in den letzten zwei Millionen Jahren glatt geschliffen und dabei tiefe u-förmige Täler geschaffen, von denen sich viele mit Wasser gefüllt und so Fjorde und Binnenseen gebildet haben. Bäume klammern sich an steile Felswände und wachsen auf einer relativ dünnen Erdschicht, so dass Baumlawinen an der Tagesordnung sind. Oberhalb von 1000 Meter wachsen Bülten (Grashorste) und Alpenblumen. Der Park bietet Lebensraum für bedrohte Vogelarten, darunter die Takahe, die als ausgestorben galt, bis man 1948 lebende Exemplare in den Murchison Mountains über den Te Anau Caves entdeckte. Die letzten Kakapos wurden auf vorgelagerte Inseln umgesiedelt. Springsittiche, Langbeinschnäpper, Kakas, Glattnasen- und Neuseelandfledermäuse bevölkern das Eglinton Valley, und viele weitere Arten, darunter Streifenkiwis, leben im Park.

Die vielen Regenfälle bilden eine Schicht Süßwasser auf dem Meer. Diese Schicht bekommt durch Harze, die aus den Wäldern gewaschen werden, eine schwarze, glasartige Oberfläche, die das Sonnenlicht nur bis in 40 Meter Tiefe hineinlässt. Subtropische Fische, Kaltwasser- und Tiefseefische

steigen hier weiter nach oben als anderswo.

Das Landschaftsbild von Fiordland wird von Bergen und Wasser bestimmt. Im Milford Sound regnet es mehr als 180 Tage im Jahr mit einer durchschnittlichen Niederschlagsmenge von 650 Zentimetern. Das nasse Wetter schuf effektvolle Wasserfälle, die die nackten Berghänge und Felswände in weißen Strängen hinunterstürzen.

Fiordland/ Te Anau

🗺 Karte S. 259

Besucherinformation

✉ Lakefront Dr.

☎ 03/249-8900

www.fiordland.org. nz/about-fiordland/ Te-Anau.asp

ERLEBNIS:
Wandern in Fiordland

Im Fiordland National Park befinden sich drei der neun *Great Walks* (siehe S. 19) und weitere Wanderwege, die ein Erlebnis sind. Die *Great Walks* werden vom Department of Conservation (DOC) unterhalten. Im Sommer muss man sie lange im Voraus in den DOC-Büros oder, noch besser, online unter *www.doc.govt.nz* buchen.

Der Milford Track ist der bekannteste (siehe S. 264f), aber auch der Routeburn Track (siehe S. 250) hat einen Ruf als einer der schönsten Wanderwege Neuseelands. Die meisten laufen ihn von Glenorchy nahe Queenstown nach The Divide im im Fiordland National Park, aber auch die umgekehrte Richtung ist möglich. Ein weiterer *Great Walk* ist der Kepler Track, eine drei- oder viertägige, anstrengende Wanderschleife vom Lake Te Anau zum Mount Luxmore und Lake Manapouri.

Te Anau und Manapouri

Der Ort Te Anau liegt nahe am Lake Te Anau, dem größten See der Südinsel, und ist der beste Ausgangspunkt

Te Anau Caves

- Karte S. 259
- Real Journeys, Visitor Centre, Lakefront Dr., Te Anau
- 03/249-6000
- $$$$
- www.realjourneys.co.nz

für Ausflüge zum Milford Sound. Der hübsche, blühende Ferienort mit Blick auf die Berge ist mit Restaurants und Unterkünften gut ausgestattet.

Te Anau selbst hat nicht viel zu bieten. Allerdings sind im **Te Anau Bird Sanctuary** *(Tel. 03/249-7924)* an der Manapouri Road, zehn

strudelnden Wassers«. Führungen enden mit einer Bootsfahrt durch eine dunkle Grotte, die von Hunderten blinkender, Netze spinnender Glühwürmchen erleuchtet wird (siehe Kasten S. 112).

Te Anaus Schwesterstadt ist das kleine Örtchen Manapouri, 21 Kilometer

Der Einsiedler vom Milford

Einer der Höhepunkte des Milford Track sind die hohen Sutherland Falls, die nach Donald Sutherland (1843–1919), dem Einsiedler vom Milford Sound, benannt sind. Als Abenteurer war der junge Schotte Fischer, in Italien Soldat unter Garibaldi und Kaufmann zur See, ehe er nach Neuseeland reiste. Er kämpfte in den Maorikriegen, war Robbenfänger und Goldsucher und verließ Dunedin schließlich mit seinem Hund in einem kleinen Boot. Er landete am Milford Sound und blieb dort 40 Jahre lang. Viele Jahre lebt er allein und erkundete die Region, bis er 1890 sein isoliertes Dasein aufgab und Elizabeth Samuels aus Dunedin heiratete. Sie kehrten zurück in die Natur, bauten gemeinsam eine Hütte und nahmen seit der Eröffnung des Milford Track im Sommer Wanderer auf. Der wortkarge Gastgeber Sutherland war eine Autorität in der Region, die er als sein ureigenes Reich betrachtete.

Minuten vom Besucherzentrum des Department of Conservation entfernt, eine Reihe einheimischer Vogelarten zu sehen, darunter auch die seltene Takahe-Ralle.

Der interessanteste Abstecher führt auf die andere Seite des Sees. Die atemberaubenden **Te Anau Caves** erreicht man per Boot und anschließend zu Fuß entlang dem rauschenden Wasser eines unterirdischen Baches. Die Maori nannten die Höhle Te Anau-au – »Höhle des

südlich in noch idyllischerer Lage am Lake Manapouri. Für Ausflüge zum sehenswerten Doubtful Sound (siehe S. 267) ziehen viele Besucher diesen Ort als Ausgangspunkt vor.

Von Te Anau nach Milford

Wenn der Milford Track der schönste Wanderweg der Welt ist, dann ist die 119 Kilometer lange Straße von Te Anau nach Milford wohl die schönste Autostraße der Welt.

Einige kurze Wanderungen und Aussichtspunkte am Straßenrand ermöglichen es, die Gegend zu genießen. Ein hervorragender Zwischenstopp, 58 Kilometer außerhalb von Te Anau, sind die stillen **Mirror Lakes**, die man bequem zu Fuß erreicht.

INSIDERTIPP

Am besten kann man den Milford Sound auf einer Nachtfahrt auf einem Schiff erkunden. Sie durchfahren den ganzen Sound und haben genügend Zeit, die wunderbare Landschaft zu genießen *(www.realjourneys. co.nz).*

JORGE I. NÚÑEZ
National Geographic-Experte

Das Eglinton Valley verbreitert sich an der Siedlung **Knobs Flat** (63 Kilometer von Te Anau) und auf jenem Streckenabschnitt, der sich wegen des Eindrucks, dass die Berge hier verschwinden, **Avenue of the Disappearing Mountains** nennt. Etwas weiter führt der 45-minütige Rundwanderweg **Lake Gunn Nature Walk** am Lake Gunn entlang durch Scheinbuchenwald

An der Passhöhe **The Divide** (85 Kilometer von Te Anau) erreicht man einen der schönsten Wanderwege Neuseelands, den **Routeburn Track** (siehe S. 250). Wer lediglich einen Eindruck von den Reizen des Routeburn-Weges gewinnen will, kann auch nur einen Teil wandern: bis zum **Key Summit** *(zwei- bis dreistündiger Rundweg)* mit einem grandiosen Ausblick.

Direkt hinter The Divide liegt die Abzweigung zum **Hollyford Valley**. Nach 1,6 Kilometern auf der Schotterstraße beginnt der Pfad zu den **Lake Marion**

Sonnenuntergang am Mitre Peak

Auf dem Milford Track

In Neuseeland gilt der Milford Track als der »schönste Wanderweg der Welt«. Vom Lake Te Anau bis zum Milford Sound zeigt er all die Reichtümer Fiordlands – Seen, Bergwiesen, Berge, Gletscher und Fjorde.

Von Ende Oktober bis Ende April kann man den Weg nur in eine Richtung gehen, als viertägige Wanderung mit drei Übernachtungen. Täglich werden nur 40 Wanderer zugelassen. Deshalb sollte man Monate im Voraus reservieren (ab 1. Juli unter www.doc.govt.nz).

Im Winter sind Reservierungen unnötig, allerdings ist der Weg dann nur für geübte Wanderer geeignet. Kleidung für jedes Wetter und ausreichend Proviant sind ein Muss. Man übernachtet in einfachen Hütten, die mit Kochgelegenheiten, Toiletten und Schlafkojen ausgestattet sind. Geführte Touren bieten etwas mehr Luxus (www.ultimatehikes.co.nz).

Die Tour beginnt mit einer Bootsfahrt über den Lake Te Anau zum **Glade**

Wanderer auf einer stählernen Brücke an den Giant Gate Falls auf dem Milford Track

Wharf ❶. Von hier führt der erste Marsch auf einer Hängebrücke über den Clinton River und folgt dann etwa eine Stunde dem Fluss zur **Clinton Hut** ❷.

Der zweite Tag (16 Kilometer, 6 Stunden) führt zu den **Clinton Forks**, dem Zusammenfluss mit dem nördlichen Flussarm. Der Weg folgt dem westlichen Flussarm bis zu einem See. Ein Abstecher geht zu den **Hirere Falls**. Der Hauptweg zieht sich durch ein immer schmaler werdendes Tal bis zu einer Grasebene mit herrlichem Blick auf den Mackinnon Pass. Der Weg steigt an, he man am Ende des zweiten Tages die **Mintaro Hut** ❸ erreicht.

Am dritten Tag (14 Kilometer, 6 Stunden) nimmt man über zwei Stunden hinweg den Aufstieg zum Mackinnon Pass wieder auf, um dann die Aussicht am **Mackinnon Memorial** ❹ zu genießen. Von dort sind es noch 20 Minuten zum höchsten Punkt des Weges: zum **Pass Day Shelter** (1154 Meter). Danach führt der Weg über acht Kilometer bergab, an den spektakulären Wasserfällen und Kaskaden des Roaring Burn vorbei. Von der Quintin Hut (privat) führt ein 1,5-stündiger Abstecher als Rundweg zu den **Sutherland Falls** ❺, mit 580 Metern die höchsten Wasserfälle Neuseelands. Zurück an der Quintin Hut dauert es noch etwa eine Stunde zur wohlverdienten Ruhe in der **Dumpling Hut** ❻.

Der vierte Tag (18 Kilometer, 6 Stunden) führt langsam bergab, zum Arthur River und zur historischen **Boatshed** hinunter. Danach sind es noch 20 Minuten zu den **MacKay Falls** ❼ und zum

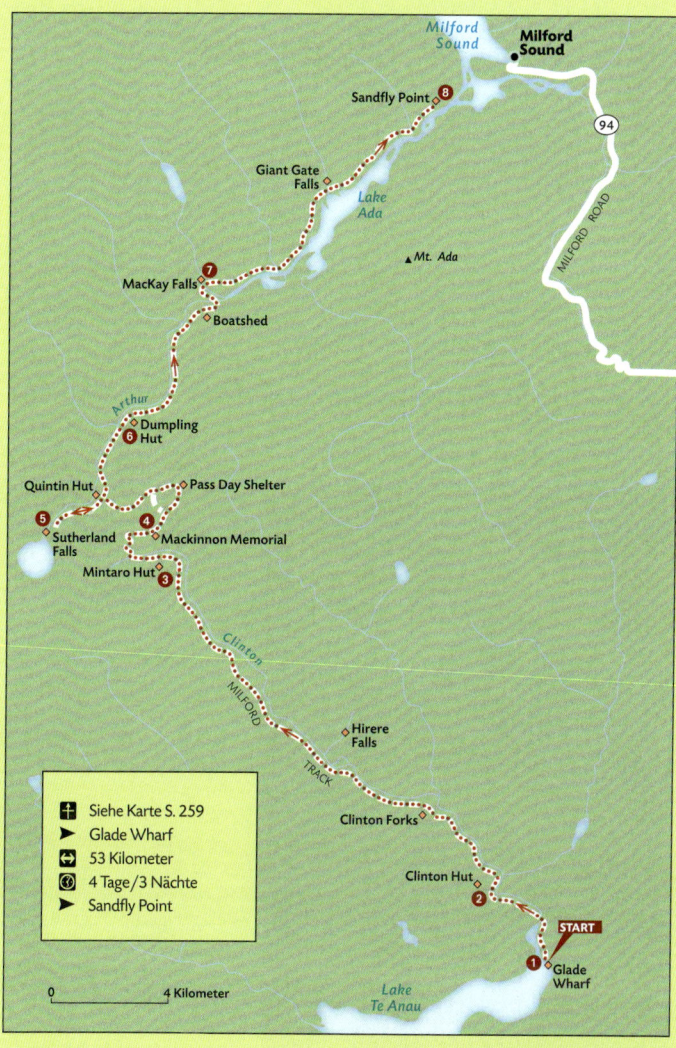

**Milford
Sound**

*Milford
Sound*

Sandfly Point **8**

94

Giant Gate
Falls

*Lake
Ada*

MILFORD ROAD

MacKay Falls **7**

Boatshed

▲ Mt. Ada

Arthur

Dumpling
Hut **6**

Quintin Hut

Pass Day Shelter

5 Sutherland
Falls

4 Mackinnon Memorial

Mintaro Hut **3**

Clinton

MILFORD

Hirere
Falls

TRACK

Siehe Karte S. 259

Glade Wharf

53 Kilometer

4 Tage/3 Nächte

Sandfly Point

Clinton Forks

Clinton Hut

2

START

1 Glade
Wharf

*Lake
Te Anau*

0   4 Kilometer

Bell Rock. Weiter geht es zum Lake
Ada und den **Giant Gate Falls**. Etwa
eine Stunde hinter dem See erreicht
man das flache Ende des Tales. Am
Sandfly Point 8 legen die Boote zum
Milford Sound ab.

NICHT VERSÄUMEN:

**Mackinnon Memorial • Suther-
land Falls • MacKay Falls • Giant
Gate Falls**

Milford Sound Boat Tours

Real Journeys

☎ 03/249-7416

$ $$$$$

www.realjourneys.co.nz

Southern Discoveries

☎ 03/441-1137

$ $$$$$

www.southerndiscoveries.co.nz

Falls. Eine 20-minütige Wanderung führt zu einem Gerüst, von dem man die Fälle sehen kann. Eine weitere einstündige Tour führt zum **Lake Marion**.

In **Gunns Camp**, 17 Kilometer von der Hauptstraße entfernt, gibt es einen Gemischtwarenladen und ein kleines Museum. Die Hauptstraße klettert zum **Homer Tunnel** hoch. Der 1270 Meter lange Straßentunnel wurde 1954 eröffnet – seit-

dem ist der Milford Sound der Welt zugänglich.

Die Straße verläuft danach steil abwärts. Der letzte Stopp vor Milford ist **The Chasm**. Hier führt ein schöner 15-minütiger Rundweg durch prächtige, moosbewachsene Wälder und tiefe, vom Fluss ausgewaschene Schluchten.

Ein moosbewachsener Südbuchenwald am Milford Track

INSIDERTIPP

Es gibt einen Grund dafür, warum es in den Fjorden so schön grün ist: Es regnet – und zwar an vielen Tagen. Es mag selbstverständlich klingen, aber Regenkleidung ist unverzichtbar.

JANE SUNDERLAND
NATIONAL GEOGRAPHIC-Redakteurin

Milford Sound

Der Milford Sound ist Fiordlands berühmteste Sehenswürdigkeit. Dank seiner Felsgipfel ist er höchst spektakulär. Der **Mitre Peak**, so genannt wegen der Ähnlichkeit mit der Kopfbedeckung eines Bischofs (Mitra), ist der Spitzenreiter. Er ragt 1692 Meter steil aus dem Meer auf.

Die Straße von Te Anau endet in der kleinen Siedlung Milford am Ende des Milford Sound.

Rundfahrten durch den Fjord starten den ganzen Tag über, aber man sollte möglichst die Stoßzeiten gegen 13 Uhr meiden. Alle Veranstalter bieten recht ähnliche zweistündige Touren mit Schiffen an, die den 16 Kilometer langen Fjord durchkreuzen. Es werden Zwischenstopps eingelegt, um die Wasserfälle und die Tierwelt auf den Felsen beobachten zu können.

Die Rückfahrt führt vorbei an den **Stirling Falls** und an der **Harrison Cove** mit dem **Mount Pembroke** (2014 Meter) im Hintergund. Im **Underwater Observatory** an der Harrison Cove kann man tief unter der Wasseroberfläche das vielfältige Meeresleben beobachten (siehe Kasten).

Vom Flughafen aus starten kleine Touristenflugzeuge zu Rundflügen. Die beeindruckenden Berge lassen sich aber besser vom Wasser aus bewundern. Kajaktouren sind eine gute Alternative.

Doubtful Sound

Der Doubtful Sound steht seltener auf dem Ausflugsprogramm als der Milford Sound, ist aber ebenso schön und vor allem friedlicher und unberührter.

Auf den achtstündigen Rundfahrten erlebt man Natur pur. Man startet in Manapouri mit einer Bootstour über den **Lake Manapouri** nach West Arm, wo man in

Busse umsteigt, die die Touristen zur unterirdischen **Manapouri Power Station** bringen. Das Wasserkraftwerk besitzt riesige Turbinen, die durch Meerwasser angetrieben werden. Eine spektakuläre Straße führt von **West Arm** zur **Deep Cove** am Doubtful Sound, von wo aus die Schiffsrundfahrten starten, um den Fjord der Länge nach zu erkunden.

Die Straße führt durch gemäßigten Regenwald an den über allem thronenden **Cleve Garth Falls** vorüber und schließlich über den 670 Meter hohen **Wilmot Pass**. ■

ERLEBNIS:
Unter Wasser

Im Milford Sound herrschen einzigartige Lichtverhältnisse. Das Wasser ist hier so dunkel, dass Tiefseelebewesen noch 40 Meter unter der Wasseroberfläche leben können. Es gibt hier so viele Arten unter der Wasseroberfläche zu sehen, dass Jacques Cousteau die Erkundung des Fjords zu seinen Top-Ten-Taucherlebnissen zählte. Zu den Bewohnern gehören Schwarze und Edelkorallen, elfarmige Seesterne, Röhrenwürmer und Weißkiemen-Lippfische. Das **Milford Discovery Centre & Underwater Obeservatory** *(Freshwater Basin, Tel. 03/441-1137, www.southerndiscoveries.co.nz)* ermöglicht es, den Fjord in einem Aussichtsraum in zehn Meter Tiefe zu erleben. **Descend Scubadiving** *(Milford Sound Hwy., www.descend.co.nz, info@descend.co.nz)* bieten Gerätetauchen an.

Mitre Peak Cruises
☎ 03/249 -8110
$ $$$$$
www.mitrepeak.com

Jucy Cruize
☎ 03/442-4196
$ $$$$$
www.jucycruize.co.nz

Doubtful Sound Boat Tours
Real Journeys
✉ Pearl Harbour, Manapouri
☎ 03/249-6600
$ $$$$$
www.realjourneys.co.nz/en/destinations/doubtful-sound

Southland

Das flache Schafweideland von Southland beginnt bei Invercargill. Es ist überwiegend Durchgangsgebiet zur Stewart Island oder nach Fiordland, aber entlang der Stecke liegen herrliche Küsten- und Waldlandschaften. Die Southern Scenic Route von Invercargill nach Fiordland ist ähnlich schön.

Schulkinder streicheln eine Tuatara im Southland Museum, Invercargill

Invercargill

🅰 Karte S. 259

Besucher-information

✉ Visitor Centre, Southland Museum & Art Gallery, Queens Park

☎ 03/211-0895

www.invercargill. org.nz

Invercargill

Southlands Finanzzentrum und Neuseelands südlichste Stadt Invercargill (53 000 Einwohner) wurde 1856 von schottischen Siedlern gegründet. Landwirtschaft und später Holzwirtschaft und Kohleabbau führten zu einem schnellen Wachstum. Heute ist Invercargill eine Stadt mit breiten Straßen und schmucken historischen Gebäuden aus dem 19. Jahrhundert in schönen Gärten.

Hauptanziehungspunkt der Stadt ist der **Queens Park**, die 81 Hektar große grüne Lunge mit botanischem Garten, Voliere und Tiergehege. Am Haupteingang zum Park kann man im **Southland Museum & Art Gallery** maorische und koloniale Exponate bewundern. Von besonderem Interesse sind die Abteilung »*Beyond the Roaring Forties*« über die subantarktischen Inseln und die Tuataras, Überlebende aus dem Zeitalter der Dinosaurier (siehe Kasten).

Anderson Park & Art Gallery am Nordrand der Stadt residiert in einem schönen Haus in neogeorgianischen Stil mit einem großen Park und beherbergt eine ansehnliche Sammlung neuseeländischer Kunst.

Bluff

Invercargills glanzloser Hafen Bluff liegt 28 Kilometer südlich, am Ende des SH1, der das Land der Länge nach vom Cape Reinga im Norden bis zum Stirling Point im Süden von Invercargill durchquert.

Bluff ist Southlands Hauptumschlagplatz für gefrorenes Fleisch, Düngemittel und Aluminium, aber auch der Fährhafen für Stewart Island. Vom Bluff Hill hat man eine gute Aussicht über die Insel und die umliegenden Ebenen. Das **Bluff Maritime Museum** zeigt die Spuren der Geschichte des Hafens, einschließlich des wirtschaftlich wichtigen Austernfangs.

Rund um Invercargill

Fleißige schottische Siedler verwandelten die grasbewachsene, sumpfige Ebene in saftiges Weideland, das einst über 20 Prozent der Exporte des Landes hervorbrachte.

Gore, 66 Kilometer nördlich von Invercargill am SH1, ist der Hauptversorgungsort

von Southland und Hauptstadt der Countrymusic in Neuseeland. Jedes Jahr im Mai feiert die Stadt sehr lebendig die zehntägigen **New Zealand Gold Guitar Awards**. Die restlichen Zeit des Jahres über ist sie ein verschlafenes Nest, das Touristen überwiegend zum Forellenangeln anzieht.

Tuataras

Das Southland Museum in Invercargill ist berühmt für seine Tuataras (Brückenechsen), Relikte aus der Zeit der Dinosaurier. Die Tuataras sind die einzigen Überlebenden aus der Familie der *sphenodontidae*, eidechsenähnlichen Reptilien, die vor 220 Millionen Jahren lebten. Auf dem Festland sind sie ausgestorben. Lebende Exemplare finden sich nur noch auf den vorgelagerten Inseln und in Gefangenschaft. Das Southland Museum hat ein Zuchtprogramm eingeführt und präsentiert die Reptilien in einem Tuatarium. Star der Show und größtes Exemplar seiner Art ist Henry, der bereits 119 Jahre alt sein soll und erst im stolzen Alter von 111 Jahren Vater wurde.

Die meisten Touristen umfahren Gore und seine ebene Weidelandschaft zugunsten einer zwar längeren, aber landschaftlich abwechslungsreicheren

Southland Museum & Art Gallery
- Queens Park, 108 Gala St.
- ☎ 03/219-9069
- www.southland museum.com

Anderson Park & Art Gallery
- Karte S. 259
- 91 McIver Rd.
- ☎ 03/215-7432
- www.andersonpark gallery.co.nz

Bluff Maritime Museum
- 241 Foreshore Rd.
- ☎ 03/212-7534
- http://.bluff-maritime-museum. webs.com

Gore
- Karte S. 259
- Besucherinformation
- Hokonui Dr. & Norfolk St..
- ☎ 03/203-9288
- www.andersonpark gallery.co.nz

Schilder bei Invercargills Hafen Bluff weisen den Weg in die Ferne

Strecke entlang der Ostküste durch die Catlins (siehe S. 272f) oder über die Southern Scenic Route Richtung Westen nach Te Anau.

Southern Scenic Route

Der Weg zurück von Invercargill nach Te Anau ist eine geruhsame Fahrt auf dem SH99 die Küste entlang, ehe er ins Inland abzweigt. Erster interessanter Zwischenstopp ist **Riverton**, 39 Kilometer von Invercargill entfernt. Der hübsche Badeort bezeichnet sich selbst als die »Riviera des Südens« und tatsächlich gibt es dort einige gute Strände. Weiter westlich liegt **Colac Bay/ Oraka**, ein beliebter Ort zum Surfen.

An der Te Waewae Bay kann man einen kleinen Abstecher nach **Monkey Island** machen. Bei Ebbe kann man zur Insel bis hoch oben zur Aussichtsplattform hinüberwandern.

Das winzige **Tuatapere**, etwa auf halber Stecke dieser malerischen Route gelegen, ist die einzige Stadt von Bedeutung vor Manapouri. Es gibt ein Touristenbüro *(Tel. 03/226-6739)* mit Informationen über lokale Attraktionen. Nebenan zeigt das **Bushman's Museum** *(31 Orawia Rd., Tel. 03/ 226-6739)* eine Ausstellung zur Geschichte der hiesigen Sägewerke.

In **Clifden**, 13 Kilometer von Tuatapere, gibt es eine alte Hängebrücke sowie einige Höhlen, die jedoch nicht zu besichtigen sind. Von Clifden aus zweigt man auf eine 30 Kilometer lange, meist unbefestigte Straße zum idyllisch gelegenen **Lake Hauroko** ab, Neuseelands tiefstem See, wo es Wanderwege gibt. ∎

ERLEBNIS: Auf Kiwi-Pirsch

Nur wenige Kiwis (wie sich die Neuseeländer selbst nennen) haben jemals einen Kiwi in freier Wildbahn gesehen. Der nachtaktive, flugunfähige, langschnäbelige Vogel ist das Nationalsymbol und im ganzen Land sorgen Kiwi-Stationen dafür, dass man ihn zu Gesicht bekommt. Die Tiere in ihrer natürlichen Umgebung anzutreffen, ist jedoch schwierig.

Die meisten Kiwis leben auf **Stewart Island** am äußersten Ende des Landes. Dort zählt die Populationen der Streifenkiwis oder Tokoekas rund 20 000 Vögel. In der **Mason Bay** kann man sie sogar tagsüber am Strand beobachten. Die Bay ist jedoch nur per Nachtwanderung oder mit einem Charterflug zu erreichen. **Ruggedy Range** *(Tel. 03/219-1066, www.ruggedyrange.com)* bietet Mason-Bay-Touren an.

Alternativ kann man vom Hauptort Oban aus Bootsausflüge zu einer kleinen Insel unternehmen, auf der die Kiwis nisten. **Bravo Adventure Cruises** *(Tel. 03/219-1144, www.kiwi spotting.co.nz)* bieten abendliche Ausflüge an. Wenn man stillhält, kommen die halbblinden Kiwis nah heran und picken auf der Suche nach Futter an den Füßen der Besucher. Die Touren sind schnell ausgebucht.

Ein Streifenkiwi auf der Suche nach Nahrung

In **Okarito** behaupten **Okarito Kiwi Tours** *(The Strand, Okarito, Tel. 03/753-4330, www.okaritokiwi tours.co.nz)*, dass sie mit 98-prozentiger Sicherheit Kiwis aufspüren können.

Eine lange Kiwi-Tour wird im **Trounson Kauri Park** an der Kauriküste in Northland angeboten, wo es mit der Unterstützung des DOC gelungen ist, die Population des Streifenkiwis in Northland auf über 200 Tiere zu erhöhen. Es ist allerdings nicht garantiert, dass man die Kiwis beobachten kann.

Der **Kauri Coast Top 10 Holiday Park** *(Trounson Park Rd., Kaihu, Dargaville, Tel. 09/439-0621, www.kauricoast top10.co.nz)* veranstaltet seine Kiwi-Touren nachts.

Daneben kann man den Streifenkiwi auf Aroha Island, im Waitangi Forest und im Puketi State Forest beobachten. Kapiti Island in der Nähe von Wellington ist die beste Wahl, wenn man den Zwergkiwi sehen will. Wer zu diesem Zweck über Nacht bleiben möchte, braucht eine Sondergenehmigung (siehe S. 164).

Autofahrt durch die Catlins

Die kurvenreiche Küstenstraße von Invercargill nach Dunedin führt durch eine Region, die unter dem Namen »Catlins« bekannt ist. Die schöne Strecke führt durch Wälder und zerklüftete Küstenlandschaft. Zu den Highlights am Wegesrand gehören Strände, Wasserfälle und Orte zur Tierbeobachtung.

Der Leuchtturm am Waipapa Point warnt Schiffe vor der felsigen Küste

Von **Invercargill** aus fährt man 50 Kilometer nach Fortrose und biegt dann nach Otara und zur Küstenstraße zum **Waipapa Point** ❶ mit seinen goldenen Stränden und einem Leuchtturm ab. Weiter gen Osten erreicht man den **Slope Point** ❷, den südlichsten Punkt der Südinsel. In 20 Minuten kann man über privates Weideland bis zu einem Schild wandern, das Richtung Südpol

weist *(ausgenommen zur Zeit des Lammens, wenn der Zugang untersagt ist)*.

Als Nächstes folgt **Curio Bay** ❸, wo das Niedrigwasser einen 180 Millionen Jahre alten fossilen Wald freilegt. Hier nisten Gelbaugenpinguine, während sich in der angrenzenden Porpoise Bay im Sommer Hector-Delfine tummeln.

Die Straße führt anschließend durch Waikawa, wo es ein kleines Museum und das empfehlenswerte Café Niagara Falls gibt. Zurück auf der Hauptstraße, sind es 20 Kilometer bis zur Abzweigung zu den **McLean Falls** ❹, die man auf einem 45-minütigen Rundweg durch den Wald erreichen kann.

Direkt hinter der Straße zu den Wasserfällen führt eine Abzweigung zu den **Cathedral Caves** ❺ *($)*, eindrucksvolle, bis zu 30 Meter hohe Höhlen in den Klippen, die vom Meerwasser ausgewaschen wurden. Sie liegen auf dem Land der Maori und können über einen

Big-Wave-Surfen

Die Catlins sind dem südlichen Ozean ungeschützt ausgesetzt und daher für die höchsten Wellen der Welt bekannt. Big-Wave-Surfer kommen von überall her, um auf der Papas – einer bis zu zehn Meter hohen Welle – zu reiten. Beim aufregenden Tow-in-Surfen lassen sich die Surfer von Jetbooten in die Wellen hineinfahren.

einstündigen Rundwanderweg erreicht
werden, sind jedoch nur bei Ebbe
zugänglich.
   Die **Matai Falls** ➏ sind
die am besten zu
erreichenden
Wasserfälle
der

Catlins, da sie wie die **Horseshoe Falls**
über einen 20-minütigen Rundweg direkt von der Hauptstraße aus erwandert werden können. In der Nähe liegen die **Purakaunui Falls** ➐.
   Direkt hinter dem Ort Owaka sollte
man zur **Cannibal Bay** abbiegen, denn
dort kann man oft Seelöwen sehen.
   Von der Cannibal Bay führen Schot-
terwege zum Leuchtturm **Nugget
Point** ➑, der über den Klippen thront
und auf einem schmalen Pfad zu erreichen ist. Robben spielen auf den Felsen
darunter, auch Seelöwen, Zwerg- und
Gelbaugenpinguine bewohnen dieses
Stück Land. Direkt vor dem Leuchtturm, an der **Roaring Bay**, kann man
Gelbaugenpinguine aus einer Schutz-
hütte heraus beobachten *(am besten
vor 7 Uhr oder nach 16 Uhr)*.

✚ Siehe Karte S. 259
▶ Invercargill
↔ 158 Kilometer
🕐 4–5 Stunden
▶ Balclutha

NICHT VERSÄUMEN:

**Waipapa Point • Curio Bay •
Cathedral Caves • Matai Falls •
Nugget Point**

   Das zehn Kilometer entfernt liegen-
de **Kaka Point** ➒ ist ein kleiner Ferienort
mit hübschem Strand. Es ist die letzte
Stadt von Bedeutung vor **Balclutha** ➓.
Dieser Ferienort markiert das Ende der
Fahrt durch die Catlins.

Stewart Island

Stewart Islands Natur täuscht über seine extrem südliche Lage hinweg. Die Insel ist reich an Wäldern und Tieren, denn die weißsandigen Strände werden von warmen Strömungen umspült. In dem abgelegenen Naturparadies kann man wunderbar wandern und Vögel beobachten.

Sonnenuntergang über der Mason Bay im Rakiura National Park, Stewart Island

Stewart Island

🗺 Karte S. 259

Besucher-information

✉ 12 Elgin Ter. (beim Fähr-terminal), Oban

☎ 03/219-0060

www.stewartisland. co.nz &
www.stewartisland experience.co.nz

Oban und Umgebung

Die Maori nennen die Insel Rakiura oder »leuchtender Himmel«, möglicherweise eine Anspielung auf die Aurora australis, das Süd-(polar-)licht. Etwa 85 Prozent der Insel werden vom **Rakiura National Park** eingenommen.

Wanderer finden hier ein Paradies mit Wegen an Stränden und durch Wälder. Die Insel ist ein Zufluchtsort für einheimische Tierarten.

Zu ihnen gehört der scheue Kiwi, den man nur selten in freier Wildbahn erspäht. Hier hat man die besten Chancen, dem Nationalsymbol in natura zu begegnen.

Oban, auch »Halbmond-bucht« genannt, ist ein zau-berhafter kleiner Ort. Hier gibt es Unterkünfte, Pubs, Restaurants, Tourveranstal-ter und Vermietungsfirmen für Autos, Motorroller oder Kajaks. Das **Rakiura Muse-um** (9 Ayr St., Mo–Sa 10–12,

Tui

Der Tui gehört zu Neuseelands bekannteren Vogelarten – und zu den lautesten. Mit seinen zwei Kehlköpfen kann dieser große, bunt schillernde Vogel zwei Melodien gleichzeitig singen. Seine Lieder sind eine Mischung aus Melodie und atonalem Husten. Darüber hinaus kann der Tui Geräusche wie den Gesang anderer Vögel, menschliche Stimmen und sogar das Klingeln eines Handys imitieren. In bewohnten Gegenden kommt es vor, dass er die Nachtruhe der Menschen stört.

So 12–14 Uhr), das ab 2016 aufwendig modernisiert werden soll, stellt maorische Kunstwerke, Fotografien und Alltagsgegenstände der Pionierzeit aus. Das **Rakiura Environment Centre** auf Elgin Terrace liegt gleich neben dem Kai und informiert über Naturschutzprojekte auf der Insel.

Ulva Island ist von Golden Bay aus leicht mit dem Wassertaxi zu erreichen. Da natürliche Feinde fehlen, wimmelt es hier von Vögeln.

Stewart Island steht für Natur und Wandern schlechthin. Der **Rakiura Track** gehört zu Neuseelands *Great Walks.* Die Dreitageswanderung startet in Lee Bay, östlich von Oban. Wanderer erleben eine herrliche Küstenlandschaft und wenden sich dann ins Landesinnere, um durch einen Wald nach Paterson Inlet und zurück nach Oban zu gelangen.

Eine weitere gute Wanderung führt von der Stadt zum **Leuchtturm Ackers Point** *(3-stündige Rundwanderung)* und am **Ackers Cottage** vorbei. Dunkle Sturmtaucher versammeln sich in der Abenddämmerung, in der man sogar Zwergpinguine sehen kann.

INSIDERTIPP

Um sich einen Eindruck vom Rakiura Track zu verschaffen, gehen Sie den Abschnitt von Lee Bay zur Maori Beach, der durch eine herrliche Küsten- und Waldlandschaften führt.

PETER TURNER
National Geographic-Autor

Es gibt auch längere Wanderungen wie den neun bis elf Tage langen **Northwest Circuit**. Er führt unter anderem zur **Mason Bay**, die von Sanddünen eingerahmt wird und für die Kiwis bekannt ist, die sich hier manchmal auch am Tage zeigen. Am besten kann man sie aber nachts auf einer Tour von Oban zu einer nahen Insel beobachten (siehe S. 271). ∎

Rakiura National Park

🄼 Karte S. 259

Besucherinformation

✉ 15 Main Rd., Stewart Island

☎ 03/219-0009

www.doc.govt.nz/
parks-and-recreation/
national-parks/
rakiura

Fähre nach Bluff

✉ Stewart Island Experience, Visitor Terminal, Oban

☎ 03/219-0034

🕐 3-mal tgl.

💲 $$$$$

Stewart Island Flights

✈ Flughafen Invercargill

☎ 03/218-9129

🕐 3 Flüge tgl.

www.stewartisland
flights.co.nz

Seite 276–77: Milford Sound

REISEINFORMATIONEN

Pferdetrekking am Lake Tekapo, Südinsel

REISEPLANUNG
Reisezeit

Der Sommer (Dez.–Feb.) ist die beste Jahreszeit für Neuseelandreisen. Die Hauptsaison erstreckt sich von Oktober bis Mai. Außerhalb dieser Monate bleiben einige Attraktionen und Übernachtungsmöglichkeiten, insbesondere an der Küste, Öffnungszeiten. Grundsätzlich kann man aber das ganze Jahr hindurch, sogar mitten im Winter (Juli/Aug.), an- und umherreisen. Höhepunkt des internationalen Reiseverkehrs sind Februar und März. Dann werden die Touristenorte gestürmt, und die Straßen sind mit Wohnmobilen überfüllt.

Übernachtungsmöglichkeiten und Mietwagen werden vor allem auf der Südinsel rar. Deshalb sollte man im Voraus buchen. Im Dezember ist es etwas ruhiger, aber von Weihnachten bis Ende Januar verbringen die Neuseeländer hier ihren Sommerurlaub. Im Oktober/November und April/Mai ist es erheblich leerer, kühler und preiswerter.

Neuseeland besitzt ein überwiegend gemäßigtes Klima. Der hohe Norden hat subtropische Sommer und milde Winter, der tiefe Süden milde Sommer und kalte Winter. Schneefall ist auf die Bergregionen begrenzt. Die maximalen/minimalen Durchschnittstemperaturen

reichen in Auckland von 24/16 ° C im Januar (Hochsommer) bis 15/8 ° C im Juli. Im Süden, etwa in Dunedin, reichen sie von 19/11 ° C im Januar bis 10/3 ° C im Juli.

Die sogenannten *Roaring Forties* – Westwinde, die vom südlichen Ozean zwischen dem 40. und 50. südlichen Breitengrad wehen – bringen vielfach Regen mit. Daher ist die Westküste feuchter als die Ostküste, vor allem auf der Südinsel, wo die Southern Alps den Regen auffangen. Wer den Milford Sound an einem klaren Tag zu Gesicht bekommt, kann sich glücklich schätzen.

Da das Land vom Meer umgeben ist, fällt verhältnismäßig viel Regen, im Winter etwas mehr als im Sommer. Die Winde sind, wie das Wetter selbst, recht wechselhaft. Das Wetter reicht von Sonnenschein zu Schauern, von sanften Brisen bis zu tobenden Stürmen.

Nicht vergessen

Im Hinblick auf das wechselhafte Wetter sollte man auch im Sommer immer an Pullover, Windjacken und Regenbekleidung denken. Neuseeländer kleiden sich leger und den Wetterbedingungen und Aktivitäten entsprechend.

Kurze Hosen und T-Shirts sind für den Strandurlaub im Sommer genau richtig, aber für Restaurant- und Nachtclubbesuche sollte auch angemessenere Kleidung im Gepäck sein. Für den Winter sollte man warme Kleidung mitbringen.

Wesentlich sind auch gute Wanderschuhe. Sportschuhe sind für Stadtrundgänge und kürzere Wanderungen geeignet, doch für Wanderungen in der Natur braucht man richtige Wanderschuhe. Ernsthafte Wanderer müssen auf alles vorbereitet sein, auch auf frostige Temperaturen in den Bergen im Sommer.

Fast alles, was man zu Hause vergessen hat, kann man in Neuseeland kaufen. Außerhalb größerer Städte kann es jedoch recht mühsam sein, Zubehör für Kameras und andere elektronische Geräte zu bekommen. Deshalb sollte man Kabel, Ladegeräte, Batterien und Sonstiges selbst mitbringen.

Obwohl es in Neuseeland nur selten sehr heiß wird, ist die UV-Strahlung recht hoch. Deshalb sind gute Sonnenbrillen und Sonnencremes mit hohem Lichtschutzfaktor wichtig. Ein Fernglas hilft bei der Tierbeobachtung.

Versicherungen

Wertvolle Gegenstände wie Kameras und Laptops sollte man ausreichend versichern. Eine Reiseversicherung ist auch sinnvoll, wenn man ein Auto mietet. Die Versicherungen, die die Autoverleihfirmen anbieten, sind meist mit einer hohen Eigenbeteiligung verbunden. Nicht selten bietet die eigene Reiseversicherung bessere Konditionen an.

Einreisebestimmungen

Visa: Für Aufenthalte von bis zu drei Monaten benötigen Besucher aus Deutschland, Österreich und der Schweiz kein Visum.

Wer länger als drei Monate bleiben möchte, muss im Voraus ein Besuchervisum bei einer neuseeländischen Botschaft (*www.nzembassy. com*) beantragen. Es kostet 165 NZ$ für einen Aufenthalt von bis zu neun Monaten.

Sogenannte Working-Holiday-Visa gibt es für 18- bis 30-Jährige aus 26 Ländern, darunter auch Deutschland; sie sind zwölf Monate gültig. Dieses Visum ist für Besucher geeignet, die während ihrer Reise hin und wieder auch arbeiten wollen, vorwiegend in der Landwirtschaft. Es gilt nicht für Einreisende, die für immer in Neuseeland bleiben und arbeiten wollen. Informationen erhält man unter *www.immigration.govt.nz.*

Zoll: Man darf 4,5 Liter Wein oder Bier und 1,125 Liter Spirituosen sowie 200 Zigaretten oder 250 Gramm Tabak oder 50 Zigarren (oder eine Kombination dieser drei, die nicht mehr als 250 Gramm wiegt) einführen.

Die Zollbeamten setzen Bestimmungen, die die heimische Agrar- und Lebensmittelindustrie vor eingeführten Seuchen und Krankheiten schützen sollen, streng durch. Jedes Nahrungsmittel und jede Pflanze muss angemeldet werden, wenn man sich keine Bußgeldzahlungen einhandeln will.

Jeder, der mit mehr als 10 000 NZ$ ins Land einreist oder das Land verlässt, muss dieses Geld beim Zoll deklarieren. Weitergehende Informationen erhält man unter *www.customs.govt.nz.*

Anreise

Die Großzahl der internationalen Flüge geht nach Auckland. **Air New Zealand** (*www.airnz.com*) ist die Hauptfluglinie und bietet Verbindungen via London und Los Angeles nach Auckland, wo die meisten Besucher landen. Alternativ gibt es von den meisten deutschen, österreichischen und Schweizer Flughäfen Flüge im Verbund mit Lufthansa, Singapore Airlines, Cathay Pacific und anderen Fluglinien via Singapur, Hongkong oder Tokio nach Auckland und Christchurch.

Zahlreiche Flüge sind täglich zwischen Neuseeland

und Australien unterwegs. Von dort gibt es Anschlussflüge nach Asien, Europa und Nordamerika. Air New Zealand und Qantas/Jetstar sind die Hauptfluglinien, doch es fliegen auch Emirates, Virgin Australia und andere Airlines von und nach Australien und von dort weiter.

Einige der preiswertesten Flüge von Europa aus führen über Asien oder eines der arabischen Emirate. Air China, Singapore Airlines, Thai Airways, Emirates und einige andere asiatische und arabische Fluglinien bieten direkte Flüge von Deutschland, Österreich und der Schweiz zu ihren Heimatflughäfen und von dort weiter nach Auckland an.

Ein weiterer wichtiger internationaler Flughafen ist Christchurch. Hier gibt es jedoch deutlich weniger Flüge. Die meisten Maschinen starten von hier aus zu Städten an der australischen Ostküste, es gibt aber auch direkte Verbindungen von und nach Singapur, Tokio, Fidschi und Rarotonga.

Sie können auch direkt von Australien nach Wellington, Queenstown, Hamilton, Rotorua und Dunedin fliegen. Air New Zealand, Virgin Australia und Jetstar bieten häufig verbilligte Flüge an.

Man erreicht den Flughafen von Auckland *(www.aucklandairport.co.nz)* 21 Kilometer südlich der Stadt per Bus, Taxi oder Shuttleservice. Ein kostenloser Bus pendelt zwischen dem internationalen und dem nationalen Terminal, die etwa einen Kilometer voneinander entfernt liegen.

UNTERWEGS IN NEUSEELAND

Mit dem Auto

Die beliebteste Art, durch Neuseeland zu reisen, ist die Fahrt mit einem gemieteten Auto oder Wohnmobil. Öffentliche Verkehrsmittel steuern alle großen Ziele an, fahren aber nicht so häufig. Abgelegene Attraktionen kann man oft nur mit dem eigenen Auto erreichen. Die meisten Straßen Neuseelands verlaufen landschaftlich ausgesprochen schön.

Man fährt auf der linken Straßenseite. Das Fahren ist, außer in der Rushhour von Auckland, wenig nervenaufreibend, kann aber Zeit in Anspruch nehmen, da sich oftmals kurvenreichen Straßen die Berge hochschlängeln oder steil abfallen. Gerade Strecken und Autobahnen sind eher selten. Die Straßen sind schmal und werden mitunter unvermittelt einspurig über enge Brücken geführt.

Viele internationale und heimische Firmen verleihen Autos. Einige einheimische Firmen haben ein gutes Preis-Leistungs-Verhältnis, aber viele bieten auch nur ausgefahrene, alte Autos, unverschämtes Kleingedrucktes und verbotene Stornierungsgebühren, so dass die großen Firmen die bessere Wahl sind. **Hertz** *(Tel. 0800/654-321, 03/358-6789 www.hertz.co.nz)*, **Thrifty** *(Tel. 0800/737-070, 03/359-2720, www.thrifty.co.nz)*, **Budget** *(Tel. 0800/283-438, 09/529-7784, www.budget.co.nz)* und **Avis** *(Tel. 0800/655-111, 09/526-2847, www.avis.co.nz)*

unterhalten Büros an den Flughäfen und auch sonst überall im Land. Für die Hochsaison (Feb./März) sollte man lange im Voraus buchen.

Es gibt bei den Versicherungen eine hohe Eigenbeteiligung (siehe Versicherungen S. 279), und die Preise sind saisonabhängig — im Sommer überteuert, im Winter spottbillig.

Einige Verleihfirmen bestehen darauf, dass man beim Verlassen der Nord- oder Südinsel das Auto am Fährterminal abgibt und sich auf der anderen Seite der Cook Strait ein neues mietet (beim Anmieten klären).

Jeder gültige Führerschein reicht aus, um in Neuseeland fahren zu dürfen. ADAC-Mitglieder oder Mitglieder eines anderen Automobilclubs sollten ihre Mitgliedskarte mitführen, damit sie Anspruch auf die jeweils gleichen Leistungen des **AA New Zealand** *(Tel. 0800/500-444, www.aa.co.nz)* haben, 24-Stunden-Pannenhilfe, kostenlose Straßenkarten und Reiseinformationen inklusive.

Mit dem Bus

Intercity *(Tel. 09/583-5780, www.intercity.co.nz)* bedient alle Städte und bietet verschiedene Buspässe an, mit denen man auf den Nordinsel- und Südinsel-Routen beliebig ein- und aussteigen kann. Den Flexi Pass für uneingeschränktes Reisen kann man für Zeitblöcke von 15 bis 60 Stunden erwerben. Zusätzlich gibt es spezielle Travel Passes für festgelegte Strecken. Alle Pässe berechtigen zur Teilnahme an den Sightseeingtouren von Newmans Coach Lines, einem Subunternehmen von Intercity. **Nakedbus** *(Tel. 0900/ 625-33, www.nakedbus.com)* verfügt über ein umfassendes Liniennetz in ganz Neuseeland und bietet verbilligte Tickets an. Der *Naked Passport* ermöglicht verbilligtes Reisen.

Einige kleinere Busunternehmen fahren nur im näheren Umland. Eines der nützlichsten ist **Atomic Shuttles** *(Tel. 03/349-0697, www. atomictravel.co.nz)*, die auf der gesamten Südinsel fahren. Touristenbüros haben eine Liste der Busunternehmen, die auch Ziele abseits der Hauptbusstrecken anfahren. Sie bringen Touristen meist zu den Ausgangspunkten der beliebtesten Wanderwege.

Einige Reisebusse fahren spezielle Strecken für Rucksackreisende und halten an Jugendherbergen. Dazu gehören **Kiwi Experience** *(Tel. 09/366-4286, www.kiwi experience.co.nz)* und **Magic Travellers Network** *(Tel. 09/358-5600, www.newzea landvacations.co.nz)*.

Mit der Fähre

Es gibt zwei Unternehmen, die auf der Cook Strait zwischen Wellington auf der Nordinsel und Picton auf der Südinsel verkehren: **Interislander** *(Tel. 0800/802-802, 04/498-3302, www.inter islander.co.nz)* und **Bluebridge** *(Tel. 0800/844-844, 04/471-6188, www.bluebridge.co.nz)*. Die Auto- und Personenfähren überqueren die Cook Strait in etwa drei Stunden, bei bis zu neun Abfahrten pro

Tag. Der Bluebridge-Terminal liegt gegenüber dem Hauptbahnhof von Wellington. Der Interislander-Terminal liegt 2,4 Kilometer nördlich und wird von einem Shuttleservice vom und zum Hauptbahnhof bedient. In Picton liegt der Fährhafen in der Nähe des Stadtzentrums.

Vom Fährhafen im Stadtzentrum von Auckland betreibt **Fullers** *(Tel. 09/ 367-9111, www.fullers.co.nz)* Fähren zu den Vororten der Stadt, wie nach Devonport und zu den Inseln Rangitoto, Waiheke und Great Barrier im Hauraki Gulf. **Sealink** *(Tel. 0800/732-546, 09/300-5900, www.sealink.co.nz)* betreibt ebenfalls Fähren nach Waiheke Island und Great Barrier Island. **360 Discovery** *(Tel. 09/307-8005, www.360discovery. co.nz)* betreibt Fähren zu den Inseln Waiheke, Great Barrier, Motuihe und Tiritiri Matangi sowie zur Stadt Coromandel.

Weitere Fähren verkehren unter anderem in der Bay of Islands, von Wellington und den Marlborough Sounds sowie zwischen Bluff und Stewart Island (siehe S. 274).

Mit dem Fahrrad

Neuseeland hat sich zu einem Paradies für Radler gemausert. Viele bringen ihr eigenes Fahrrad mit, aber auch Kauf oder Miete ist kein Problem. Besonders bequem kann man Räder in der Region Otago in den Städten mieten, die entlang dem 150 Kilometer langen **Central Otago Rail Trail** *(www.centralotagorail trail.co.nz)*, der beliebtesten Radstrecke des Landes, liegen.

Mit dem Flugzeug

Air New Zealand *(Tel. 0800/737-000, 09/357-3000, www.airnewzealand. co.nz)* bietet auch viele Inlandflüge an. Täglich werden Auckland, Hamilton, Wellington, Christchurch, Queenstown und Dunedin angeflogen. Air New Zealand Link deckt mit kleineren Flugzeugen weitere 20 Städte ab.

Die australische Fluglinie **Qantas** *(Tel. 0800/808-767, www.qantas.co.nz)* fliegt nur größere Städte wie Auckland, Rotorua, Wellington, Christchurch und Queenstown an. **Virgin's Pacific Blue** *(Tel. 0800/670-000, www.virgin-australia.com)* fliegt von und nach Auckland, Wellington und Christchurch.

Verbilligte Flugtickets kann man über die Websites der Fluglinien oder über Reisebüros erwerben. Es hilft meistens auch, im Voraus zu buchen oder zu ungewöhnlichen Zeiten zu fliegen. Außer den großen Airlines fliegen auch regionale Gesellschaften zu abelegeneren Zielen. Dazu gehören **Soundsair** *(Tel. 0800/505-005, www.sounds air.co.nz)* mit Panoramaflügen von Wellington über die Cook Strait nach Picton, Nelson, Blenheim und Kaikoura, die Fluglinie **Stewart Island Flights** *(Tel. 03/218-9129, www.stewartis landflights. com)*, die zwischen Invercargill und Stewart Island verkehrt sowie **Great Barrier Airlines,** *(Tel, 0800/900-600, www.great barrierairlines. co.nz)*, mit Verbindungen zwischen Auckland, Coromandel, Northland oder Tauranga nach Great Barrier Island.

Mit dem Wohnmobil

Im Sommer wimmelt es in den Haupttouristenzentren nur so von Wohnmobilen, und die Preise für einen Stellplatz sind dann oft höher als für ein Auto samt Übernachtung im Motel. Die Preise in der Zwischen- und Nebensaison sind weitaus moderater.

Neuseeland hat ein hervorragendes Netz von Camping- und Stellplätzen. Viele sind extra für Familien eingerichtet, gut ausgestattet und liegen idyllisch an Strand, See oder Wald.

Wohmobilfahrer, die möglichst viele Nächte außerhalb der offiziellen Campingplätze verbringen möchten, können ihr Fahrzeug auf sogenannten SCC-Parkarealen für 6 NZ$ pro Nacht abstellen. Allerdings gibt es hier keinerlei Einrichtungen. Von Oktober bis Anfang April darf man sein Fahrzeug nur für eine Nacht abstellen, im Winter zwei bis drei Nächte. Die Buchung und Bezahlung erfolgt über *www. aucklandcouncil.govt.nz* (nach SCC suchen), wo man auch eine vollständige Liste aller Abstellplätze findet.

Zu den großen Verleihfirmen gehören **Kea** *(Tel. 0800/520-052, 09/441-8800, www.keacampers.com)*, **Apollo** *(Tel. 0800/113-131, 09/889-2976, www.apollo camper.co.nz)*, **Maui** *(Tel. 0800/651-080, 09/225-3983, www.maui.co.nz)* und **Britz** *(Tel. 0800/831-900, www.britz.co.nz)*.

Die Depots liegen oft in der Nähe des Flughafens (manchmal etwas weiter entfernt). Stornierungsgebühren und Versicherungsprämien sind hoch.

Kleinere Wohnmobile sind auf Neuseelands schmalen, gewundenen Straßen leichter zu fahren als große.

Mit dem Zug

Seit ihrer Privatisierung ist die staatliche Eisenbahn nur noch ein Schatten ihrer selbst. Es gibt Bahnpässe, aber sie bieten kaum Ersparnis. Nahverkehrszüge bedienen nur die Regionen um Auckland und Wellington, darunter die Capital Connection zwischen Wellington und Palmerston North. **KiwiRail** *(Tel. 0800/ 872-467 oder 04/495-0775, www.kiwirailscenic.co.nz)* bedient nur drei Fernstrecken, bietet aber bequeme Reisen und herrliche Aussichten.

Eine der schönsten Panoramastrecken der Welt erleben Sie im TranzAlpine. Die Fahrt von Christchurch nach Greymouth verläuft über die Southern Alps von einer Seite der Südinsel zur anderen. Eine ebenfalls herrliche Reise genießen Sie im Coastal Pacific von Christchurch über Kaikoura nach Picton. Sie führt größtenteils entlang der spektakulären Küste entlang. Der Northern Explorer fährt von Auckland über Hamilton nach Wellington , vorbei an den Vulkanen des Tongariro National Park.

PRAKTISCHE TIPPS
Alkohol

In konzessionierten Lokalen darf man ab 18 Jahren Alkohol trinken. Kinder können in Begleitung ihrer Eltern in Gaststätten gehen.

Besucherinformation

I-SITE, ein Netz von Besucherinformationsbüros, ist unter dem Dachverband von **Tourism New Zealand** *(www. newzealand.com)* organisiert. In über 80 Büros kann man Übernachtungen, Rundfahrten sowie Nah- und Fernreisen buchen. Im Allgemeinen bieten die Büros einen guten Service, sie können jedoch im Sommer recht überlaufen sein. Außerdem sind die I-SITE-Büros kommerzielle Unternehmen, die mit lokalen Veranstaltern zusammenarbeiten, so dass sie bei der Beratung nicht ganz neutral sind.

In fast jeder Stadt findet man kleinere lokale Touristenbüros. Sie werden oft von Freiwilligen geführt, führen keine Buchungen durch, geben aber ausführliche Informationen heraus.

Wer Informationen zu Nationalparks und Wanderungen sucht, wendet sich an das **Department of Conservation (DOC)** mit einem Netzwerk von Büros in den jeweiligen Parks und Städten. Diese Büros haben oft gute Unterkunftsverzeichnisse und Adressen von Service-Einrichtungen, führen aber im Allgemeinen keine Buchungen durch, mit Ausnahme der Reservierung von Hütten entlang der von ihnen betreuten Wanderwege. Wer mehrtägige Wanderungen plant, kann sein Vorhaben hier registrieren lassen. Auf ihrer Website *(www.doc.govt.nz)* findet sich eine hervorragende Übersicht über sämtliche Naturparks und Freizeitmöglichkeiten.

Einrichtungen für Behinderte

Unterkünfte und öffentliche Einrichtungen müssen einen Rollstuhlzugang und Behindertentoiletten nachweisen. Viele Kurzwanderwege sind rollstuhlgerecht ausgebaut.

In großen Städten gibt es Taxis und Reisebusse mit Rollstuhlzugang. Viele Mietwagenfirmen bauen eine Handsteuerung in ihre Autos ein, wenn man diese früh genug vorbestellt. Für Campingfreunde: Man kann auch Wohnmobile mit RollstuhlAufzug mieten.

Eine gute Website zum Thema ist *www.weka.net.nz*.

Elektrizität

Die Stromspannung beträgt 230 Volt Wechselspannung bei 50 Hertz. Stecker haben drei flache Metallstifte (einer in senkrechter, zwei in schräger Position). Viele Hotels und Motels haben in den Bädern zweipolige 110-Volt-Steckdosen für elektrische Rasierrapparate. Für alle anderen Elektrogeräte ist ein Adapter mit Spannungskonverter notwendig, sofern ihre Spannungen nicht umschaltbar sind.

Feiertage

1. Januar (Neujahr)
2. Januar (Tag nach Neujahr)
6. Februar *(Waitangi Day)*
März/April (Karfreitag, Ostermontag)
25. April *(Anzac Day)*
1. Montag im Juni (Geburtstag der Königin)
4. Montag im Oktober (Tag der Arbeit)
25./26. Dezember (Weihnachten)

Geld

Landeswährung ist der in 100 Cents unterteilte New Zealand Dollar. Er ersetzt seit 1967, als das Dezimalsystem eingeführt wurde, Pounds, Shillings und Pennys. Es gibt Geldscheine zu 5 NZ$, 10 NZ$, 20 NZ$, 50 NZ$ und 100 NZ$ aus Polymerpropylen, einer zähen, farbenfrohen und fälschungssicheren Alternative zum alten Geldnotenpapier. Seit 2006 in Umlauf befindlich sind die bronzefarbene 10-Cent-Münze, die silberfarbenen 20-Cent- und 50-Cent-Münzen und die goldfarbenen 1 NZ$- und 2 NZ$-Münzen. Derzeit ist 1 NZ$ 61 Euro-Cent wert. Informieren Sie sich vor der Abreise über den aktuellen Kurs unter *www.oanda.de*.

Reiseschecks werden in Banken und Wechselstuben bereitwillig ausgezahlt, aber der Kurs ist dabei ungünstiger als beim Bargeldtausch. Es wird eine Gebühr von wenigstens einem Prozent erhoben. Die Gebühr für den Bargeldtausch ist jedoch ähnlich hoch.

Es könnte je nach Konditionen der eigenen Hausbank preiswerter und auch bequemer sein, mit der Kredit- oder Girokarte zu zahlen oder an den zahlreichen Geldautomaten Bargeld abzuheben.

Visa und MasterCard sind am weitesten verbreitet. American Express und Diners Club werden weniger oft akzeptiert. Auf alle Einkäufe wird eine Art Mehrwertsteuer von 15 Prozent aufgeschlagen, sie ist aber meist bereits im Endpreis enthalten (in Geschäften, wo das nicht der

Fall ist, sollte man vorsichtig sein). Diese Steuer wird ausländischen Besuchern, die das Land wieder verlassen, nicht erstattet.

Lebensmittelpreise werden auf den Cent genau angegeben, der Rechnungsbetrag wird jedoch auf 10 Cent auf- oder abgerundet.

Kommunikation
Post

Die Post in Neuseeland arbeitet recht effizient: Die Auslieferungszeit von Post in alle Welt beträgt vier bis zehn Tage. Postämter sind werktags von etwa 8.30 bis 17 Uhr und samstags bis 13 Uhr geöffnet.

Auch einige Einzelhandelsgeschäfte übernehmen grundlegende Postdienste wie Paketannahme. Briefkästen in Rot-Silber stehen vor den Postämtern und an Straßenecken und werden täglich geleert.

Telefon und Internet

Neuseeland hat ein gut funktionierendes Netz öffentlicher Telefone, die mit Münzen, Kreditkarten oder Telefonkarten benutzt werden können. In den meisten Hotels oder Motels gibt es ein Telefon auf dem Zimmer, jedoch mit höheren Gebühren. Selbst preiswerte Herbergen haben ein Telefon für ihre Gäste.

Die günstigste Art, ins Ausland zu telefonieren, ist die internationale Telefonkarte, die man in vielen Mini-Märkten kaufen kann. Die Märkte bieten oft auch verbilligtes Internettelefon an: Man wählt eine gebührenfreie Nummer in Neuseeland, fügt die eigene PIN hinzu und wählt dann die gewünschte Nummer im Ausland. Die Gebühren variieren je nach Kartenanbieter. Erkundigen Sie sich direkt beim Händler.

Spark *(www.spark.co.nz)*, **Vodafone** *(www.vodafone. co.nz)* und **2degrees** *(www. 2degreesmobile.co.nz)* bieten Handyverbindungen an. Investieren Sie in eine lokale SIM-Karte, um über Ihr Handy Reservierungen, Buchungen und so weiter vornehmen zu können. Spark hat das beste Netz, ist aber am teuersten, während 2degrees am billigsten ist. In den besiedelten Gebieten ist der Netzempfang bei allen Anbietern hervorragend, in abgelegenen Gebieten vor allem bei 2degrees, aber auch bei anderen Unternehmen, eher lückenhaft. Inlandsgespräche kosten ca. 0,44 NZ$ pro Minute, doch alle drei Gesellschaften bieten kombinierte monatliche Telefon-, SMS- und Internetpakete ab 20 NZ$ plus 5–10 NZ$ für die SIM-Karte an. Handy- und Elektronikläden wie etwa die Kette Dick Smith verkaufen SIM-Karten und stellen Ihnen Ihr Handy entsprechend ein. Aufladekarten erhalten Sie online oder in Drogerien und Lebensmittelläden.

Um ins Ausland zu telefonieren, muss man 00 plus die jeweilige Landes- und Stadtvorwahl ohne die 0 plus Rufnummer wählen.

Die Vorwahl für Neuseeland ist 64. Die Vorwahlnummern für einzelne Gebiete in Neuseeland sind: 09 für Auckland und Northland;

07 für Coromandel, Bay of Plenty und Waikato; 06 für Hawke's Bay, Gisborne, Palmerston North und Wairarapa; 04 für Wellington; 03 für die Südinsel. Der Notruf ist unter 111 zu erreichen.

Internetcafés sind weit verbreitet. Viele Touristenbüros haben münzbetriebene Internetterminals. Auch in vielen Unterkünften hat man Internetzugang, meistens in der Lobby. In manchen Hotels sogar auf dem Zimmer, jedoch sind dabei teurere WLAN-Anschlüsse für den eigenen Laptop die Regel. In Cafés gibt es oftmals kostenlose WLAN-Verbindungen.

Einige Telefonzellen von Spark fungieren gleichzeitig als WLAN-Hotspots, allerdings benötigt man eine neuseeländische oder australische Handynummer um sie nutzen zu können.

Maße & Gewichte

In Neuseeland gilt das metrische System. Straßenschilder geben Entfernungen in Kilometern an, Benzin wird in Litern verkauft, und Geschäfte verkaufen Mengen in Gramm und Kilogramm.

Medien

In den meisten Städten Neuseelands gibt es Tageszeitungen mit lokalen und internationalen Nachrichten. Die beiden größten Zeitungen sind der *New Zealand Herald* in Auckland und die *Dominion Post* in Wellington.

Beliebte Regionalzeitschriften sind etwa der *New Zealand Listener* und *North & South*, das Lifestyle-Magazin *Metro* in Auckland und *Cuisine*

mit dem Schwerpunkt Essen und Trinken.

Der öffentliche Sender TVNZ betreibt die Fernsehprogramme TV1 und TV2. Lokale Produktionen sind u. a. die Soap *Shortland Street* und die freche Animationsserie *bro'Town*, eine polynesische South-Park-Version. Zu den Free-TV-Programmen zählen Four, TV3, Prime und Maori TV, das sich am stärksten auf Neuseeland konzentriert.

Neben dem öffentlichen Radiosender Radio New Zealand gibt es im ganzen Land unzählige regionale Rundfunksender.

Öffnungszeiten

Die meisten Geschäfte sind montags bis freitags von 9 bis 17 Uhr und zum Late-Night-Shopping ein oder zweimal pro Woche (Do und/oder Fr) auch bis 21 Uhr geöffnet. Große Supermärkte haben gewöhnlich bis 20 oder 21 Uhr, einige in großen Städten bis Mitternacht oder noch länger geöffnet. Mini-Märkte und Tankstellen bieten dort sogar einen 24-Stunden-Service.

Samstags kann man von etwa 10 bis 17 Uhr einkaufen, allerdings schließen manche Geschäfte bereits um 14 Uhr. Die meisten Geschäfte haben sonntags Öffnungszeiten, große Shoppingmalls sind aber von 10 bis 16 Uhr geöffnet. Souvenirläden in den Touristenzentren haben bis spät in die Nacht geöffnet.

Trinkgeld

Das Trinkgeldgeben ist in Neuseeland freiwillig. Früher wurde es als fremdländischer Brauch angesehen, doch im

Zuge der Globalisierung und wachsender Tourismusbranche gewöhnen sich die Kiwis allmählich daran. Ein Trinkgeld von 5 bis 10 Prozent wird nicht erwartet, aber gerne angenommen. Runden Sie den Preis einer Taxifahrt, mit der Sie zufrieden waren, um bis zu 10 Prozent auf. In hochpreisigen Hotels gibt man für das Koffertragen 1 bis 2 NZ $.

Zeitverschiebung

Neuseeland liegt nahe der Datumsgrenze und ist eines der ersten Länder, die den neuen Tag begrüßen. Neuseeland ist elf Stunden weiter als die mitteleuropäische Zeit (MEZ). Die Sommerzeit beginnt am letzten Sonntag im September und endet am ersten Sonntag im April.

IM NOTFALL
Autounfall

Im Falle eines Autounfalls sollte man zunächst prüfen, ob jemand verletzt ist. Rufen Sie die Notrufnummer an, und bitten Sie Passanten um Hilfe für die Verletzten.

Wenn jemand verletzt oder ein weiteres Auto beschädigt ist, muss der Unfall der Polizei gemeldet werden. Dazu müssen Name, Adresse, Autonummer und Versicherungsgesellschaft der Unfallbeteiligten sowie von Zeugen und Polizeibeamten notiert werden. Geben auch Sie Ihre Personalien an, aber geben Sie Ihre Schuld an dem Unfall nicht ohne Weiteres zu.

Der Unfall sollte möglichst bald bei der Autoverleihfirma oder Versicherung gemeldet werden. Bei Ansprüchen

gegenüber der Reiseversicherung benötigt man eine Kopie des Automietvertrags, der Versicherungsvereinbarungen, des Polizeiberichts sowie aller Rechnungen.

Botschaften & Konsulate

Deutsche Botschaft, 90–92 Hobson St., Thorndon, 6011 Wellington; Tel. 04/473-6063, Fax 04/473-6069; www.wellington.diplo.de
Österreichisches Honorarkonsulat, 75 Ghuznee St., Level 4, P. O. Box 9395, Wellington; Tel. 04/384-1402; www.bmeia.gv.at
Schweizer Botschaft, 10 Customhouse Quay, Level 12, P. O. Box 25004, Wellington; Tel. 04/472-1593; www.eda.admin.ch/wellington

Notrufnummern

Die Notrufnummer für Polizei, Krankenwagen und Feuerwehr lautet 111.

Sicherheit & Polizei

Generell ist Neuseeland ein sehr sicheres Land mit niedriger Kriminalitätsrate. Diebstähle aus Autos sind allerdings häufig, vor allem auf abgelegenen Touristen-Parkplatzn, z. B. an Ausgangspunkten von Wanderwegen. Deshalb sollte man möglichst keine Wertsachen sichtbar im Auto liegen lassen.

Etwas Vorsicht ist in den schäbigeren Vierteln größerer Städte geboten, wo man bei Dunkelheit nicht allein herumspazieren sollte.

Einige lokale Polizeistationen sind in kleinen Büros in Einkaufszonen versteckt,

stehen jedoch immer zur Verfügung, wenn man einen Diebstahl anzeigen will oder einen Polizeibericht für die Reiseversicherung benötigt.

GESUNDHEIT

Neuseeland hat einen hohen medizinischen Standard und gute Krankenhäuser. Besucher, die eine Notfallversorgung benötigen, können das neuseeländische Accident Compensation Scheme (ACC) in Anspruch nehmen. In allen anderen Fällen muss man die Behandlung selbst bezahlen, deshalb empfiehlt sich eine Reiseversicherung.

Im Krankheitsfall kann man gebührenfrei rund um die Uhr eine medizinische Hotline anrufen: Tel. 0800/611-116.

Wasser aus dem Wasserhahn kann bedenkenlos getrunken werden. Wasser aus Bächen und Seen sollte jedoch vor dem Trinken abgekocht werden. Amöbenmeningoenzephalitis (eine besondere Art der Hirnhautentzündung) kommt zwar selten vor, die Erreger können aber in Thermalquellen und -seen auftreten. Um eine Infektion zu vermeiden, sollte man in diesen Gewässern den Kopf immer über Wasser halten.

In Neuseeland gibt es keine Schlangen oder gefährlichen wilden Tiere. Giftig ist allerdings die seltene, rot gestreifte Katipo, eine Spinne aus der Gattung der Echten Witwen, die nur in küstennahen Sanddünen vorkommt. Die größten Gefahren der Wildnis drohen schlecht ausgerüsteten Wanderern in den Bergen und Surfern in unberechenbaren Strömungen.

Hotels & Restaurants

Ob exklusive Landhäuser, internationale Hotelketten, hübsche Frühstückspensionen (B&Bs), Motels oder gut ausgestattete Campingplatzhäuschen – Neuseeland hat Übernachtungsmöglichkeiten für jeden Geldbeutel.

Bei der Ankunft sollte man am Flughafen oder von einem Touristenbüro ein kostenloses Unterkunftsverzeichnis mitnehmen. Motels, Hotels, B&Bs und Unterkünfte für Rucksackreisende geben jeweils ihre eigenen Verzeichnisse heraus. Die nützlichsten dieser kostenlosen Verzeichnisse sind das umfangreiche *Jasons Motels, Apartments & Motor Lodges* (auch online unter *www.jasons.com*) und die Führer der Automobile Association *(www.aatravel. co.nz)*, die Informationen zu Sehenswürdigkeiten und Unterkünften bieten.

Eine ausführliche Liste mit behindertenfreundlichen Unterkünften findet man im Internet unter *www.tourism. net.nz/accommodation/acces sible-accommodation*.

Wer nur begrenzt Zeit hat oder seine Reiseroute genau kennt, sollte alle Unterkünfte im Voraus buchen. Dies gilt vor allem in der Hochsaison im Sommer. Aber mit Bedacht, denn bei Stornierungen erstatten Vermieter in Neuseeland das bezahlte Geld nur selten. Am Tag der Anreise noch eine Unterkunft zu finden, ist in der Hochsaison eher schwierig und zeitaufwendig, außerhalb der Touristenzentren ist es jedoch weniger problematisch.

Hotels & Motels

Die Qualität der Hotels reicht vom Fünfsternehotel bis zur bescheidenen Herberge. In den großen Städten gibt es Hotels internationaler Ketten (wie Hilton, Hyatt, Sheraton), aber in Touristenzentren ist es üblicher, Einzelhotels und kleinere Ketten, wie Scenic Circle *(www.scenichotelgroup. co.nz)* und Millennium *(www. millenniumhotels.co.nz)*, zu wählen.

Buchungen in Reisebüros oder im Internet, z. B. über *www.wotif.com* oder *www.ezi bed.com*, sind oft preiswerter als eigene Direktbuchungen. Die zuletzt genannte Website hat sich auf verbilligte Hotelbuchungen von bis zu 28 Tagen im Voraus spezialisiert.

Die Hotelpreise variieren je nach Saison stark. Viersternehotels beginnen bei etwa 140 NZ$ (86 Euro), liegen öfter aber bei 200 NZ$ (123 Euro) oder mehr pro Zimmer.

Am oberen Ende der Preisskala liegen Boutiquehotels, Luxuslodges und Eliteresorts mit extravaganten Preisen.

Mittelklassehotels kosten von 90 bis 180 NZ$ (55 bis 110 Euro). Das können Gasthäuser oder vor allem private Hotels ohne Gastronomie sein, mit etwas Glück ein Café dabei. Sie konkurrieren mit Motels beziehungsweise *Motor Lodges*, wie man sie in Neuseeland nennt. Viele Motels haben schon bessere Zeiten gesehen, sie sind aber gewöhnlich sauber, bieten Küchen und Komfort zum kleinen Preis. Neuere Motels sind

mit Preisen ab 120 NZ$ (74 Euro) meist besser bestellt.

Am unteren Ende der Skala liegen Gaststätten mit einfachen Zimmern, die häufig über der Gaststube liegen. Manchmal sind das aber auch ganz gut ausgestattete Zimmer im Stil von Motels. Preislich beginnen sie bei etwa 50 NZ$ (31 Euro) für ein Doppelzimmer ohne Bad.

B&Bs

Bed-and-Breakfast-Unterkünfte florieren: Immer mehr Hauseigentümer wandeln Zimmer in Gästezimmer um oder lassen Häuser zu diesem Zweck erbauen. Einige sind in prächtigen Herrenhäusern untergebracht und gehören damit zu den Top-Pensionen Neuseelands. Am unteren Ende der Skala gibt es einfache Gästehäuser mit preiswerten Zimmern ohne eigenes Bad und WC.

Je nach Zimmerpreis ist das Frühstück eher ein leichtes Kontinentalfrühstück oder aber opulent. In den meisten B&Bs trifft man die Besitzer oder andere Reisende in einer heimischen Atmosphäre, kann aber auch, wenn man es wünscht, völlig unabhängig sein. Die meisten kosten von etwa 120 bis 180 NZ$ (78 bis 118 Euro).

Das *New Zealand Bed & Breakfast Book* führt ausführliche Online-Listen *(www.bnb. co.nz)* und ist in Buchläden erhältlich, ebenso das *B&B Directory of New Zealand (http://.bed-and-breakfast. co.nz)*.

Budget- unterkünfte

Campingplätze, die als *Holiday Parks* bekannt sind, bieten außer dem reinen Campingplatz noch viele weitere preiswerte Möglichkeiten zur Übernachtung. Es gibt Zimmer in billigen, spartanischen Hütten und Zimmer für Rucksacktouristen, aber auch motelähnliche Wohneinheiten und Apartments. Die Campingplätze sind normalerweise gut ausgestattet: mit gemeinsamer Küche, Waschräumen, Unterhaltungsmöglichkeiten, Spielplätzen und manchmal sogar mit einem Swimmingpool oder einer heißen Quelle.

Neuseeland bietet alle erdenklichen Herbergen für Rucksackreisende: von Hotels in großen Städten bis hin zu entlegenen Farmen. Die meisten Unterkünfte für Rucksackreisende gehören zu einem der drei Herbergsvereine: Budget Backpacker Hostels *(www.bbh.co.nz)*, YHA *(www.yha.co.nz)* und VIP Backpackers *(www.vipbackpackers. com)*. Viele Herbergen sind sogar mit guten Doppelzimmern ausgestattet. Manche bieten auch Fahrradverleih, Touren, kostenlose Abholung und viele Extras.

Weitere Unterkünfte

In Städten und Ferienorten schießen überall sogenannte Apartmenthotels aus dem Boden. Einige bieten Luxus, doch die meisten sind eher einfache, neue Gebäude mit modernen Zimmern und voll ausgestatteter Küche. Wer nicht den Service eines großen Hotels sucht, findet mit diesen Apartmenthotels eine gute Möglichkeit, den Urlaub zu verbringen.

Für längere Aufenthalte kann man *Holiday Homes* – Ferienhäuser, auch *baches* genannt – mieten. Manchmal ist dies auch für einen kürzeren Zeitraum möglich *(www. bookabach.co.nz, www.holidayhouses.co.nz)*. Meist werden sie von Maklern vermittelt, doch auch Touristenbüros haben oft Listen.

Touristenbüros vermitteln auch Aufenthalte auf Farmen und in Häusern von Gastfamilien. Das kann manchmal sehr günstig sein. Oft handelt es sich dabei nur um ein Zimmer bei einer Familie, es gibt jedoch auch eigenständige Wohneinheiten und umgebaute Bungalows.

Restaurants

Vor allem in großen Städten, wo viele Inder, Chinesen, Südostasiaten und Menschen aus dem Mittleren Osten wohnen, gibt es entsprechende Restaurants, die die wachsende kulturelle Vielfalt Neuseelands bezeugen. Daneben findet man immer auch einfache Cafés.

Man kann wundervolle kulinarische Erlebnisse haben, doch ebenso viele Restaurants bieten eine schlechte Qualität bei überteuerten Preisen. Spitzenköche gibt es nur in Urlaubsorten. Sie kommen und gehen. Wenn dann noch unerfahrenes Personal und Horden hungriger Touristen in der Hauptsaison dazukommen, muss man auf ein ganz gewöhnliches Essen oft lange warten. Mit dieser Information im Hinterkopf bleibt festzustellen: In Neuseeland kann man in vielen Restaurants und Cafés wundervoll frisches Essen bekommen – Meeresfrüchte, Fleisch, Obst und Gemüse. In den meisten Etablissements darf auch Alkohol ausgeschenkt werden oder man kann seinen eigenen Wein oder sein eigenes Bier mitbringen (»BYO« bedeutet *Bring Your Own*). Das Rauchen ist in neuseeländischen Restaurants, Cafés und Bars nicht erlaubt, manchmal gibt es dazu aber im Freien eine Möglichkeit.

An Feiertagen variieren die Öffnungszeiten, und einige Restaurants schlagen ungefähr 15 Prozent auf ihre Preise auf. Viele Cafés, die nur kleine Speisen servieren, sind nur zum Frühstück und/oder Mittagessen geöffnet. Die meisten Restaurants haben mittags und abends geöffnet. Schließtage sind in der Restaurant-Auswahl auf den folgenden Seiten verzeichnet.

Gliederung & Abkürzungen

Alle Hotels und Restaurants sind nach Preisklassen und dann alphabetisch aufgeführt. Unten auf der Seite finden Sie die Legende mit allen verwendeten Symbolen. Folgende Abkürzungen werden verwendet:

M = mittags
A = abends
AE = American Express
DC= Diners Club
MC = MasterCard
V = Visa

■ AUCKLAND

🏨 HILTON AUCKLAND
$$$$$
PRINCES WHARF,
147 QUAY ST.
TEL. 09/978-2000
www.hilton.co.nz
Am Ende des Princes
Wharf bringt das Hilton
unter Einsatz von Glas
und weitem Raum den
Hafen mit ins Spiel. In den
Zimmern findet man hei-
misches Holz, und in den
Apartments zur Vordersei-
te sorgen Fenster von der
Decke bis zum Boden für
zusätzliche Effekte.
ℹ 166 🅿 🔁 🚭 🅰 🏊 🛗
🔑 Alle gängigen Kredit-
karten

🏨 SKYCITY GRAND HOTEL
$$$$$
90 FEDERAL ST.
TEL. 09/363-6000
www.skycityauckland.co.nz
Wer unter dem von
überall gut sichtbaren
SkyTower steht, geht nicht
verloren. Gehobene Aus-
stattung und Service ma-
chen das Fünfsternehotel
sowohl für Geschäftsleute
als auch für Touristen
anziehend. Es ist Teil des
riesigen SkyCity Casino
mit Unterhaltungs- und
Speisemöglichkeiten.
ℹ 316 🅿 🔁 🚭 🅰 🏊 🛗
🔑 Alle gängigen Kredit-
karten

🏨 SOFITEL AUCKLAND VIADUCT HARBOUR
$$$$$
21 VIADUCT HARBOUR AVE.
TEL. 09/909-9000
www.sofitel.com
Das frische Gesicht in
Aucklands Hotelszene mit
Blick auf den Viaduct Harbour, ist nur einen kurzen
Bummel von der schicks-
ten Nachtlebenmeile der
Stadt entfernt. Gehobener
Service, gepflegtes Interieur, der Wellnessbereich
und die gute Lage zeich-
nen es aus.
ℹ 172 🅿 🔁 🚭 🅰 🏊 🛗
🔑 Alle gängigen Kredit-
karten

🏨 PEACE & PLENTY INN
$$$$–$$$$$
6 FLAGSTAFF TER.,
DEVONPORT
TEL. 09/445-2925
www.peaceandplenty.co.nz
Im vornehmen Devonport
ist dieses hübsche B&B ein
wunderbarer Rückzugsort.
Die Cafés an der Haupt-
straße liegen um die Ecke.
Mit der Fähre ist man
in zehn Minuten in der
City von Auckland. In der
viktorianischen Villa gibt
es großzügige Zimmer, ein
reichhaltiges Frühstück,
gepaart mit herzlicher
Gastfreundschaft. Im
Winter sind die Preise
annehmbarer.
ℹ 7 🅿 🚭 🅰 🔑   MC, V

🏨 HERITAGE AUCKLAND
$$$–$$$$$
35 HOBSON ST.; TOWER
WING, 22–24 NELSON ST.
TEL. 09/379-8553
www.heritagehotels.co.nz
In diesem Luxushotel
im Art-déco-Stil gibt es
regelmäßig Sonderpreise
für Zimmer, Suiten und
Apartments, von denen
viele auch über eine Küche
verfügen. Die Zimmer
im Hauptgebäude ha-
ben hohe Decken und
Holzfußböden im Stil der

1920er Jahre, während
der moderne Tower Wing
mit zeitgenössischem
Dekor aufwartet. Auf dem
Hoteldach befindet sich
ein beheizter Swimming-
pool, es gibt auch einen
Wellnessbereich und einen
Tennisplatz. Das Hotel
liegt im Stadtzentrum mit
Blick auf den Hafen.
ℹ 325 🅿 🔁 🚭 🅰 🏊 🛗
🔑 Alle gängigen Kredit-
karten

🏨 AUCKLAND CITY OAKS
$$$
188 HOBSON ST.
TEL. 09/337-5800
www.vrhotels.co.nz
Die modernen Apart-
ments mit kleiner Küche
und Waschmaschine sind
für Paare gut geeignet. Es
gibt auch günstige Zwei-
zimmerapartments für
Familien. Die zentrale Lage
in der Nähe des Kasinos
und unweit der Queen's
Street ist günstig, und die

Zimmer sind besser als in den meisten anderen Apartmenthotels.

🛗 110 🅿 ⏸ 🚭 🌀
⏹ MC, V

🏨 COPTHORNE HOTEL HARBOUR CITY
$$$
196–200 QUAY ST.
TEL. 09/377-0349
www.millenniumhotels.co.nz
Dieses Hochhaus-Hotel aus den 1970er Jahren hat schon bessere Zeiten erlebt, liegt jedoch günstig im Stadtzentrum am Wasser, nahe dem Viaduct Quay. Die meisten Zimmer bieten herrlichen Hafenblick. Rund um das Hotel pulsiert das Nachtleben.

🛗 186 🅿 ⏸ 🚭 🌀 🏋
⏹ Alle gängigen Kreditkarten

🏨 THE QUADRANT
$$$
10 WATERLOO QUADRANT
TEL. 09/984-6000
www.thequadrant.com
Das modische Apartmenthotel nahe der Universität am Rand der Innenstadt bietet ein gutes Preis-Leistungs-Verhältnis. Kompakte Studios als Ein- oder Zweibettapartments haben voll eingerichtete Küchen und modernes Mobiliar. Zu den Extras gehören WLAN, DVDs und Spielekonsolen, allerdings fehlt eine Klimaanlage.

🛗 250 🅿 ⏸ 🚭 🏋
⏹ Alle gängigen Kreditkarten

🏨 PARNELL INN
$$
320 PARNELL RD.
TEL. 09/358-0642
FAX 09/367-1032

www.parnellinn.co.nz
Wer dieses einladende Motel/Gästehaus aufsucht, spart Geld. Die Innenstadt ist mit dem Bus oder in 25 Minuten zu Fuß zu erreichen, und das Auckland Museum liegt nicht weit entfernt. Die Zimmer sind einladend und gut gepflegt. Im Haus gibt es ein kleines Café.

🛗 16 🅿 🚭 ⏹ MC, V

🏨 JUCY HOTEL
$–$$
62 EMILY PLACE
TEL. 09/379-6633
www.jucyhotel.com
Ein Zimmer für unter 70 NZ$ im Zentrum von Auckland zu finden, ist eine echte Herausforderung. Hier hat die Suche ein Ende. Die modernen, schlicht eingerichteten, teilweise etwas düsteren und kleinen Zimmer sind knallgrün gestrichen, die Betten in einem nicht weniger exzentrischen Violett gehalten.

🛗 60 🅿 🚭 ⏹ MC, V

🏨 SHAKESPEARE TAVERN
$–$$
61 ALBERT ST. (BEI DER WYNDHAM ST.)
TEL. 09/373-5396
www.shakespearehotel.co.nz
Das klassische alte Pub liegt im Stadtzentrum, nahe dem Kasino. Hier warten hinter der alten Fassade preiswerte, dabei stilvolle Zimmer mit Bad und teilweise mit Balkon. Das unten gelegene Restaurant und eine kleine Brauerei-Bar sind ein zusätzliches Bonbon.

🛗 10 🚭 ⏹ MC, V

🍴 EURO RESTAURANT & BAR
$$$$$
SHED 22, PRINCES WHARF
TEL. 09/309-9866
www.eurobar.co.nz
Chefkoch Simon Gault führt am Princes Wharf in der Nähe des Hafens eines der Toprestaurants der Stadt. Man kann drinnen oder auch draußen auf der Veranda mit Blick auf die Luxusyachten speisen. Die Speisekarte konzentriert sich im Sommer auf Meeresfrüchte, bietet aber daneben viel Abwechslung.

🍽 120 🚭 🌀 ⏹ Alle gängigen Kreditkarten

DER BESONDERE TIPP

🍴 THE SUGAR CLUB
$$$$$
LEVEL 53, SKY TOWER, 90 FEDERAL ST.
TEL. 09/363-6365
www.peter-gordon.net
Die vollendete Innenausstattung und die unglaubliche Aussicht sind der passende Rahmen für die fantastischen Menüs von Chefkoch Peter Gordon. Das höchst innovative Restaurant gehört zu den besten Neuseelands, in dem auch Vegetarier auf ihre Kosten kommen, und ist seine Preise wert.

🍽 80 🅿 ⏸ M 🚭 🌀
⏹ Alle gängigen Kreditkarten

🍴 HARBOURSIDE
$$$$
FERRY BLDG., ERDGESCHOSS, 99 QUAY ST.
TEL. 09/307-0556
www.harbouriderestaurant.co.nz

Harbourside, eines der besten Seafood-Restaurants Aucklands, ist auf frischen Fisch spezialisiert, wie etwa Stachelmakrele vom Holzkohlengrill mit gerösteter Rote Bete, Lauch und Chorizo-Öl. Auf der Karte stehen auch Rind und Lamm, doch bei den Vorspeisen konzentriert man sich auf einfallsreiche Seafood-Kreationen. Vom oberen Stockwerk aus sieht man auf die Fähranleger.

🍽 340 🔲 🔲 Alle gängigen Kreditkarten

PONSONBY ROAD BISTRO
$$$$
165 PONSONBY RD., PONSONBY
TEL. 09/360-1611
www.ponsonbyroadbistro.co.nz
Raffiniert und gleichzeitig lässig und eines von Aucklands renommiertesten Restaurants, an der Gourmetmeile Ponsonby Road gelegen. Das Angebot reicht von perfekt zubereitetem Fisch oder Steaks vom Holzkohlengrill mit hausgemachten Pommes frites bis zu raffinierteren, an der orientalischen und mediterranen Küche inspirierten Kreationen, und beinhaltet eine große Auswahl von Weinen. Gourmetfreuden ohne gestärkte Tischdecken und Business-Class-Preise!

🍽 50 🕐 So & Sa M 🔲 🔲 Alle gängigen Kreditkarten

SOUL BAR & BISTRO
$$$$
VIADUCT HARBOUR
TEL. 09/356-7249
www.soulbar.co.nz
Gehört zu den meistbesuchten Bars und Bistros im lebhaftesten Gastronomiebezirk der Stadt und zieht mittags wie abends eine legere Designerklientel an. Schwerpunkte der abwechslungsreichen Crossover-Karte sind Meeresfrüchte und Fisch, wie etwa in der Pfanne gebratener Petersfisch und geräucherter Tintenfisch mit Tabouleh von eingelegten Zitronen. Setzen Sie sich auf die Sonnenterrasse am Wasser.

🍽 200 🅿 🔲 🔲 🔲 Alle gängigen Kreditkarten

DEPOT EATERY
$$$
86 FEDERAL ST.
TEL. 09/363-7048
www.eatdepot.co.nz
Starkoch Al Brown betreibt dieses hippe Restaurant im coolen Industriedesign. Die Spezialität sind frische Austern. Sie werden von den Kellnern zwischen den eng stehenden Tischen kunstvoll zu den Gästen balanciert. Die Hauptgerichte sind Kreationen, die irgendwo zwischen nahöstlicher und lateinamerikanischer Küche angesiedelt sind. Keine Reservierungen möglich.

🍽 120 🔲 🔲 Alle gängigen Kreditkarten

MECCA CHANCERY
$$$
85–87 CUSTOMS ST. WEST
TEL. 09/358-1093
www.meccacafe.com
Am Viaduct Basin unweit der Einkaufsmeile High Street liegt dieses Top-restaurant für Frühstück, Mittag- und Abendessen. Die Speisekarte ist sowohl mediterran als auch orientalisch geprägt, die Gerichte sind erschwinglich.

🍽 120 🔲 🔲 Alle gängigen Kreditkarten

L'ASSIETTE
$$–$$$
9 BRITOMART PLACE
TEL. 09/309-0961
www.lassiette.co.nz
Das moderne, minimalistische Café ist für Frühstück, Gebäck und leichte Mittagessen à la française berühmt. Abends gibt es französische Klassiker zu vernünftigen Preisen. Es liegt im Restaurant- und Barbezirk Britomart.

🍽 40 🕐 So–Mi A 🔲 🔲 Alle gängigen Kreditkarten

MANUKA
$$–$$$
49 VICTORIA RD., DEVONPORT
TEL. 09/445-7732
www.manukarestaurant.co.nz
Das Küstendorf Devonport, nur einige Fährminuten vom Zentrum Aucklands entfernt, lädt zum netten Tagesausflug ein. Das lässige Eckcafé ist wegen seiner Holzofenpizzen beliebt. Es gibt weitere erschwingliche Speisen, von Meeresfrüchte-Vorspeisen über Steak bis zu Gerichten für Vegetarier. Zum Frühstück, Mittag- und Abendessen geöffnet.

🍽 50 🔲 🔲 🔲 Alle gängigen Kreditkarten

MARKET CAFÉ
$$–$$$
AUCKLAND FISH MARKET, 22 JELLICOE ST.

🏨 Hotel 🍽 Restaurant 🛏 Zimmer 🍽 Plätze 🅿 Parkplatz 🚍 Öffentliche Verkehrsmittel 🕐 Öffnungszeiten

TEL. 09/309-0262
www.afm.co.nz
Der westlich des Viaduct Harbour gelegene Auckland Fish Market ist die richtige Adresse für alle, die Fisch und Meeresfrüchte lieben. Zu angemessenen Preisen können Sie hier eine Auswahl frischester Gerichte genießen, von Garnelen über Tintenfische bis zu Paella. Im Markt selbst werden an Essständen unterschiedliche Speisen angeboten. Ein Shuttlebus bringt Sie gratis von den Hotels der Innenstadt zum Markt.
🛏 30 🍴 A 🚭 🏧 Alle gängigen Kreditkarten

🍴 CAFÉ MIDNIGHT EXPRESS
$$
59 VICTORIA ST. W.
TEL. 09/303-0312
www.cafemidnightexpress.co.nz
Das freundliche Restaurant mit einem zeltähnlichen Dach und türkischen Kunstwerken serviert seit nun fast 20 Jahren am Sky Tower Speisen zu vernünftigen Preisen. Reis und Salat werden zu schmackhaften türkischen Gerichten wie Döner Kebab und *karni yarik* (gefüllte Aubergine) gereicht. Die Portionen sind riesig.
🛏 50 🍴 So M 🚭 🏧 AE, MC, V

🍴 SATYA SOUTH INDIAN CAFÉ
$$
271 KARANGAHAPE RD.
TEL. 09/377-0007
www.satya.co.nz
Die Queen Street führt den Hügel zur Karangahape Road hoch, eine etwas schäbige, aber immer wieder interessante Gegend mit einer Auswahl preiswerter asiatischer Restaurants. Das Satya ist dank seiner durchweg leckeren Currys immer gut besucht, und seine Thaligerichte werden sowohl von Fleischessern als auch von Vegetariern geschätzt.
🛏 70 🚭 🍴 🏧 MC, V

🍴 TANUKI'S SUSHI & SAKE BAR
$$
319 QUEEN ST.
TEL. 09/379-5353
www.sakebars.co.nz
Am oberen Ende der Queen Street, wo es viele preiswerte japanische und koreanische Restaurants gibt, wartet das Tanuki's in rustikalem japanischem Stil mit einer großen Auswahl zu moderaten Preisen auf. Im Untergeschoss befindet sich Tanuki Cave, eine abgefahrene Bar mit Yakitori- oder Kushiatsu-Snacks für Stäbchen oder an Spießen.
🛏 106 🍴 M 🚭 🏧 Alle gängigen Kreditkarten

🍴 DANTE'S
$–$$
136 PONSONBY RD.
TEL. 09/378-4443
Einige Meilen westlich der Innenstadt reiht sich in der Ponsonby Road ein Café ans nächste. Doch keines besitzt ein Echtheitszertifikat wie diese Pizzeria – ausgestellt von der Associazione Verace Pizza Napoletana. Auf der Speisekarte stehen nur sechs Holzofenpizzas à la Neapolitana: jede einzelne authentisch, saftig und lecker.
🛏 60 🚭 🏧 Keine Kreditkarten

🍴 MISTERS REAL FOOD
$
12 WYNDHAM ST.
TEL. 09/379-9939
www.misters.co
Wunderbares kleines Frühstücks- und Mittagslokal, in dem überwiegend milch- und glutenfreie Gerichte auf den Tisch kommen. Das Menü ist an die erntefrischen Produkte der jeweiligen Saison angepasst und entführt die Gäste auf eine echte kulinarische Weltreise.
🛏 50 🍴 So 🚭 🏧 Keine Kreditkarten

■ NORTHLAND

Whangarei

🏨 LODGE BORDEAUX
$$$$–$$$$$
361 WESTERN HILLS DR.
TEL. 09/438-0404
www.lodgebordeaux.co.nz
Westlich des Stadtzentrums liegt am Haupthighway diese Lodge mit luxuriösen Studios, Suiten mit ein oder zwei Schlafzimmern und Küche, allesamt mit Whirlpool. Die mit fünf Sternen ausgezeichnete, kleine, familiengeführte Lodge ist die erste Wahl in der Stadt.
🛏 15 🅿 🚭 🏊 🏧 Alle gängigen Kreditkarten

🏨 LITTLE EARTH LODGE
$–$$
85 ABBEY CAVES RD.

🛗 Aufzug 🚭 Nichtraucher ❄ Klimaanlage 🏊 Pool im Haus 🏊 Pool im Freien 💪 Fitnessclub 🏧 Kreditkarten

TEL. 09/430-6562
www.littleearthlodge.co.nz
Die von außen ein wenig an eine Scheune erinnernde Lodge liegt mitten in einer herrlichen Gartenanlage. Alle Zimmer sind ohne Bad – es gibt drei Gemeinschaftsbäder–, aber modern und gemütlich eingerichtet und haben kleine Terrassen mit Blick auf den Garten.
6 Alle gängigen Kreditkarten

TOPSAIL RESTAURANT
$$$$
206 BEACH RD., ONERAHI
TEL. 09/436-2985
www.topsail.co.nz
Von Meeresfrüchten über Lammrippchen und Wildbret bis zu Crème brulée und Apple Pie bietet dieses Restaurant klassische Speisen mit modernem Flair. Am acht Kilometer vom Zentrum entfernten Onerahi Yacht Club gelegen, ergänzen Hafenansichten und Sonnenuntergänge das Menü.
40 So–Di M & A MC, V

KILLER PRAWN
$$$–$$$$
28 BANK ST.
TEL. 09/430-3333
www.killerprawn.co.nz
Im Herzen von Whangarei ist dieses freundliche Restaurant für seine Garnelen in Tomatenbrühe mit Brotstückchen zum Eintunken bekannt, jedoch finden sich auch weitere Meeresfrüchtegerichte auf der Speisekarte. Im oberen Stock werden Pizzen serviert.
140 So Alle gängigen Kreditkarten

BAY OF ISLANDS

Paihia

EDGEWATER PALMS APARTMENTS
$$$$$
8–10 MARSDEN RD.
TEL. 09/402-0090
www.edgewaterapartments.co.nz
Das schicke Apartmenthotel hat Apartments mit ein oder zwei Schlafzimmern mit Blick aufs Wasser. Es liegt an der Hauptstraße, der Weg in die Stadt ist nicht weit.
34 Alle gängigen Kreditkarten

PAIHIA BEACH RESORT & SPA
$$$$–$$$$$
116 MARSDEN RD.
TEL. 09/402-0111
www.paihiabeach.co.nz
Am oberen Ende der Hauptstraße liegen gegenüber dem Strand Paihias Spitzenapartments. Die Studios und Apartments mit ein oder zwei Schlafräumen bieten eine wunderbare Aussicht und angemessenen Komfort.
22 Alle gängigen Kreditkarten

BAY VIEW MOTEL
$$$–$$$$
MARSDEN RD. & BAYVIEW RD.
TEL. 09/402-7338
www.bayviewmotel.co.nz
Zahlreiche Motels bieten billige Unterkünfte ohne jeden Schick. Für ein paar Dollar mehr liegt das Bay View mit gepflegten Einzimmerwohneinheiten über diesem Niveau. Viele Zimmer haben Meerblick und kleine Küchenzeilen.
11 Alle gängigen Kreditkarten

COPTHORNE HOTEL & RESORT
$$$–$$$$
TAU HENARE DR.
TEL. 09/402-7411
www.milleniumhotels.co.nz
Direkt auf den Waitangi Treaty Grounds und nur 1,6 Kilometer vom Stadtzentrum Paihias entfernt, liegt dieses Viersternehotel. Ein freundliches Haus mit Gärten, Golfplatz und Blick aufs Meer. Das Hotel hat gewiss schon bessere Zeiten erlebt, aber Angebote durch Reisebüros und Last-Minute-Buchungen per Internet machen es zu einer lohnenden Option. Die Zimmer haben einen Balkon.

PREISE

HOTELS
Preiskategorien für ein Doppelzimmer in der Hochsaison.

$$$$$	Über 240 NZ$
$$$$	160–240 NZ$
$$$	110–160 NZ$
$$	70–110 NZ$
$	Unter 70 NZ$

RESTAURANTS
Preiskategorien für ein Drei-Gänge-Menü ohne Getränke.

$$$$$	Über 65 NZ$
$$$$	50–65 NZ$
$$$	30–50 NZ$
$$	20–30 NZ$
$	Unter 20 NZ$

① 180 **P** **◎** **⑤** **▧**
◈ Alle gängigen Kreditkarten

🍴 35° SOUTH AQUARIUM RESTAURANT & BAR

$$$–$$$$
69 MARSDEN RD.
TEL. 09/402-6220
www.35south.co.nz

Dieses Restaurant mit
einem 60 000-Liter-Aqua-
rium in der Mitte thront
nahe dem Pier in einem
achteckigen Gebäude über
dem Wasser. Die Speise-
karte konzentriert sich auf
Meeresfrüchte, bietet aber
auch Steaks und Ente. Die
Dachterrasse ist an sonni-
gen Tagen ein herrlicher
Ort. Es werden Frühstück,
Mittag- und Abendessen
angeboten.

➕ 50 **P** **◎** **◈** Alle gängi-
gen Kreditkarten

🍴 ONLY SEAFOOD

$$$–$$$$
40 MARSDEN RD.
TEL. 09/402-6066
www.onlyseafood.co.nz

Das Only Seafood ist
eine Institution. Es liegt
abseits der Hauptstraße in
einer zweistöckigen Villa
mit Blick aufs Meer. Das
Restaurant ist bekannt
für seine Meeresfrüchte
in Blätterteig, Fisch mit
gerösteten Cashewkernen
und Räucherlachs mit Brie.

➕ 95 **P** **⊕** M **◎**
◈ Alle gängigen Kredit-
karten

🍴 WAIKOKOPU CAFÉ

$$–$$$
TREATY GROUNDS, TAU
HENARE DR.
TEL. 09/402-6275

Das in den Waitangi Treaty
Grounds gelegene Café ist
der richtige Ort für ein le-
ckeres Frühstück oder Mit-
tagessen im Grünen. Die
ausführliche Menükarte
braucht den Vergleich mit
der eines Restaurants nicht
zu fürchten. Leider hat es
abends nicht geöffnet.

➕ 150 **P** **⊕** A **◎** **◈**
MC, V

Russell

🏨 DUKE OF MARL- BOROUGH HOTEL

🍴 $$$–$$$$$

35 THE STRAND
TEL. 09/403-7829
www.theduke.co.nz

Am Wasser, nahe dem
Anleger der Fähre von
Paihia gelegen, ist dies
eines der ältesten Gast-
häuser des Landes. Für den
geforderten Preis bietet es
zu wenig Luxus, doch die
Zimmer zum Wasser hin
sind hübsch. Das beliebte
Restaurant hat zwei Spei-
seräume.

① 26 **P** **◎** **◈** Alle gängigen Kreditkarten

🏨 HANANUI LODGE & APARTMENTS

$$$–$$$$$
4 YORK ST.
TEL. 09/403-7875
www.hananui.co.nz

Der Komplex ist zweige-
teilt: Es gibt gut ausgestat-
tete Apartments und in
der Lodge am Ufer Woh-
nungen. Die moderneren
Apartments mit Küche
haben ein bis zwei Zim-
mer, die Einrichtung der
Wohnungen mit Küche ist
älter und erinnert an Mo-
telzimmer.

① 16 **P** **◎** **◈** Alle gängi-
gen Kreditkarten

DER BESONDERE TIPP

🍴 THE GABLES

$$$$
19 THE STRAND
TEL. 09/403-7670
www.thegablesrestaurant.
co.nz

In dem Restaurant an der
Küste mit Speisesaal und
schönem Außenbereich
wird kreativ gekocht.
Rind- und Lammfleisch aus
der Gegend bilden einen
Schwerpunkt auf der Karte
mit Kreationen wie ge-
bratener Lammlende mit
Gourmet-Kartoffelkuchen,
Cashews in Manuka-Ho-
nig, geröstetem Knoblauch
und Schwarze-Oliven-Jus.
Es gibt aber auch Seafood.
Reservieren Sie im Som-
mer rechtzeitig.

➕ 60 **◎** **P** **◈** Alle
gängigen Kreditkarten

MANGONUI

🍴 MANGONUI FISH SHOP

$
BEACH RD.
TEL. 09/406-0478

Das Fischlokal, auf Pfählen
über dem Hafen erbaut,
ist ein absolutes Muss für
Leute, die *fish and chips*
mögen. Es gibt auch Aus-
tern, Hummer und andere
Meeresfrüchte. Da die
Fischerboote direkt vor
Ort anlegen, könnte das
alles nicht frischer sein. Die
Picknicktische auf der Ter-
rasse sind empfehlenswert.

➕ 40 **◈** MC, V

HOKIANGA

🏨 COPTHORNE HOTEL & RESORT HOKIANGA

$$$
SH12, OMAPERE

TEL. 09/405-8737

www.millenniumhotels.co.nz

Wenn Sie den Kauri Coast Loop entlangfahren, ist dieses beliebte Hotel im schläfrigen Badeort Opononi/Omapere das Beste, das Sie an der Westküste finden werden. Die Lage ist schön und die Preise sind vernünftig. Am begehrtesten sind die Zimmer mit Meerblick.

[i] 34 [P] [S] 🛥 🌐 Alle gängigen Kreditkarten

ZENTRALE NORDINSEL

WAITOMO

🏨 **WAITOMO CAVES HOTEL**

$–$$$

RD7, OTOROHANGA

TEL. 07/878-8204

www.waitomocaveshotel.co.nz

Dieses große, im Jahr 1908 erbaute Ferienhotel ist eine Institution in Waitomo und liegt nur fünf Minuten von den Glowworm Caves entfernt. Die Renovierung wird seit Jahren versprochen, aber noch immer muss man versuchen, das schäbige Aussehen und den muffigen Geruch zu ignorieren. Die meisten Räume sind hostelartig; die größeren Suiten sind besser in Schuss.

[i] 33 [P] [S] 🌐 Alle gängigen Kreditkarten

🏨 **SOMERSAL B&B**

$$–$$$

1724 MCCLURE ST., RD 6, PIRONGIA

TEL. 07/871-9199

http://somersal.co.nz

Das schmucke B&B liegt nur 30 Minuten Autofahrt von den Waitomo Caves entfernt umgeben von Farmland. Es gibt nur vier Zimmer, alle mit Blick auf die Berge in der Ferne. Die Gastgeber John und Jenny zaubern jeden Morgen ein köstliches Frühstück. Mittag- und Abendessen gibt es auf Anfrage.

[i] 4 [P] [S] 🛥 🌐 Alle gängigen Kreditkarten

COROMANDEL PENINSULA

Whitianga

🏨 **SOVEREIGN PIER ON THE WATERWAYS**

$$$$–$$$$$

73 SOUTH HWY.

TEL. 07/867-1236

www.whitiangaholidays.co.nz

Im boomenden Whitianga hat man in puncto moderne Unterkünfte die Qual der Wahl. Etwa zwei Kilometer südlich des Zentrums finden Sie luxuriöse und mit allem Wichtigen ausgestattete Apartments, die Sie zusammen mit Bootsliegeplätzen mieten können.

[i] 48 [P] [S] 🛥 🌐 Alle gängigen Kreditkarten

🏨 **OCEANSIDE MOTEL**

$$$–$$$$

32 BUFFALO BEACH RD.

TEL. 07/866-5766

www.oceansidemotel.co.nz

Weniger als 1,6 Kilometer von der Stadt entfernt, liegt dieses Apartmentmotel am besten Stück Strand und offeriert etwas günstigere Sommerpreise im sonst teuren Whitianga.

[i] 12 [P] [S] 🌐 Alle gängigen Kreditkarten

🍴 **SALT**

$$$$

1 BLACKSMITH LN.

TEL. 07/866-5818

www.salt-whitianga.co.nz

Vor dem Whitianga Hotel liegt das Salt mit einer großen Terrasse und Blick auf die Yachten auf dem Fluss. Auf der Speisekarte finden sich überwiegend Meeresfrüchte.

🍴 130 🌐 Alle gängigen Kreditkarten

🍴 **SQUIDS BAR & RESTAURANT**

$$$

15 BLACKSMITH LN.

TEL. 07/867-1710

www.squids.co.nz

Seafood-Fans pilgern in Scharen zu diesem Restaurant über dem Yachthafen. Unter den zu vernünftigen Preisen angebotenen Gerichten finden sich eine großartige Bouillabaisse, Nudeln mit Meeresfrüchten und herrliche Bluff-Austern. Selbst bei einfachen Fischgerichten fehlt nicht das gewisse Etwas. Auch Fleischesser kommen hier auf ihre Kosten.

🍴 40 [P] [S] 🌐 Alle gängigen Kreditkarten

BAY OF PLENTY

Mount Maunganui/ Tauranga

🏨 **OCEANSIDE TWIN TOWERS**

$$$–$$$$$

1 MAUNGANUI RD., MOUNT MAUNGANUI

TEL. 07/575-5371

www.twintowers.co.nz

Diese Anlage nahe beim Stadtzentrum und beim Strand gehört mit ihren Suiten und Apartments zu den besten Unterkünften in der Stadt. Dazu kommen Restaurants, ein kleiner Pool, Sauna und Fitnesscenter.

🛏 70 🅿 ⬆ 🚭 🏊 ⛱ 🏋 🔑 Alle gängigen Kreditkarten

🏨 THE PAVILIONS
$$$$–$$$$$
4 MARINE PARADE,
MOUNT MAUNGANUI
TEL. 07/572-0001
www.pavilion.net.nz
Die Lage gegenüber vom Strand ist unschlagbar. Gut ausgestattete Luxusapartments inklusive Balkon und Meerblick.

🛏 15 🅿 ⬆ 🚭 🔑 Alle gängigen Kreditkarten

🏨 BAY PALM MOTEL
$$–$$$$
84 GIRVEN RD.,
MOUNT MAUNGANUI
TEL. 07/574-5971
www.baypalmmotel.co.nz
Dieses gute Motel bietet Studios und Wohneinheiten mit ein oder zwei Schlafräumen, Küche und Whirlpool sowie einen beheizten Pool. Es liegt außerhalb von Mount Maunganui beim Golfplatz. Ocean Beach und Bayfair Mall sind zu Fuß zu erreichen.

🛏 16 🅿 🚭 🏊 🔑 Alle gängigen Kreditkarten

🏨 PACIFIC COAST LODGE
$
432 MAUNGANUI RD.
TEL. 07/574-9601
www.pacificcoastlodge.co.nz
Das einfache Hostel bietet alles, was das Sportlerherz

höher schlagen lässt: Fahrrad- und Surfbrettvermietung, Tischtennisplatten und vieles mehr. Die Zimmer sind sehr einfach eingerichtet, dafür aber auch konkurrenzlos preiswert. Große Auswahl an Mehrbettzimmern.

🛏 6 🅿 🚭 🔑 Alle gängigen Kreditkarten

🍴 MOUNT BISTRO RESTAURANT
$$$$–$$$$$
6 ADAMS AVE.,
MOUNT MAUNGANUI
TEL. 07/575-3872
www.mountbistro.nz
Die Einrichtung ist vielleicht nicht total hip, aber im Mount (gegenüber der heißen Quellen) speist man vom Feinsten. Wählen Sie ein Menü oder essen Sie à la carte, und lassen Sie Platz für den Dessert-Kostproben-Teller.

🍴 70 🕐 Mo M & A 🚭 🔑 Alle gängigen Kreditkarten

🍴 ASTROLABE BREW & BAR
$$$
82 MAUNGANUI RD.,
MOUNT MAUNGANUI
TEL. 07/574-8155
www.astrolabe.co.nz
Das schicke Lieblingslokal der Einheimischen wurde zum Brauhaus-Restaurant umgemodelt. Gute Pub-Gerichte. Raffinierteres gibt es im Bistro. Vernünftige Preise.

🍴 180 🚭 🔑 Alle gängigen Kreditkarten

🍴 AMPHORA ON THE STRAND
$$–$$$
43 THE STRAND

TAURANGA
TEL. 07/578-1616
www.amphoraonthestrand.co.nz
In diesem italienischen Restaurant gibt es Pizza, Pasta und Meeresfrüchte. Die Portionen sind groß, die Preise moderat. Man kann drinnen und draußen am Wasser essen, wenn das Wetter dies zulässt.

🍴 90 🚭 🔑 Alle gängigen Kreditkarten

Whakatane

🏨 TUSCANY VILLAS MOTOR INN
$$$
57 THE STRAND E.
TEL. 07/308-2244
www.tuscanyvillas.co.nz
Trotz der kitschigen Toskana-Bauweise ist dieses Haus mitten im Stadtzentrum die Unterkunft mit dem größten Luxus in Whakatane. Die gut ausgestatteten Studios und Suiten mit einem Schlafraum bieten Kitchenette, ein breites Doppelbett und Whirlpool.

🛏 28 🅿 🚭 🔑 Alle gängigen Kreditkarten

🏨 WHITE ISLAND RENDEZVOUS
$$–$$$
15 THE STRAND E.
TEL. 07/308-9500
www.whiteisland.co.nz
Gute Motelzimmer mit Blick aufs Wasser, nur einen kurzen Spaziergang von der Stadt. Da es von einem Reiseunternehmer geführt wird, werden auch Reisepakete angeboten.

🛏 27 🅿 🚭 🔑 Alle gängigen Kreditkarten

🍴 SOULSA
$$$$
126 THE STRAND
TEL. 07/307-8689
www.soulsa.co.nz
Unaufgeregt, aber mit guter Küche: Das angesagteste Esslokal an der Hauptstraße von Whakatane ist stets gut besucht (Reservierung empfohlen!). Die doppelt gebratene Ente und der Vorspeisenteller bilden Höhepunkte der auch sonst interessanten Karte.
🍴 36 🕐 So & Mo M & A 🅿 🛇 🌐 Alle gängigen Kreditkarten

🍴 ROQUETTE RESTAURANT & BAR
$$$
23–29 QUAY ST.
TEL. 07/307-0722
www.roquette-restaurant.co.nz
Im Roquette kann man, auch wenn man hier in der Provinz ist, erstaunlich gut essen. Gehen Sie vom Tourist Office aus den Fluss entlang. Ausgezeichnete Küche! Auf der Karte stehen unter anderem Meeresfrüchte-Risotto und Schweinefilet mit Dukkah-Kruste.
🍴 40 🛇 🌐 Alle gängigen Kreditkarten

ROTORUA

🏨 MILLENNIUM HOTEL ROTORUA
$$$–$$$$$
ERUERA ST. & HINEMARU ST.
TEL. 07/347-1234
www.millenniumhotels.co.nz
Zu den einen kurzen Spaziergang vom Zentrum entfernten, großen Hotel gehört die »Rotorua

Experience« mit Wellnesszentrum, beheiztem Schwimmbecken, Fitnessraum, Saunas und Spa-Becken. Bitten Sie um ein Zimmer mit Seeblick.
🛏 227 🅿 ⊟ 🛇 🌐 🖥 📺 🌐 Alle gängigen Kreditkarten

DER BESONDERE TIPP
🏨 PEPPERS ON THE POINT
$$$$$
214 KAWAHA POINT RD.
TEL. 07/348-4868
www.peppers.co.nz
Das umgebaute Haus aus den 1930er Jahren gehört noch nicht lange Zeit zum Angebot an Luxuslodges in Rotorua. Es findet sich drei Kilometer nördlich der Stadt, am schönen Lake Rotorua. Das Haus liegt in einem drei Hektar großen Garten und hat Suiten und Cottages, die mit Antiquitäten eingerichtet sind. Die Villa mit vier Schlafzimmern bietet großen Luxus.
🛏 13 🅿 🛇 🌐 🖥 🌐 Alle gängigen Kreditkarten

🏨 NGONGOTAHA LAKESIDE LODGE
$$$$
41 OPERIANA ST., NGONGOTAHA
TEL. 07/357-4020
www.rotorualakesidelodge.co.nz
In diesem kleinen B&B, neun Kilometer nördlich von Rotorua gelegen, erlebt man herzliche Gastfreundschaft. Alle Zimmer gehen zum See hinaus.
🛏 3 🅿 🛇 🌐 MC, V

PREISE
HOTELS
Preiskategorien für ein Doppelzimmer in der Hochsaison.

$$$$$	Über 240 NZ$
$$$$	160–240 NZ$
$$$	110–160 NZ$
$$	70–110 NZ$
$	Unter 70 NZ$

RESTAURANTS
Preiskategorien für ein Drei-Gänge-Menü ohne Getränke.

$$$$$	Über 65 NZ$
$$$$	50–65 NZ$
$$$	30–50 NZ$
$$	20–30 NZ$
$	Unter 20 NZ$

🏨 PRINCES GATE HOTEL
$$$–$$$$
1057 ARAWA ST.
TEL. 07/348-1179
www.princesgate.co.nz
Der zweistöckige Holzbau, Baujahr 1897, liegt mitten in der Stadt, direkt am Eingang zu den Government Gardens. Das Hotel bietet gut ausgestattete Zimmer zu fairen Preisen.
🛏 50 🅿 🛇 🖥 🌐 Alle gängigen Kreditkarten

🏨 REGAL PALMS
$$$–$$$$
350 FENTON ST.
TEL. 07/350-3232
www.regalpalms.co.nz
Das hochklassige Motel bietet einen beheizbaren Pool, einen Spielplatz, eine Minigolfanlage, ein Fitnesscenter, eine Sauna und einen Tennisplatz. Die großen, modernen Zimmer haben einen Whirlpool. Auch wenn

es hier teurer ist als an manchem anderen Ort – Ausstattung und Service in diesem großen, gut gepflegten Komplex sind exzellent.

🛈 44 🅿 🚭 🏊 💪
🏧 Alle gängigen Kreditkarten

🏨 ROTOVEGAS MOTEL
$$–$$$
249 FENTON ST.
TEL. 07/348-5586
www.rotovegasmotelrotorua.co.nz

Rotorua ist voll von billigen Motels, die meisten davon liegen an der Fenton Street. Dieses hier gehört zu den besseren und verfügt über Wellnessbäder, einige davon in den Suiten, und ein beheiztes Schwimmbecken.

🛈 23 🅿 🚭 🏊 🏧 Alle gängigen Kreditkarten

🏨 SUDIMA HOTEL
$$–$$$
1000 ERUERA ST.
TEL. 07/348-1174
www.sudimahotels.com

Dieses große Hotel am See, in der Nähe des Polynesian Spa, wird gern von Reisegruppen besucht. Es gibt hier Restaurants, Bars, einen Wellnessbereich und hauseigene heiße Quellen. Die Zimmer wurden vor Kurzem renoviert. Durch Online-Rabatte ist es preiswert.

🛈 250 🅿 🛗 🚭 🏊
🏧 Alle gängigen Kreditkarten

🏨 BELLA VISTA MOTEL ROTORUA
$$
94–98 LAKE RD.
TEL. 07/343-6418
www.bellavistamotelrotorua.co.nz

Ein Stück von seinen Artgenossen an der Fenton Street entfernt, dafür aber näher am See, zählt es zu den besseren Motels der Stadt. Gastlich, mit erstklassigem Service. Das Angebot reicht von kleinen Studios bis zu Familiensuiten mit Küche.

🛈 18 🅿 🏧 Alle gängigen Kreditkarten

🏨 FUNKY GREEN VOYAGER
$
4 UNION ST.
TEL. 07/346-1754
www.funkygreenvoyager.co.nz

In dieser Herberge nicht weit vom Stadtzentrum ist alles grün: das Haus, der Garten und sogar der Anspruch auf nachhaltiges Wirtschaften. Die Zimmer sind einfach, aber modern eingerichtet, es gibt eine Gemeinschaftsküche, einen Grillplatz und ein Büro für Informationen aller Art.

🛈 20 🅿 🏧 Alle gängigen Kreditkarten

🍴 BISTRO 1284
$$$$
1284 ERUERA ST.
TEL. 07/346-1284
www.bistro1284.co.nz

In diesem kleinen Cottage im Herzen von Rotorua sind gutes Essen und guter Service garantiert. Viele halten es für das netteste Restaurant der Stadt. Es ist für seine Rindfleisch- und Lammgerichte bekannt.

🍽 35 🕐 M; So A 🚭
🏧 Alle gängigen Kreditkarten

🍴 SABROSO
$$$
1184 HAUPAPA ST.
TEL. 07/349-0591
www.sabroso.co.nz

Das lateinamerikanische Restaurant mit venezolanisch-mexikanischem Schwerpunkt ist eine sehr gute Ergänzung zu Rotoruas übriger Gastronomiewelt. Probieren Sie Chimichurri Chicken oder den brasilianischen Garnelen-Eintopf, und bestellen Sie dazu Sangria. Gemütliche Atmosphäre und ein ausgezeichneter Service (Reservierung empfohlen!).

🍽 32 🕐 Mi M & A (Winter) 🚭 🏧 MC, V

🍴 ZANELLI'S
$$$
1243 AMOHIA ST.
TEL. 07/348-4908
www.zanellis.net.nz

Seit mehr als 20 Jahren serviert das Zanelli's verlässlich hochklassige italienische Küche. Die Speisekarte kreist um Meeresfrüchte, Kalb, Pasta und Risotto. Eine Pizza wird man darauf jedoch vergebens suchen. Zum Dessert gibt es hausgemachtes Eis und Tiramisu.

🍽 56 🕐 M, So–Mo A 🚭
🏧 Alle gängigen Kreditkarten

🍴 FAT DOG CAFÉ & BAR
$$–$$$
1161 ARAWA ST.
TEL. 07/347-7586
www.fatdogcafe.co.nz

Mosaiken mit den »dicken Hunden« und Seepferdchen sowie Gemälde zieren den Gastraum dieses Cafés. Leichte Kost und reichhaltigere Lieblingsspeisen der Neuseeländer werden hier gut zubereitet.

🏠 100 🚫 🖩 Alle gängigen Kreditkarten

🍴 CAPERS EPICUREAN
$–$$
1181 ERUERA ST.
TEL. 07/348-8818
www.capers.co.nz
Dieses Feinkostrestaurant im Stadtzentrum bietet eine reiche Auswahl an Speisen vom Tresen und leichte Gerichte aus der Küche. Sehr beliebt zum Frühstücken und Mittagessen, jederzeit zu Kaffee und Kuchen sowie fünfmal pro Woche auch zum Abendessen.

🏠 90 🚫 🖩 Alle gängigen Kreditkarten

TAUPO

🏨 MILLENNIUM MANUELS TAUPO
🍴 $$$$
243 LAKE TERRACE
TEL. 07/378-5110
www.millenniumhotels.co.nz
Schlendern Sie über den Rasen dieses Hotels – es ist eines von wenigen, die an Neuseelands größtem See liegen –, oder genießen Sie die Aussicht aus einem der Zimmer, die vor Kurzem generalüberholt wurden, das gute Bistro oder die Restaurants. Die gelungene Zimmergestaltung und guter Service zeichnen dieses Haus aus.

🛈 51 🅿 🔄 🚫 🖩 🚇 🕐 🖩 Alle gängigen Kreditkarten

DER BESONDERE TIPP

🏨 HUKA LODGE
$$$$$
HUKA FALLS RD.
TEL. 07/378-5791
www.hukalodge.co.nz
Die Mutter aller Lodges in Neuseeland ist die Huka Lodge, die schon seit mehr als einem Jahrzehnt die Liste der großen Hotels dieser Welt anführt. Dieses Urlaubsdomizil bietet großzügige Zimmer und exquisites Essen im klassisch eingerichteten Haupthaus an. Auch das exklusive Owner's Cottage kann gemietet werden.

🛈 25 🅿 🚫 🖩 Alle gängigen Kreditkarten

🏨 ABOVE THE LAKE B&B
$$$–$$$$
46 Rokino Rd.
TEL. 07/378-8738
www.taupostay.co.nz
Die Forellen des Lake Taupo ziehen Angler an. Dieses B&B ist eine ideale Bleibe für all jene, die einheimische Gastfreundschaft suchen. Die Zimmer sind geräumig und bequem und wer Privatsphäre sucht, findet sie in der noblen Garden Suite.

🛈 4 🅿 🚫 🖩 MC, V

🏨 QUALITY INN SAILS
$$$–$$$$
138 LAKE TERRACE
TEL. 07/377-0655
www.sailstaupo.co.nz
Zum modernen Architekturstil in diesem Motel gehören Balkone mit segelförmigen Dächern. Es ist eines von mehreren ausgefalleneren Motels am See. Die Lage und der

Blick aufs Wasser machen es zu einer Herberge der Spitzenklasse.

🛈 16 🅿 🚫 🖩 Alle gängigen Kreditkarten

🏨 LAKEFRONT MOTOR LODGE THERMAL SPA
$$–$$$
2 TAHAREPA RD.
TEL. 07/378-9020
www.lakefrontmotorlodge.co.nz
Dieses gut ausgestattete Motel südlich des Stadtzentrums bekommt Pluspunkte für den Seeblick, die Whirlpools mit heißem Mineralquellwasser in manchen Wohneinheiten und die moderaten Preise. Es gibt Preisnachlässe für Senioren und an Werktagen.

🛈 14 🅿 🚫 🚇 🖩 AE, MC, V

🍴 BISTRO LAGO
$$$$$
80 -100 NAPIER TAUPO HWY.
TEL. 07/378-7080
www.bistrolago.co.nz
Der berühmte Chefkoch Simon Gault gab diesem exquisiten Restaurant im Hilton Lake Taupo Name und Inspiration. Die Karte bietet wenige, aber köstliche Gerichte. Sie können im Winter drinnen am Kamin sitzen und im Sommer auf den Balkonen die Aussicht genießen.

🏠 100 🚫 🕐 🅿 🖩 Alle gängigen Kreditkarten

🍴 THE VINE
$$$
37 TUWHARETOA ST.
TEL. 07/378-5704
www.vineeatery.co.nz
Das im Wein-Shop der

Scenic Cellars versteckte Bistro ist eines von Taupos besten Esslokalen. Die Tapasteller bieten eine Auswahl von mediterranen Köstlichkeiten zu vernünftigen Preisen. Die Auswahl an Weinen ist gut.

🛗 60 🚭 ❄️ 💳 Alle gängigen Kreditkarten

🍴 WATERSIDE RESTAURANT & BAR
$$$

3 TONGARIRO ST.

TEL. 07/378-6894

www.waterside.co.nz

Das im Stadtzentrum gelegene, nette Restaurant mit Blick auf den See bietet im Winter Plätze am Kaminfeuer und in lauen Sommernächten Tische draußen. Es gibt überwiegend Meeresfrüchte, aber auch moderne neuseeländische Gerichte zu bescheidenen Preisen.

🛗 150 🚭 💳 Alle gängigen Kreditkarten

🍴 MASTER OF INDIA
$$

47 RUAPEHU ST.

TEL. 07/377-0041

www.masterofindiataupo.com

Nicht weit vom Besucherzentrum entfernt gelegen, rühmt sich das Master of India damit, eines der besten indischen Restaurants in ganz Neuseeland zu sein. Spezialität sind Balti-Currys und Lammgerichte, aber es gibt auch eine große Auswahl an köstlichen vegetarischen Speisen – und alles in allerbester Qualität und zu günstigen Preisen.

🚪 100 🅿️ 🚭 💳 Alle gängigen Kreditkarten

TONGARIRO NATIONAL PARK

DER BESONDERE TIPP

🏨 CHATEAU TONGARIRO
$$$–$$$$$

SH48, MOUNT RUAPEHU

TEL. 07/892-3809

www.chateau.co.nz

Am Fuße des Vulkans Mount Ruapehu liegt dieses eindrucksvolle Hotel aus den 1930er Jahren. Es lohnt sich, den Aufpreis für ein Zimmer mit Aussicht zu zahlen.

🚪 106 🅿️ 🛗 🚭 💪 💳 Alle gängigen Kreditkarten

NAPIER

🏨 SCENIC HOTEL TE PANIA
$$$–$$$$

45 MARINE PARADE

TEL. 06/833-7733

www.scenichotels.co.nz

Dieses Viersternehotel liegt zentral, gegenüber von Strand und Ocean Spa. Alle Zimmer gehen zum Meer hinaus. Es gibt Preisnachlässe, wenn man über Online-Agenturen bucht.

🚪 109 🅿️ 🛗 🚭 💪 💳 Alle gängigen Kreditkarten

🏨 SEA BREEZE
$$

281 MARINE PARADE

TEL. 06/835-8067

www.seabreezebnb.co.nz

In Napier gibt es viele nette B&Bs am Seeufer und auf dem Bluff Hill. Diese viktorianische Villa in der Innenstadt hat das Erdbeben überstanden. Die Preise sind akzeptabel.

🚪 3 🅿️ 🚭 💳 MC, V

🍴 MISSION ESTATE RESTAURANT
$$$$

198 CHURCH RD., TRADALE

TEL. 06/845-9354

www.missionestate.co.nz

Hier speisen Sie in eleganter Umgebung. Lokale Zutaten werden zu Gerichten verarbeitet, die unter anderem von der französischen Küche inspiriert sind. Die Weine kommen aus der Gegend. Genießen Sie die Aussicht auf Weingärten und Hawke's Bay.

🚪 180 🚭 🅿️ 💳 Alle gängigen Kreditkarten

🍴 PACIFICA KAIMOANA
$$$$

209 MARINE PARADE

TEL. 06/833-6335

www.pacificarestaurant.co.nz

Hier kann man hervorragend Neuseelands frische Meeresfrüchte probieren. Fisch gehört zu den Spezialitäten des Hauses, mit Kräutern oder gegrillt oder vielleicht in einer Kokosnuss-Taro-Creme. Je nach Saison kommwen auch Austern und Jakobsmuscheln auf den Tisch.

🚪 40 🕐 Mo 🚭 💳 Alle gängigen Kreditkarten

■ WELLINGTON

🏨 BOLTON HOTEL
$$$$–$$$$$

BOLTON ST. & MOWBRAY ST.

TEL. 04/472-9966

www.boltonhotel.co.nz

Das moderne, von außen vor allem funktional wirkende Fünfsternehotel gehört zu den besten der Stadt. Die schicken Zimmer sind , neutral

---

🛗 Aufzug 🚭 Nichtraucher ❄️ Klimaanlage 🏊 Pool im Haus 🏊 Pool im Freien 💪 Fitnessclub 💳 Kreditkarten

gehaltenen. Sie bieten gehobene Ausstattung und viele Extras. Preisnachlässe werden am Wochenende und in der Nebensaison gewährt.

① 144 P 🅿 🛇 🛇 � ▼
🄰 Alle gängigen Kreditkarten

🏨 COPTHORNE HOTEL WELLINGTON ORIENTAL BAY

🍴 $$$–$$$$$

100 Oriental Parade
TEL. 04/385-0279
www.millenniumhotels.co.nz
Fünfsternehotel am Rande der Innenstadt, nicht weit vom Strand und nur einige Minuten zu Fuß vom Museum Te Papa entfernt. Es wurde kürzlich modernisiert. Zu den gepflegten Zimmern gehören Balkone, von denen viele den Blick auf den Hafen freigeben.

① 117 P 🅿 🛇 🛇 �
🄰 Alle gängigen Kreditkarten

🏨 MUSEUM HOTEL

$$$–$$$$

🍴 90 CABLE ST.

TEL. 04/802-8900
FAX 04/802-8909
www.museumhotel.co.nz
Das komfortable Touristenhotel steht gegenüber vom Nationalmuseum. Die Zimmer sind mit Kunst und Verstand eingerichtet. Sein französisch inspiriertes Restaurant Hippopotamus ist eines der besten der Stadt. Schöner kann man nicht essen, als hier zwischen dem Te Papa und dem Meer.

① 160 P 🅿 🛇 🛇 � ▼
🄰 Alle gängigen Kreditkarten

🏨 HOTEL IBIS WELLINGTON

🍴 $$

153 FEATHERSTON ST:
TEL. 04/496-1880
www.accorhotels.com
Dieses gepflegte Dreisternehotel liegt sehr zentral. Die Zimmer sind einfach, aber komfortabel eingerichtet. Das Hotel verfügt über ein Bistro und eine Bar.

① 200 P 🅿 🛇 🛇 ▼
🄰 Alle gängigen Kreditkarten

🏨 SOUTHERN CROSS SERVICED APARTMENTS

$$

35 ABEL SMITH STREET, TE ARO
TEL. 04/802-3441
www.sxapts.co.nz
Hochwertige Apartments mit Küche, nicht weit vom Ausgehviertel Cuba/Courtenay entfernt. Bei längeren Aufenthalten (ab einer Woche) gibt es Ermäßigungen. Gutes Café mit Bar im Untergeschoss.

① 188 🅿 🛇 🄰 Alle gängigen Kreditkarten

🏨 THE CAMBRIDGE HOTEL

$–$$

28 CAMBRIDGE TERRACE, TE ARO
TEL. 0800/375-021
www.cambridgehotel.co.nz
Untergebracht in einem schönen, restaurierten historischen Gebäude im Stadtzentrum, deutet kaum etwas darauf hin, dass dies nicht nur eine Unterkunft voller Atmosphäre, sondern auch mit konkurrenzlos günstigen Preisen ist. Gute Auswahl

an Zimmern und Schlafsälen für jeden Geldbeutel.

① 12 🛇 🄰 Alle gängigen Kreditkarten

🍴 ORTEGA FISH SHACK

$$$$

16 MAJORIBANKS ST., MOUNT VICTORIA
TEL. 04/382-9559
www.ortega.co.nz
Dieses Restaurant vollbringt wahre Wunder mit Fisch, von Lachs mit Wurst-Cassoulet bis hin zu Blue Moki in malaysischer Kokossoße mit Garnelen, Limetten und Koriandersalat. Muscheln sind bei den Vorspeisen gut vertreten, die Desserts sind von hoher Qualität. Leichte Imbisse gibt es an der Bar, die eine große Auswahl von Weinen und Bieren bereit hält.

🪑 70 🕐 So & Mo M, A
🛇 🄰 Alle gängigen Kreditkarten

🏨 Hotel 🍴 Restaurant ① Zimmer 🪑 Plätze P Parkplatz 🚌 Öffentliche Verkehrsmittel 🕐 Öffnungszeiten

🍴 SHED 5
$$$$
QUEENS WHARF
TEL. 04/499-9069
www.shed5.co.nz

Das in einer am Queen's Wharf 1888 erbauten Wollhandlung untergebrachte Lokal ist eines von Wellingtons besten Seafood-Restaurants. Von *fish and chips* mit asiatischer Note bis hin zu gegrilltem Fisch mit gedämpften Herzmuscheln in pikanter Tomatensoße reicht die interessante, individuelle Speisekarte.
🔢 180 🚭 🅰️ Alle gängigen Kreditkarten

DER BESONDERE TIPP
🍴 JANO BISTRO
$$$
270 WILLIS ST.
TEL. 04/382-9892
www.janobistro.co.nz

Dem spitzbübisch dreinblickenden Pierre-Alaine Fenoux sieht man nicht an, dass sein, in einem wundervollen, 1880 erbauten Gebäude untergebrachtes Bistro 2014 und 2015 zu einemder besten Restaurant Neuseelands gekürt wurde. Sein Credo: Spitzenküche zu erschwinglichen Preisen.
🔢 80 🕐 Mo 🚭 🅰️ 🅰️ Alle gängigen Kreditkarten

🍴 ONE RED DOG
$$–$$$
57 CUSTOMHOUSE QUAY
TEL. 04/918-4723
www.onereddog.co.nz

Das inzwischen in helle Räume am Queen's Wharf umgezogene One Red Dog war eines der ersten Pizzarestaurants in Wellington. Auch heute noch ist es für schmackhafte Pasta, Salate, Pizza und Calzone berühmt, zu denen am besten ein frisch gezapftes Bier passt.
🔢 120 🚭 🅰️ Alle gängigen Kreditkarten

🍴 CAFFE L'AFFARE
$–$$
27 COLLEGE ST.
TEL. 04/385-9748
www.laffare.co.nz

Dieses Café machte in den 1990er Jahren den Espresso zum Lieblingsgetränk von Wellington. Hierher kommt, wer ein Frühstück, ein leichtes Mittagessen oder leckeren Kuchen genießen möchte. Wegen der offenen Küche und der Tische an der Straße ein beliebter Treffpunkt.
🔢 80 🕐 A; So M 🚭 🅰️ Alle gängigen Kreditkarten

MARTINBOROUGH

🏨 MARTINBOROUGH HOTEL
🍴 $$$–$$$$
THE SQUARE
TEL. 06/306-9350
www.martinboroughhotel.co.nz

Das im Stadtzentrum gelegene Hotel im klassischen Stil ist ein Wahrzeichen des Wairarapa-Weinviertels. Die oberen Zimmer in dem viktorianischen Gebäude gehen auf Veranden, die im Erdgeschoss auf den Garten hinaus. Im Haus befindet sich ein Restaurant, das lokale Weine offeriert. Ermäßigung bei Onlinebuchung!
🛏️ 16 🅿️ 🚭 🅰️ Alle gängigen Kreditkarten

🟧 MARLBOROUGH & NELSON

PICTON/MARLBOROUGH SOUNDS

DER BESONDERE TIPP
🏨 BAY OF MANY COVES RESORT
$$$$$
QUEEN CHARLOTTE SOUND, PICTON
TEL. 03/579-9771
www.bayofmanycoves.co.nz

Das perfekte Hotel für Flitterwochen oder kleine Fluchten: Kuschelige Apartments mit Balkonen, zwei Restaurants mit ausgezeichneter Küche, ein Café unten am Wasser und lobenswerter Service machen den Aufenthalt hier sehr angenehm. Erreichen kann man das Luxushotel nur mit dem Wassertaxi (von Picton aus 30 Min.) oder einem Hubschrauber.
🛏️ 11 🚭 🏊 🅰️ Alle gängigen Kreditkarten

🏨 PORTAGE RESORT
🍴 $$$–$$$$$
2923 KENEPURU RD., MARLBOROUGH SOUNDS
TEL. 03/573-4309
www.portage.co.nz

Dieses Dreisternehotel am Ende des ruhigen Kenepuru Sound verfügt über einen Swimmingpool und einen Wellnessbereich, über das Restaurant Te Weka und das zwanglose re Snapper Café. Die meisten Zimmer und Suiten haben Meerblick und sind ein idealer Rückzugsort. Man erreicht das Resort mit einer 15-minütigen

Fahrt mit dem Wasser-
taxi von Picton aus oder
mit einer 1,5-stündigen
Autofahrt.
🛈 41 🅿 Ⓢ 🚌 🅢 Alle
gängigen Kreditkarten

🏨 HARBOUR VIEW MOTEL
$$$–$$$$

30 WIKAWA RD., PICTON
TEL. 03/573-6259
www.harbourviewpicton.co.nz
Von den Zimmern des
nahe des Zentrums in
den Hang hineingebau-
ten Hotels genießt man
tatsächlich einen Ausblick
auf Pictons malerischen
Hafen. Die Studios mit
Küche haben Balkone (von
der obersten Etage aus ist
die Aussicht am besten),
und für das teure Picton
sind die Preise gar nicht
mal so hoch.
🛈 12 Ⓢ 🅿 🅢 Alle gängi-
gen Kreditkarten

🍴 LE CAFÉ
$$$

12–14 LONDON QUAY,
PICTON
TEL. 03/573-5588
www.lecafepicton.co.nz
Die Tische am Wasser
ziehen die Massen vom
Frühstück bis zum Abend-
essen an. Steaks, Lamm-
karree und Meeresfrüchte
beherrschen die hübsch
aufgemachte Speisekarte.
Am Abend gibt es häufig
Livemusik.
🔼 100 Ⓢ 🅢 Alle gängigen
Kreditkarten

NELSON

🏨 RUTHERFORD HOTEL NELSON
🍴 **$$$–$$$$**

Trafalgar Square

TEL. 03/548-2299
www.heritagehotels.co.nz/
nelson
In diesem älteren Vier-
sternehotel in exzellenter
Innenstadtlage gibt es
renovierte Zimmer zu gu-
ten Preisen. Vom oberen
Stockwerk aus hat man,
nicht überraschend, den
besten Blick. Zur Ausstat-
tung gehören ein Pool,
Fitnesscenter und ein her-
vorragendes japanisches
Restaurant.
🛈 112 🅿 🔁 Ⓢ Ⓢ 🚌 🟨
🅢 Alle gängigen Kredit-
karten

🏨 CEDAR GROVE MOTOR LODGE
$$$

Trafalgar St. & Grove St.
TEL. 03/545-1133
www.cedargrove.co.nz
In diesem gut gepflegten
Motel werden Zimmer,
Suiten und Apartments,
teils mit Klimaanlage und
Whirlpool, angeboten. Die
gehobene Ausstattung
der Zimmer, der Service
und die zentrale Lage nahe
der Innenstadt tragen zu
seiner Beliebtheit bei.
🛈 23 🅿 Ⓢ Ⓢ
🅢 Alle gängigen Kredit-
karten

🏨 DELORENZOS STUDIO APARTMENTS
$$–$$$$

43-55 TRAFALGAR St.
TEL. 03/548-9774
www.delorenzos.co.nz
Die Apartments in dem
nur fünf Gehminuten vom
Zentrum entfernten Haus
sind mit Küche, Spülma-
schine, Waschmaschine,
Trockner, TV und WLAN
(gratis) sehr gut ausgestat-
tet. Freundliches Manage-

ment und interessante
Preise (in der Nebensai-
son) steigern die Nachfra-
ge. Das Haus hat kein ei-
genes Restaurant, ist aber
mit dem benachbarten
Restaurant Tides, direkt
am Fluss, verbunden.
🛈 30 Ⓢ 🅿 Ⓢ 🚌 🅢 Alle
gängigen Kreditkarten

🏨 NIKAU APARTMENTS
$$–$$$$

79–85 NILE ST.
TEL. 03/548-7000
www.nikauapartments.co.nz
Die einfach, aber modern
eingerichteten Apart-
ments befinden sich in der
Innenstadt, direkt östlich
der Kathedrale, und lie-
gen preislich absolut im
Rahmen. Jedes Apartment
hat eine voll eingerichtete
Küche.
🛈 42 🅿 Ⓢ 🅢 Alle gängi-
gen Kreditkarten

🏨 PARADISO BACK-PACKER HOSTEL
$

42 WEKA St.
TEL. 03/546-6703
www.backpackernelson.co.nz
Angenehmes Hostel mit
paradiesischen Preisen
für den schmalen Geld-
beutel. Auf Komfort und
ein wenig Luxus braucht
man dennoch nicht zu
verzichten. Abends gibt es
kostenlose Suppe und den
ganzen Tag über Tee und
Kaffee. Zusätzlich werden
viele sportliche Aktivitäten
angeboten.
🛈 12 🅿 Ⓢ 🚌 🅢 Alle
gängigen Kreditkarten

🍴 BOAT SHED CAFÉ
$$$

350 WAKEFIELD QUAY
TEL. 03/546-9783

www.boatshedcafe.co.nz
Dieses Etablissement
thront über dem Wasser
am beliebten Wakefield
Quay. Für ein Fischrestau-
rant könnte die Lage nicht
besser sein. Vom herzhaf-
ten Frühstück über leichte
Mittagsspeisen bis hin zu
sättigenden Abendmahl-
zeiten wird alles wunder-
bar angerichtet.
🔲 60 🖾 Alle gängigen
Kreditkarten

🍴 HOPGOODS RESTAURANT & BAR
$$$$
284 TRAFALGAR ST.
TEL. 03/545-7191
www.hopgoods.co.nz
Am oberen Ende der
Trafalgar Street kann
man im Schatten der
Kathedrale gut essen und
trinken. Das Hopgoods
serviert durchweg sehr
gute, zeitgemäße Speisen.
Lamm und Meeresfrüchte
dominieren auf der ausge-
feilten Speisekarte eines
erfahrenen Chefkochs, der
in der Stadt, in der die
Chefköche kommen und
gehen, für Beständigkeit
steht.
🔲 50 🕐 So; Mo M 🖾
🖾 Alle gängigen Kredit-
karten

🍴 CAFE AFFAIR
$$$
295 TRAFALGAR ST.
TEL. 03/548-8295
www.cafeaffair.co.nz
Gegenüber dem Hop-
goods liegt dieses attraktive Restaurant. Die Tische
draußen an der Straße la-
den zu einem Kaffee oder
einer Mahlzeit im Freien
ein. Die Gerichte sind
erfreulich erschwinglich.

Auf der Speisekarte findet
man Pasta, Pizza aus dem
Steinofen, Meeresfrüchte
und frisch gegrillte Steaks.
🔲 130 🖾 🖾 Alle gängigen
Kreditkarten

🍴 MORRISON STREET CAFÉ
$$
244 HARDY ST.
TEL. 03/548-8110
www.morrisonstreetcafe.co.nz
In diesem Café werden
drinnen und draußen
gutes Frühstück und Mit-
tagessen serviert. Auf der
interessanten Speisekarte
findet man orientalisch
und asiatisch beeinflusste
Küche, wie Muschel-Laksa
und Chorizo-Pilz-Pilau.
🔲 70 🕐 A 🖾 Alle gängi-
gen Kreditkarten

BLENHEIM

🏨 CHATEAU MARL-BOROUGH HOTEL
$$$$
HIGH ST. & HENRY ST.
TEL. 03/578-0064
www.marlboroughnz.co.nz
Guter Service, modisch
eingerichtete Zimmer,
Himmelbetten und gute
Preise machen dieses
moderne Hotel mit his-
torischem Flair zu einer
guten Wahl. Es liegt nur
einen Spaziergang vom
Stadtzentrum entfernt
in idealer Ausgangslage
für Ausflüge in die Wein-
berge.
🛏 45 🅿 🖾 🖾 🖾 🖾 🖾
Alle gängigen Kreditkarten

KAIKOURA

🏨 KAIKOURA GATEWAY MOTOR LODGE
$$$–$$$$

16–18 CHURCHILL ST.
TEL. 03/319-6070
www.kaikouragateway.co.nz
Das Motel, das über Pool
und Sauna verfügt, gehört
zu den neuesten in der
Stadt. In komfortablen
Wohneinheiten mit ein
oder zwei Schlafräumen
findet man gute Qualität
zu vernünftigen Preisen.
🛏 20 🅿 🖾 🖾 🖾 Alle
gängigen Kreditkarten

🏨 WHITE MORPH MOTOR INN
$$$–$$$$
92–94 THE ESPLANADE
TEL. 03/319-5014
www.whitemorph.co.nz
Die gut ausgestatteten
Studios haben kleine Kü-
chen. Sie liegen direkt am
Wasser und gehören zu
den besten Unterkünften
in der Stadt. Die Wohn-
einheiten reichen von
Standardstudios bis hin zu
echten Wohlfühlstudios
mit Meerblick und einer
Familiensuite mit zwei
Schlafräumen.
🛏 24 🅿 🖾 🖾 Alle gängi-
gen Kreditkarten

🍴 GREEN DOLPHIN
$$$$
12 AVOCA ST.
TEL. 03/319-6666
www.greendolphinkaikoura.
com
The Green Dolphin
serviert exzellente Fisch-
gerichte sowie andere
Speisen. Versuchen Sie,
einen Fenstertisch mit
Meerblick zu ergattern.
Das beste Lokal, um in der
Saison frische Flusskrebse
zu genießen.
🔲 40 🕐 M 🖾 🖾 Alle
gängigen Kreditkarten

■ CHRISTCHURCH & CANTERBURY

🏨 THE GEORGE CHRISTCHURCH

🍴 $$$$–$$$$$

50 PARK TERRACE
TEL. 03/379-4560
www.thegeorge.com

Das George, eines der besten Boutiquehotels Neuseelands, kann sich mit einer luxuriösen Ausstattung brüsten. Großzügig geschnittene Zimmer bieten verwöhnende Extras und eine Einrichtung von neo-chintz bis modern-cool. Zwei gute Speiselokale und ein gehobener Service – auf Wunsch sogar mit Butler – runden die Vorzüge des Hotels am Rand der Innenstadt ab.

ⓘ 55 🅿 🔁 🅂 🄲 📺 ♿
Alle gängigen Kreditkarten

🏨 COLOMBO IN THE CITY MOTEL

$$$$

863 COLOMBO ST.
TEL. 03/366-8775
www.motelcolombo.co.nz

Motel des obersten Preissegments, relativ nah an der Stadt gelegen. Die großzügig geschnittenen und zweckmäßig, aber geschmackvoll eingerichteten Apartments sind besser als der Durchschnitt, haben kleine Küchen und doppelt verglaste Fenster.

ⓘ 12 🅿 🅂 ♿ Alle gängigen Kreditkarten

🏨 PAVILIONS HOTEL

🍴 $$$$

42 PAPANUI RD.
TEL. 03/355-5633

www.pavilionshotel.co.nz

Etwa 1,5 Kilometer nordwestlich der Stadt gelegen, bietet es einfache Zimmer, auch mit Wellness-Pool, sowie Ein- bis Zweizimmersuites. Das gut geführte Hotel wird wohl den Bedarf decken, bis die großen Hotels wieder präsent sind. Das Restaurant ist empfehlenswert.

ⓘ 85 🅿 🔁 🅂 📺 ♿ Alle gängigen Kreditkarten

🏨 HERITAGE CHRISTCHURCH

$$$–$$$$$

28–30 CATHEDRAL SQ.
TEL. 03/377-9722
www.heritagehotels.co.nz

Das im Old Government Building untergebrachte Luxushotel am Cathedral Square im Herzen der Altstadt konnte schon 2013 wiedereröffnet werden. Die großen Suiten in dem historischen Gebäude, das die Erdbeben überstand, haben hohe Decken.

ⓘ 174 🅿 🔁 🅂 🄲 🚌 ♿ Alle gängigen Kreditkarten

🏨 IBIS HOTEL

🍴 $$$–$$$$

107 HEREFORD ST.
TEL. 03/367-8666
www.accorhotels.com

Das Ibis war eines der ersten großen Hotels, die nach dem Erdbeben wieder aufmachten. Luxuriös sind die Hotels dieser Kette nie, aber die renovierten Zimmer sind modern. Es verfügt über ein Restaurant und liegt nahe der Re:START-Zone mit ihren Pop-up-Läden.

ⓘ 155 🅿 🔁 🅂 ♿ Alle gängigen Kreditkarten

PREISE

HOTELS

Preiskategorien für ein Doppelzimmer in der Hochsaison.

$$$$$	Über 240 NZ$
$$$$	160–240 NZ$
$$$	110–160 NZ$
$$	70–110 NZ$
$	Unter 70 NZ$

RESTAURANTS

Preiskategorien für ein Drei-Gänge-Menü ohne Getränke.

$$$$$	Über 65 NZ$
$$$$	50–65 NZ$
$$$	30–50 NZ$
$$	20–30 NZ$
$	Unter 20 NZ$

🏨 SOUTHWARK APARTMENTS

$$$

25 SOUTHWARK ST.
TEL. 03/377-7803
www.southwarkapartments.co.nz

Der in seiner Sachlichkeit an ein Bürohaus erinnernde Apartmentkomplex am Südrand der Innenstadt bietet modern eingerichtete kleine Ein-Zimmer-Studios mit Kochnische und Suiten. Dazu gut ausgestattete Gemeinschaftsküchen und TV-Räume. Angemessene Preise.

ⓘ 34 🅿 🔁 🅂 ♿ Alle gängigen Kreditkarten

🏨 TUSCANA MOTOR LODGE

$$$

74 BEALEY AVE.
TEL. 03/377-4485
www.tuscana.co.nz

An der Bealey Avenue liegen zahlreiche Motels. Dieses ist eines der besten

---

und liegt nur 15 Minuten zu Fuß vom Zentrum entfernt. Die Zimmer, einige mit Küche und Whirlpool ausgestattet, in der sehr gepflegten Anlage sind hell und gemütlich.
🛏 12 🅿 🚭 🗝 Alle gängigen Kreditkarten

JAILHOUSE ACCOMMODATION
$–$$
338 LINCOLN RD.
TEL. 03/982-7777
www.jail.co.nz
Auf diese Idee muss man erst einmal kommen: Noch bis 1999 diente das viktorianische Gebäude als Gefängnis. 2006 wurde es dann liebevoll restauriert und in ein Hostel umgewandelt. Aus den Zellen, die teilweise im Originalzustand blieben, wurden kleine, überaus originelle Zimmer. Es gibt eine Gemeinschaftsküche, gemütliche Aufenthaltsräume und ein Reisebüro.
🛏 34 🅿 🚭 🗝 Alle gängigen Kreditkarten

PESCATORE
$$$$$
THE GEORGE, 50 PARK TER.
TEL. 03/371-0257
www.thegeorge.com
Anders als der Name vermuten lässt, ist Pescatore weder ein Fisch- noch ein italienisches Restaurant, sondern das innovativste Esslokal der Stadt. Hinter gepolsterten Türen beginnt die Gourmet-Inszenierung mit Jakobsmuschel-Fettuccine (ganz ohne Nudeln, dafür mit dünnen Schinkenstreifen). Weiter

geht es etwa mit Popcorn-Hähnchen (Hähnchen mit getrüffeltem Popcorn und Chorizo).
🛏 50 🚭 🅿 🚭 🗝 Alle gängigen Kreditkarten

SAGGIO DI VINO
$$$$$
179–181 VICTORIA ST.
TEL. 03/379-4006
www.saggiodivino.co.nz
Da das Restaurant es über den landesweit besten Weinkeller verfügt, steht der Wein im Vordergrund, doch auch alles übrige ist mit Bedacht gewählt, denn *saggio* heißt auf Italienisch weise: Die Einrichtung ist zeitgenössisch schick, das Menü europäisch, und die Produkte sind lokal – von neuseeländischen Trüffeln bis zu Hirschlende mit Thymian-Gnocchi und grünen Bohnen.
🛏 65 🕐 M 🚭 🗝 Alle gängigen Kreditkarten

THE BODHI TREE
$$$
397–399 ILAM RD.
TEL. 03/377-6808
www.thebodhitree.co.nz
Stellen Sie sich einen Crossover von südostasiatischer Küche, indischen Currys und taufrischen neuseeländischen Lokalprodukten vor, genau das erwartet Sie in diesem beliebten burmesischen Restaurant im nordwestlichen Stadtteil Fendalton. Das Abendessen wird im Tapasstil serviert: Bestellen Sie eine Anzahl kleiner Gerichte. Reservierung empfohlen!
🛏 35 🕐 Mo A; M 🚭 🗝 Alle gängigen Kreditkarten

ARJEE BHAJEE
$$–$$$
13 RICCARTON RD.
RICCARTON
TEL. 03/365-6633
www.arjeebhajee.co.nz
In diesem Restaurant wird indisch und nepalesisch gekocht. Genießen Sie Klassiker der nordindischen Küche. An der Cranford Street gibt es eine weitere Filiale.
🛏 40 🕐 Sa & So A 🚭 🗝 Alle gängigen Kreditkarten

HONEYPOT CAFÉ
$$–$$$
458 COLOMBO ST.
SYDENHAM
TEL. 03/366-5853
www.facebook.com/HoneypotCafe
Das den ganzen Tag über erhältliche herzhafte Frühstück, die leichten Mittagessen, die gut abgehangenen Steaks – hier schmeckt alles. Das Café liegt ca. 1,5 Kilometer südlich des Cathedral Square im Distrikt Sydenham.
🛏 60 🚭 🗝 Alle gängigen Kreditkarten

DUX LIVE
$$
363 LINCOLN RD.
ADDINGTON
TEL. 03/366-6919
www.duxlive.co.nz
Das Dux ist als Restaurant und Bar schon lange bekannt. Der ursprüngliche Laden musste schließen, woraufhin der Ableger in der Lincoln Rd. zum neuen Treffpunkt für Pub-Gerichte und selbstgebrautes Bier bei Livemusik wurde.
🛏 120 🚭 🗝 Alle gängigen Kreditkarten

MOUNT COOK

DER BESONDERE TIPP

🏨 **HERMITAGE HOTEL**

🍴 **$$$$**

TERRACE RD.
TEL. 03/435-1809
FAX 03/435-1879
www.hermitage.co.nz

Was für eine Kulisse, was für eine Aussicht! Die große alte Dame unter Neuseelands Hotels, 1884 erbaut, verfügt über bequeme Zimmer, davon viele mit Bergblick, Motelzimmer und Chalets. Besonders in der Hochsaison zahlt man auch für die Aussicht, aber in der Nebensaison ist der Aufenthalt hier nicht teuer. Die eleganten Restaurants und Bars bieten Ausblick auf den »Cloud Piercer«.

🛏 214 🅿 � 🆂 🆔 🚶 Alle gängigen Kreditkarten

🏨 **MOUNT COOK LODGE**
$–$$$

PRIVATE BAG, AORAKI MOUNT COOK ALPINE VILLAGE
TEL. 03/435-1653
www.mtcooklodge.co.nz

Die moderne Lodge hat eine gute Auswahl an schicken Doppelzimmern, Motel- und Familienzimmer sowie Schlafsaalunterkünfte für den kleinen Geldbeutel. Das Beste an dieser ansprechenden Herberge, die mitten im Nationalpark liegt, sind die großen Panoramafenster in der Chamois Bar & Grill, die zum Chill out einen ungetrübten Blick auf die großartige Landschaft erlauben.

🛏 50 🅿 � 🆂 🆔 🚶 Alle gängigen Kreditkarten

🟩 WESTKÜSTE

FRANZ JOSEF

🏨 **TE WAONUI FOREST RETREAT**
$$$$$

3 WALLACE ST.
TEL. 03/357-1919
www.tewaonui.co.nz

Eine schicke Öko-Lodge mit fünf Sternen, mitten in der Wildnis der Westküste. In Holz und Glas gefasste Räume, umgeben von einem Stück Regenwald. Im Preis ist ein fünfgängiges Abendessen mit eingeschlossen.

🛏 100 🅿 � 🆂 🚶 Alle gängigen Kreditkarten

🏨 **SCENIC HOTEL FRANZ JOSEF GLACIER**
$$$$–$$$$$

SH6, 36 MAIN RD.
TEL. 03/752-0729
www.scenichotelgroup.co.nz

Eine kürzlich erfolgte Renovierung gab diesem im Ortskern gelegenen Kurhotel seinen alten Glanz zurück. Große, gemütliche Zimmer und guter Service machen den Aufenthalt trotz der hohen Preise sehr angenehm.

🛏 177 🅿 🆂 🚶 Alle gängigen Kreditkarten

🏨 **ALPINE GLACIER MOTEL**
$$$–$$$$

17 CRON ST.
TEL. 03/752-0226
www.alpineglaciermotel.com

Dieses freundliche Hotel im Ortskern bietet Zimmer mit Bergblick und mit Kochgelegenheit. Die Zimmer sind gut ausgestattet und preiswert in dieser sonst eher teuren Gegend Neuseelands. Nach einem Tag auf dem Gletscher ist der Whirlpool sehr willkommen.

🛏 24 🅿 🆂 🚶 Alle gängigen Kreditkarten

🍴 **KING TIGER EASTERN EATING HOUSE**
$$

70 CRON ST.
TEL. 03/752-0060
www.kingtiger.co.nz

Die etwas krude Mischung aus chinesischer und indischer Einrichtung sagt schon alles: Hier gibt es köstliche indische, chinesische, aber auch thailändische Gerichte zu bezahlbaren Preisen. Besonders empfehlenswert sind die leckeren, authentischen Currys.

🍽 60 🆂 🚶 Alle gängigen Kreditkarten

FOX GLACIER

🏨 **FOX GLACIER LODGE**
$$$$

SULLIVAN RD.
TEL. 03/751-0888
www.foxglacierlodge.com

Die freundliche Berglodge mit Kiefernbestand und Spitzdach verströmt ein heimeliges Flair. Sie liegt direkt hinter den Geschäften an der Hauptstraße.

🛏 8 🅿 🆂 🚶 Alle gängigen Kreditkarten

🏨 **MISTY PEAKS**
$$$$

105 COOK FLAT RD.
TEL. 03/751-0849
www.mistypeaks.co.nz

Dieses moderne B&B-Anwesen gehört zu den besten Unterkünften an den Gletschern. Das Misty Peaks liegt direkt vor den Toren der Stadt Fox, ermöglicht atemberaubende Ausblicke auf die Berge und begegnet dem Gast mit großzügiger Gastfreundschaft.

🛏 5 🅿 🚭 🍴 Alle gängigen Kreditkarten

🏨 **IVORY TOWERS**
$$
SULLIVAN RD.
TEL. 03/751-0838
www.ivorytowers.co.nz
Gemütliche Lodge, die sich vor allem an Einzelreisende und Reisende mit kleinem Geldbeutel richtet. Die Zimmer sind einfach und farbenfroh eingerichtet. Neben der großen Küche gibt's ein Spa mit Sauna, ein Fernsehzimmer für Regentage und Leihräder.

🛏 30 🅿 🚭 🍴 Alle gängigen Kreditkarten

🍴 **MATHESON CAFÉ**
$$$
LAKE MATHESON RD.
TEL. 03/751-0878
www.lakematheson.com
Das herrliche Café am Ausgangspunkt zum Wanderweg um den Lake Matheson bietet Sitzmöglichkeiten auf der Terrasse mit fantastischem Ausblick auf die Bergwelt. Nicht nur das Frühstücksangebot ist ausgezeichnet, auch die übrige Speisekarte listet erlesene Gerichte. Wer hier zu Abend essen möchte, sollte unbedingt reservieren.

➕ 120 🅿 🚭 🍴 🍴 Alle gängigen Kreditkarten

🟦 **OTAGO**

DUNEDIN

DER BESONDERE TIPP

🏨 **BLUESTONE ON GEORGE**
$$$$
571 GEORGE ST.
TEL. 03/477-9201
www.bluestonedunedin.co.nz
Das zentrumsnah gelegene beliebte Motel bietet gut eingerichtete Apartments. Alle Zimmer mit Kochnische und Waschmaschine/Trockner, manche mit Jacuzzi.

🛏 15 🅿 🚭 🎽 🍴 Alle gängigen Kreditkarten

🏨 **THE BROTHERS HOTEL**
$$$–$$$$
295 RATTRAY ST.
TEL. 03/477-0043
www.brothershotel.co.nz
Der Herrensitz der Gebrüder Christian aus den 20er Jahren wurde in ein Boutiquehotel umgewandelt und dabei kaum etwas von seinem ursprünglichen Charme verloren. Zehn Minuten zu Fuß vom Octagon entfernt, bietet sich von den Balkonen herrliche Ausblicke.

🛏 14 🅿 🚭 🍴 Alle gängigen Kreditkarten

🏨 **LARNACH CASTLE**
$$$–$$$$
CAMP RD.
OTAGO PENINSULA
TEL. 03/476-1616
www.larnachcastle.co.nz
Das 15 Kilometer von Dunedin entfernte Larnach Castle verfügt über verschiedene Typen von Zimmern. Die Gäste schlafen nicht im Schloss, können hier aber zu Abend essen. Die Themenzimmer in der Lodge bieten schöne Ausblicke auf die Otago Peninsula, die Räume im Stallgebäude sind einfacher ausgestattet. Der neue, luxuriöse Camp Estate außerhalb des Anwesens bietet einen hervorragenden Service.

🛏 21 🅿 🚭 🍴 Alle gängigen Kreditkarten

🏨 **SCENIC HOTEL DUNEDIN CITY**
$$$–$$$$
PRINCES ST. & DOWLING ST.
TEL. 03/470-1470
www.scenichotels.co.nz
Große, gut gepflegte Zimmer in bester Lage, zwei Häuserblocks vom Octagon entfernt, machen dieses Viersternehotel zu einer guten Wahl. Wenn auch ohne übermäßig viel Charakter, ist es doch gut geführt, und die Onlineangebote sind oft außergewöhnlich preiswert. Die Zimmer mit Hafenblick sind besonders zu empfehlen.

🛏 110 🅿 ➕ 🚭 🎽 🍴 Alle gängigen Kreditkarten

🏨 **LIVINGSPACE**
$$
192 CASTLE ST.
TEL. 03/951-5000
http://livingspacedunedin.dunedin.newzealand.my motels.com/
Funkige Apartments im Stil von Studentenwohnungen zu günstigen Preisen und mitten im Zentrum! Ausgestattet

---

➕ Aufzug 🚭 Nichtraucher 🔆 Klimaanlage 🏊 Pool im Haus 🏊 Pool im Freien 🎽 Fitnessclub 🍴 Kreditkarten mit Kochnische und WLAN. Es sind auch kleine Hotelzimmer im Angebot.

ⓘ 128 🅿 🚇 🚌 🅰 Alle gängigen Kreditkarten

🏨 ARDEN STREET HOUSE
$–$$

36 ARDEN ST.
NORTH EAST VALLEY
TEL. 03/473-8860
www.ardenstreethouse.co.nz

Von dem reizenden Haus mit nautischem Dekor (1930 von einem schottischen Kapitän erbaut) hat man eine herrliche Aussicht. Es liegt in der Nähe des Botanischen Gartens. Die älteren, etwas skurrilen Zimmer mit oder ohne Bad sind preiswert, und die Vermieterin begegnet den Gästen mit mit Herzlichkeit.

ⓘ 5 🅿 🚇 🅰 MC, V

🍴 TWO CHEFS BISTRO
$$$$

121 STUART ST.
TEL. 03/477-7293
www.twochefsbistro.com

Das Bistro im Herzen der Stadt besitzt Pariser Flair, das genauso von dem dunklen Holz der Einrichtung ausgeht wie von den *terrines*, *ragouts* und dem Lammbraten, alles aus regionalen Zutaten zubereitet. Star der Getränkekarte ist der Central Otago Pinot noir.

🍽 50 🕐 Sa–Do M 🚇 🅰
Alle gängigen Kreditkarten

🍴 PIER 24
$$$–$$$$

HOTEL ST. CLAIR
24 ESPLANADE
ST. CLAIR BEACH
TEL. 03/456-0555
www.hotelstclair.com

Der prominente Chefkoch Michael Coughlin ist ein Meister der Verarbeitung Lamm und Rind, aber auch Fisch und Meeresfrüchte werden in Dunedins bestem Restaurant einfallsreich und schmackhaft zubereitet. Mittagessen und Frühstück sind schlichter (und günstiger). An der Bar gibt es zu den Getränken pikante Häppchen. Durch die bodentiefen Fenster kann der Blick frei über den Pazifischen Ozean schweifen.

🍽 70 🚇 🅰 Alle gängigen Kreditkarten

🍴 THE REEF
$$$

329–333 GEORGE ST.
TEL. 03/471-7185
www.reefandbeef.nz

Drei Blocks nördlich vom Octagon liegt die meistbesuchte Restaurantmeile der Stadt. Das Reef ist allseits beliebt und serviert hervorragende Meeresfrüchte zu mäßigen Preisen. Probieren sollte man die Chili-Krabbe im guten Singapur-Stil. Man isst sie mit den Fingern. Die Meeresfrüchteplatte bietet eine bunte Mischung aus Meeresfrüchten der Region.

🍽 75 🚇 🅰 Alle gängigen Kreditkarten

🍴 VOGEL ST KITCHEN
$$–$$$

72 VOGEL ST.
TEL. 03/477-3623
www.vogelstkitchen.co.nz

Das ultracoole Restaurant befindet sich in der von Graffiti übersäten Vogel Street. Die Speisekarte

PREISE

HOTELS
Preiskategorien für ein Doppelzimmer in der Hochsaison.

$$$$$	Über 240 NZ$
$$$$	160–240 NZ$
$$$	110–160 NZ$
$$	70–110 NZ$
$	Unter 70 NZ$

RESTAURANTS
Preiskategorien für ein Drei-Gänge-Menü ohne Getränke.

$$$$$	Über 65 NZ$
$$$$	50–65 NZ$
$$$	30–50 NZ$
$$	20–30 NZ$
$	Unter 20 NZ$

bietet keine großen Überraschungen, aber alle Gerichte werden aus Produkten der Umgebung hergestellt und das Fleisch kommt ausschließlich von Tieren aus Freilandhaltung. Ein Teil der Einnahmen fließt in lokale Wohlfahrtsprojekte.

🍽 120 🚇 🅰 Alle gängigen Kreditkarten

🍴 GREAT TASTE
$–$$

12 ST. ANDREW ST.
TEL. 03/479-2088
www.facebook.com/great tastebuffet

In einer Studentenstadt sollte man dort essen, wo die Studenten hingehen. Auf dem Menü stehen Seafood und Steaks mit Beilagen von der Salatbar, doch am beliebtesten und mittags billiger ist das Asia-Büfett. Keine Haute Cuisine, aber unschlagbar günstig.

🏨 Hotel 🍴 Restaurant ⓘ Zimmer 🍽 Plätze 🅿 Parkplatz 🚌 Öffentliche Verkehrsmittel 🕐 Öffnungszeiten

130 ⬛ ⬛ Alle gängigen Kreditkarten

QUEENSTOWN

🏨 EICHARDT'S PRIVATE HOTEL
$$$$$
MARINE PARADE
TEL. 03/441-0450
www.eichardts.com

Dieses wunderschöne, originelle Boutiquehotel kombiniert Rockstar-Preise mit altmodischer Eleganz. Im Restaurantviertel am Seeufer gelegen, verwöhnt es seine Gäste mit riesigen Betten, offenen Kaminen, Ankleidezimmern und Fußbodenheizung. Neu hinzugekommen sind Suiten mit Seeblick und eine Ferienvilla.

ⓘ 10 🅿 ⬛ ⬛ ⬛ Alle gängigen Kreditkarten

🏨 SOFITEL QUEENSTOWN HOTEL & SPA
$$$$$
8 DUKE ST.
TEL. 03/450-0045
www.sofitel.com

Die elegant ausgestatteten Zimmer verfügen über Balkon mit Berg- oder Seeblick. Zu den kleinen Extras gehören LCD-Fernseher im Bad und eine Espressomaschine. Das Luxushotel wirbt mit seinem Wellnessbereich, und jedes Zimmer hat einen Whirlpool.

ⓘ 82 🅿 ⬛ ⬛ ⬛ ⬛ Alle gängigen Kreditkarten

🏨 MILLBROOK
$$$$–$$$$$
MALAGHANS RD.

TEL. 03/441-7000
www.millbrook.co.nz

Dieses Haus rühmt sich seiner besonderen Freizeitangebote, wie Golfplatz, Wellnessbereich, Tennisplätze, Fitnesscenter und Pool im Haus mit Langschwimmbecken. Es liegt, eingebettet in ein Tal, an einer Nebenstraße nach Arrowtown. Villen und Cottages sind über das Gelände verstreut. Darin befinden sich Unterkunftsmöglichkeiten vom Studio bis zur Wohnung mit vier Schlafräumen.

ⓘ 175 🅿 ⬛ ⬛ ⬛ ⬛ ⬛ Alle gängigen Kreditkarten

🏨 BELLA VISTA MOTEL
$$$–$$$$
36 ROBINS RD.
TEL. 03/442-4468
www.stayqueenstown.co.nz

Dieses Motel gehört zu einer Kette. Es liegt nördlich des Stadtzentrums, hat moderne und gut ausgestattete Zimmer. Das Personal ist freundlich, die Preise sind angemessen.

ⓘ 24 🅿 ⬛ Alle gängigen Kreditkarten

🏨 MERCURE RESORT QUEENSTOWN
$$$–$$$$
SAINSBURY RD.
TEL. 03/442-6600
www.mercure.com

Viersternehotels einer Kette bieten oft gute Preise, und das alte Mercure hat gewöhnlich die besten Preise in Queenstown. Obwohl es 2,4 Kilometer von der Stadt entfernt liegt, eröffnet es eine herrliche Aussicht auf den See und das

Skigebiet an den Remarkables und bietet gute Erholungsmöglichkeiten.

ⓘ 148 🅿 ⬛ ⬛ ⬛ ⬛ Alle gängigen Kreditkarten

🏨 NOVOTEL LAKESIDE QUEENSTOWN
$$$–$$$$
EARL ST. & MARINE PARADE
TEL. 03/442-7750
www.novotel.com

In einer ansprechenden Umgebung nahe der Innenstadt, auf einem ruhigen Grundstück am See, liegt dieses preislich günstige Novotel mit seinen guten Viersternezimmern, die in den oberen Stockwerken Balkon und unten jeweils Zugang zum Garten haben.

ⓘ 273 🅿 ⬛ ⬛ ⬛ ⬛ Alle gängigen Kreditkarten

🏨 TURNER HEIGHTS APARTMENTS
$$$–$$$$
TURNER STt.
TEL. 03/442-8383
www.turnerheights.co.nz

Die im alpinen Stil eingerichteten Apartments mit ein oder zwei Schlafräumen liegen auf dem Hügel am Ende der Shotover Street. Sie sind ruhig und preiswert. Einige bieten Whirlpool und Seeblick.

ⓘ 12 🅿 ⬛ Alle gängigen Kreditkarten

🏨 SHERWOOD MANOR HOTEL
$$–$$$
GOLDFIELD HEIGHTS
554 FRANKTON RD.
TEL. 03/450-1090
www.sherwoodqueenstown.nz

Das kleinere Hotel/Motel im Apartmentstil liegt

gegenüber dem See, mit wundervollem See- und Bergblick. Es hat gut ausgestattete Studios, sowie Apartments mit ein oder zwei Schlafräumen, allesamt mit Kochgelegenheiten. Es liegt außerhalb der Stadt Richtung Frankton, wo die Preise günstiger sind.

📍 78 🅿 🚫 🚌 🔥 Alle gängigen Kreditkarten

🏨 BASE QUEENSTOWN
$–$$

47–498 SHOTOVER ST.
TEL. 03/441-1185
www.stayatbase.co.nz

Das riesige Hostel bietet vom einfachen Schlafsaalbett bis hin zum Doppelzimmer mit Bad eine große Auswahl an Zimmern passend für jeden Geldbeutel. Alle Zimmer sind mit Kühlschränken ausgestattet, es gibt eine Gemeinschaftsküche, WLAN, ein Restaurant und eine gemütliche Bar. Für Skifahrer gibt es in der Skisaison einen Trockenraum.

📍 120 🅿 🚫 🔥 Alle gängigen Kreditkarten

🍴 WAI WATERFRONT RESTAURANT
$$$$$

STEAMER WHARF
BEACH ST.
TEL. 03/442-5969
www.wai.net.nz

Das Wai, eines der besten Restaurants in Queenstown, findet sich in bester Lage mit Sitzgelegenheiten direkt am Wasser. Hier gibt es unter anderem Thunfisch-, Schweinefleisch-, Rindfleisch- und

Lammgerichte. Eine hervorragende Weinauswahl, viele Weine aus Central Otago, macht die Mahlzeit vollkommen. Für ein Dinner-Erlebnis der Extraklasse bietet die Speisekarte ein Sieben-Gänge-Menü mit Weinvorschlägen.

📍 50 🕐 M 🚫 🔥 Alle gängigen Kreditkarten

🍴 BATHHOUSE CAFÉ
$$$–$$$$$

28 MARINE PARADE.
TEL. 03/442-5625
www.bathhouse.co.nz

Uriges Café in einem alten viktorianischen Badehaus. Sowohl innen als auch draußen auf der Terrasse genießt man einen fantastischen Ausblick. Nachmittags und abends kommen hier vor allem Tapas auf dne Tisch, aber es gibt zusätzlich eine kleine Speisekarte mit weiteren Köstlichkeiten.

📍 90 🔥 Alle gängigen Kreditkarten

🍴 AMISFIELD BISTRO
$$$

10 LAKE HAYES RD.
TEL. 03/442-0556
www.amisfield.co.nz

Dieses vortreffliche Restaurant mit Weinkellerei zwischen Queenstown und Arrowtown liegt inmitten einer lieblichen Landschaft und bietet schöne Ausblicke auf den Lake Hayes. Die Speisekarte, die die 15-minütige Anfahrt mehr als wert ist, ist überwiegend mediterran inspiriert. Zu den Spezialitäten zählen marinierte Oliven, Chorizo, Schweinebraten mit Äpfeln und

Brunnenkresse. Geöffnet mittags und abends.

📍 70 🅿 🕐 Mo 🚫 🔥 AE, MC, V

🍴 FISHBONE BAR & GRILL
$$$

7 BEACH ST.
TEL. 03/442-6768
www.fishbonequeenstown.co.nz

Dieses Restaurant im »fischlastigem« Gewand deckt das ganze Spektrum der Meeresfrüchte von *fish and chips* bis Hummer ab. Auf der Speisekarte findet man Austern, Miesmuscheln, *paua* (Abalone) und Lachsfilet vom Holzkohlegrill. Die Meeresfrüchteplatte biegt sich unter ihrer Last. Reservierung empfohlen.

📍 65 🕐 M 🚫 🔥 Alle gängigen Kreditkarten

🍴 WINNIES GOURMET PIZZA BAR
$$$

7 THE MALL
TEL. 03/442-8635
www.winnies.co.nz

Das beliebte Winnies hat Steak, Fisch und Pasta auf der Speisekarte, doch nichts toppt die Gourmetpizzen, wie die Pescara-Meeresfrüchte-Pizza und die Pizza Montanara mit Hühnchen, Brie, sonnengetrockneten Tomaten und süßer Chilisauce. Im Sommer sitzt man oben auf der Veranda, im Winter am lodernden Kaminfeuer. Im Winnies findet man auch Poolbillardtische. Es ist bis zwei Uhr nachts geöffnet.

📍 90 🚫 🔥 Alle gängigen Kreditkarten

SPEIGHT'S ALE HOUSE
$$–$$$
STANLEY ST. & BALLARAT ST.
TEL. 03/441-3065
www.speights.co.nz
In dem Pub in einem denkmalgeschützten Haus serviert man gutes Essen zu vernünftigen Preisen. Die überwiegend traditionellen Gerichte wie *pies* (Pasteten), Lammschenkel und *fish and chips* kommen in üppigen Portionen. Dazu ist Speights-Bier zu empfehlen.
80 Alle gängigen Kreditkarten

WANAKA

EDGEWATER RESORT
$$$$
SARGOOD DR.
TEL. 03/443-0011
www.edgewater.co.nz
Direkt am Lake Wanaka, knapp außerhalb der Stadt gelegen, ist dies ein idealer Erholungsort mit Tennisplätzen, Fahrrad- und Kajakverleih. Die Studios sind gut ausgestattet, und die großen Suiten mit einem Schlafraum bieten sogar Küchen. Viele liegen an der Seeseite. Das Hotel hat gleich zwei hervorragende Restaurants.
104 P Alle gängigen Kreditkarten

WANAKA LUXURY APARTMENTS
$$$$
8 STONEBROOK DR.
TEL. 03/443-4943
www.wla.co.nz
Diese Reihenhaus-Apartments, die sich am Rande der Stadt befinden, sind geräumig und gut ausgestattet. Die Apartments mit ein oder zwei Schlafräumen haben Kitchenettes, die aber nicht wirklich zum Kochen geeignet sind. Stattdessen locken andere Annehmlichkeiten wie Whirlpools und ein kleiner, beheizter Swimmingpool.
26 P Alle gängigen Kreditkarten

THE MOORINGS
$$$–$$$$
17 Lakeside Rd.
TEL. 03/443-8479
www.themoorings.co.nz
Diese neuen Motelwohneinheiten und Apartments liegen in einem modernen Gebäudekomplex unweit der Hauptstraße. Die Wohneinheiten sind schön eingerichtet. Die voll ausgestatteten Apartments mit ein oder zwei Schlafräumen verfügen über eine Dachterrasse, viele haben Seeblick.
22 P Alle gängigen Kreditkarten

LAKEVIEW MOTEL
$$
64–68 LISMORE ST.
TEL. 03/443-6955
www.lakeviewmotel.co.nz
Das Motel gehört zu den besseren in Wanaka. Es liegt eine Straße weiter vom See entfernt, bietet aber schöne Ausblicke. Es sind nur wenige Minuten Fußweg zum Stadtzentrum, und die Studios sind mit einer Küche und Kabel-TV ausgestattet.
6 P MC, V

RELISHES
$$$–$$$$
1/99 ARDMORE ST.
TEL. 03/443-9018
www.relishescafe.co.nz
Das Relishes ist zu jeder Tageszeit eine gute Adresse: Es bietet ganztägig großzügige Frühstücksteller und leichten Lunch und verwandelt sich abends in ein schickes Restaurant mit innovativem Menü. Auf der Weinkarte sind Weine aus Central Otago gut vertreten.
65 Alle gängigen Kreditkarten

SARGOODS & WINEGLASS CAFE
$$$–$$$$
EDGEWATER RESORT, SARGOOD DR.
TEL. 03/443-0011
www.edgewater.co.nz
Dieses Restaurant und Café im Edgewater Resort ist eines der besten der Stadt. An sonnigen Tagen sitzt es sich auf der Terrasse am See sehr schön. Zum Brunch gibt es Eggs Benedict und Lammburger sowie Scones, am Abend werden moderne Menüs serviert.
100 P M Alle gängigen Kreditkarten

KAI WHAKAPAI
$$–$$$
ARDMORE ST.
TEL. 03/443-7795
Tagsüber gibt es hier Frühstück und Kaffee sowie bis in den Abend hinein eine gute Auswahl von Bistrogerichten. Das im Boheme-Stil gehaltene beliebte Restaurant wurde vor Kurzem renoviert und präsentiert sich mit einer herrlichen Terrasse.

🔲 50 🚭 🚱 Alle gängigen Kreditkarten

■ FIORDLAND & SOUTHLAND

TE ANAU

DER BESONDERE TIPP

🏨 **FIORDLAND LODGE**
$$$$$
472 TE ANAU MILFORD HWY.
TEL. 03/249-7832
www.fiordlandlodge.co.nz
Luxusliebhaber müssen fünf Kilometer in nördlicher Richtung aus der Stadt hinausfahren, um zu dieser aus Stein und grob behauenen Holzblöcken erbauten Lodge am Lake Te Anau zu gelangen. In der Lobby findet man einen offenen Kamin und große Fenster. Die Zimmer bieten See- und Bergblick, Familien können eine der beiden Holzhütten mieten. Zum guten Essen werden die passenden Weine angeboten.
ⓘ 12 🅿 🚭 🚱 🚫 Alle gängigen Kreditkarten

🏨 **FIORDLAND LAKEVIEW HOTEL & APARTMENTS**
$$$
42 LAKEFRONT DR.
TEL. 03/249-7546
www.fiordlandlakeview.co.nz
Diese qualitativ guten Apartments im Chaletstil mit einem Schlafraum liegen am Wasser und sind ganzjährig attraktiv – daher auch oft belegt, man sollte also frühzeitig buchen. Eine gepflegte

Anlage, guter Service und voll ausgestattete Zimmer machen das Hotel zu einer echten Alternative zu vielen großen Hotels.
ⓘ 12 🅿 🚭 🚱 Alle gängigen Kreditkarten

🏨 **KINGSGATE HOTEL TE ANAU**
$$$
20 LAKEFRONT DR.
TEL. 03/249-7421
www.millenniumhotels.co.nz
Das Kingsgate gehört zu den größten Hotels der Stadt, bietet aber gute Zimmer und oft Preisnachlässe. Es liegt nahe dem See und nur einen Spaziergang von der Stadt entfernt. Das Haus ist gut gepflegt.
ⓘ 94 🅿 🚭 🚱 Alle gängigen Kreditkarten

🏨 **RADFORDS LAKEVIEW MOTEL**
$$$
56 LAKEFRONT DR.
TEL. 03/249-9186
www.radfordslakeviewmotel.co.nz
Dieses Motel am See hat Studios und Wohneinheiten mit ein und zwei Schlafräumen. Man genießt von allen Zimmern einen schönen Seeblick, und manche Zimmer haben einen Whirlpool. Dank dem zuvorkommenden Personal, der Lage und guten Qualität ist es sehr beliebt.
ⓘ 14 🅿 🚭 🚱 Alle gängigen Kreditkarten

🏨 **TE ANAU LAKEVIEW KIWI HOLIDAY PARK**
$-$$
77 MANAPOURI – TE ANAU HIGHWAY

PREISE

HOTELS
Preiskategorien für ein Doppelzimmer in der Hochsaison.

$$$$$	Über 240 NZ$
$$$$	160–240 NZ$
$$$	110–160 NZ$
$$	70–110 NZ$
$	Unter 70 NZ$

RESTAURANTS
Preiskategorien für ein Drei-Gänge-Menü ohne Getränke.

$$$$$	Über 65 NZ$
$$$$	50–65 NZ$
$$$	30–50 NZ$
$$	20–30 NZ$
$	Unter 20 NZ$

TEL. 03/249-7457
www.teanauholidaypark.co.nz
In Te Anau sind die Unterkünfte teuer und in der Hochsaison mehr als voll. Wenn man nach günstigen Angeboten sucht, sollte man diese Anlage nahe beim See ansteuern. Die Auswahl an Zimmern ist riesig, sie reicht von einfachen Einzelzimmern in der gut ausgestatteten Lodge bis zu Nurdachhütten, komfortablen Touristenapartments und Motelzimmern.
ⓘ 200 🅿 🚭 🚱 AE, MC, V

🍴 **REDCLIFFE CAFÉ & BAR**
$$$
12 MOKONUI ST.
TEL. 03/249-7431
www.theredcliff.co.nz
Dieses hübsche Cottage aus Holz liegt im

Stadtzentrum und ist mit Relikten aus der Vergangenheit des Hauses sowie mit Lobeshymnen aus der Feder der Schauspieler von *Der Herr der Ringe* gespickt. Die Fusionsküche kombiniert die Aromen, die Zutaten kommen aus der Region. Besonders zu empfehlen sind Wild und Schweinebauch.

🍴 50 🕐 M 🚭 🗝 MC, V

LA TOSCANA PIZZERIA – SPAGHETTERIA
$–$$
108 MILFORD RD.
TEL. 03/249-7756
www.latoscana.co.nz
In diesem Restaurant bekommt man gute Pasta und Pizza zu moderaten Preisen, und das in einer Stadt, die nicht gerade für ihr Essen berühmt ist. Es hat länger geöffnet als die meisten Restaurants und ist bei Einheimischen beliebt.

🍴 42 🕐 M 🚭 🗝 MC, V

INVERCARGILL

ASCOT PARK HOTEL
$$–$$$
TAY ST. & RACECOURSE RD.
TEL. 03/219-9076
www.ascotparkhotel.co.nz
Unverständlicher Weise steht der große Hotelkomplex zu manchen Zeiten nahezu leer, dabei bietet er gute Zimmer zu Vorzugspreisen. Zur Ausstattung gehören ein beheizter Pool im Haus, Sauna, Fitnessraum, eine Bar und ein Restaurant.

🛏 96 🅿 🚭 🗝 🏋
🗝 Alle gängigen Kreditkarten

KELVIN HOTEL
$$
KELVIN ST. & ESK ST.
TEL. 03/218-2829
www.kelvinhotel.co.nz
Dieses große Dreisternehotel im Herzen der Stadt hat sehr gut ausgestattete Zimmer mit Kabel-TV zu den in ganz Invercargill üblichen niedrigen Preisen. Das Hotel verfügt über eine Bar und ein schönes Restaurant.

🛏 60 🅿 🔄 🚭 🗝 Alle gängigen Kreditkarten

ZOOKEEPERS CAFÉ
$$
50 TAY ST.
TEL. 03/218-3373
www.facebook.com/zoo keeperscafe
Das abgedrehte Café – an den Wellblech-Tierfiguren auf der Veranda auf einen Blick zu erkennen – ist eine Institution in Invercargill. Es ist von zehn Uhr morgens bis spät in die Nacht geöffnet und serviert Frühstück, Suppen, Fisch und gute Steaks zu moderaten Preisen.

🍴 120 🚭 🗝 Alle gängigen Kreditkarten

STEWART ISLAND

RAKIURA LODGE
$$–$$$
8 MIRO CRESCENT, OBAN
TEL.03/219-1003
www.rakiuralodge.co.nz
In dieser kleinen Lodge findet man moderne Zimmer rund um einen

gut eingerichteten Wohnbereich mit Ess- und Kochecke und einer Terrasse. Um in die Stadt zu kommen, benötigt man zu Fuß nicht länger als fünf Minuten.

🛏 4 🅿 🚭 🗝 MC, V

SOUTH SEA HOTEL
$–$$$
THE WATERFRONT
OBAN
TEL. 03/219-1059
www.stewart-island.co.nz
Dieses Hotel hat viel Stil. Die Zimmer sind zwar einfach, manche aber mit Meerblick. Die Cottages im hinteren Teil haben Küchen. Das verglaste Restaurant mit Blick auf den Hafen serviert gutes Essen, und in der Bar geht es oft lebhaft zu.

🛏 17 🅿 🚭 🗝 AE, MC, V

CHURCH HILL CAFÉ BAR
$$$
36 KAMAHI RD.
OBAN
TEL. 03/219-1323
www.churchhill.co.nz
Auf dem Hügel über dem Fähranleger liegt dieses für den winzigen Ort überraschend gute Restaurant. Drinnen sitzt man sehr gemütlich, draußen kann man mit Blick auf den Hafen sein Essen genießen. Die Speisekarte führt überwiegend Meeresfrüchte. Aber auch Steaks vom Steinofengrill und Dunkler Sturmtaucher (eine regionale Delikatesse) werden angeboten.

🍴 40 🅿 🚭 🗝 Alle gängigen Kreditkarten

Einkaufen

In den großen Städten und Touristenorten gibt es überall Kunsthandlungen und Souvenirläden. Als Mitbringsel eignen sich u. a. Jadeschnitzereien der Maori, Schmuck aus *paua* (Abalone), Knochen- und Holzschnitzereien, Wollwaren und Wein. Das Zentrum der Jadeschnitzerei, der Kunsthandlungen und Ateliers, die Kunsthandwerk und Schmuck verkaufen, ist **Hokitika** an der Westküste der Südinsel.

Auckland und Christchurch bietet besonders viele Souvenirläden. In **Auckland** sollte man an der Queen Street oder im Downton Shopping Centre *(11–19 Customs St.)* nach preiswerteren Souvenirs suchen. Der Auckland Museum Store *(Victoria Street, Tel. 09/309-2580)* bietet eine große Auswahl an Kunsthandwerk. Die Einnahmen werden zur Unterstützung des Museums verwendet. Britomart beim Quay St./Britomart Place ist Aucklands neuestes und spannendstes Shoppingviertel. Die Märkte am Victoria Park und am Aotea Square sind für Schnäppchenjäger auf der Suche nach Kunsthandwerk gut geeignet. An der High Street im Zentrum liegen schicke Modegeschäfte mit neuseeländischen Labels, ebenso am Stadtrand von Newmarket. Auckland hat einige interessante Kunstgewerbeläden, wie Pauanesia *(35 High St., Tel. 09/366-7282)* mit Geschenkartikeln aus dem Pazifikraum. Am Rand von Parnell findet man etwas gehobenere Souvenirläden, wie Elephant House Crafts *(237 Parnell Rd., Tel. 09/309-8740).*

In **Christchurch** liegen die Souvenirgeschäfte rund um den Cathedral Square. Wenn die Souvenirläden am Cathedral Square noch nicht wieder geöffnet sein sollten, verlegen Sie Ihren Einkaufsbummel in die Container-Mall Re:START an der Colombo St. Beim Sonntagsmarkt in Riccarton House *(16 Kau Rd., Riccarton)* gibt es Handwerkliches und Gebasteltes.

Kunst der Maori

Pounamu (neuseeländische Jade) wurde über Jahrhunderte hinweg gepriesen. Da man diese Jade nur an der Westküste der Südinsel finden kann, war sie wichtigstes Handelsgut zwischen den Stämmen der Süd- und Nordinsel. Noch heute ist die Westküste das Zentrum der *pounamu*-Kunst.

Der berühmteste Jadeschmuck ist der maorische *hei-tiki* (oft zu *tiki* abgekürzt), ein kleiner Anhänger, den man um den Hals trägt. Diese kleinen, menschenähnlichen Figuren werden nicht nur von den Maori getragen.

Knochenschnitzereien gehören ebenso zum traditionellen Kunsthandwerk, das niemals nur schmückendes Beiwerk ist, sondern immer auch praktischen Nutzen hat.

Maorische Holzschnitzer schufen einige der schönsten Kunstwerke Polynesiens, und diese Kunstfertigkeit ist wiederbelebt worden. Ein häufiges Mitbringsel ist die *mere*, ein kurze, paddelähnliche, auch zeremonielle Schlagwaffe. Viele Stücke in Souvenirläden sind Massenware. Schönere Objekte findet man bei den Holzschnitzern selbst oder in Schnitzzentren wie Te Puia in Rotorua.

Abalone *(paua)* wurden von den Maori für Einlegearbeiten verwendet und sind heute als Schmuck in Souvenirläden verbreitet.

Die Maorifrauen webten einst prächtige Umhänge aus Flachs, die sie mit Vogelfedern schmückten. Diese Kunst ist beinahe verloren gegangen, doch heute werden diese Umhänge wieder produziert. Sie sind jedoch sehr teuer und mit importierten Vogelfedern oder Kaninchen- oder Kusufellen verziert. Im täglichen Gebrauch sind auch noch heute die *kete*, gewebte Flachskörbe, die man als Taschen verwenden kann.

Kleidung

Neuseelands Modeindustrie floriert. In den großen Boutiquen der Städte sind sowohl junge als auch etablierte Modedesigner vertreten. Beim World of WearableArt Festival, das jährlich in Wellington stattfindet und im WOW Museum in Nelson dokumentiert wird, kann man avantgardistische Mode bewundern.

Von Outdoorkleidung bis zu Swanndri-Shirts und -jacken, die die neuseeländischen Farmer so lieben, wird viel im Land selbst produziert. Auch Rugbymode einschließlich der Rugbytrikots von Canterbury gehört mittlerweile zum Mainstream.

Unterhaltung

Neuseeland hat eine kleine, blühende Kunstszene, von Theater, Ballett und Symphonieorchestern bis hin zu künstlerischen Darbie-tungen der Maori, Rappern aus dem Pazifikraum und Rockbands.

Auf der Website von **Tourism New Zealand** (*www. newzealand.com*) findet man aktuelle Hinweise zu Kunst-, Kultur-, Musik- und Sportveranstaltungen sowie zu Nahrungsmittel- und Weinpräsentationen.

Von einer ganzen Reihe von Festivals der darstellenden Künste ist das **New Zealand International Arts Festival** (*www.festival.co.nz*) das größte. Es findet jährlich in Wellington statt.

Im **New Zealand International Film Festival** (*www.nzff.co.nz*) sind die diversen Filmfestivals der größeren Städte zusammengeführt. Es geht mit einer großen Auswahl an Filmen, die nicht zum Mainstream gehören, auf Tour durch das ganze Land.

Theater

Das wichtigste professionelle Theaterensemble in Auckland ist die **Auckland Theatre Company** (*www.atc.co.nz*). Sie bespielt übers Jahr verschiedenen Theater, darunter das Maidment Theatre, das Aotea Centre, die Town Hall und das Skycity Theatre.

Die Theaterhauptstadt ist Wellington, wo die Theaterensembles **Circa** (*www.circa. co.nz*), **Downstage** (*www. down stage.co.nz*) sowie **Bats** (*www.bats.co.nz*) ansässig sind.

In Christchurch ist das professionelle **Court Theatre** (*www.courttheatre.org.nz*) beheimatet, und Dunedin hat sein **Fortune Theatre** (*www. fortunetheatre.co.nz*).

Klassische Musik, Ballett & Oper

Wellington ist Sitz des New Zealand Symphony Orchestra (*www.nzso.co.nz*), das jedoch im ganzen Land auftritt. Das **Royal New Zealand Ballet** (*www.nzballet.org.nz*) kommt ebenfalls aus Wellington und geht regelmäßig auf Tour. Die **New Zealand Opera** (*www. nzopera.com*) ist hingegen in Auckland beheimatet.

Darstellende Künste der Maori

Traditionelle Musik und Tänze der Maori gehören zu jedem Touristenprogramm und werden oft von Reiseveranstaltern in Rotorua organisiert. Zwei der am leichtesten erreichbaren und professionell geführten Truppen treten in Te Puia in Rotorua und im Auckland Museum auf.

Die besten Aufführungen erlebt man beim alle zwei Jahre stattfindenden Te Matatini **Maori Performing Arts Festival** (*www.tematatini. org.nz*).

Nachtleben

Neuseelands Großstädte mit ihren Bars und Clubs bieten Bewohnern und Besuchern ein pulsierendes Nachtleben.

Auckland

(siehe auch S. 60)
Das lebhafteste Nachtleben findet man am Wasser am Viaduct Basin, von wo es bis zum nahe gelegenen Princes Wharf, ans Britomart sowie an die Quay St. schwappt. In der Nacht verwandeln sich die Restaurants am Wasser in Bars, viele mit DJs und Livemusik. Ein weiteres empfehlenswertes Bar- und Clubviertel erstreckt sich an der Vulcan Lane/High Street im Herzen der Stadt. An der Victoria Street liegen das SkyCity Casino und einige elegantere Bars. Am oberen Ende der Queen Street findet man entlang der Karangahape Road viele Musikclubs und -kneipen. An einem Teil der Parnell Road, am inneren Stadtrand, und besonders an der Ponsonby Road gibt es viele schicke Bars, in denen am Wochenende so richtig gefeiert wird.

Wellington

(siehe auch S. 159)
Cuba Street/Courtenay Place und deren Nebenstraßen bilden das Herz des Nachtlebens von Wellington. Am Wasser, vor allem am Queens Wharf, finden sich ebenfalls gute Restaurants/Bars.

Christchurch

(siehe auch S. 194)
Die Erdbebenkatastrophe bereitete dem lebhaften Nachtleben an der Oxford Terrace und in anderen Teilen von Christchurch ein jähes Ende. In Vorstädten wie Addington finden Sie ein paar Lokale, darunter das Dux Live, und das Court Theatre, das hierher umgezogen ist.

Freizeit

Angeln

Neuseeland ist ein Angler-paradies. Regenbogen- und Bachforellen sowie Königs-lachse tummeln sich in Seen und Flüssen. Besonders der Lake Taupo und seine Zuflüs-se (vor allem der Tongariro) sind berühmte Forellenpara-diese. Rotorua und die Seen der Südinsel, wie der Lake Brunner, sind ebenfalls für den Forellenfang gut geeig-net. In den Flüssen an der Ostküste der Südinsel leben Lachse. Für Binnengewässer benötigt man eine Angeler-laubnis vom **Department of Conservation (DOC)** (www.doc.govt.nz). Die Saison erstreckt sich von Oktober bis Mai.

Die Bay of Islands und Tutukaka in Northland sind Hauptzentren des Sportan-gelns, beispielsweise auf Mar-line, sowie des Hochseean-gelns auf viele schmackhafte Fischarten: Schnapper, hapuka (Wrackbarsch), tara-kihi, Meerbarbe und Sand-barsch. Neuseeländer angeln überall, ob am Pier oder in der Brandung am Strand. Ein Angelschein wird nicht benötigt.

Bergsteigen & Klettern

Die Southern Alps waren schon immer ein Übungs-gebiet für Bergsteiger von Weltklasse. Der Mount Cook und Mount Aspiring National Park sind das Ziel vieler Profi-bergsteiger, und es gibt auch Bergsteigerkurse für Anfän-ger. Veranstalter sind **Alpine Guides** am Mount Cook

(Tel. 03/435-1834, www. alpineguides.co.nz), **Aspiring Guides** (Tel. 03/443-9422, www.aspiringguides.com) und **Adventure Consultants** (Tel. 03/443-8711, www. adventureconsultants.co.nz) in Wanaka. Zu den besten Kletterregionen gehören die Port Hills und Castle Hill bei Christchurch, Wharepapa in der Nähe von Te Awamutu und Whanganui Bay nahe Taupo. Die Website von **Climb New Zealand** (www. climb.co.nz) gibt Informatio-nen zu weiteren Kletterge-bieten.

Extremsportarten

Neuseeland war eines der ers-ten Länder, die Extremsport-arten wie Bungee-Jumping, Wildwasserrafting oder Tandemspringen populär gemacht haben. Veranstalter im ganzen Land werden nicht müde, den Touristen eine Fül-le von Sportarten anzubieten, die für einen großen Adrena-linkick sorgen. Ein Überblick findet sich auf S. 252.

Golf

Neuseeland hat mehr als 400 Golfplätze, angeblich die weltweit höchste Anzahl pro Kopf. Zu den Spitzenplätzen gehören Kauri Cliffs in der Bay of Islands, Cape Kid-nappers in Hawkes Bay und Millbrook nahe Queenstown. Während die Greenfees auf diesen exklusiven Plätzen recht hoch sind, liegen die Gebühren auf kleineren Plät-zen vor Ort niedriger. Sie beginnen bei 10 NZ$ (6,50 Euro) und pendeln sich

im Durchschnitt bei etwa 30 NZ$ (20 Euro) ein.

Der **New Zealand Golf Guide** (www.nzgolfguide. myshopify.com) liefert Details.

Kanu- & Kajakfahren

Das Kanufahren auf dem Whanganui River durch die Wildnis des Whanganui National Park erfreut sich solch großem Zuspruch, dass es mittlerweile als Great Walk ausgezeichnet wurde und beim **Department of Conservation (DOC)** (www.doc.govt.nz) gebucht werden muss. Die drei- bis fünftägige Tour kann auch von Reiseveranstaltern vorbereitet werden, die die Ausrüstung und den Hin- und Rücktransport organisieren.

Die beliebteste Kajaktour übers Meer führt entlang der Küste des Abel Tasman Nati-onal Park und wird von Rei-severanstaltern als geführte Tour angeboten; sie kann aber von erfahrenen Kajakfahrern auch allein unternommen werden. Auf der Website des DOC findet man weitere De-tails zu diesen beiden Touren.

Kajakfahren auf dem Meer ist auch in den Marlborough Sounds und vor allem in Fiordland beliebt, wo Veran-stalter in Te Anau, Manapouri und Milford Ausflüge auf dem Milford und auf dem Doubt-ful Sound anbieten.

Reiten

Reiten ist im ganzen Land möglich. Veranstalter bieten Reitausflüge über Farmen, durch Wälder und an Stränden an, die eine Stunde bis zu mehrere Tage lang sind. Meist gibt es Pferde für alle reiterischen Fähigkeiten. Auf der Südinsel, vor allem in Otago und Canterbury, kann man Ritte durch die Berge und das Hinterland unternehmen. Reitzentren finden sich an der Westküste, in Kaikoura, Tekapo, Queenstown und Dunedin. Auf der Nordinsel gibt es Reitzentren am Pakiri Beach und in South Kaipara, in der Nähe von Auckland. In Raglan, Rotorua und anderen Orten gibt es Ausreithöfe, bei denen man Pferde ausleihen kann.

Besucherzentren geben gern weitere Infos zu Veranstaltern. Man kann aber auch unter *www.truenz.co.nz/horsetrekking* nach Trekkingzentren suchen.

Skifahren

Obwohl die Skigebiete nicht so weitläufig sind wie in Europa und Nordamerika, kann man in Neuseelands Hinterland wunderbar Skifahren. Eine Übersicht der Hauptskigebiete findet sich auf S. 206f.

Wandern

Es gibt überall Wanderwege. Viele sind eher Spazierwege, die sich für Familien eignen. Man kann aber auch schwierigere Routen wählen. In den Nationalparks sind herrliche Wanderungen möglich, ob fünf Tage an der Küste entlang oder quer durch die Alpen.

Die berühmtesten und beliebtesten Wege sind in den *Great Walks* zusammengefasst. Hier wird jedoch zugunsten des Umweltschutzes darauf geachtet, dass die Anzahl der Wanderer begrenzt bleibt. Übernachtungen sind nur auf dafür vorgesehenen Campingplätzen oder in Hütten erlaubt, die man in der Hauptsaison zusammen mit der Wanderung selbst im Voraus buchen muss. Legendäre sind der viertägige Milford Track (siehe S. 264f) durch den Fiordland National Park und der eintägige Tongariro Alpine Crossing (siehe S. 134f) in der Vulkanlandschaft des Tongariro National Park. Zu den *Great Walks* gehören außerdem der Abel Tasman Coastal Walk (3–5 Tage, Abel Tasman National Park), der Heaphy Track (4–6 Tage, Kahurangi National Park), der Kepler Track (4 Tage, Fiordland National Park), der Lake Waikaremoana Track (3–4 Tage, Te Urewera National Park), der Rakiura Track (3 Tage, Stewart Island), der Routeburn Track (3 Tage, Mount Aspiring Park und Fiordland National Park) und der Tongariro NorthernCircuit (3–4 Tage, Tongariro National Park).

Die Büros des **Department of Conservation (DOC)** in den Parks, aber auch in den Städten, haben Informationsmaterial zu Hunderten von Wanderwegen. Auf der Website des DOC *(www.doc.govt.nz)* findet man zahlreiche Infos rund ums Wandern, die meisten *Great Walks* kann man hier direkt buchen.

Wassersport

Da Neuseeland eine so lange Küste hat, bieten sich sehr viele Möglichkeiten, das Meer zu erleben. Segeln ist gleichsam eine nationale Leidenschaft, vor allem seitdem Neuseeland den America's Cup gewonnen hat. Auckland ist als »Stadt der Segel« der richtige Ort, um ein Segelabenteuer zu beginnen. Auch Segelbootverleiher in der Bay of Islands und in Nelson lassen freudig Besucher an Bord.

Zum Sporttauchen eignet sich die Ostküste der oberen Hälfte der Nordinsel, von White Island bis Goat Island bei Leigh und besonders das Poor Knights Island Marine Reserve nahe Tutukaka. Dort hat man gute Sicht und ein reichhaltiges Meeresleben. Auch weiter nördlich, rund um die Bay of Islands, insbesondere an den Three Kings Islands, kann man hervorragend tauchen.

Auf der Südinsel gibt es ebenfalls einzigartige Tauchmöglichkeiten, vor allem in den Fjorden Fiordlands, in denen die Frischwasserschicht an der Meeresoberfläche ebenso subtropische Tiefsee- wie Flachwasserfische nach oben zieht. Im Milford Sound gibt es die weltweit größten Vorkommen der Schwarzen Koralle. Zwei Websites zum Thema Tauchen sind *www.divenewzealand.com* und *www.nzu.org.nz*.

Raglan an der Westküste der Nordinsel ist das bekannteste Surferparadies des Landes, es gibt jedoch viele weitere, wie Piha und Muriwai bei Auckland, Whangamata auf der Coromandel Peninsula und Gisborne. Surfberichte und Informationen zu den beliebtesten Breaks findet man unter *www.surf.co.nz*.

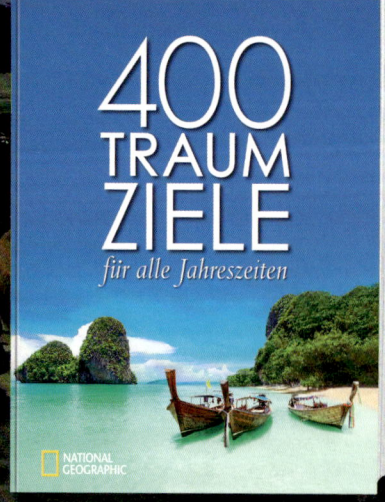

REGISTER

BILDNACHWEIS

Umschlagvorderseite: Sonnenuntergang über dem Lake Wanaka, Central Otago; Colin Monteath Vordere Umschlagklappe: Verkehrsschild (o), iStockphoto; Auckland, Hafen (m), Shutterstock; Maori-Schnitzerei (u), Shutterstock

Alle Fotos im Innenteil stammen von Colin Monteath mit folgenden Ausnahmen:

I–IV, TOP 10 Tipps: (1) mariusz_prusaczyk/iStockphoto; (2) kreicher/iStockphoto; (3) Yevgen Belich/Shutterstock; (4) Olga_Danylenko/iStockphoto; (5) Sebastian Warneke/iStockphoto; (6) George Clerk/iStockphoto; (7) Konrad Mostert/Shutterstock; (8) Onfokus/iStockphoto; (9) ChameleonsEye/Shutterstock; (10) Dmitri Ogleznev/Shutterstock.

V–VIII, TOP 5 Foto-Tipps: (1) Chester Boyes, National Geographic Your Shot; (2) Stanislav Fosenbauer, National Geographic Your Shot; (3) Charlie Nutting, National Geographic Your Shot; (4) Xin Z., National Geographic Your Shot; (5) Sam Deuchrass, National Geographic Your Shot.

14, Wilfried Krecichwost/Getty Images; 17, Tony Brunt/Hedgehog House New Zealand; 18, RST/Ian Brodie Photo; 22, Andy Reisinger/Hedgehog House New Zealand; 26-27, Alexander Turnbull Library, Wellington, New Zealand; 29, Clive Rose/Getty Images; 30, Popperfoto/Getty Images; 32, Stephen Barker/Rex Features via AP Images; 42, Dave J Hogan/Getty Images; 46, Nick Groves/Hedgehog House New Zealand; 58, Chad Ehlers/ Getty Images; 63, Kim Christensen/PhotoNewZealand; 65, Tony Brunt/Hedgehog House New Zealand; 69, Rob Brown/Hedgehog House New Zealand; 70, Peter Morath/Hedgehog House New Zealand; 72, David Rogers/ Getty Images; 82, Courtesy SheepWorld; 90, Alexander Turnbull Library, Wellington, New Zealand; 91, Hannah Johnston/Getty Images; 106, Focus_on_Nature/iStockphoto; 110, Alexander Turnbull Library, Wellington, New Zealand; 129, Ross Nolly/Hedgehog House New Zealand; 134, Guy Vickers/Hedgehog House New Zealand; 142, Harley Betts/Hedgehog House New Zealand; 147, Andy Reisinger/Hedgehog House New Zealand; 155, Maltings Partnership, Derby, England; 164, Dave Hansford/Hedgehog House New Zealand; 166, Graham Charles/Hedgehog House New Zealand; 172, Tony Brunt/Hedgehog House New Zealand; 180, Ingrid Visser/Hedgehog House New Zealand; 181, Richard Casswell/Hedgehog House New Zealand; 183, Graham Charles/Hedgehog House New Zealand; 188, WSL Ltd, CHCH, NZ; 196, AP Images/NZPA, David Wethey; 198, Nigel Spiers/iStockphoto; 201, Logan Murray/Hedgehog House New Zealand; 230-1, Maltings Partnership, Derby, England; 271, Neil Farrin/JAI/CORBIS; 272, John Rendle/Hedgehog House New Zealand; 276-7 Katarina S./Fotolia.

In der Reihe NATIONAL GEOGRAPHIC TRAVELER sind bisher folgende Titel erschienen:

Copyright © der Originalausgabe: National Geographic Society, Washington, D.C. 2009, 2013

Deutsche Ausgabe veröffentlicht von NATIONAL GEOGRAPHIC Deutschland (NG Malik Buchgesellschaft mbH), Hamburg 2009
4. aktualisierte und erweiterte Auflage, Hamburg 2016

Deutsche Übersetzung (Aktualisierung 2016): Oliver Fülling
Projektleitung: Alexandra Carsten
Lektorat: Julia Niehaus
Gesamtproducing: Bintang Buchservice GmbH,
    www.bintang-berlin.de
Druck und Verarbeitung: PHOENIX PRINT GmbH

Printed in Germany

ISBN 978-3-95559-157-1

Titel der amerikanischen Originalausgabe:
National Geographic Traveler New Zealand

Alle Angaben in diesem Buch wurden zum Zeitpunkt der Erarbeitung sorgfältig geprüft. Trotz allem zeigt die Erfahrung, dass Fehler und Änderungen nicht ausÖffnungszeiten werden können. Wir bitten um Verständnis, dass der Verlag hierfür keinerlei Haftung übernehmen kann. Bewertungen von Hotels, Restaurants oder Sehenswürdigkeiten geben die Sicht der Autoren wieder. Wir freuen uns jederzeit über Ihre Anmerkungen oder Verbesserungsvorschläge an **reisen@nationalgeographic.de**

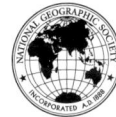

Die National Geographic Society, eine der größten gemeinnützigen wissenschaftlichen Vereinigungen der Welt, wurde 1888 gegründet, um »die geographischen Kenntnisse zu mehren und zu verbreiten«. Sie unterstützt die Erforschung und Erhaltung von Lebensräumen sowie Forschungs- und Bildungsprogramme. Ihre weltweit mehr als neun Millionen Mitglieder erhalten monatlich das National Geographic-Magazin, in dem die besten Fotografen der Welt berichten. Ihr Ziel: *inspiring people to care about the planet*, Menschen zu inspirieren, sich für ihren Planeten einzusetzen.

Die National Geographic Society informiert nicht nur durch das Magazin, sondern auch durch Bücher, Fernsehprogramme und DVDs.

Falls Sie mehr über NATIONAL GEOGRAPHIC wissen wollen, besuchen Sie unsere Website unter www.nationalgeographic.de

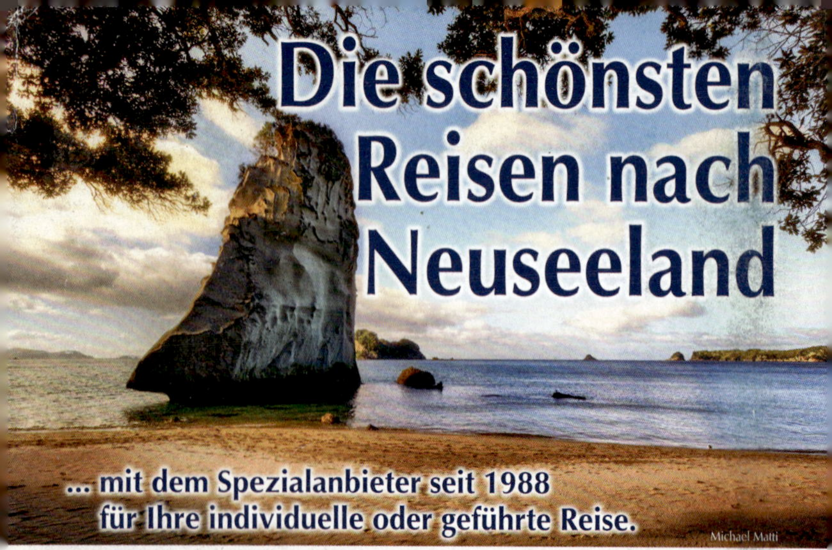
Die schönsten Reisen nach Neuseeland
... mit dem Spezialanbieter seit 1988
für Ihre individuelle oder geführte Reise.
Michael Matti